KB175947

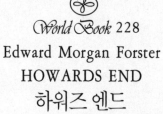

World Book 228
Edward Morgan Forster
HOWARDS END
하워즈 엔드
에드워드 포스터/우진주 옮김

동서문화사

디자인 : 동서랑 미술팀

하워즈 엔드
차례

"그저 이어지기만 한다면……."

하워즈 엔드

1

먼저 헬렌이 언니에게 보낸 편지들로 이야기의 문을 열어 보는 게 어떨까.

메그 언니에게

이 집은 우리가 생각했던 것과는 좀 다른 것 같아. 작고 낡았지만 그런 대로 매력적인 붉은색 벽돌집이야. 지금 있는 사람들만으로도 꽤 비좁은데 내일 폴(이 집 작은아들)이 집에 오면 어떻게 될지 모르겠어. 현관에 들어서면 오른쪽은 식당, 왼쪽에는 응접실이 있어. 현관도 방처럼 꾸며졌는데 거기에 난 또 다른 문을 열면 터널 같은 계단이 나타나고, 그 계단을 올라가면 2층이 나와. 2층에는 침실 세 개가 나란히 있고 그 위층에는 또 다락방 세 개가 나란히 있어. 이게 집의 전부는 아니지만 눈에 보이는 건 그게 다야. 아! 그리고 앞뜰에서 올려다보면 창문 아홉 개가 보여.

그리고 뜰에서 바라볼 때 왼쪽에는 아름드리 느릅나무가 집 위로 조금 가지를 드리우고 있는데 뜰과 목장을 구분 짓는 경계라 할 수 있지. 나는 벌써 그 나무가 좋아졌어. 이 나무 말고 떡갈나무도 있어. 떡갈나무는 볼품없기가 다른 떡갈나무하고 크게 다르지 않아. 배나무와 사과나무, 포도나무도 있어. 하지만 자작나무는 없어.

집 이야기는 이쯤 해두고 여기 주인 부부에 대해 말해볼게. 내가 하고 싶은 말은 이 집이 그동안 우리가 생각했던 것과는 전혀 다르다는 거야. 왜 우리는 윌콕스 씨네 집에 박공이며 곡선 장식들이 가득하고, 뜰에는 노란 빛을 띤 흙길들이 나 있을 거라고 생각했을까? 아마도 우리가 그 사람들을 고급 호텔과 연관시켜서 그런 것 같아. 우리 머릿속에는 긴 복도 위로 아름다운 드레스를 끌고 다니는 윌콕스 부인하고, 집사에게 호통을 치는 윌콕스 씨 모습으로 가득했었으니까. 그런 식으로 생각하는 게 우리 여자들의 한계인가 봐.

토요일에 돌아갈 거야. 몇 시 기차로 떠날지는 나중에 알려줄게. 다들 언니가 오지 않아서 나만큼 속상해하고 있어. 티비는 정말 이상한 애야. 한 달에 한 번씩 죽을병에 걸리다니. 어떻게 런던 시내에서 건초열[1]에 걸리지? 그럴 수 있다고 해도 언니가 우리와 함께 오지 못하고 그 녀석 기침 소리나 들어야 한다는 걸 생각하면 정말 속상해. 티비에게 이렇게 전해 줘. 찰스 윌콕스(이집 큰아들)도 건초열에 걸렸지만 그래도 우는소리는 한마디도 하지 않고, 다른 사람들이 몸이 좀 어떠냐고 물으면 오히려 화를 낸다고. 티비도 징징대지 말고 윌콕스네 남자들을 본받았으면 좋겠는데. 하지만 언니는 그렇게 생각하지 않을 테니 다른 이야기를 할게.

이렇게 편지를 길게 쓸 수 있는 건 아직 아침식사 전이기 때문이야. 아, 이 집 포도 잎사귀들이 얼마나 아름다운지 몰라! 이 집은 포도 덩굴로 뒤덮여 있어. 조금 전에 창밖을 내다보니 이른 시간인데도 윌콕스 부인이 뜰에 나와 있더라. 부인은 뜰을 무척 좋아하나 봐. 그래서인지 가끔은 안색이 몹시 지쳐 보이기도 해. 아까는 크고 붉은 양귀비꽃을 바라보고 있더니 어느새 잔디밭을 지나 목장으로 갔어. 목장은 여기서 오른쪽 귀퉁이만 겨우 보여. 부인은 긴 드레스를 젖은 잔디 위로 끌며 걸어가더니 어제 베어놓은 건초용 풀을 한 아름 안고 돌아왔어. 그 냄새를 자꾸 맡는 걸 보니까 아마 토끼먹이로 주려나 봐. 공기는 참 상쾌해.

얼마 뒤 크로케 공을 치는 소리가 들렸어. 다시 창밖을 내다봤더니 찰스 윌콕스가 연습을 하고 있더라. 이곳 사람들은 운동이라면 다들 열심히 하나 봐. 그러다가 찰스는 기침이 나서 운동을 그만뒀어. 또다시 공치는 소리가 들리더라고. 이번에는 윌콕스 씨였어. 그런데 윌콕스 씨도 '에취 에취' 기침을 하더니 그만두셨어. 그 다음에 이비가 나와서 자두나무에 연결해놓은 장치로(여기 사람들은 자두나무까지도 이런 식으로 활용하고 있어) 미용 체조를 시작했어. 하지만 이비도 기침을 하더니 집으로 들어가 버렸어. 끝으로 윌콕스 부인이 나타나서 다시 잔디 위로 옷자락을 끌며 걸어갔어. 여전히 건초를 손에 든 채 그 냄새를 맡기도 하고 꽃을 바라보기도 했어.

---

[1] 화분증. 꽃가루 알레르기.

이렇게 사소한 일들을 일일이 적는 이유는 언젠가 언니가 했던 말 때문이야. 언니는 인생이 때로는 인생이었다가 때로는 연극에 지나지 않으니 이 둘을 잘 구별해야 한다고 말했잖아. 지금껏 나는 그 말을 언니 식의 똑똑한 헛소리라고 비웃었거든. 그런데 오늘 아침에 보니까 인생이 정말로 인생이 아니라 무슨 연극처럼 보이지 뭐야. 윌콕스네 사람들을 구경하는 것은 굉장히 재미있어. 아, 지금 윌콕스 부인이 집으로 돌아왔어.

오늘 아침 나는 ○○을 입을 생각이야. 어젯밤에 윌콕스 부인은 ○○을 입었고, 이비는 ○○을 입었어. 그러니까 이 집에서 아무렇게나 해도 되는 건 아니야. 눈을 감으면 우리가 상상하던 곡선으로 가득한 호텔처럼 느껴지기도 해. 하지만 눈을 뜨면 달라. 들장미가 얼마나 예쁘게 피었는지 몰라. 잔디밭 한쪽에 들장미 산울타리가 있어. 어찌나 높은지 늘어진 꽃줄기들이 마치 쏟아지는 붉은 폭포수 같다니까. 그 아래쪽은 그다지 무성하지 않아서 건너편에 있는 오리 몇 마리와 소 한 마리도 보여.

아침식사를 알리는 종소리가 들리네. 언니 잘 지내. 티비에게 적당히 안부 전해줘. 줄리 이모에게도 안부 전해 주고. 이모가 와서 언니 곁에 있어 다행이기는 한데 좀 귀찮긴 할 거야.

이 편지는 불에 태워. 목요일에 또 편지 쓸게.

하워즈 엔드에서 화요일
헬렌

메그 언니에게

나는 정말 잘 지내고 있어. 이 집 식구들은 하나같이 다 마음에 들어. 윌콕스 부인은 독일에서 만났을 때보다 말수는 좀 적지만 여전히 다정해. 이분처럼 남을 위해 헌신하는 사람은 본 적이 없어. 무엇보다도 마음을 흐뭇하게 하는 것은, 아무도 그분의 상냥한 마음을 이용하려 들지 않는다는 거야. 윌콕스 가족은 참으로 행복하게 살고 있어. 나도 이 사람들이랑 점점 친해지는 것 같아. 그런데 재미있는 건 이 사람들이 나를 바보로 여기고 있다는 거야(적어도 윌콕스 씨는 그래). 하지만 그다지 신경 쓰이진 않아. 이것만 봐도 알겠지?

윌콕스 씨가 여성 참정권에 대해 험악한 말을 조금도 거리낌 없이 하지 뭐야. 그래서 내가 모든 인간은 평등하다고 말하자 그분은 그저 팔짱을 끼고 어림없다는 듯 가만히 계셨지. 그 모습만으로도 나는 완전히 압도당했어. 메그 언니, 우리는 왜 이렇게 쓸데없이 말이 많을까? 내 평생 그때처럼 부끄러웠던 적은 없었어. 나는 사람들이 평등했던 시대도, 평등을 소망하는 것이 사람들에게 행복을 가져다준 시대도 제시할 수 없었어. 끝내 아무 말도 못했지. 나는 그냥 어떤 책을 보면 모든 인간은 평등해야 한다는 말이 나온다고 했어. 책이 아니면 무슨 시(詩)나 그것도 아니면 언니한테서 들은 말일지도 모르지. 아무튼 그런 내 말은 그 자리에서 바로 박살나 버렸어. 진실로 강한 사람이 모두 그렇듯, 윌콕스 씨도 내 기분을 상하게 하지는 않았어. 또 나는 이 집 가족이 모두 건초열에 걸렸다며 놀려 줬어. 우리는 만나기만 하면 서로 으르렁댄다니까.

찰스는 날마다 우리를 자동차에 태워서 외출을 시켜 줘. 나무가 자란 무덤, 은둔자의 집을 지나 머시아 왕국*2 시절에 닦은 도로에도 가보고 크로케 시합도 구경했어. 그리고 테니스랑 브리지를 하러 가기도 해. 그러다가 밤이 되면 이 사랑스러운 집에 모두 모여들어.

지금 이 집 식구들이 모두 모였어. 마치 토끼장 같아. 이비는 참 사랑스러워. 모두 나에게 일요일까지 놀다 가라고 하는데 나도 그러고 싶어.

날씨며 풍경이며 무엇 하나 나무랄 게 없어. 특히 서쪽 고원 방향 전망이 환상적이야.

답장 고마워. 이 편지 태워 버려!

하워즈 엔드에서 금요일
헬렌

메그 언니에게

언니가 뭐라고 할지 모르겠지만 나는 폴과 사랑에 빠졌어. 폴은 지난 수요일에 돌아온 이 집 작은 아들이야.

하워즈 엔드에서 일요일
헬렌

---

*2 고대 영국의 앵글로색슨 왕국.

마거릿은 여동생이 보낸 짤막한 편지를 훑어보고는 아침 식탁 맞은편에 앉아 있는 이모에게 그것을 내밀었다. 잠시 침묵이 흐른 뒤 대화가 시작되었다.

"이모한테 드릴 말씀이 없네요. 저 또한 아무것도 모르니까요. 그 사람 부모를 올봄 외국에서 만난 게 전부라고요. 아들 이름조차 몰랐는걸요. 이번에 처음 알았어요. 이건 너무……."

마거릿은 한 손을 내저으며 살짝 미소를 지었다.

"그렇다면 이건 너무 갑작스럽구나."

"모르는 일이죠, 이모. 그걸 누가 알겠어요?"

"애야, 마거릿, 그래도 이렇게 된 이상 우리도 잘 생각해 봐야 해. 아무튼 너무 갑작스러운 일이구나."

"저는 잘 모르는 일이라니까요."

"하지만, 마거릿……."

"헬렌이 보낸 다른 편지도 가져올까요?" 마거릿이 말했다. "아니, 관두죠. 식사를 마치는 게 좋겠어요. 그러고 보니 다른 편지는 가지고 있지도 않네요. 윌콕스 부부하고는 하이델베르크에서 슈파이어까지 가는 아주 먼 여행길에서 처음 만났죠. 헬렌과 저는 슈파이어에 유서 깊은 대성당이 있다고 들었거든요. 슈파이어 대주교는 신성로마제국 황제 선거권을 가진 일곱 명 가운데 한 사람이었잖아요. '슈파이어, 마인츠, 쾰른'이란 말 아시죠. 옛날에 세 도시의 대주교가 라인 강 계곡을 다스려서 그곳을 '성직자 거리'라고 부른 거 말이에요."

"마거릿, 나는 이번 일이 아무래도 마음에 걸리는구나."

"기차를 타고 강 위 철교를 지날 때까지는 그 성당도 꽤 괜찮게 보였어요. 그런데 막상 거기에 도착하자 채 5분도 안 되어 그 실체를 알아버렸어요. 그곳은 성당이 지니고 있던 본모습은 거의 남아 있지 않고, 아주 다르게 복원되었다는 사실을요. 하루를 그렇게 허비하고, 공원에 가서 샌드위치를 먹고 있을 때 윌콕스 부부를 만난 거예요. 그분들도 그 사실을 몰랐던 모양이에요. 게다가 슈파이어에 숙소까지 잡았더군요. 헬렌이 우리와 함께 하이델베르크로 돌아가자고 그분들에게 졸랐더니 그러는 게 낫겠다 싶었는지 이튿날 우리를 찾아왔더군요. 우리는 함께 자동차로 몇 군데 돌아다니기도 했어요. 그때의 친분으로 그분들이 헬렌을 초대한 거예요. 물론 저도 초대했지만, 티비가 병이 난 바람에 지난주 월요일에 헬렌 혼자 가게 된 거죠. 이게 다예요. 이제 더 이상은 이모에게 해 드릴 이야기가 없네요. 그러니 그 청년이 어떤 사람인지 저도 몰라요. 헬렌은 본디 토요일에 돌아오기로 했었는데 갑자기 월요일로 연기했어요. 그건 틀림없이……. 아니, 저도 잘 모르겠어요."

마거릿은 말을 멈추고 런던 아침이 전하는 소리에 귀를 기울였다. 위컴 플레이스에 있는 그들 집은 꽤 조용한 편이었다. 집 앞쪽 고층 건물들이 큰길 소음을 차단해 주었기 때문이다. 그곳은 마치 고요한 물웅덩이, 아니 그보다는 강어귀처럼 느껴졌다. 예컨대 밀물 때는 보이지 않는 먼 바다로부터 소리가 밀려왔다가, 썰물 때가 되면 파도가 서로 부딪치는 해도 소리만은 저 멀리로 물러나서 여전히 깊은 침묵만 남는 듯했다. 고층 건물은 아파트들이었다. 건물 현관은 동굴같이 휑뎅그렁했으며 그 안쪽은 관리인과 종려나무 분재로 가득 차 있는 덕분에 맞은편에 있는 오래된 집들에도 어느 정도 평화를 안겨 주었다. 비좁은 이 런던 땅에서 사람들이 살려면 위로 점점 올라갈 수밖에 없기 때문에 이 낡은 집들도 언젠가는 철거되고 그 자리에 새로운 고층건물들이 들어서게 되리라.

줄리 먼트 부인은 자기 식대로 조카딸들을 이해했다. 그녀는 적잖이 당황한 마거릿이 정신없이 말을 퍼부음으로써 마음이 진정되기만을 기다려야겠다고 판단했다. 그래서 마거릿 말에 맞장구를 쳐줄 생각으로 함께 슈파이어 성당의 운명을 한탄하고 자기는 절대로 그 성당을 구경하러 가지 않으리라 다짐했으며, 독일 사람들은 복원의 의미를 제대로 이해하지 못한다는 자신의 의견도 덧붙였다.

"독일 사람들은 매사에 너무 철저해. 그게 어떤 때는 좋지만, 어떤 때는 좋지 않을 수도 있어.

"그래요, 독일인들은 지나치다 싶을 만큼 철저하죠."

마거릿의 눈빛이 반짝였다. 그러자 먼트 부인이 서둘러 말했다.

"물론, 너희 슐레겔 집안이야 영국인이지. 뼛속까지 완벽한 영국인 말이야."

마거릿은 몸을 앞으로 내밀어 먼트 부인의 손을 어루만졌다.

"그러고 보니 헬렌의 편지가 생각나네……."

"그래요. 줄리 이모, 저도 그 편지를 생각하고 있었어요. 헬렌한테 가봐야겠어요. 헬렌을 생각해 보니 어서 가봐야겠어요."

"하지만 그 전에 우리가 어떻게 해야 할지 계획을 세워야지."

먼트 부인은 부드럽게 말했지만 말투에선 초조함이 좀 묻어났다.

"마거릿, 주제넘은 참견일지도 모르겠지만 경솔해서는 안 돼. 윌콕스네 사람들은 어떤 사람들일까? 우리와 비슷한 사람들인지, 앞으로 계속 사귈 만한 사람들인지 궁금하지 않니? 그 사람들이 헬렌을 이해할 수 있겠니? 내가 볼 때 헬렌은 아주 특별한 아이인데 말이다. 그 사람들이 문학과 예술에 관심이 있을까? 생각해 보면 이거야말로 가장 중요한 문제야. 암, 매우 중요하지. 그 아들이 몇 살일까? 작은 아들이라 했는데 결혼할 수 있는 형편인지 모르겠구나. 헬렌을 행복하게 해줄 수 있는 사람일까? 얘야, 이런 것들에 대해 네가 알고 있는……."

"저는 그 사람에 대해서는 아무것도 들은 바가 없어요."

두 사람은 동시에 입을 열었다.

"그렇다면 우리는……."

"그러니까 우리는 아무 계획도 세울 수 없어요."

"그게 아니라……."

"저는 계획 같은 거 싫어해요. 미리 정해 놓은 대로 행동하는 것 말이에요. 더구나 헬렌은 어린아이가 아니잖아요."

"그렇다면 왜 거길 가려는 거니?"

마거릿은 입을 다물었다. 자신이 헬렌에게 가려는 이유를 이모가 알아채지 못한다고 해서 굳이 이야기해주고 싶진 않았다. '저는 헬렌을 사랑해요. 그래서 인생의 고비를 맞은 헬렌 곁에 함께 있어주고 싶어요.'라고 말이다. 사랑은 열정보다 입이 무겁고 표현 또한 여러 미묘한 감정들로 나타나는 법이니까. 아마 마거릿도 남자를 사랑하게 되면 헬렌처럼 그 사실을 공개적으로 발표할 게 틀림없었다. 하지만, 하나밖에 없는 여동생에 대한 사랑을 표현하기에 지금은 공감이라는 무언의 언어밖에 없었다.

"아무튼 너희는 좀 특이해." 먼트 부인이 이야기를 다시 이어갔다. "물론 둘 다 나무랄 데 없고, 나이에 비해 여러 모로 야무지기도 해. 하지만 기분 나쁘게 생각지 말고 들어보렴. 솔직히 내가 볼 때 이번 일은 너희가 감당하기에는 벅찰 것 같구나. 이런 일에는 좀 더 연륜 있는 사람이 필요하거든. 애야, 난 지금 당장 스워니지에 있는 집으로 가야 할 이유가 없단다."

먼트 부인이 포동포동한 두 팔을 벌렸다.

"그러니 나에게 의지하렴. 그 이름이 뭐였더라……. 하여튼 그 집에는 너 대신 내가 가 볼게."

"줄리 이모가요!"

마거릿이 벌떡 일어나서 이모에게 입을 맞추며 말했다.

"그렇게 말씀해주니 고맙기는 하지만, 이모는 이 상황을 제대로 이해하지 못하시니 제가 직접 가야 해요."

"그렇지 않아. 나도 잘 안단다."

먼트 부인의 목소리에는 자신감이 넘쳤다.

"쓸데없이 참견하려는 게 아니라 좀 알아보려고 가는 거야. 무엇보다 꼭 필요한 일이니까. 그래, 솔직히 이야기해 보마. 너는 그곳에 가면 틀림없이 실수를 할 거야. 안 봐도 뻔해. 헬렌의 행복을 바라는 마음이 너무 간절한 나머지 어설픈 질문들을 던져 윌콕스네 사람들의 기분을 상하게 할 거야. 물론 그 사람들 기분 상하는 게 그리 중요한 건 아니지만."

"이모, 저는 질문 같은 건 하지 않을 거예요. 헬렌이 그 집 아들과 사랑하고 있다 말했으며, 헬렌 입장이 그러한데 굳이 그럴 필요가 뭐 있겠어요? 다른 건 아무래도 상관없잖아요. 줄리 이모, 약혼 뒤에 결혼을 좀 미룰 수는 있겠지만, 뭔가를 조사해보거나 질문을 하거나 아니면 계획을 세우고 어찌 할지 모색하는 건 싫어요."

이런 식으로 마거릿은 끊임없이 말을 했다. 그녀는 외모가 뛰어난 편도, 특별히 머리가 좋은 편도 아니었다. 하지만 그 두 가지를 대신할 만한 무엇인가로 가득 차 있었다. 이를테면 삶의 열정. 그러니까 인생길에서 마주치는 모든 것에 끊임없이 성실하게 반응하는 태도와도 같았다.

"헬렌의 상대가 가게 점원이나 가난뱅이 사무원이라도……."

"마거릿, 서재로 가서 문을 닫고 얘기하자꾸나. 하녀들이 계단에서 난간 먼지를 털어내고 있어."

"헬렌이 집에 짐을 가지러 오는 짐꾼과 결혼하고 싶다고 해도, 저는 똑같이 말했을 거예요."

그리고 이쯤에서 화제를 바꾸어, 마거릿은 자신의 생각을 더 확고히 보여줘야 했다. 이를테면 이모에게 자기는 정신이 온전한 여자라는 걸 확인시키고, 다른 관찰자들에게는 자신이 어리석은 공상가가 아님을 깨달을 수 있게 말이다. 하지만 그녀는 이렇게 덧붙였다.

"물론 결혼할 사람이 짐꾼이라면, 결혼을 서두르면 안 될 테지만요."

"그야 당연하지. 하지만 네 생각을 좀처럼 따라가기 어렵구나. 네가 그런 말을 윌콕스네 사람들에게 한다고 생각해보렴. 물론 나는 이해하지만, 사람들 대부분은 네가 미쳤다고 생각할 거야. 그 일은 결국 헬렌을 힘들게 하겠지. 지금 필요한 건 이번 일을 천천히 살펴보면서 차근차근 풀어갈 수 있는 사람이야. 현재 상황을 잘 파악해 앞으로의 방향을 제시해 줄 그런 사람 말이야."

그러자 마거릿이 반박했다.

"지금 말씀은 이번 혼담을 깨야 한다는 것처럼 들리는군요."

"그래, 결국은 그게 낫겠다 싶어. 하지만 천천히 해야겠지."

"약혼을 천천히 깬다고요?"

마거릿의 눈빛이 날카로워졌다.

"약혼이란 게 어떤 성질로 이루어진다고 생각하세요? 모르긴 해도 너무나 단단해서 두 동강나는 일은 있어도 깨질 수는 없을 걸요. 다른 이들과의 관계는 늘어나기도 하고 줄어들기도 하죠. 그렇지만 약혼은 달라요."

"그래, 네 말이 맞아. 하지만 이번에는 내가 너 대신 하워즈 엔드로 가서 그런 수고를 덜어주고 싶구나. 너희 자매가 무엇을 원하는지 잘 알고 있으니 한 번 보고 오는 것만으로도 충분할 거야."

마거릿은 다시 한 번 이모에게 고맙다고 입을 맞춘 뒤, 남동생을 살펴보러 2층으로 뛰어 올라갔다.

동생의 병세는 조금도 호전되지 않았다. 건초열은 지난밤 내내 그를 괴롭혔다. 머리가 지끈거리고 눈물이 계속 나와서 눈이 매우 쓰라리다고 그는 누나에게 말했다. 티비에게 삶의 활력소가 되는 건 마거릿이 틈 날 때마다 읽어 주겠다고 약속한 19세기 영국 수필가인 월터 새비지 랜더의 《상상 속 대화》뿐이었다.

상황이 좀 난처해졌다. 그렇다고 헬렌을 나 몰라라 할 수는 없었다. 첫눈에 사랑에 빠진다는 게 죄가 아니라는 사실을 잘 가르쳐 주어야 했다. 이런 내용을 전보로 알리는 건, 성의 없는 냉정한 행동이거니와 그렇다고 직접 찾아간다는 것도 점점 불가능해 보였다. 의사가 와서 티비의 상태가 몹시 안 좋다고 말했다. 그래, 차라리 이모의 친절한 제안을 받아들여 이모를 하워즈 엔드로 보내고 그 편에 편지도 보내는 게 낫지 않을까?

마거릿은 분명 충동적인 여자였다. 그래서 결정을 하고나서도 바로 마음을 바꾸는 일이 잦았다. 그녀는 서재까지 뛰어 내려가 이모에게 말했다.

"생각이 바뀌었어요. 이모가 가주셨으면 좋겠어요."

킹스 크로스 역에 열한 시 기차가 있었다. 티비가 보기 드문 이타심을 발휘해 열 시 반에 잠이 들자 마거릿은 마차로 이모를 역까지 모셔다 드릴 수 있었다.

"이모가 잘 알아서 하시겠지만, 그분들 앞에서 약혼 이야기는 꺼내지 마세요. 헬렌에게 제 편지를 전해주시고 그 애한테는 무슨 말을 하든 상관없지만 다른 사람들에겐 말조심하세요. 아직 그분들 이름도 제대로 모르는데 그런 말을 하는 건 이상하기도 하고 예의에도 어긋나니까요."

"예의에 어긋난다니?"

먼트 부인은 마거릿이 뭔가 중요한 말을 했는데 자기가 못 알아들었나 싶어 되물었다.

"아, 제가 너무 건방지게 표현했네요. 그러니까 제 말뜻은 의논할 게 있으면 헬렌하고만 이야기하시라는 거예요."

"헬렌하고만 하라고?"

"왜냐하면요……."

그렇다고 이 상황에서 사랑의 배타적 성격에 대해 설명할 수 없는 노릇이었다. 마거릿도 그럴 만한 용기는 없었기에 이모 손만 쓰다듬은 뒤, 킹스 크로스 역에서 떠나는 기차 여행으로 조용히 생각을 옮겼다. 현실감과 시적 낭만이 함께 느껴졌다.

대도시에서 오래 생활한 많은 사람들이 그러하듯, 마거릿 또한 런던 곳곳의 기차역에 특별한 감정을 품고 있었다. 그중 몇 군데 역은 황홀한 미지의 세계로 들어가는 관문이다. 우리는 그 문을 통해 모험과 햇빛 속으로 떠났다가 아쉽게도 다시 그 자리로 돌아와야 한다.

패딩턴 역에서는 콘월 주(州)와 멀리 서부 지역을 꿈꿀 수 있다. 리버풀 스트리트 역 내리막길은 중부와 동부의 광활한 늪지대로 사람들을 데려간다. 유스턴 역의 아치문 맞은편에는 스코틀랜드가 가로누워 있고, 워털루 역의 차분하고도 혼잡한 그 뒤쪽으로는 웨섹스가 있다. 그리고 이탈리아인이라면 물론 잘 알고 있겠지만, 베를린에서 급사로 일하게 된 불우한 이탈리아인들은 안할트 역을 이탈리아 역이라고 부른다. 그곳에서 고향으로 돌아가야 하기 때문이다. 런던 사람으로서 기차역들에 대해 어떤 인간적 감정을 느끼지 못하는 자, 그 감정이 미약하게나마 두려움이나 사랑 같은 감정으로 이어지지 않는 자는 아주 냉정한 사람이라 해야 할 것이다.

마거릿에게―그렇다고 독자 여러분이 그녀에게 반감을 느끼지 않기를 바란다―킹스 크로스 역은 언제나 무한을 상징했다. 화려함과 웅장함을 뽐내는 세인트팬크라스 역 건물에서 약간 물러난 곳에 위치한 자체가 삶에 만연하는 물질주의에 대한 비판처럼 보였다. 보기 흉한 시계를 떠받치고 있는 커다란 아치 두 개. 딱히 존재의 이유를 알 수 없는 그 아치는 영원한 모험을 떠나는 데 걸맞다는 느낌이 들었다. 그 모험은 성공할 수도 있지만, 여기서 말하는 성공은 평범한 성공과는 사뭇 다른 느낌을 주는 것이리라.

어쩌면 독자 여러분께서 이 이야기를 우습다고 여기실지 모르지만 이 이야기를 서술하는 사람은 마거릿이 아니라는 점을 기억해 두시길 바란다. 그리고 여기서 서둘러 한마디 덧붙이자면, 먼트 부인은 여유롭게 역에 도착해서 기차가 달리는 쪽으로 앉았다. 기관차와 아주 가깝고 편한 자리였다. 마거릿이 위컴 플레이스 집으로 돌아오자 다음과 같은 전보가 그녀를 기다리고 있었다.

다 끝났어. 편지 쓰지 말걸. 이번 일 아무한테도 말하지 마.

헬렌

그러나 이모는 벌써 기차에 올랐으며 결정적으로 돌이킬 수 없는 일이 되고 말았다.

3

먼트 부인은 이제부터 자기가 해야 할 일을 생각하자 매우 흐뭇했다. 조카 딸들은 아직 어린데도 독립심이 강해서 돌봐 줄 기회가 지금까지 거의 없었다. 언니 에밀리의 딸들인 이 자매는 어릴 때부터 여느 여자아이들과는 사뭇 달랐다. 마거릿이 열세 살, 헬렌이 다섯 살, 막내 티비가 태어난 해에 삼남매는 어머니를 잃었다. 당시는 아직 죽은 아내의 여자 형제에 대한 법안이 의회에서 통과되지 않을 때였다. 그래서 먼트 부인은 남들 눈치를 볼 필요도 없이 언니 대신 위컴 플레이스로 옮겨 와서 그 집 살림을 맡아 주겠다고 제의했다. 그런데 먼트 부인의 형부 슐레겔 씨는 성격이 꽤 독특한 독일 사람이었다. 그는 그 문제에 대해 마거릿과 상의했다. 마거릿은 그 또래 사춘기 아이답게 혼자서도 잘할 수 있다고 딱 잘라 대답했다. 그로부터 5년이 지나 슐레겔 씨마저 세상을 떠나자, 먼트 부인은 마거릿에게 다시 한 번 같은 제안을 했다. 세월이 흘러 마거릿도 더 이상 사춘기 소녀가 아니었기에 예의바르고 점잖아지기는 했지만 대답은 한결같았다.

'쓸데없는 말을 세 번이나 하지 않도록 조심해야지.'

먼트 부인은 속으로 생각했다. 그러나 입 다물고 가만히 있을 수 없는 사건이 일어났다. 성인이 된 마거릿이 상속 받은 안전한 주식을 팔고서 폭락할 게 뻔한 외국 주식을 사들인 것이다. 먼트 부인은 화가 치밀어 이번에는 도저히 가만히 있을 수가 없었다. 부인은 자기 재산을 모조리 투자해 영국 철도 주식을 구입한 상태였으므로 마거릿에게도 그렇게 하라고 열심히 설득했다.

"그렇게 하면 우리 가족은 한 배를 타는 셈이야."

마거릿은 이모의 말에 예의상 몇 백 파운드만 노팅엄 더비 철도에 투자했다. 하지만 외국 주식 가격은 쭉쭉 올라갔고, 노팅엄 더비 철도 쪽은 내리막길로 접어들었다. 그래도 먼트 부인은 안심했다. 부인은 늘 이렇게 생각했다.

'어쨌든 이 정도라도 도와줄 수 있어서 다행이야. 불행히 마거릿의 외국 주식이 폭락한다 해도 이 몫은 남을 테니까.'

올해 성인이 된 헬렌 역시 마거릿과 똑같은 상황을 맞이했다. 헬렌도 공채를 팔았는데, 이모가 뭐라고 하기도 전에 그 돈 가운데 극히 일부만 노팅엄 더비 철도에 투자했다.

그래도 그때까지는 괜찮았다. 하지만 좀 더 실제적인 생활면에서는 조카딸들을 위해서 해준 일이 없다고 먼트 부인은 생각했다. 부인의 생각에 의하면 두 조카딸의 삶은 머잖아 엉망이 될 텐데, 지금까지 그렇게 되지 않은 건 나중에 더 심하게 인생이 망가질 것이기 때문이었다. 위컴 플레이스에는 온갖 사람들이 몰려왔다. 그중에는 수염도 제대로 깎지 않은 음악가와 여배우, 독일인 사촌들(외국인이 어떤지는 누구나 다 안다)이 있었고 유럽 대륙 호텔에서 만난 사람들도 있었다(그들이 어떤지도 누구나 다 안다). 이것은 분명히 재미난 일이었다. 그리고 스워니지에서 먼트 부인만큼 문화적 가치를 인정하는 사람도 없었다. 그러나 한편으론 위험한 일이기도 해서, 언젠가는 재앙이 닥쳐올 수도 있었다. 그런데 지금 이 순간, 그토록 걱정하던 일이 현실로 나타났다. 부인이 때마침 그 현장에 있어서 천만다행이었다.

기차는 많은 터널을 지나 북쪽으로 갔다. 도착지까지 한 시간밖에 걸리지 않는 짧은 여행이었지만 먼트 부인은 도중에 몇 번이나 창문을 열고 닫았다. 기차는 남부 웰윈 터널을 지나 환한 바깥 세상으로 나왔다가 어느새 비극이 일어난 곳으로 알려진 북부 웰윈 터널로 들어갔다. 이어서 드넓은 목장과 트윈 강을 일직선으로 가로지르는 거대한 육교를 건너, 정치가들의 별장이 늘어서 있는 지역을 스쳐 지나갔다. 또 가끔씩 노스 컨트리 거리가 선로와 나란히 뻗어 있었는데, 이것은 어떤 철도보다도 무한함을 느끼게 했다. 이 길은 백 년이나 잠들어 있다가 깨어나서, 고약한 휘발유 냄새가 주는 활기와 제약회사 광고판이 상징하는 문화로 다시 숨을 쉬고 있었다. 그러나 먼트 부인은 역사와 비극, 과거와 미래 따위에는 관심이 없었다. 오로지 부인이 할 일은 이번 여행의 목적에 온 정신을 집중해, 위기에 처해 있는 불쌍한 헬렌을 구해 내는 일이었다.

하워즈 엔드에 가려면 힐튼에서 내려야 했다. 힐튼은 노스 컨트리 길을 따라 역마차가 다니던 시절이나 그 전부터 교통 요지로 성장한 마을들 가운데 하나였다. 이 마을은 런던과 가까워서 지방의 황폐함에는 영향을 받지 않았으며, 길게 뻗은 중심가 양쪽 지역은 분양 주택지로 바뀌어 퍼져 나가고 있었다. 무심한 먼트 부인의 눈앞에 기와지붕과 석판지붕을 인 집들이 1마일쯤 잇따라 나타났다. 그 행렬은 덴마크인들이 침입했을 때부터 있었던 군인들의 무덤 여섯 기가 양옆으로 늘어서 있는 곳까지 와서야 끊겼다. 거기서부터는 집들이 더 많아졌다. 마침내 기차는 소도시만큼 혼잡하게 들어서 있는 건물들 사이에서 멈춰 섰다.

그 기차역은 그곳 경치나 헬렌의 편지만큼이나 별다른 인상을 주지 못했다. 영국 시골과 도시의 교외 가운데 어디로 떠나는 역일까? 새로 지은 그 기차역에는 여러 플랫폼과 지하도 등, 통근하는 실업가들이 좋아할 만한 시설들도 웬만큼 갖춰져 있었다. 그러나 이 고장 특유의 삶과 인연 같은 것도 여전히 남아 있었다. 먼트 부인도 그것들을 쉽게 알 수 있게 되었다.

"집을 찾고 있는데요. 하워즈 로지라는 집이 어디 있는지 아세요?"

먼트 부인이 개찰원에게 물었다. 그러자 개찰원이 사람을 불렀다.

"윌콕스 씨!"

사람들 사이에 있던 젊은 남자가 돌아보았다.

"이분이 하워즈 엔드에 가시고 싶답니다."

젊은 남자에게 다가가야만 하는 처지에 놓인 먼트 부인은 몹시 당황해서 그 젊은이를 쳐다볼 용기가 나지 않았다. 그러나 문득 윌콕스 집안에 아들이 두 명 있다는 사실을 떠올리고는 그에게 물었다.

"실례지만 당신이 젊은 윌콕스 씨인가요?"

"네, 그렇습니다만, 무슨 일이죠."

"저……." 먼트 부인은 조심스럽게 입을 열었다. "그렇군요. 나는……."

먼트 부인은 개찰원에게서 젊은이 쪽으로 다가가 목소리를 낮추며 말했다.

"나는 헬렌 슐레겔의 이모예요. 아, 아직 이름도 밝히지 않았군요. 줄리 먼트라고 합니다."

부인은 젊은이가 모자를 벗고 차분한 목소리로 말하는 것을 들었다.

"그래요, 잘 오셨습니다. 슐레겔 양은 저희 집에 묵고 있습니다. 슐레겔 양을 만나러 오셨습니까?"

"네, 그랬으면 합니다."

"택시를 부르겠습니다. 아, 잠깐만요."

그는 잠시 생각을 하더니 말을 이었다.

"저희 집 차가 와 있으니, 그 차로 모셔다 드리겠습니다."

"정말 친절하시군요."

"아뇨, 별말씀을요. 다만 여기서 소포를 하나 받아야 하는데, 그때까지 기다려 주신다면⋯⋯."

"내 조카딸은 오지 않았나요?"

"네, 저는 아버지를 역까지 모셔다 드리려고 나온 겁니다. 아버지는 부인께서 타고 오신 기차를 타고 북쪽으로 가셨거든요. 슐레겔 양과는 점심식사 때 만나실 수 있을 겁니다. 점심식사는 저희 집에서 드실 거지요?"

"글쎄요, 아무튼 댁에 가 보고 싶네요."

먼트 부인은 이렇게 대답했다. 헬렌의 애인을 좀 더 자세히 알고 나서 식사를 할 생각이었다. 젊은이는 신사처럼 보였지만, 만나서부터 정신없이 떠들었기 때문에 그를 마음껏 관찰할 수 없었다. 부인은 젊은이를 슬며시 훔쳐보았다. 그의 꼭 다물어 움푹 들어간 입꼬리와 상자같이 네모반듯하게 생긴 이마 모양은 여자 눈으로 볼 때 그다지 나쁜 느낌을 주지 않았다. 피부색은 가무잡잡했고 수염은 기르지 않았으며, 남에게 명령을 내리는 데 익숙해 보였다.

"앞에 타시겠습니까, 뒤에 타시겠습니까? 앞에 타시면 바람이 좀 강할지도 모릅니다."

"앞에 앉을까요? 그러면 이야기도 나눌 수 있을 테니까요."

"그럼 잠깐만 기다려 주십시오. 소포가 어떻게 되었는지 알아봐야겠어요."

그는 역 사무실 안으로 들어가 지금까지와는 다른 목소리로 누군가를 불렀다.

"어이, 이보시오! 하루 내내 여기서 기다리고 있을 수는 없잖소. 하워즈 엔드의 윌콕스 앞으로 온 소포, 빨리 좀 주시오."

얼마 뒤 그는 밖으로 나와서 아까보다 조용한 어조로 말했다.

"이 역은 아주 구제 불능이에요. 저 같으면 종업원을 모조리 잘라 버릴 겁니다. 자, 이제 차에 타시겠습니까?"

"정말 친절하시군요."

먼트 부인은 호화로운 동굴 같은 자동차 안 빨간 가죽 의자에 몸을 깊숙이 기대고 앉았다. 그러자 남자는 무릎덮개와 숄로 부인의 몸을 감싸 주었다. 부인은 그렇게까지 정중한 말투를 쓸 생각은 아니었지만, 이 젊은이가 워낙 친절한 데다 자신만만하게 행동해서 조금 두렵기도 했다.

"정말 친절하세요."

먼트 부인은 다시 한 번 칭찬을 하더니 이어서 덧붙였다.

"사실 난 이런 친절을 받고 싶었어요."

"그렇게 말씀을 해주시니 감사합니다."

젊은이는 좀 뜻밖이라는 표정으로 대답했다. 그러나 먼트 부인은 젊은이의 표정 따위에는 신경쓰지 않았다.

"저는 기차를 타러 가시는 아버지를 배웅해 드리고 오는 길이랍니다."

"실은 헬렌이 보낸 편지를 오늘 아침에서야 받았어요."

그러나 젊은이는 그 이야기에는 관심이 없는 듯 휘발유를 넣고 엔진 시동을 걸었다. 이윽고 큰 차는 흔들리기 시작했다. 그러자 사정을 설명하려던 먼트 부인도 빨간 가죽 쿠션에 푹 파묻힌 채 기분 좋게 위아래로 흔들거렸다.

"어머니가 기뻐하실 겁니다."

젊은이가 혼잣말처럼 중얼거리더니 곧 크게 소리쳤다.

"이봐요! 하워즈 엔드로 온 소포 말이오, 그 소포를 가져와요."

수염을 기른 남자가 한 손에는 소포, 다른 손에는 장부를 들고 나타났다. 젊은이가 말했다.

"서명을 하라고? 이렇게 오래 기다렸는데 서명까지 해야 한다니. 연필도 없다고? 나중에 당신이 한 짓을 역장에게 보고할 거요. 당신은 여유가 넘치겠지만, 나는 바쁘단 말이오. 자……."

이 말은 점점 커지는 엔진 소리와 뒤섞였다. '자'라는 그의 말은 역무원에게 팁을 주면서 한 말이었다.

"오래 기다리시게 해서 죄송합니다, 먼트 부인."

"아뇨, 괜찮아요."

"그런데 마을을 지나서 가도 괜찮을까요? 꽤 멀리 돌아가야 하지만, 부탁받은 일이 있어서요."

"나는 그게 더 좋아요. 당신과 이것저것 할 얘기가 있으니까요."

이렇게 말하면서 먼트 부인은 자기가 마거릿과 한 약속을 어기고 있음을 깨달았다. 하지만 표면적으로만 그럴 뿐이었다. 마거릿은 이번 일에 대해 당사자가 아닌 사람들과 이야기를 나누는 것에 반대했을 따름이었다. 그렇다면 이렇게 우연히 만나게 된 그 젊은이 본인과 이야기를 나누는 것은 '잘못되고 무례한 짓'일 리 없었다.

젊은이는 본디 말수가 적은 사람인지 먼트 부인의 말에 아무런 대꾸도 하지 않았다. 그는 부인 옆에 앉아 장갑을 끼고 안경을 썼다. 차가 움직이기 시작하자 수염을 기른 역무원은, 인생에는 참 신기한 일이 많다는 듯 감탄한 얼굴로 그들의 모습을 바라보았다.

역에서 나오는 길에는 맞바람이 불어 먼트 부인의 눈에 먼지가 들어갔다. 이윽고 차가 노스 컨트리 길에 접어들자마자 부인은 얼른 말을 꺼냈다.

"우리가 얼마나 놀랐는지 당신도 아실 거라고 생각해요."

"그게 무슨 말씀이시죠?"

"마거릿한테 다 들었어요, 윌콕스 씨. 전부 다. 헬렌이 보낸 편지도 봤고요."

먼트 부인은 솔직하게 털어놓았다. 이때 젊은 윌콕스는 마을 중심가를 되도록 빨리 빠져나가려고 바삐 차를 몰고 있어서 부인을 돌아볼 수 없었다. 그럼에도 그는 부인 쪽으로 고개를 살짝 기울이며 말했다.

"실례지만 무슨 얘기를 하셨는지 못 들었습니다."

"그야 헬렌에 대한 얘기죠. 헬렌은 보통 사람과는 달라요─상대가 당신이니까 이런 말을 해도 된다고 생각하지만─막상 이렇게 말하고 보니 슐레겔 집안 사람들이 모두 특이하네요. 그래서 난 참견할 마음은 조금도 없었지만, 깜짝 놀란 건 사실이에요."

차가 어느 옷감가게 앞에 섰다. 젊은이는 먼트 부인의 말에는 대답도 않고 그 자리에 앉은 채 뒤쪽으로 몸을 돌려 차가 마을을 통과하면서 일으킨 먼지 구름을 바라보았다. 먼지는 가라앉기 시작했지만 모두 바닥으로 떨어지지는 않았다. 먼지의 일부는 열린 창문을 통해 집 안으로 들어갔고, 일부는 길을 따라 조성된 정원의 장미와 구스베리를 하얗게 덮었다. 또 어느 정도는 마을 사람들의 허파 속으로 들어갔다.

"길이 빨리 포장되어야 할 텐데."

젊은이가 말했다. 그때 한 남자가 기름천 한 필을 들고 포목점에서 뛰어나왔고 차는 다시 움직이기 시작했다.

"마거릿은 티비가 아파서 오지 못했어요. 그래서 내가 대신 와서 당신과 자세한 이야기를 나누기로 한 거예요."

"이거 참, 말귀가 어두워서 죄송합니다만, 저는 아직도 그게 무슨 말씀인지 도무지 모르겠네요."

그렇게 말하면서 젊은이는 또 다른 가게 앞에 차를 세웠다.

"헬렌 얘기라고요, 윌콕스 씨. 내 조카딸과 당신에 대한 일 말이에요."

젊은이는 안경을 이마까지 밀어올리고 영문을 모르겠다는 얼굴로 먼트 부인을 바라봤다. 이제는 먼트 부인도 당황하기 시작했다. 일이 이렇게 되자 부인도 이야기를 서로 다르게 이해하고 있고, 자기가 뭔가 엄청난 실수를 저질렀다는 사실을 깨달았다.

"슐레겔 양과 저에 대한 일이라고요?"

이렇게 묻더니 젊은이는 입을 다물었다.

"내가 실수한 게 아니면 좋겠는데…… 헬렌이 보낸 편지에는 분명히 그런 내용이 적혀 있었는데요."

먼트 부인이 떨리는 목소리로 말했다.

"그런 내용이 뭐죠?"

"당신과 헬렌이……."

부인은 말을 잇지 못하고 눈을 내리깔았다.

"그래요, 이제 무슨 이야기인지 대충 알겠습니다. 그런데 어쩌다 그렇게 되었을까요?"

젊은이가 딱딱한 목소리로 말했다.

"그렇다면 당신은……."

먼트 부인의 얼굴은 새빨갛게 달아올랐고 말마저 더듬거렸다. 쥐구멍이라도 있으면 들어가고 싶은 심정이었다.

"말도 안 되는 얘기죠. 저는 이미 다른 사람과 약혼했으니까요."

잠시 침묵이 흘렀다. 그러다가 젊은이는 갑자기 뭔가 짚이는 게 있는지 불쑥 입을 열었다.

"설마, 폴, 그 멍청이가!"

"아니, 당신이 바로 폴 씨잖아요?"

"아닙니다."

"그럼 아까 역에서는 왜 그렇게 말했던 거죠?"

"저는 그렇게 말하지 않았는데요."

"실례지만, 그랬어요."

"실례지만, 안 그랬습니다. 제 이름은 찰스입니다."

'젊은'이라는 말은 아버지와 아들 가운데 아들을 가리킬 때와 형제 가운데 동생을 가리킬 때에 쓰인다. 어느 쪽 용법에도 나름대로 합당한 이유가 있었다. 시간이 지나자 두 사람 모두 그 점을 이해했다. 하지만 지금은 그것 말고도 서로 이야기해야 할 문제가 있었다.

"그렇다면 부인은 폴이……."

먼트 부인은 그 목소리가 마음에 들지 않았다. 그것은 역무원을 대할 때와 똑같은 목소리였기 때문이다. 게다가 부인은 아까 역에서 이 남자가 자신을 속였다고 생각했으므로 더더욱 부아가 났다.

"그렇다면 부인은 폴과 부인의 조카따님이……."

이 상황에서 사람이라면 모두 그러하듯 먼트 부인은 두 연인을 편들기로 결심했다. 그녀는 심하게 짓누르는 이 젊은이에게 들볶일 마음은 조금도 없었다.

"그래요. 두 사람은 아주 친해졌어요. 조만간 당신도 알게 될 테지만요. 우리는 그 사실을 오늘 아침에 알았어요."

찰스가 주먹을 꽉 쥐고 고함쳤다.

"그 멍청이가, 그 멍청한 녀석이!"

먼트 부인은 무릎 덮개 속에서 빠져나오기 위해 발버둥을 쳤다.

"당신이 그렇게 생각하신다면, 윌콕스 씨, 나는 여기서 내려서 걸어가겠어요."

"그러지 마십시오. 이제 거의 다 왔어요. 그렇지만 이번 일은 없었던 걸로 해야겠습니다. 그 점만은 꼭 말씀드리고 싶군요."

먼트 부인은 좀처럼 화내지 않는 사람이었다. 어쩌다 화를 내면 그건 자기가 좋아하는 사람을 감싸 주려고 하는 행동이었다. 부인은 발끈해서 쏘아붙였다.

"나도 그 의견에 전적으로 동의해요. 이건 말도 안 되는 이야기니까, 지금 당장 댁으로 가서 파혼시키겠어요. 내 조카딸은 보통 사람보다 뛰어난 아이예요. 그걸 이해해주지 못하는 집안에 시집가다니, 나도 그 꼴을 가만히 두고 볼 수는 없어요."

찰스는 이를 악물었다.

"내 조카딸은 당신 동생과 지난 수요일에 처음 만났을 뿐 아니라 당신 부모님과는 어느 호텔에서 함께 지낸 게 다니까요……."

"목소리를 좀 낮춰 주세요. 가게 사람들이 듣겠습니다."

만일 '계급 정신'이라는 표현을 써도 된다면, 먼트 부인은 그 정신이 강한 편이었다. 하층 계급 사람이 금속제 연통과 냄비, 원예용 분무기와 기름천을 차 안에 집어넣는 동안, 부인은 분노로 부들부들 떨며 입을 꾹 다물었다.

"뒤에 잘 넣었지?"

"네."

대답과 동시에 하층 계급 사람은 먼지구름 속으로 사라졌다.

"미리 말씀드리지만, 폴에게는 재산이 전혀 없습니다. 실수하신 거예요."

"그런 말을 나한테 할 필요는 없어요, 윌콕스 씨. 그건 내가 헬렌에게 해 줄 말이에요. 내 조카딸이 몹시 경솔했던 거니까, 만나면 잘 타일러서 런던으로 데리고 가겠어요."

"게다가 폴은 이제 곧 아프리카 나이지리아에 가서 일해야 합니다. 앞으로 몇 년 정도는 결혼 따윈 생각할 여유도 없고, 혹시 결혼한다 해도 상대는 그곳 날씨를 견딜 만한 사람이어야 합니다. 그리고 다른 점에서도…… 그런데 왜 그 녀석은 우리한테는 아무 말도 안 했을까? 그래, 당연히 부끄러워서 그랬겠지. 멍청한 짓을 했구나 하고, 암, 확실히 멍청한 놈이야!"

먼트 부인은 그 말을 듣자 더욱 화가 치밀었다.

"슐레겔 양은 즉시 그 얘기를 퍼뜨리고 다녔는데 말이지……."

"윌콕스 씨, 내가 만약 남자였다면 지금 당신이 한 얘기만 듣고도 주먹을 날렸을 거예요. 당신은 내 조카딸의 구두를 닦을 만한 자격도 없고, 한 방에서 함께 숨을 쉴 권리도 없어요. 그런데 그런…… 나는 당신 같은 사람은 상대하고 싶지도 않네요."

"어쨌든 제가 알고 있는 사실은, 부인의 조카따님은 그 얘기를 퍼뜨렸지만 제 동생은 아무 말도 하지 않았다는 겁니다. 그리고 저희 아버지가 지금 안 계셔서 제가……."

"내가 알고 있는 사실은……."

"제 이야기를 끝까지 들어주시겠습니까?"

"들어볼 필요도 없어요."

찰스는 이를 갈면서 차를 난폭하게 몰았다. 먼트 부인은 비명을 질렀다.

이렇게 찰스와 먼트 부인은 영국인들이 사랑의 결실인 결혼을 할 때마다 한 번쯤은 겪게 되는 '집안 자랑 시합'을 시작했다. 다만 이번 경우에는 그 시합이 보통 이상으로 격렬했다. 한쪽은 슐레겔 집안의 우위를, 다른 한쪽은 윌콕스 집안의 우위를 대놓고 주장했다. 어느새 그들 사이에는 예의범절이고 뭐고 다 사라져 버렸다. 찰스는 젊고 혈기 왕성했으며, 먼트 부인은 잔뜩 화가 난 상태였다. 게다가 두 사람 다 어딘지 모르게 속물적인 구석이 있었다. 그들의 싸움은 대부분의 싸움이 그렇듯 그 순간에는 그럴 수밖에 없는 이유로 일어났지만, 나중에 돌이켜 보니 어쩌다 그렇게 되었는지 알 수가 없었다. 사실 이번 싸움은 대부분의 싸움보다 훨씬 더 무의미했다. 두 사람은 얼마 뒤 정확한 사정을 알게 됐다.

그러는 사이에 차는 하워즈 엔드에 도착했다. 헬렌이 창백한 얼굴로 이모를 마중하러 뛰어나왔다.

"줄리 이모, 마거릿 언니가 보낸 전보를 받았어요. 저는…… 저는 이모가 오시는 걸 말리려고 했는데. 이미…… 모든 게 다 끝났거든요."

먼트 부인에게는 너무나 충격적인 결말이었기에 그 자리에서 울음을 터뜨렸다.

"울지 마세요, 줄리 이모. 그러시면 제가 어리석었다는 사실을 이 집 사람들이 다 알게 돼요. 그러니 저를 위해서라도 참아주세요."

"폴!"

찰스가 장갑을 벗으며 소리쳤다.

"이곳 사람들에게 알리지 말아 주세요. 절대로요."

"아, 가여운 헬렌……."

"폴, 폴!"

폴이라는 이름을 부르는 남자보다 훨씬 젊은 남자가 집 안에서 나왔다.

"폴, 그게 정말이냐?"

"난……."

"똑바로 대답해 봐. 짧게 물어볼 테니 너도 짧게 대답해. 슐레겔 양은…

…."

"찰스!" 그를 부르는 소리가 뜰 쪽에서 들려왔다.

"애야, 짧게 물어볼 필요도 없고, 물어볼 것도 없단다."

그 목소리의 주인공은 윌콕스 부인이었다. 다들 입을 다물어 버렸다.

윌콕스 부인은 헬렌의 편지에 적혀 있듯이 잔디밭 위로 긴 옷자락을 끌면서 다가왔다. 그녀의 손에는 마른풀이 한 움큼 들려 있었다. 윌콕스 부인은 그곳에 있는 젊은이들이나 그들의 자동차보다는 오히려 그 집과 거기에 그림자를 드리우고 있는 나무와 친숙해 보였다. 또한 그녀가 과거를 숭배하고, 과거만이 줄 수 있는 본능적인 지혜─사람들이 '귀족적'이라는 말로밖에 표현하지 못하는─를 물려받았음을 쉽게 알 수 있었다. 윌콕스 부인은 고귀한 집안에 태어나지 않았을지도 모르지만, 조상들을 모시는 것은 사실이었으며 늘 그 도움을 받고 있었다. 찰스가 화를 내고, 폴은 겁에 질리고, 먼트 부인이 울고 있는 모습이 윌콕스 부인의 눈에 들어온 순간, 그 조상들은 부인에게 말했다. "다른 일은 다 제쳐 두고, 우선 서로에게 상처 입히려 하는 저 사람들을 떼어 놔라."

그래서 윌콕스 부인은 아무것도 물어보지 않고, 사교에 능한 여성의 표정─별다른 일은 일어나지 않았다는 식의 표정─도 짓지 않았다.

"슐레겔 양, 이모님을 네 방이든 내 방이든, 네 편한 대로 모셔다 드리세요."

그리고 말을 이었다.

"폴, 이비에게 가서 점심식사는 여섯이서 할 거라고 전해라. 모두 식당에서 식사할 수 있을지는 모르겠지만."

그렇게 사람들이 모두 자리를 떠나 버리자 윌콕스 부인은 엔진이 악취를 풍기면서 계속 회전하고 있는 자동차 운전석에 남아 있던 큰아들에게 미소를 지었다. 그러고는 뜰에 핀 꽃 쪽으로 다시 걸음을 옮겼다. 그때 큰아들이 말했다.

"어머니! 폴이 또 멍청한 짓을 한 걸 모르세요?"

"그 일이라면 신경 쓸 것 없단다. 약혼은 취소되었으니까."

"약혼……!"

"이제 그 애들은 서로 사랑하지 않아. 이렇게 말하는 편이 네가 알아듣기

쉽다면."

이렇게 대답하고서 윌콕스 부인은 허리를 굽혀 장미꽃 향기를 맡았다.

4

헬렌과 이모는 허탈감에 빠져 위컴 플레이스에 있는 집으로 돌아왔다. 그로부터 며칠 동안 마거릿은 환자 셋을 돌봐야 했다. 그러나 얼마 뒤에 먼트 부인은 건강을 회복했다. 부인은 과거에 일어난 일을 사실과 다르게 해석하는 능력이 비상하게 발달한 사람이었기에 불과 며칠 사이에 자신의 경솔한 행동이 이번 사건에서 어떤 역할을 했는지 까맣게 잊어버렸다. 처음에는 '마거릿이 이 꼴을 보지 않아서 다행이야'라고 생각했고, 이 생각이 런던으로 돌아오는 기차 안에서는 '누구 한 사람은 겪었어야 했어'로 바뀌었다. 그러다가 다시 최종적으로는 다음과 같은 형태를 취했다. '내가 정말로 에밀리 언니의 딸들에게 도움이 되었던 적은 윌콕스 집안과 얽혔을 때였지.'

그러나 헬렌의 상태는 훨씬 심각했다. 이리저리 엉켜버린 실뭉치 같은 생각들이 벼락처럼 헬렌을 덮쳤고, 이는 그녀를 쓰러지게 만들었다.

솔직히 말하자면 헬렌은 한 사람이 아니라 한 가족을 사랑했다.

폴이 오기 전부터 헬렌은 폴을 맞이하기에 알맞은 상태였다. 윌콕스 집안 사람들의 활기는 헬렌을 매료했고, 그녀의 예민한 감수성은 여러 가지 새롭고 아름다운 이미지를 만들어냈다. 헬렌에게는 그들 가족과 하루 함께 같이 지내다가 밤이면 한 지붕 아래에서 잠드는 것이 인생의 가장 큰 기쁨이었다. 하지만 때에 따라 연애의 서곡이 될 수도 있었던 그 상황은 인격의 상실을 초래했다.

헬렌은 윌콕스 씨나 이비, 찰스와 입씨름을 벌이다가 져도 전혀 불쾌함을 느끼지 않았다. 인생에 대한 자신의 생각이 온실이나 상아탑 속에서 자랐다는 비난을 받아도 괜찮았고, 자기가 주장하는 인간평등사상이나 여성 참정권, 사회주의 같은 것이 죄다 허튼소리로 치부되어도 상관없었다. 예술이나 문학이 인격 형성에 도움이 되는 것을 빼놓곤 아무 짝에도 쓸모없는 것이란 소리를 들어도 괜찮았다. 그녀는 슐레겔 집안의 한 사람으로 이제껏 믿고 있던 모든 사실들이 뒤집혀 이렇게 항의를 해야 하는 상황이 또 벌어진다 해도 마음속으로는 기뻐했을 것이다.

윌콕스 씨가 사회주의자 열 사람보다 견실한 실업가 한 사람이 세상에 도움을 준다고 말했을 때에도 헬렌은 그 기묘한 주장을 아무런 거부감 없이 받아들이고는 윌콕스 씨 자동차의 고급 쿠션 속에 몸을 파묻었다. 그리고 찰스가 "왜 그렇게 하인들에게 정중하게 대하죠? 그래 봐야 저 사람들은 알지도 못하는데" 말했을 때에도 그녀는 슐레겔 집안 사람답게 "하인들은 몰라도 나는 아니까요"라는 대답 대신 오히려 앞으로는 하인들에게 정중한 태도를 취하지 말아야겠다고 생각하기까지 했다. '나는 위선적인 관념에 사로잡혀 있었어. 거기서 벗어나는 건 좋은 일이야' 헬렌은 이렇게 생각했다.

헬렌이 생각하고 행동하고 느끼는 모든 것이 폴을 맞이하기 위한 조용한 준비였기에 그녀에게 폴은 피할 수 없는 존재였다. 찰스에게는 이미 약혼녀가 있었고, 윌콕스 씨는 나이가 들었으며, 이비는 너무 어렸고, 윌콕스 부인은 다른 사람들과 너무나도 달랐다. 그래서 헬렌은 아직 모습을 드러내지 않은 그 청년을 동경하는 마음으로 물들기 시작했고, 그녀가 경험하는 행복한 나날의 찬란한 빛으로 그를 휘감았다. 폴을 통해 건전한 이상에 가장 가까이 접근할 수 있다고 생각했다. 게다가 이비는 헬렌과 폴이 같은 또래라고 말했다. 많은 사람들이 형인 찰스보다 폴이 더 잘생겼다고 생각했고, 폴이 골프는 형보다 못 쳐도 총은 확실히 더 잘 쏘았다.

이윽고 시험을 하나 통과해서 신이 난 폴은 예쁜 여자라면 누구에게나 접근하겠다 하는 마음으로 집에 돌아왔다. 그리고 헬렌과 폴은 일요일 날 밤에 만났다.

폴은 헬렌과 만났을 때 자기가 머잖아 나이지리아로 가야 한다는 사실을 이야기하고 윌콕스 집안의 손님인 헬렌에게 정신 차릴 기회를 줬어야 했다. 그러나 헬렌의 물결치는 가슴이 폴을 유혹했다. 그는 왠지 정열적으로 행동해도 될 것 같아서 그렇게 했다. 게다가 그의 가슴속 깊은 곳에서 무언가가 속삭였다.

'이 여자라면 너에게 입맞춤을 허락할 거야. 이런 기회는 두 번 다시 없을지도 몰라.'

일은 이렇게 된 것이다. 헬렌은 적어도 이렇게, 아니면 여기에서 사용한 말들보다 더 냉담한 표현으로 자초지종을 언니에게 털어놓았다. 그러나 그 입맞춤의 시적 정취와 신비로움, 그리고 그로부터 몇 시간 동안 인생을 지배했던 놀라운 매력을 누구에게 설명할 수 있으랴. 아마 영국인이라면 이런 인간과 인간의 우연한 접촉을 비웃을지도 모른다. 이런 만남은 영국인 독설가와 도덕가에게도, 좋은 재료를 제공한다. 이것을 일시적인 감정으로 치부함으로써, 그 감정이 지속되는 동안 얼마나 생기 넘쳤는지를 잊어버리기는 쉽다. 물론 뭔가를 잊어버리고 비웃는 인간의 본능은 따지고 보면 유익할지도 모른다. 이 본능을 통해 우리는 감정만으로는 충분치 않으며, 남자와 여자란 서로 전기가 통하는 행위를 허용하는 존재일 뿐만 아니라 좀 더 영구적인 관계를 유지할 수 있는 존재임을 알게 된다. 그런데 우리는 이 본능을 지나치게 높이 평가한 나머지, 그런 하찮은 접촉으로 천국의 문이 열린다는 사실을 무시한다.

어쨌든 헬렌은 인생에서 금방 잊혀 버릴 한 청년의 의미 없는 포옹밖에는 되지 않을 일을 경험했다. 폴은 남에게 들킬지도 모르는 밝은 집 안에서 헬렌을 데리고 나와, 그가 알고 있는 오솔길을 따라 아름드리 느릅나무 밑으로 갔다. 그는 어둠 속에서 한 남자가 되었고 때마침 사랑을 원하고 있던 헬렌에게 속삭였다. "당신을 사랑해요." 폴이라는 존재는 머잖아 헬렌의 세계에서 사라져 버렸지만, 그가 그 나무 밑에서 헬렌을 상대로 연출했던 장면만은 고스란히 남았다. 그로부터 많은 세월이 흘렀는데도 헬렌은 두 번 다시 이같은 일을 경험하지 못했다.

마거릿이 헬렌에게 말했다.

"그래, 이해해. 적어도 내가 이해할 수 있는 만큼은. 이제는 월요일 아침에 있었던 일을 이야기해 봐."

"모든 게 순식간에 끝났어."

"어떤 식으로?"

"그날 옷을 입을 때까지는 나도 행복했어. 하지만 아래층으로 내려가는 도중에는 확실치 않다는 느낌을 받았고, 식당에 들어갔을 때에는 이미 다 끝났다는 사실을 깨달았어. 이비는 찻주전자를 들고 있었고…… 글쎄, 이 장면을 어떻게 설명하면 좋을지 모르겠네…… 윌콕스 씨는 〈타임스〉를 읽고 있었어."

"폴도 있었겠지."

"응. 찰스가 폴에게 주식 이야기를 하고 있었고, 폴은 덜덜 떨고 있었어."

자매는 짧은 대화를 했지만 서로에게 많은 내용을 전달할 수 있었다. 마거릿은 그 장면에서 비참함을 느꼈다. 그래서 헬렌이 다음과 같이 말했을 때도 놀라지 않았다.

"뭐랄까, 그 남자가 그런 꼴을 하고 있으니까 차마 눈 뜨고 볼 수가 없었어. 우리가 무서워하는 거야 이해가 가지. 그리고 다른 남자들, 예컨대 아버지 같은 남자들이 무서워하는 것도 이해가 가. 그런데 그 남자가 그 꼴이 되다니 말이야. 그때 다른 사람들은 다 침착했는데, 폴은 내가 무슨 말이라도 할까 봐 새파랗게 질려 있는 거야. 난 그 모습을 보자마자 문득 생각했어. 윌콕스 집안 사람들은 신문과 자동차, 골프 클럽 같은 것들로 쌓아 올린 얄팍한 존재들일 뿐인데, 그게 무너지면 뭐가 남을까 하고."

"난 그렇게 생각하지 않아. 그 부부는 정말로 훌륭한 분들 같았어. 특히 그 부인은."

"그래, 나도 사실 진심으로 그렇게 생각하는 건 아니야. 하지만 폴은 그전까지는 진짜 남자답다고 느꼈거든. 그런데 그 일과 이런저런 이유들 때문에 나는 더더욱 견디기 힘들었어. 그래서 모든 게 끝났다는 사실을 확실히 깨닫게 된 거야. 식사를 마치고 다른 사람들이 골프 연습을 하고 있을 때 폴에게 다가가서 말했어. '어젯밤에는 우리 둘 다 약간 흥분했던 모양이에요.' 그러자 폴이 몹시 부끄러워하면서도 기운을 차리고는 자기는 결혼할 만한 돈이 없다고 징징대기 시작했지. 그 모습이 너무 보기 괴로워서 그만두라고 했어. 그랬더니 그가 말하더라. '슐레겔 양, 정말 죄송합니다. 어쩌다 그런 짓을 했는지 나도 모르겠어요.' 그래서 난 이렇게 대답했지. '나도 어떻게 됐었나 봐요. 그 일은 잊어버려요.' 우리는 그렇게 헤어지기로 했는데, 전날 밤 언니에게 편지를 보냈다는 사실이 생각난 거야. 그 얘기를 하니까 그는 또 덜덜 떨기 시작했지. 언니가 여기까지 오거나 다른 행동을 취하리라고 생각했었나 봐. 그래서 나는 그에게 언니에게 전보를 쳐 달라고 부탁했어. 그래서 폴이 자동차를 몰고 가려고 했는데, 찰스와 윌콕스 씨가 역까지 자동차로 간다지 뭐야. 찰스가 대신 전보를 쳐 주겠다고 말했지만, 별로 급한 일이 아니라며 사양할 수밖에 없었어. 찰스가 전보를 읽을지도 모른다고 폴이 말하기에 내가 몇 번이나 고쳐 썼지만, 그래도 위험해서 안 되겠다는 거야. 결국 폴은 총알을 사러 간다는 핑계를 대고 걸어서 전보를 치러 갔어. 그래서 늦어진 거야. 정말 끔찍한 아침이었어. 폴은 점점 더 나를 싫어하게 되었고, 이비는 지치지도 않고 크로케 득점에 대해서만 이야기했지. 나중에는 정말 미칠 것 같더라. 어떻게 그때까지 이비 얘기를 들으면서 참고 있었던 걸까? 그러는 사이에 드디어 찰스와 윌콕스 씨가 외출했는데, 그 뒤에 줄리 이모가 기차를 타고 오신다는 언니의 전보가 도착했어. 그러자 폴은 기가 막히게도 내가 일을 망쳐 버렸다는 거야. 그렇지만 윌콕스 부인은 알고 있었어."

"무엇을?"

"전부 다. 우리는 부인에게 한마디도 하지 않았는데, 부인은 처음부터 다 알고 있었던 것 같아."

"너희 두 사람이 하는 얘기를 들은 게 아닐까?"

"그럴지도 몰라. 하지만 그래도 놀라웠어. 찰스하고 줄리 이모가 차 안에서 시끄럽게 떠들어 대면서 도착했을 때, 윌콕스 부인이 뜰 쪽에서 걸어 나오셨지. 그 덕분에 일이 그렇게까지 커지지는 않았어. 하지만 정말 끔찍한 일이었어. 난 단지……."

헬렌이 한숨을 쉬었다.

"단지 잠깐 동안 한 남자와 사귀었을 뿐인데, 그 일로 전보가 바쁘게 오가고 언성을 높여야 했단 말이지?"

마거릿이 동생을 대신해 말을 보탰다. 헬렌이 고개를 끄덕였다.

"헬렌, 나는 그 점에 대해 자주 생각한단다. 그건 재미있는 일이지. 너도 나도 모르는 커다란 바깥세상, 언성을 높이거나 전보를 치는 일이 의미 있는 세상이 정말로 있기는 있나 봐. 그 세상에서는 우리가 가장 소중히 여기는 인간관계가 별로 소중하지 않고, 연애는 부부의 재산 계약을 의미하고, 사람이 죽는 것은 상속세를 의미한다고 하더라. 그런데 난 참 난처하게도, 바깥세상이 싫기도 하지만 때로는 그 세상이 진정한 세상처럼 여겨지기도 해…… 아무튼 그곳에는 확실한 경쟁이 있고, 사람은 그것을 통해 단련되거든. 그에 비해 사람과 사람의 관계란 결국 사람을 파멸시키는 감상에 지나지 않는지도 몰라."

"메그 언니, 언니처럼 그렇게 확실하게 느끼지는 못했지만 나도 비슷한 생각을 했었어. 그때는 윌콕스네 사람들은 더없이 유능해 보였고, 그 수완도 다 갖추었다는 느낌이 들었거든."

"그래, 지금은 어떠니?"

"그날 아침 식당에서 본 폴의 모습이 기억 나."

헬렌이 조용히 말을 이었다.

"그때의 폴을 잊을 수가 없어. 그때 폴을 지탱해 주는 것은 하나도 없었거든. 난 사람과의 관계야말로 진정한 인생이라는 사실을 깨달았어. 그리고 이 생각은 앞으로도 영원히 변치 않을 거야."

"그렇구나."

이리하여 윌콕스 소동은 달콤함과 참담함이 뒤섞인 기억을 남긴 채 과거 일이 되었다. 두 자매는 헬렌이 내세운 생활 방식을 그대로 유지했다. 그들은 서로를 상대로, 또 다른 사람들을 상대로 이야기를 나누었다. 그들은 위컴 플레이스의 좁고 높은 집에 그들이 좋아하는 사람들 또는 도와주고 싶은 사람들을 초대했다.

두 사람은 연설회 등에도 참석했다. 그들은 나름대로 정치에 매우 관심이 많았지만, 정치가가 바라는 식으로 관심을 갖지는 않았다. 두 사람은 내면생활에 좋은 것들이 공적인 생활에도 반영되기를 바랐다. 절제·관용·남녀평등권 같은 것들은 그들에게 큰 의미가 있었다. 그러나 그들은 영국이 티베트에서 펼치는 정책과 같이 상당히 중대한 문제에 대해서는 별 관심이 없었다. 두 사람은 대체로 대영제국을 존경하기는 했으나 뭔가 정체를 알 수 없는 것으로 여기면서 한구석으로 밀어 놓곤 했다. 따라서 이 자매는 역사적인 사건에 관여할 일이 없었다. 만약 세계에 오직 슐레겔 집안 사람들만 존재했다면, 그 세계는 피가 통하지 않는 잿빛 공간임에 틀림없었다. 그러나 우리 세상은 그렇지 않았기에 그들의 존재는 별처럼 빛이 났다.

이야기를 서술하기에 앞서, 슐레겔 집안 내력에 대해 간단히 설명하자면, 두 사람은 먼트 부인의 주장과는 달리 뼛속까지 완벽한 영국인은 아니었다. 그러나 철두철미한 독일인도 아니었다. 두 사람의 아버지는 50년 전, 독일에 지금보다 더 많이 있었던 종류의 독일인이었다. 영국 신문기자가 즐겨 표현하는 공격적인 독일인도 아니고, 영국 독설가의 우스갯소리에 등장하는 가정적인 독일인도 아니었다. 오히려 슐레겔 씨는 칸트나 헤겔과 같은 나라 사람으로 여겨야 할 것이다. 그는 이상주의자이자 몽상가였으며, 그의 제국주의는 관념 세계를 지배하는 데 초점이 맞추어져 있었다.

그렇다고 슐레겔 씨가 아무 일도 안 하고 일생을 보냈다는 얘기는 아니다. 그는 덴마크와 오스트리아 및 프랑스와의 전쟁에서 모든 것을 잊고 열심히 싸웠다. 그때 그는 승리의 결과가 어떨지 예상하지 못했다. 그가 처음으로 진실을 접했다는 느낌을 받은 것은 나폴레옹 3세의 염색한 수염이 희끗희끗 변해 가는 모습을 보았을 때와 튈르리 궁전 유리창이 산산조각 나 있는 광경을 보았을 때였다. 이윽고 평화가 찾아왔고—이미 독일은 독일 제국이었으므로 모든 것이 엄청나게 거대해진 상태였다—슐레겔 씨는 독일이 알자스—로렌 지방을 얻었음에도 만족할 수 없는 무언가를 잃어버렸다고 생각했다.

이제 일류 공업국이자 일류 해양국이 된 독일, 여기서는 식민지를 개척하고 저기서는 진취적 정책을 펼치며 또 다른 곳에서는 합법적 권리를 주장하는 독일, 이러한 독일은 다른 사람들이 보기에는 그럴싸해서 애국심을 불태우기에 충분했을지도 모른다. 그러나 슐레겔 씨는 승리의 결실을 누리지도 않고 영국으로 귀화해 버렸다. 슐레겔 씨의 친척 가운데 융통성 없는 사람들은 이 행위를 결코 용서하지 않았다. 그들은 그의 자식들이 못된 영국인도 되지 못하고, 진정한 독일인이 될 가능성도 없다는 사실을 알고 있었다.

슐레겔 씨는 영국에 와서 조그만 지방 대학에 취직했다. 그리고 소도시에서 가여운 에밀리(독일 측 주장대로라면 그놈의 영국 여자)와 결혼했다. 에밀리에게는 웬만큼 재산이 있었기에 그는 런던으로 이주해 교제 범위를 상당히 넓힐 수 있었다. 그러나 슐레겔 씨의 마음은 언제나 바다 건너에 있었다. 그는 조국을 뒤덮고 있는 물질주의의 구름이 언젠가는 갈라져 거기서부터 지성의 부드러운 빛이 다시금 내리비치기를 바랐다.

"에른스트 숙부님, 그렇다면 우리 독일인이 어리석다는 말씀이십니까?"

런던에 온 오만한 조카 하나가 의기양양하게 가슴을 펴고 물었다. 그러자 에른스트 숙부가 대답했다.

"내가 보기에는 그래. 독일인은 분명히 지성이 있는데도 이제 더 이상 그런 것에 관심이 없지. 그러니까 바보가 된 거야."

조카가 그 뜻을 이해하지 못하자 슐레겔 씨는 이렇게 덧붙였다.

"독일인은 오로지 실용적인 것에만 관심이 있어. 그래서 순서를 매겨 놓은 거지. 돈은 매우 유용하고, 지성도 어느 정도 유용하지만, 상상력은 아무 짝에도 소용이 없다고 하면서 말이야. 하지만……."

슐레겔 씨는 반박하려는 상대를 제지하며 말을 이었다.

"독일인이 내세우는 범독일주의는 이곳 영국의 제국주의와 마찬가지로 상상력이 전혀 통하지 않아. 대체로 하등한 인간은 큰 것에 현혹되기 마련이지. 1000제곱마일은 1제곱마일보다 1000배나 좋고, 100만 제곱마일이면 거의 천국에 가깝다는 식으로 생각하거든. 하지만 그것은 상상력을 키우는 게 아니라 상상력을 죽이는 짓이야. 이곳 영국에서는 그러한 '크기'를 시인이 찬양하려 드는 순간, 이미 그는 시인이 아니게 돼. 당연한 거지. 그런데 독일에는 이제 시인도, 철학자도, 온 유럽이 200년 동안 열심히 들었던 음악을 만든 음악가들도 없어졌단다. 그런 인재들을 양성하던 작은 궁정과 함께 사라져버린 거야. 바이마르나 에스터하지 등과 함께 사라져 버린 거지. 뭐, 대학? 그래, 독일에도 아직 학자들은 있어서 영국 학자들보다 많은 사실들을 모으고 있지. 사실들을 모으고 또 모아서 사실의 제국을 건설할 생각인가 본데, 과연 인간 내면에 등불을 켜는 쪽은 어디일까?"

마거릿은 오만한 조카의 무릎에 안긴 채 그 이야기에 귀 기울였다.

그것은 두 딸에게는 다시없을 교육이었다. 어느 날 조카는 자신보다 더 도도한 아내를 위컴 플레이스의 집으로 데려왔다. 두 사람 모두 하느님으로부터 독일이 세상을 지배하라는 사명을 받았다고 굳게 믿었다. 그런데 그 다음 날에는 영국이 하느님으로부터 사명을 받았다고 굳게 믿는 줄리 이모가 찾아왔다. 이 사람들이 목청을 돋우며 주장하는 내용 가운데 어느 쪽이 진짜일까? 어느 날 그들이 모두 그곳에 모이자 마거릿은 팔짱을 끼고서, 이 문제를 깨끗하게 해결해 달라고 그들에게 간청했다. 그 말에 두 사람 모두 얼굴을 붉히더니 날씨 이야기를 하기 시작했다. 그러자 마거릿이 말했다.

"아빠, 왜 이분들은 이렇게 명백한 문제에 대해 이야기해 주시지 않는 거죠?"

마거릿의 아버지는 떨떠름한 표정으로 양쪽을 보더니 자기도 모르겠다고 대답했다. 그러자 마거릿이 고개를 갸웃거렸다.

"제 생각에는 둘 중 하나인 것 같아요. 하느님이 영국과 독일 가운데 어느 쪽을 택할지 아직 결정하지 못하셨거나 아니면 이분들이 하느님의 생각을 모르고 있는 거죠."

마거릿은 이렇게 짓궂은 아이였지만, 그래도 대부분의 사람이 평생토록 알지 못하고 넘어가는 '딜레마'를 그 아이는 고작 열세 살에 깨달았다. 마거 릿의 머리는 이리저리 여러 방면으로 잘 돌아갔고, 강하면서도 부드러웠다. 마거릿은 한 개인은 어떤 조직보다도 더욱 불가해한 존재와 가깝다고 결론 내렸다. 그리고 시간이 지나도 이 생각은 결코 바뀌지 않았다.

헬렌도 마거릿과 거의 비슷하게 성장했지만 좀 더 무책임한 구석이 있었 다. 헬렌은 언니와 성격이 비슷하긴 해도 얼굴이 더 예뻐서, 언니보다 즐거 운 시간을 보낼 기회가 많았다. 사람들은—특히 처음에는—언니보다 헬렌 주위에 더 많이 모여들었다. 헬렌은 사람들이 자기를 추어올리는 것을 결코 싫어하지 않았다.

아버지가 세상을 떠나자 두 자매는 집안 살림을 꾸려 나가기 시작했다. 그 때부터 마거릿은 무시당하고 헬렌은 손님들의 관심을 독차지하게 되었는데, 이런 일은 자주 일어났다(두 자매는 이야기하기를 무척 좋아했다). 그래도 자매는 전혀 개의치 않았다. 그런 일로 헬렌이 나중에 사과하는 일은 없었 고, 마거릿이 헬렌에게 반감을 갖는 일도 없었다.

그런데 용모는 아무래도 성격에 영향을 미친다. 두 자매는 어릴 적에는 서 로 비슷했지만 윌콕스 소동이 일어났을 무렵에는 저마다 다른 길을 걷기 시 작했다. 여동생은 남을 끌어당기는 경향이 있었으며, 그렇게 함으로써 자기 도 상대에게 끌리게 되었다. 반대로 언니는 남에게 신경 쓰지 않고 자기가 가고 싶은 방향으로 돌진하는 성격이었다. 그러다가 혹시 실패하더라도 그 쯤은 감수해야지 하는 식이었다.

티비에 대해서는 많은 말이 필요 없으리라. 열여섯 살이 된 티비는 이미 어엿한 성인으로서의 지성을 갖추었지만, 위가 약한 체질에 성격이 까다로 운 편이었다.

5

인간의 귓속으로 연이어 흘러들어간 소리들 가운데 베토벤의 〈교향곡 제5 번〉이 가장 웅장하다는 말에 많은 사람들이 공감할 것이다. 이 음악은 각기 다른 상태에 있는 사람들을 모두 만족시킨다. 예컨대 좋아하는 악절이 나오 면 손으로 박자를 맞추는(남에게 방해되지 않을 정도로) 먼트 부인이건, 이 음악의 홍수 속에서 영웅이나 난파선을 보는 헬렌이건, 오직 음악밖에 보지 못하는 마거릿이건, 대위법에 정통해서 무릎 위에 악보를 펴 놓고 듣는 티비건, 이 3남매의 사촌으로서 베토벤이 '진정한 독일인'임을 한시도 잊지 않는 프리다 모제바흐 양이건, 머릿속에는 온통 모제바흐 양 생각뿐인 그녀의 약혼자 리제케 씨건, 그 누구건 간에 이 음악에 의해 삶의 정열이 자극된 나머지 '이런 음악을 들을 수 있다면 2실링을 지불하는 것도 전혀 아깝지 않다'고 생각한다. 그 음악을 감상하는 곳이 음침한 맨체스터의 프리 트레이드 홀이나 런던에서 가장 어두침침한 연주회장인 퀸스 홀이어도, 그리고 그 자리가 연주회장 왼쪽 끝 자리여서 금관악기 소리가 다른 악기 소리보다 먼저 들려온다 할지라도, 역시 2실링이면 싼 편이다.

"지금 마거릿과 이야기하고 있는 사람은 누구니?"

제1악장이 끝난 뒤 먼트 부인이 물었다. 이번에도 부인은 런던의 위컴 플레이스에 묵으러 와 있었다.

헬렌은 같은 줄에 앉아 있는 사람들을 죽 훑어보더니 모르겠다고 대답했다.

"마거릿의 친구인가?"

"그렇겠죠."

헬렌이 대답했다. 지금 헬렌은 음악에 정신이 팔려 있어, 자기들과 친하게 지내는 친구들과 그냥 알고만 지내는 젊은이를 구별하기가 귀찮았다.

"너희는 친구가 많아서…… 아 참, 말하면 안 되지."

제2악장 안단테가 시작되었다. 그것은 매우 아름다웠지만, 베토벤이 작곡한 다른 안단테들과 왠지 비슷한 구석이 있었다. 헬렌은 제2악장이 제1악장의 영웅과 난파선, 제3악장의 영웅과 요괴들하고는 지나치게 동떨어진 느낌을 받았다. 헬렌은 그 악절을 한 번 끝까지 듣고 나서 다른 쪽으로 관심을 돌려, 청중과 오르간, 그곳 건물들을 바라보았다. 퀸스 홀 천장 가장자리에서 노르스름한 바지를 입은 채 시월의 햇빛이 내키지 않는 듯 서로에게 절을 하고 있는 큐피드들은 유난히 어설프고 못나 보였다. 헬렌은 속으로 생각했다.

'저런 큐피드 같은 남자와 결혼한다면 얼마나 싫을까.'

뒤이어 처음 악절을 변주한 다른 악절이 시작되었다. 헬렌은 그 악절을 끝까지 듣고 나서 사촌인 프리다를 돌아보며 미소 지었다. 그러나 프리다는 고전 음악을 감상하느라 헬렌에게 신경 쓸 겨를이 없었다. 리제케 씨 또한 무슨 일이 있어도 이 음악만은 반드시 들어야겠다는 표정으로 이맛살을 잔뜩 찌푸리고 입을 반쯤 벌린 채 코안경을 코와 직각이 되게끔 걸치고 있었다. 그리고 통통하고 하얀 두 손을 두 무릎 위에 올려놓았다. 그 옆에서는 영국인 느낌이 물씬 나는 줄리 이모가 손으로 박자를 맞추다가 그만두곤 했다. 헬렌에게 그 줄에 앉아 있는 사람들은 참으로 흥미로운 존재들이었다. 그녀는 그들을 만드는 데 별의별 조건들이 영향을 미쳤으리라 생각했다.

베토벤은 한동안 감미롭게 뜸을 들이더니 "이제 됐다"는 듯이 안단테를 끝냈다. 박수갈채가 쏟아졌고, 헬렌 일행과 같이 온 독일인 친척은 독일어로 "훌륭하군", "굉장해" 찬사를 연발했다. 마거릿은 누군지 모를 그 젊은 남자와 이야기를 나누었고, 헬렌은 이모에게 "이제부터가 진짜예요. 처음에 요괴가 나오고, 그 다음에 코끼리 세 마리가 춤을 추죠"라고 말했다. 티비는 모두에게 드럼이 연주하는 간주를 주의깊게 들어보라고 진지하게 조언했다.

"뭐, 무슨 연주?"

"드럼이요, 줄리 이모님."

"그보다도 요괴가 이제는 가 버렸나 했더니 다시 돌아오는 대목을 잘 들으셔야 해요, 이모님."

헬렌이 조그맣게 속삭였다. 그러는 사이에 연주가 시작됐고, 한 요괴가 나타나 우주 끝에서 다른 쪽 끝까지 조용히 걸어갔다. 이어서 몇몇 요괴가 따라 나왔다. 모두들 매우 얌전했지만, 헬렌에게는 무시무시했다. 요괴들은 영광이니 헌신 따위는 없다고 말했으며, 코끼리 춤이 끝나자 다시 돌아와서 같은 말을 되풀이했다. 헬렌은 그 말에 반대할 수 없었다. 헬렌도 그런 느낌을 받은 적이 있었고, 청춘 세계의 견고한 벽이 무너져 내리는 광경을 보았기 때문이다. 그곳에는 낭패와 공허만이 존재했다. 요괴들이 하는 말은 사실이었다.

티비가 손가락을 하나 들자, 드럼이 연주하는 간주가 시작됐다.

베토벤은 이대로 내버려 두면 안 되겠다고 생각했는지 요괴들을 붙잡아서 야단을 쳤다. 그는 몸소 등장하여 요괴들을 손으로 확 밀기 시작했다. 그러자 그때까지 단조로 걷던 요괴들은 장조로 걷기 시작했고, 그가 한 번 훅 불자 다들 날아가 버렸다. 갑자기 영광이 바람을 타고 날아왔으며, 신들과 반신(半神)들이 거대한 검을 휘두르며 싸움을 벌였다. 전쟁터는 색채와 향기로 가득 찼고, 눈부신 승리와 장렬한 죽음이 있었다. 이 모든 일들이 헬렌 앞에서 단숨에 벌어졌다. 헬렌은 직접 만져보려는 듯 장갑 낀 손을 뻗기도 했다. 어떠한 운명도 위대하고 어떠한 싸움도 바람직했기에 이긴 자나 진 자나 천상에 사는 이들의 갈채를 받았다.

요괴들은 정말 거기에 나타난 적이 있었을까. 그것은 다만 비겁함과 의심에서 생긴 환상이어서, 건전한 사람이라면 쉽게 뿌리칠 수 있는 것이 아닐까. 윌콕스 집안 사람들이나 루스벨트 대통령이라면 틀림없이 바로 그렇다고 대답했을 것이다. 그러나 그 점에 대해서는 베토벤이 더 잘 알고 있었다. 요괴들은 실제로 거기에 있었고, 다시 돌아올지도 몰랐다. 그리고 정말로 돌아왔다. 마치 인생의 모든 훌륭한 것들을 부글부글 끓여 증기와 거품이 되어 사라지게 하는 사태를 예고하는 것 같았다. 그 해체의 어둡고 무서운 소리가 들려왔다. 아까보다 훨씬 더 악의에 찬 요괴 하나가 우주 이쪽 끝에서 저쪽 끝까지 조용히 걸어갔다. 그러자 그 자리에는 공허와 낭패만이 남았고 세계의 빛나는 성벽은 당장이라도 무너질 것 같았다.

마지막에 이르자 베토벤은 모든 것을 처음과 같은 상태로 복구했다. 그는 성벽을 수복하고, 두 번째로 요괴들을 단숨에 훅 불어 날렸다. 그는 영광의 바람과 헌신, 젊음, 삶과 죽음의 장려함을 다시 가지고 왔다. 그리고 그와 더불어 〈교향곡 제5번〉은 초자연적인 환희의 폭풍 속에서 끝났다. 그러나 요괴들은 지금도 변함없이 존재하며, 따라서 언제 다시 돌아올지 모른다. 베토벤은 이 사실을 분명히 밝혔으며, 그 때문에 그가 다른 말을 하더라도 사람들은 그를 믿는다.

갈채가 이어지는 동안 헬렌은 연주회장을 빠져나왔다. 그녀는 혼자 있고 싶었다. 베토벤 음악은 헬렌의 일생에서 이미 일어난 일, 앞으로 일어날 일들을 모두 요약해서 말해 주고 있었다. 헬렌은 그것을 결코 다른 것으로 대체하지 못할 명확한 문장으로 이해했으므로, 그 음 하나하나는 그녀에게 특별한 의미를 가지게 되었다. 이제 그것은 다른 의미를 가질 수 없었고, 인생이 다른 의미를 가질 수도 없었다. 헬렌은 곧장 연주회장에서 빠져나와 가을 공기를 들이마시며 천천히 바깥 돌계단을 밟고 내려가서 집까지 걸어 돌아갔다.

먼트 부인이 말했다.

"마거릿, 헬렌은 괜찮을까?"

"네, 그럼요, 이모."

"작은누나는 항상 음악회 도중에 나가 버린다니까."

티비가 말했다.

"음악을 듣고 깊은 감동을 받은 거예요."

모제바흐 양이 말했다. 그러자 그때까지 말할 기회를 엿보던 마거릿 옆자리의 젊은 남자가 입을 열었다.

"실례지만 그분이 실수로 제 우산을 가져 가셨나 봅니다."

"어머, 어쩌나! 죄송해요. 티비, 어서 헬렌을 쫓아가 봐."

"그러면 〈네 개의 엄숙한 노래〉를 들을 수가 없잖아요."

"티비, 그래도……."

"아뇨, 괜찮습니다."

그 젊은 남자는 실제로는 우산 걱정을 하면서도 그렇게 말했다.

"아뇨, 괜찮지 않아요. 티비, 제발 부탁이야."

티비는 자리에서 일어났으나 제대로 움직일 수 없도록 일부러 앞 의자 등받이에 몸을 부딪쳤다. 그리고 간신히 자기 의자를 들어 올려 그 밑에 있는 모자를 집은 다음 의자를 제자리에 내려놓았다. 그런 다음 그 위에 악보를 놓았는데, 이미 그때는 헬렌을 뒤쫓을 수 없는 상태였다. 어느새 〈네 개의 엄숙한 노래〉가 시작됐으며, 연주 도중에는 아무도 연주회장에서 나갈 수 없었기 때문이다.

"제 여동생이 몹시 덜렁대서……."

마거릿이 낮은 소리로 말했다.

"아뇨, 아닙니다."

젊은 남자는 그렇게 말했지만 그 목소리는 차가웠다.

"주소라도 가르쳐 주시면……."

"아뇨, 괜찮습니다."

그러고서 젊은 남자는 외투 자락으로 무릎을 덮었다.

마거릿에게는 〈네 개의 엄숙한 노래〉가 경박하게 들렸다. 브람스가 아무리 이 작품에서 이런저런 푸념을 했어도, 남에게 우산을 훔친 것으로 오해받는 것이 어떤 느낌인지에 대해서는 생각해 본 적이 없을 것이다. 지금 마거릿 옆에 앉아 있는 젊은 남자는 마거릿과 헬렌과 티비가 서로 짜고서 자기 우산을 훔쳤으며, 자기 주소를 가르쳐 준다면 그들이 언젠가 자기 집에 숨어 들어와 지팡이까지 훔쳐갈지도 모른다고 생각할 게 분명했다. 대부분의 여자들이라면 이런 생각을 떠올리고는 그저 우습게 여기며 대충 넘어갔겠지만, 마거릿은 찜찜한 기분을 떨칠 수가 없었다. 이번 일로 가난의 세계를 살짝 엿본 것 같았기 때문이다. 사람을 믿는다는 것은 부자들만 누릴 수 있는 호사다. 가난한 사람들은 그럴 여유가 없다. 그래서 마거릿은 브람스가 끝나자마자 자기 명함을 그 남자에게 건네줬다.

"여기에 저희 집 주소가 적혀 있습니다. 음악회가 끝나고 저희 집에 들러 주세요. 저희가 잘못했는데 이런 부탁을 드려서 죄송합니다만."

위컴 플레이스가 런던 서구의 고급 주택가임을 깨닫자 젊은 남자의 표정은 다소 밝아졌다. 그는 의심이 가득한 상태였지만, 그래도 단정하게 차려입은 마거릿 일행이 진짜 나쁜 마음은 없는 것 같아 더는 말하지 않았다. 잠시 뒤에 그가 한마디 했다.

"오늘 프로그램은 상당히 괜찮네요."

이 말은 우산 문제가 터지기 전에 그가 마거릿에게 하려고 했던 말이었다.

"베토벤은 좋았지만, 방금 들은 브람스나 맨 처음에 들은 멘델스존은 마음에 안 들어요. 지금부터 연주할 엘가도 그렇고요."

붙임성이 별로 없는 마거릿이 대답했다. 그 말을 듣고 리제케 씨가 끼어들었다.

"뭐라고요? 엘가의 〈위풍당당행진곡〉이 좋지 않다는 건가요?"

이어서 줄리 이모가 말했다.

"아니, 마거릿, 너는 무슨 애가 그러니? 리제케 씨에게 〈위풍당당행진곡〉을 마저 듣고 가자고 말하고 있었는데, 네가 그런 말을 하면 곤란하잖아. 영국 작곡가가 어떤 곡을 쓰는지 리제케 씨에게 들려드려야지. 그걸 나쁘게 말하면 안 돼, 마거릿."

"저는 그 곡을 슈테틴에서 들었어요. 두 번이나요. 좀 극적인 곡이기는 하죠."

모제바흐 양이 말했다.

"프리다, 당신은 영국 음악을 싫어하잖아요. 영국 미술도 경멸하고, 셰익스피어 이외에는 영국 문학도 경멸하잖아요. 그리고 셰익스피어는 독일인이었다고 말하고 말이에요. 좋아요, 프리다, 돌아가도 좋아요."

두 연인은 웃으며 얼굴을 마주 보았다. 그러고는 둘이 함께 일어서서 〈위풍당당행진곡〉으로부터 달아났다.

"핀스베리 서커스까지 가야 하거든요."

그렇게 말하면서 마거릿 앞을 간신히 빠져나간 리제케 씨는 연주가 시작됨과 동시에 통로로 나왔다.

"마거릿!"

줄리 이모가 꽤 큰 소리로 불렀다.

"마거릿, 마거릿, 모제바흐 양이 예쁜 핸드백을 두고 갔어!"

그 핸드백에는 여러 주소를 적은 수첩과 작은 독영 사전, 런던 지도, 돈이 들어 있었다. 그런 핸드백을 프리다는 좌석에 그냥 놔두고 나간 것이다.

"맙소사, 무슨…… 무슨 집안이 이럴까! 프리다, 프리다!"

엘가의 음악에 황홀하게 귀를 기울이던 사람들은 "쉿!" 했다.

"아아, 핀스베리 서커스의 주소가 적힌 수첩도 이 안에 들어 있는데."

"저, 제가…… 괜찮으시다면 제가……."

그때까지 마거릿 일행을 의심하고 있던 젊은 남자가 이렇게 말하더니 얼굴이 새빨개졌다. 그러자 마거릿이 대답했다.

"그렇게만 해 주신다면 정말 감사하지요."

젊은 남자는 핸드백을 집어 들고는—안에서 금화 부딪치는 소리가 났다—까치발로 통로를 급히 걸어가 출입구 근처에서 두 사람을 따라잡았다. 아름다운 독일인 여성은 미소를 지었고, 함께 가던 남자는 정중히 감사를 표했다. 젊은 남자는 좋은 성과를 거두고 제자리로 돌아왔다. 마거릿 일행이 그를 신용한다는 것은 대단한 일이 아니었지만, 이로써 그가 마거릿 일행을 의심했던 일이 상쇄되고 아마 우산도 돌아올 것 같았다.

옛날에 이 젊은 남자는 남에게—보기에 따라서는 결정적으로—속은 적이 있었다. 그래서 이제는 낯선 존재들로부터 자기 자신을 지키기 위해 거의 온 힘을 쏟고 있었다. 그러나 그날은—어쩌면 음악 때문이었는지도 모르지만—때로는 숨도 좀 돌려야지, 안 그러면 사는 보람이 없지 않느냐는 생각이 들었다. 런던 서구의 위컴 플레이스라면 무조건 문제없다고 말할 수는 없어도, 그래도 거의 문제없는 부류에 속했다. 그렇다면 자기도 그 정도 위험쯤은 각오할 수 있을 것 같았다.

그래서 음악회가 끝나고 마거릿이 "저희는 이 근처에 살고 있는데, 괜찮으시면 함께 가셔서 우산을 가지고 가시죠?"라고 말했을 때, 그는 기꺼이 그러겠다고 순순히 대답했다. 그 뒤 그는 마거릿을 따라 퀸스 홀에서 나왔다. 마거릿은 그 젊은이가 계단을 내려갈 때 손을 잡아 주거나 프로그램을 들어 주려는 것을 그다지 기쁘게 여기지 않았다. 그의 예의범절이 갑갑하게 느껴졌기 때문이다. 그러나 마거릿이 보기에 그 남자는 대체로 재미있는 사람 같았다—사실 그 무렵 슐레겔 자매에게는 거의 모든 사람들이 대체로 재미있어 보였다. 그래서 마거릿은 입으로는 문화와 관련한 말을 하면서도 속으로는 남자를 다과회에 초대할 생각을 하고 있었다.

"음악을 들었더니 피곤하네요."

마거릿이 먼저 입을 열었다.

"퀸스 홀 분위기가 답답했나요?"

"네, 무척 답답했어요!"

"글쎄요, 제 생각에는 코번트 가든 극장이 더 답답하던걸요."

"거기도 종종 가세요?"

"바쁘지 않을 때에는 꼭대기층 자리로 오페라를 보러 갑니다."

이럴 때 헬렌 같으면 "저도 꼭대기층 자리를 무척 좋아해요" 이렇게 말하며 그를 기쁘게 해 주었을 것이다. 헬렌은 얼마든지 그럴 수 있었으리라. 그러나 마거릿은 그런 식으로 남의 말에 맞장구치는 걸 끔찍이도 싫어했다. 마거릿도 코번트 가든에 가본 적은 있지만 좀 더 비싼 좌석을 좋아해 그 자리에는 앉을 기회가 없었다. 그래서 차마 꼭대기층 자리를 좋아한다는 말은 하지 못하고 입을 다물었다.

"올해는 세 번, 〈파우스트〉와 〈토스카〉 그리고……."

이렇게 말하다 말고 젊은이는 〈탄하우저〉인지 〈탄호이저〉인지 기억이 가물가물해서 이야기를 그만뒀다.

마거릿은 〈토스카〉도 〈파우스트〉도 싫어했으므로 둘은 서로 다른 이유로 말없이 걷기만 했다. 그러자 조카 티비와 대화를 나누다가 지쳐 버린 줄리이모의 목소리가 그들을 뒤따랐다.

"나도 나름대로 그 대목을 기억해, 티비. 하지만 모든 악기가 그렇게 아름다운 소리를 낼 때는 어느 한 대목만 따로 기억하기는 어려워. 너하고 헬렌이 선택한 이번 연주회는 정말 좋았단다. 처음부터 끝까지 시시한 소리라곤 하나도 없었어. 그 독일인 친구들이 끝까지 있었다면 좋았을 텐데."

"그래도 드럼이 낮은 C 음을 계속 치는 부분은 기억하시죠, 줄리 이모님? 그건 절대로 잊어버릴 수 없다고요."

이번에는 티비의 목소리가 들렸다.

"소리가 크게 난 부분이던가?"

먼트 부인은 이렇게 말해 봤지만, 잘못짚었음을 알자 변명을 덧붙였다.

"나는 음악을 잘 아는 건 아니야. 그저 좋아할 뿐이지. 좋아한다는 것과 안다는 것은 서로 다르잖니. 그렇지만 내가 좋아하는 것과 싫어하는 것은 분명하다고 이거 하나는 확실히 말할 수 있어. 어떤 사람은 그림에 대해서 그렇기도 하지. 그런 사람…… 이를테면 콘더 씨 같은 사람은 미술관에 가서 벽에 걸려 있는 그림 하나하나에 대해서 어떻게 생각하는지 말하면서 한 바퀴를 돌 수 있을 거야. 하지만 나는 그쪽은 젬병이지. 사실 그림과 음악은 매우 다르다고 생각한단다. 음악에 대해서는 나도 어느 누구 못지않아. 티비야, 그렇다고 해서 내가 음악이라면 뭐든지 좋아하는 건 아니란다. 언젠가 프랑스의 목양신(牧羊神)이 어쩌고저쩌고하는 것이 있었는데 헬렌은 그 음악에 아주 열광했지만, 나는 그저 피상적인 느낌만 든다고 끝까지 주장했지."

"당신은 어떻게 생각하세요? 음악이 그림과 다르다는 얘기 말이에요."

마거릿이 젊은 남자에게 물었다.

"그건…… 아마도 그렇겠죠. 어떤 의미에서는."

"저도 그렇게 생각해요. 하지만 제 여동생은 둘 다 같다고 말하죠. 그래서 우리는 가끔 입씨름을 벌이는데, 여동생은 저를 바보라고 부르고, 저는 여동생의 사고방식이 조잡하다고 쏘아붙이죠."

마거릿은 슬슬 신이 나는지 "이상한 생각 같지 않아요?" 이렇게 말하면서 상대의 동의를 구했다.

"만일 모든 예술이 똑같다면 그렇게 여러 가지가 존재할 이유가 뭐가 있겠어요? 귀로 알 수 있는 것이 눈으로 알 수 있는 것과 동일하다면, 귀는 없어도 되지 않을까요? 헬렌은 언제나 음악 소절을 그림으로 바꾸고, 그림을 음악 소절로 바꾸려고 해요. 그렇게 여러모로 열심히 시도하면서 독창적인 모습을 보여 주지만, 그게 다 무슨 소용이 있겠어요. 그건 엉터리예요. 근본적으로 잘못된 거죠. 만약 모네가 드뷔시고 드뷔시가 모네라면, 저는 어느 쪽도 대단치 않은 사람이라고 생각해요."

말을 들어보아 이들 자매는 자주 싸우는 모양이었다.

"오늘 우리가 들은 교향곡도 그래요. 헬렌은 그것을 그냥 놔두지 못해요. 처음부터 끝까지 다양한 의미를 붙여 문학 작품처럼 만들어 버리죠. 언젠가 다시 음악이 음악으로만 평가되는 날이 오기나 할지 모르겠어요. 그리고 지금 뒤따라오는 남동생은 음악을 음악으로 평가하지만, 그 애는 좀 지나치단 말이죠. 저는 정말로 화가 나요. 남동생하고는 더 이상 입씨름도 못하겠어요."

마치 이 말은 재능은 있지만 불행한 가족이라고 얘기하는 것 같았다.

"하긴, 이것도 저것도 다 바그너가 잘못해서 그런 거예요. 그 사람은 누구보다도 19세기에 예술을 뒤죽박죽으로 만드는 데 이바지했으니까요. 저는 지금 음악이 매우 위험한 고비에 다다랐다고 생각해요. 물론 그렇게 해서 매우 흥미로워지긴 했지만요. 이따금 바그너 같은 사람들이 나타나서 사상의 우물을 온통 휘저어 버리죠. 그 순간에는 물이 사방으로 튀어 굉장해 보이겠지만, 나중에는 그저 진흙탕이 될 뿐이에요. 게다가 요즘에는 우물과 우물 사이로 물이 지나치게 잘 흘러 다녀서 좀처럼 맑아지지 않아요. 글쎄, 이게 다 바그너가 한 짓이라니까요."

마거릿의 이야기는 마치 한 무리의 새 떼처럼 젊은이의 머릿속에 시끄럽게 지저귀다가 날아가 버렸다. 그는 속으로 만약 자신도 이런 식으로 말을 할 수 있다면 세계를 휘어잡을 수 있으리라 생각했다.

'나도 이렇게 교양이 있어서 외국인 이름을 정확히 발음할 수 있고, 어떤 화제가 나와도 막힘없이 대답할 수 있다면…….'

하지만 그렇게 되기까지는 긴 시간이 걸릴 것이다. 점심 한 시간, 그리고 하루 중 가장 피곤할 때인 저녁나절 몇 시간을 가지고 어떻게 어릴 때부터 책만 읽으며 자란 이 유한계급 여자들의 말솜씨를 따라잡을 수 있단 말인가! 그런데 실은 그도 여러 가지 이름을 알고 있고, 모네와 드뷔시에 대한 이야기도 들은 적이 있는 것 같았다. 다만 딱하게도 그에게는 그런 것들을 아는 척할 재간이 없었고, 연주회장에서 남이 들고 간 우산을 잊지 못하는 재주만 있었다. 그 우산이 문제였다. 그 우산은 모네와 드뷔시 뒤쪽에서 계속 드럼을 치고 있었다.

'내 우산은 괜찮을 거야. 그래, 우산 걱정은 안 해. 그보다도 음악을 생각해야지. 내 우산은 무사할 거야.'

그는 우산을 걱정하기 전에는 좌석권에 신경을 썼었다. 여기에 2실링이나 지불해도 좋을지 생각했던 것이다. 그보다 더 전에는 '프로그램을 사지 말까?' 고민했었다. 그는 이제까지 항상 뭔가에 신경 쓰면서 살아왔다. 이것은 늘 아름다움을 추구하려는 그를 방해하고 있었다. 그는 항상 아름다움을 추구했지만, 마거릿이 하는 말은 새 떼처럼 날아가 버리기만 했다.

마거릿은 이야기를 하면서 이따금 "그렇게 생각하지 않으세요?"라거나 "그렇지 않을까요?"라고 의견을 물었다. 한번은 걸음을 멈추고 "뭐라고 말 좀 해보세요!"라고 말해서 그를 당황하게 만들기도 했다. 마거릿은 그에게 두려움만 줄 뿐, 그의 마음을 얻지는 못했다. 몸은 앙상하게 말랐고, 얼굴은 이와 눈밖에 보이지 않았으며, 여동생과 남동생에 대해서는 험담만 늘어놨다. 아무리 머리가 좋고 교양이 있어도 이래서는 소용이 없었다. 마거릿은 그 같은 사람들이 잘 알고 있는 코렐리의 소설에서 철저히 규탄되는 '무신론자인 영혼 없는 여자' 가운데 한 사람에 지나지 않았다. 그런데 그 여자가 불쑥 "차라도 한잔 들고 가시죠"라고 말했을 때 그는 깜짝 놀라고 말았다(심지어 오싹하기까지 했다).

"차라도 한잔 들고 가시죠. 그래 주신다면 저희 마음도 조금은 편해질 거예요. 이렇게 멀리까지 오셨는데."

어느새 위컴 플레이스에 도착해 있었다. 이미 해가 저물어서 짙은 그림자에 감싸인 동네는 안개가 끼기 시작했다. 오른쪽에는 붉게 타오르는 하늘을 배경으로 높다란 아파트들이 시커멓게 솟아 있었고, 왼쪽에는 그보다 더 오래된 집들이 잿빛 하늘을 향해 사각형을 몇 개 늘어놓은 것처럼 불규칙한 담을 이루고 있었다.

마거릿은 현관 열쇠를 찾았지만, 언제나처럼 외출할 때 깜빡하고 안 가져왔다는 사실을 깨달았다. 그래서 들고 있던 우산 자루를 쥐고 까치발로 서서 식당 창문을 두드렸다.

"헬렌, 문 좀 열어줘."

그러자 알았다고 대답하는 소리가 들려왔다.

"네가 이분 우산을 집어 갔지?"

"뭘 가져갔다고? 뭐라는 거야? 어머, 들어오시죠."

헬렌이 문을 열면서 말했다.

"넌 좀 더 주의력을 길러야 해, 헬렌. 네가 이분 우산을 퀸스 홀에서 가져가는 바람에 일부러 여기까지 우산을 가지러 오셨어."

"어머, 죄송해요."

머리가 엉망으로 흐트러진 헬렌이 말했다. 실은 그녀는 집에 도착하자마자 모자를 벗고 식당의 큰 의자에 몸을 던졌었다.

"저는 실수로 남의 우산을 들고 오는 버릇이 있어요. 정말 죄송합니다. 자, 어서 들어오셔서 찾아보시죠. 당신 우산은 손잡이가 구부러져 있나요, 우툴두툴하나요? 제 우산은 우툴두툴한 것 같은데요."

전등을 켜고서 다 같이 현관을 뒤지기 시작했다. 〈교향곡 제5번〉이 끝나자마자 연주회장을 빠져나와 집으로 돌아온 헬렌은 우산을 찾는 동안 날카로운 목소리로 계속 떠들어 댔다.

"너무 그러지 마, 메그 언니. 언니도 언젠가 어떤 할아버지의 실크모자를 멋대로 들고 왔잖아. 아니, 정말이에요, 줄리 이모! 자기 토시하고 혼동한 거예요. 아, 어쩌지, 뭘 떨어뜨렸어. 프리다는? 티비, 너는 왜…… 참, 내가 무슨 말을 하려고 했더라? 뭐 그건 됐고, 아무튼 하녀들에게 어서 차를 준비하라고 해야겠다. 아, 이 우산인가?"

헬렌이 우산을 하나 펴 봤다.

"아니야. 솔기가 다 뜯어져서 엉망진창이네. 이건 내 우산일 거야."

하지만 그의 우산이었다. 젊은 남자는 헬렌으로부터 우산을 받아 들더니 고마움을 표한 뒤 일터로 가듯 부지런한 걸음걸이로 집을 떠났다.

"저……."

마거릿이 말을 걸려고 했을 때는 이미 늦었다.

"헬렌, 넌 바보야."

"내가 뭘 어쨌다고?"

"차를 대접하려고 했는데 그분이 당황해서 도망가 버렸잖아. 그럴 때는 남의 우산을 펴고서 구멍이 나 있다고 말하면 안 되지. 내가 보니까 그분의 선한 눈빛이 점점 불쌍해지더라. 아냐, 이제 소용없어."

헬렌이 소리치면서 길거리로 뛰쳐나가려고 했다.

"이제 그만해!"

이때 먼트 부인이 말했다.

"내 생각에는 차라리 잘된 것 같구나. 우리는 그 사람에 대해서 아무것도 모르잖니, 마거릿. 그리고 이 집 응접실에는 비싼 물건들이 많이 있으니까."

그러자 헬렌이 소리쳤다.

"줄리 이모, 무슨 말씀을 그렇게 하세요? 제 입장만 자꾸 난처해지잖아요. 차라리 그 사람이 진짜 도둑이어서 우리 집 은수저라도 한 벌 통째로 가져가는 편이…… 어쨌든 현관문은 잠가야지. 내가 또 실수를 저질렀나봐."

"그러게. 그 은수저는 사용료라고 생각하면 되니까."

이렇게 말하고 나서 마거릿은 말뜻을 이해하지 못한 이모를 위해 설명을 덧붙였다.

"사용료가 뭔지 기억하세요? 아버지께서 자주 말씀하셨죠. 사람을 믿는 이상(理想)에 대한 사용료 말이에요. 아버지께서는 낯선 사람을 믿었다가 속았을 때에는, 그냥 속은 편이 의심이 많아지는 것보다 낫다고 하셨죠. 그리고 남을 속이는 것은 사람이 하는 짓이지만, 남을 못 믿는 것은 악마가 하는 짓이라고 하셨어요."

"그래, 그런 말도 했었지."

먼트 부인은 약간 퉁명스럽게 말했다. "너희 아버지는 돈 있는 여자하고 결혼해서 참 좋았을 거야." 이렇게 한마디 덧붙이고 싶었지만, 너무 몰인정한 소리 같아서 그저 이렇게 말했다.

"그래도 그 사람이 은수저뿐만 아니라 왕립미술협회 리케츠 선생이 그린 조그만 그림까지 가져갔을 수도 있잖아?"

"전 그래도 상관없어요."

헬렌이 지지 않고 대꾸했다. 그러나 마거릿은 달랐다.

"아니야, 그런 경우에는 줄리 이모 생각에 찬성해야지. 리케츠의 그림을 잃어버리는 것보다는 남을 의심하는 편이 나아. 그리고 무슨 일에나 한도는 있는 법이야."

티비는 이런 일에 흥미를 느끼지 못하고, 차와 곁들일 오트밀 과자가 있는지 찾아보기 위해 살그머니 2층으로 올라갔다. 그리고 매우 능숙한 솜씨로 찻주전자를 데운 다음, 하녀가 준비해 둔 오렌지 페코*4 대신 더 좋은 찻잎을 다섯 숟갈이나 찻잔에 넣었다. 그 뒤 펄펄 끓는 물을 따랐다. 그는 아래층에 있는 이모와 누나들에게 그 향기가 사라지기 전에 빨리 오라고 소리쳤다.

"금방 갈게요, 티비 아줌마!"

헬렌이 큰 소리로 대답했다. 마거릿이 또다시 생각에 잠기며 말했다.

"어떻게 보면, 진짜로 남자다운 남자가 한 사람쯤 집에 있었으면 좋겠어. 남자들과 어울리는 걸 좋아하는 남자 말이야. 그러면 손님 접대하기가 훨씬 쉬워질 텐데."

"나도 그렇게 생각해. 티비는 브람스를 노래할 수 있는 교양 있는 여자만 좋아해."

다 함께 2층으로 올라갔을 때 헬렌이 티비에게 강하게 한마디 던졌다.

"왜 아까 그 사람을 좀 더 살갑게 대해 주지 않았니? 가끔은 주인의 도리도 할 줄 알아야지. 시끄럽게 구는 여자들에게 그분을 그냥 맡겨 두지 말고, 네가 나서서 그분 모자도 받아 주고 차도 한 잔 권했으면 오죽 좋았겠니?"

티비는 한숨을 내쉬면서 긴 머리카락 한 줌을 이마 위로 끌어내렸다.

"그런 표정 지어도 소용없어. 나는 진심으로 말하는 거라고."

"티비를 괴롭히지 마."

마거릿은 남동생이 꾸지람 듣는 게 싫어 헬렌에게 말했다. 그러자 헬렌이 투덜거렸다.

"이 집은 마치 암탉들만 우글거리는 닭장 같다니까."

먼트 부인이 끼어들어 반박했다.

"어떻게 그런 말을…… 넌 끔찍한 말을 하는구나. 나로서는 언제나 이 집에 남자 손님들이 잔뜩 놀러 온다는 사실이 신기한데. 문제가 있다면 오히려 그쪽이 문제가 아닐까?"

---

*4 스리랑카에서 생산되는 고급 홍차.

"지금 헬렌이 하고 싶은 말은, 많이 오기는 와도 우리가 원하는 남자들이 아니라는 거예요."

마거릿이 이렇게 말하자 헬렌이 그 말을 정정했다.

"아니, 오는 사람들은 우리가 바라는 남자들인데, 그들이 우리에게 보여주는 면은 우리가 바라는 게 아니에요. 그건 티비 잘못이에요. 이 집에는 뭔가 빠진 것이 있거든요. 그게 뭘까요?"

"아마 윌 모 씨네가 가지고 있는 그 무엇이겠지."

헬렌이 혀를 쏙 내밀었다. 그때 티비가 물었다.

"윌 모 씨네라니?"

"그건 나랑 메그 언니, 줄리 이모만 알고, 너는 모르는 거야. 아, 깨소금 맛이다."

이어서 마거릿이 말했다.

"확실히 우리 집은 여성적이라는 거지. 그 사실을 인정할 수밖에 없어. 아니, 그렇다고 해서 이 집에 여자밖에 없다는 얘기는 아니에요, 줄리 이모. 그러니까 이 집은 아버지가 살아 계실 적부터 어떻게 할 수 없을 정도로 여성적이었어요. 이렇게 말하면 이해하실 수 있겠죠? 그럼 다른 예를 들어 볼까요? 이모님께서 화를 내실지도 모르겠지만, 그래도 어쩔 수 없어요. 예를 들어 빅토리아 여왕이 만찬회를 열었는데, 레이턴·밀레 같은 화가들과 스윈번·로세티·메러디스·피츠제럴드 같은 시인들이 모였다면 그 분위기가 과연 예술적일까요? 절대 그럴 리가 없죠. 그 손님들이 앉았던 의자만 해도 그런 분위기와는 거리가 멀었을 거예요. 우리 집도 마찬가지예요. 아무래도 여성적이니까, 너무 연약해 보이지 않도록 주의할 수밖에 없단 말이죠. 이를테면 어느 집은, 하여튼 제가 아는 어느 집은 무슨 일을 해도 남성적이래요. 그래서 그 집 사람들은 그나마 야만적으로 보이지 않으려고 애쓴다던데, 우리도 그와 비슷한 형편이죠."

"그 집은 아마 윌 모 씨네 집이겠네."

티비의 말에 헬렌이 재빨리 대꾸했다.

"우리가 윌 모 씨네에 대한 이야기를 너에게 해줄 거라고 생각한다면 큰 착각이야. 게다가 네가 그 사실을 안다 해도 나는 아무렇지도 않아. 어차피 넌 나를 이길 수 없다고. 담배나 한 대 줘."

"적어도 너는 기를 쓰고 이 집을 남성적으로 만들려고 하는구나. 응접실에서 담배 냄새가 얼마나 많이 나는지, 원."

마거릿이 말했다.

"언니가 담배를 피운다면 이 집은 남성적으로 확 바뀔지도 몰라. 집 분위기는 아주 사소한 요소로 인해 결정되는 게 아닐까. 지금 말한 빅토리아 여왕의 만찬회만 해도 어떤 요소가 조금만 달라졌다면, 예를 들어 여왕이 짙은 붉은색 공단 드레스 대신에 리버티스*5에서 구입한 팔랑거리는 다과회 옷이라도 입고 나왔더라면······."

"거기다 인도산 숄을 걸치고······."

"가슴에는 연수정 핀을 꽂고······."

이러한 발상들은 영국 국민답지 않은 폭소로 터져 나왔다. 하지만 이들의 반이 독일인이라는 사실을 잊어서는 안 된다. 마거릿이 그제야 생각난 듯이 말했다.

"만약 왕실 사람들이 예술에 흥미를 가졌다면 어떻게 됐을까?"

이야기는 출발점에서 점점 멀어져 갔고, 나중에는 헬렌이 피우는 담배가 어둠 속에서 붉게 빛나는 불빛 하나가 되고 말았다. 맞은편 고층 건물에는 불 켜진 유리창이 몇 개나 모습을 드러냈다. 그 불빛이 꺼졌다 켜졌다 또 꺼지기를 끊임없이 반복했다. 그 너머에서는 큰길을 오가는 차들이 쉴 새 없이 조용한 신음 소리를 냈고, 동쪽 하늘에는 워핑 구(區)의 연기 때문에 잘 보이지는 않았지만 달이 떠오르고 있었다.

"저기, 마거릿, 이제 와서 생각하는 거지만 그 젊은이를 하다못해 식당으로라도 안내할걸 그랬어. 식당에는 마욜리카 도기 접시밖에 없고, 그것도 벽에 단단히 고정되어 있으니까. 그 사람에게 차 한 잔도 대접하지 않은 것이 왠지 마음에 걸리는구나."

그 젊은 남자는 세 여성에게 생각보다 의외로 강한 인상을 남겼다. 그 인상은 요괴 발걸음 소리, 우리의 현실 세계가 존재하는 여러 세계 가운데 가장 좋은 세계가 아니라는 사실, 부귀와 예술의 구조물 아래 우산을 되찾기는 했지만 자기 이름, 주소도 말하지 않고 떠나가 버린 한 사람—먹을 것도 충

---

*5 영국 백화점.

분히 먹지 못한 젊은이가 길을 헤매며 걸어가고 있다는 사실을 암시하면서 세 여성의 머릿속에 오래토록 남았다.

6

필자는 여기서 극빈 계층의 사람들에 대해 이야기하지 않겠다. 그런 사람들에 대해 생각해봤자 헛수고다. 그 일은 통계학자나 시인이 할 영역이고, 이 이야기는 신사 숙녀, 또는 어쩔 수 없이 신사나 숙녀인 척하는 사람들에게 해당된다.

레너드 바스트는 신사 계급의 맨 끝자리에 간신히 머물러 있었다. 그는 나락에 빠지지는 않았지만 나락의 불구덩이는 바로 눈앞에 있었다. 여태까지 그가 알고 있던 사람들 가운데 많은 이들이 그곳에 한번 빠지면 영영 헤어나오지 못했다. 레너드는 자신이 가난하다는 사실을 알고 있었고 그 점을 남에게 말한 적도 있었다. 하지만 자기가 그 때문에 부자들보다 못하다고 인정하느니 차라리 죽음을 택할 터였다. 이 점은 그의 훌륭한 점일지도 모른다. 그러나 레너드가 대부분의 부유한 사람들보다 못하다는 것은 분명한 사실이었다. 레너드는 그런 사람들에 비해 예의범절도 몰랐고, 머리도 좋지 않았으며, 몸도 튼튼하지 않았고, 사교적이지도 못했다. 그는 몸과 마음이 모두 영양부족 상태였고 이는 그가 가난했기 때문이다. 또한 현대인에게는 더 많은 영양분이 필요한 법이다. 그가 몇 세기 전의 다채로운 문명 속에서 살았다면, 분명한 지위를 얻었을 테고, 신분과 수입은 일치했을 것이다. 그러나 레너드 시대에는 민주주의라는 천사가 나타나서 가죽 날개로 온 계급을 덮어버렸다. 그리고 다음과 같이 선언했다.

"모든 인간은 평등하다, 적어도 우산을 가지고 있는 사람은."

그리하여 레너드는 의지할 만한 모든 것이 완전히 사라진 상태에서 민주주의의 목소리마저 들리지 않는 나락에 빠지지 않으려고, 자신이 신사라는 사실에 한사코 매달렸다.

위컴 플레이스를 뒤로 하고 걷기 시작한 레너드는 먼저 자기가 슐레겔 자매보다 조금도 뒤지지 않음을 증명하고자 했다. 왠지 모르게 자존심이 상한 레너드는 복수하는 의미에서 그들에게 상처를 주고 싶었다. 아마 그 두 사람은 숙녀가 아닐지도 모른다. 그들이 숙녀였다면 왜 자기를 다과회에 초대했겠는가. 아무튼 심술궂고 차가운 여자들이었다. 레너드는 한 걸음 옮길 때마다 점점 자신감을 되찾아갔다. 그렇지, 과연 숙녀가 남의 우산을 집어 간다는 말을 입에 올릴 수 있겠는가? 역시 두 사람은 도둑이라서, 만일 그가 집에 들어갔다면 클로로포름*6을 묻힌 손수건을 그의 얼굴에 덮어씌웠을지도 모른다. 레너드는 완전히 기운을 되찾았다. 그러나 국회의사당 근처까지 오자 텅 빈 위장은 그를 보고 멍청이라고 말했다.

"안녕하세요, 바스트 씨."

"안녕하세요, 딜트리 씨."

"좋은 밤이군요."

"네, 그렇군요."

회사 동료 딜트리 씨가 지나간 다음에도 레너드는 1페니를 내고 기차를 탈지 아니면 그냥 걸어갈지 고민하면서 여전히 그 자리에 서 있었다. 그러다가 결국은 걷기로 결정하고서—이럴 때 유혹에 넘어가면 안 되었고, 더구나 이미 퀸스 홀에서 돈을 다 써 버린 상태였다—그는 웨스트민스터 다리를 건너 성 토머스 병원 앞을 지나갔다. 레너드는 복스홀 구에서 남서철도 본선 밑에 뚫린 거대한 터널 안으로 들어가서 잠시 걸음을 멈추고 요란한 기차 소리를 들었다. 그 순간 머리가 심하게 아파왔다. 그는 자신의 눈구멍 모양까지 확실히 느낄 수 있었다. 얼마 뒤 그는 1마일을 더 걸었다. 그리고 그의 집이 있는 카멜리아 로드 입구에 도착할 때까지 걸음을 늦추지 않았다.

레너드는 거기서 다시 발걸음을 멈추더니, 마치 토끼가 자기 굴에 뛰어들기 전처럼 조심스레 좌우를 살폈다. 양쪽에는 날림으로 지은 아파트가 높이 솟아 있었고, 그보다 조금 앞쪽에는 그런 아파트가 두 동이 더 들어서고 있었다. 게다가 그 건너편에서도 두 동을 더 지으려고 낡은 집 한 채를 허무는 중이었다. 런던 어디를 가든지 흔히 볼 수 있는 광경이었다. 이 도시로 점점 더 많은 사람들이 몰려들면서 콘크리트 건물들도 벽돌과 시멘트를 분수처럼 쏟아내며 무너졌다가 다시 솟아오르고 있었다. 카멜리아 로드는 머잖아 요새같이 우뚝 솟아올라서 전망이 탁 트인 동네가 될 것이다. 하지만 그것도 아주 잠깐일 뿐이다. 맥놀리아 로드에도 조만간 그런 아파트가 건설될 계획

---

*6 마취제.

이기 때문이다. 그리고 몇 년이 지나면 양쪽 도로를 따라 높이 솟아오른 주택들도 허물어지고, 지금은 상상할 수 없는 거대한 건축물이 그곳에 출현할지도 모른다.

"안녕하세요, 바스트 씨."

"안녕하세요, 커닝엄 씨."

"맨체스터의 출생률이 떨어졌다니, 정말 큰일이네요."

"네?"

"아, 여기에 나와 있는 '맨체스터 출생률 저하 현상'이 큰일이라는 거예요."

커닝엄 씨는 흉보를 전하는 일요판 신문을 톡톡 치면서 다시 한 번 되풀이했다.

"아, 그거요."

레너드는 상대에게 자기가 일요판 신문을 사지 않았다는 사실을 들키고 싶지 않아서 태연하게 대답했다.

"만약 이런 현상이 계속된다면, 1960년 즈음에는 영국의 인구 증가가 멈추게 된다잖아요."

"그렇군요."

"그게 큰일이라는 거죠."

"네, 그럼 안녕히 가십시오, 커닝엄 씨."

"안녕히 가세요."

레너드는 아파트 B동에 들어가서 위쪽이 아니라 아래쪽으로 들어갔다. 부동산업자는 반지하라고 부르지만 일반적으로는 지하라고 불리는 곳이었다. 레너드는 문을 열면서 런던내기 특유의 가식적인 상냥함으로 소리쳤다.

"나 왔어!"

아무 대답이 없자 그는 다시 한 번 "나 왔어" 말했다. 거실에는 불이 켜져 있었지만 아무도 없었다. 그는 안심했는지 안락의자에 쓰러지듯 몸을 던졌다.

거실에는 안락의자 말고도 다른 의자 두 개와 피아노, 세발 탁자가 놓여 있었다. 그리고 구석에는 2인용 붙박이 의자가 있었다. 한쪽 벽에는 창문이 나 있었고, 다른 한쪽의 난로 위 선반에는 조그만 큐피드 장식물이 무수히 늘어서 있었다. 창문 반대편에는 문이 있었고, 피아노 옆에는 책장이 있었으며, 피아노 위에는 모드 굿맨의 그림이 큼지막하게 자리 잡고 있었다. 그 방은 두 사람이 살기에는 안성맞춤이었다. 커튼을 치고 불을 켜고, 가스난로에 불을 붙이면 꽤 아늑하게 느껴졌다. 그러나 오늘날의 주택들처럼 그 방도 왠지 임시변통의 싸구려 방 같았다. 그곳은 쉽게 얻은 만큼 쉽게 포기할 수 있는 집이었다. 레너드가 구두를 벗으려고 발을 흔들다가 세발 탁자를 건드렸다.

그래서 그 위에 놔둔 액자가 넘어졌고 난로 속으로 떨어지면서 유리가 깨졌다. "젠장!" 레너드는 욕을 힘없이 내뱉고는 사진을 집어 들었다. 재키라는 젊은 여자의 사진이었다. 이 사진은 재키 같은 젊은 여자들이 입을 쩍 벌리고 사진을 찍는 것이 유행하던 시절에 찍은 것이었다. 그 사진 속에는 재키의 입안 위아래로 새하얀 치아가 가지런히 드러났는데, 치아가 얼마나 크고 많은지 마치 얼굴이 옆으로 찌부러진 것처럼 보였다. 그 웃는 얼굴은 참으로 아름다웠다. 하지만 진정한 기쁨은 눈에 나타나게 마련인데 사진 속 재키의 눈은 그녀의 웃음과는 달리 불안하고 뭔가에 굶주린 느낌이었다.

레너드는 액자에서 깨진 유리 조각을 빼내려다가 손가락을 베어서 다시 욕을 내뱉었다. 그러는 사이에 피가 한 방울, 또 한 방울 액자에 떨어져서 유리덮개를 잃어버린 사진 위로 번졌다. 레너드는 더 심한 욕설을 뱉으면서 부엌으로 달려가 손을 씻었다. 부엌은 거실과 같은 크기였고, 거실 옆에는 침실이 있었다. 그것이 이 주거 공간의 전부였다. 가구가 딸린 이 아파트는 임대한 집이었다. 집안에 있는 온갖 물건들 가운데 그의 소유물이라고는 그 액자, 조그만 큐피드 상들, 그리고 책장에 꽂힌 책이 다였다.

"이런 젠장, 빌어먹을!"

레너드는 이렇게 중얼거리더니 내친 김에 자기보다 나이 든 남자들에게서 배운 좀 더 심한 욕설들을 줄줄이 늘어놓았다. 이어서 손으로 이마를 짚으며 또다시 "아, 젠장" 말했다. 그 말은 그때까지와는 전혀 다른 의미를 지니고 있었다. 레너드는 기분을 가라앉히고서, 부엌 선반에 아직 조금 남아 있던 거무스레한 차가운 홍차를 마시고, 먼지가 앉은 과자 몇 조각을 먹었다. 그다음에 거실로 돌아와서는 다시 안락의자에 앉아 러스킨의 작품을 읽기 시작했다.

"베니스 북쪽으로 7마일 떨어진 지점······."

《베니스의 돌》에 나오는 이 유명한 첫머리는 그야말로 완벽했다. 시정(詩情)과 교훈이 더없이 탁월하게 녹아든 표현이다. 부유한 남자 러스킨이 곤돌라를 탄 채 우리에게 이야기한다.

"베니스 북쪽으로 7마일 떨어진 지점, 좀 더 도시와 가까운 곳에서는 썰물 때에야 모래사장이 가까스로 수면 위로 나온다. 그 모래사장은 점점 높아져서 마침내 소금기 많은 늪을 형성하는데, 그 땅이 군데군데 솟아올라 보기 흉한 언덕을 이루고, 그 사이로 바닷물이 가늘게 여러 갈래 물길이 되어 들어온다."

레너드는 러스킨이 영국에서 제일가는 문장가라는 소문을 듣고 그 문체를 공부하려 했다. 그는 이따금 메모도 하면서 그 책을 열심히 읽었다.

"이런 특징을 하나하나 다루어 나가기로 하되, 먼저 이 교회 특유의 밝기에 대해서 생각해 봐야겠다(왜냐하면 기둥에 대해서는 이미 몇 마디 적었기 때문이다)."

이 훌륭한 구절에서 뭔가 배울 점은 없을까. 그것을 일상생활에 응용하여, 교회에서 기도 독송을 하는 형에게 편지를 쓸 때 이 문장을 적당히 수정해서 편지지에 적어 넣을 수는 없을까. 이를테면 이러한 식으로.

"이런 특징 하나하나를 다루어 나가기로 하되, 가장 먼저 이 집 특유의 어둠에 대해 생각해 봐야겠습니다(왜냐하면 통풍이 안 된다는 점에 대해서는 이미 몇 마디 적었기 때문입니다)."

하지만 그 무엇인가가 그러면 안 된다는 사실을 레너드에게 알려 주었다. 그로서는 알 수 없는 그 무엇은 바로 영국의 산문 정신이었다. 그 부분은 이렇게 써야 했다. "제가 사는 아파트는 어둡고 답답합니다."

곤돌라에 탄 사람의 목소리가 낭랑하게 울려 퍼졌다. 그는 노력과 희생정신에 대해 이야기했고, 거기에는 고매한 의지와 아름다움, 다른 사람들에 대한 동정심과 사랑까지 담겨 있었다. 하지만 무슨 영문인지 레너드 인생의 끈질긴 현실은 모두 비껴가고 있었다. 그것은 더러웠던 적도 없고 배고팠던 적도 없는 사람, 더러움과 허기가 무엇인지 짐작조차 제대로 해본 적 없는 사람의 목소리였기 때문이다.

그래도 레너드는 그 목소리를 열심히 들었다. 그 목소리가 자기에게 도움이 될 거라는 느낌이 들었기 때문이다. 이렇게 러스킨의 작품이나 퀸스 홀 음악회, 워츠의 교훈적인 그림을 조금만 더 접한다면, 어느 날 갑자기 기존의 잿빛 세계에서 고개를 내밀어 우주를 바라볼 수 있을 것 같았다. 레너드는 장님이 갑자기 눈을 뜨는 것과 같은 기적을 믿었다.

이러한 기적이 실제로 있는지는 몰라도, 미숙한 사람에게는 아주 매력적으로 느껴지는 신앙이었다. 이런 생각은 대중적으로 인기 있는 많은 종교의 기초를 이루고 있으며, 실업계에서는 주식 시장을 지배한다. 더 나아가 이것은 모든 성공과 실패를 설명하는 운(運)의 개념이 된다. "조금만 더 운이 좋다면, 이번 일도 무사히 해결될 텐데." "저 사람은 스트레텀 구에 훌륭한 저택이 있고, 20마력짜리 피아트 자동차도 갖고 있지. 저 사람은 운이 좋았던 거야." "우리 집사람이 늦어서 미안해. 그 사람은 운이 나빠서 꼭 기차를 놓친단 말이야." 이런 식으로 말이다.

이와는 달리 레너드는 자신이 지향하는 생활의 변화를 위해 끊임없이 노력해야 한다고 생각했다. 그러면서도 천천히 몸에 배는 과거의 유산에 대해서는 생각해 본 적이 없었다. 마치 부활교회 신자가 갑자기 예수가 나타나시기를 바라듯이, 레너드도 문화라는 것이 갑자기 자기에게 찾아오기를 기대하고 있었다. 그가 만난 슐레겔 자매는 그것이 찾아와 준 덕분에 행운을 잡았다. 이제 그들은 그만하면 되었다. 하지만 레너드의 경우, 아직 그가 있는 곳은 어둡고 통풍도 안 되는 장소였다.

곧이어 계단에서 발소리가 났다. 레너드는 마거릿의 명함을 책갈피에 끼우고 문을 열었다. 한 여자가 들어왔는데, 간단히 말해 그리 존경할 만한 여자는 아니었다. 그 겉모습은 형용하기 어려울 정도였다. 리본과 사슬과 목걸이가 뒤엉켜서 마치 끈과 초인종 줄로 뒤덮인 것처럼 보였다. 그리고 깃털을 하늘색으로 물들인 스카프는 한쪽 끝이 다른 한쪽 끝보다 아래로 축 처져 있었다. 목에는 진주 목걸이가 두 겹으로 감겨져 있었고, 팔은 팔꿈치까지 드러나 있었으며, 어깨도 싸구려 레이스 밑으로 보일락 말락 했다. 그 여자가 쓴 모자에는 꽃이 잔뜩 붙어 있었는데, 그것은 우리가 어릴 때 바구니 속에다 축축한 플란넬 천을 깔고서 크레송 씨나 겨자씨를 뿌리면 거기서 듬성듬성 싹이 돋아나던 모양과 비슷했다. 그리고 뒤로 젖혀 쓴 그 모자 밑에 있는 머리카락, 여러 종류로 된 그 머리카락은 모양새가 너무 복잡했다. 그래서 잘 설명하기 어렵지만, 아무튼 두툼한 머리카락 다발은 등 뒤로 늘어져 있었고, 이마에는 흘러내린 머리카락이 가볍게 물결치고 있었다. 그 여자의 얼굴은—별로 중요하지는 않지만—사진 속 그 얼굴이었으나 그보다 더 나이가 들어 보였다. 치아는 사진사가 수정해 놓은 것처럼 많지도 않았고, 좀 더 확실히 말하자면 하얗지도 않았다. 재키가 젊었을 때야 어떠했든 이미 그 시절은 지나간 상태였고, 이제 그녀는 보통 여자보다도 빨리 성적인 매력을 잃는 연령대로 전락하는 중이었다. 재키의 눈빛도 이 사실을 인정하고 있었다.

"어서 와."

레너드가 활기찬 목소리로 재키를 맞고 스카프 푸는 걸 도와주었다.

"안녕!"

재키가 쉰 목소리로 대답했다.

"외출했어?"

레너드가 물었다. 그것은 뻔한 질문 같기도 했지만 실은 그렇지도 않았는지, 여자는 "아니"라고 대답하고는 "그냥 피곤해서." 한마디를 덧붙였다.

"피곤해?"

"응."

"나도 피곤한데."

레너드가 스카프를 벽에 걸면서 중얼거렸다. 그러자 재키가 레너드를 애칭으로 부르며 말했다.

"렌, 난 완전히 지쳐 버렸어."

"나는 지난번에 말한 고전 음악회에 갔다 왔어."

"뭐라고?"

"끝나자마자 온 거야."

"누가 집에 왔었어?" 재키가 물었다.

재키가 물었다.

"아니, 안 왔어. 밖에서 커닝엄 씨를 만났을 뿐이야."

"커닝엄 씨?"

"그래."

"아, 그래, 커닝엄 씨."

"난 여자 친구네 집에서 차를 마시고 왔어."

이 한마디로 여자 친구의 이름까지 암시했다는 듯, 재키는 누군가를 상대로 이야기하는 귀찮고도 힘든 자리에서 물러나려 했다. 그녀는 예전부터 말이 많은 편은 아니었다. 액자 속 사진을 찍을 무렵에도 그녀는 오직 웃는 얼굴과 몸매에 의지해서 사람 마음을 사로잡고는 했다. 하지만 이제 그녀가

좋은 시절은 갔네.
좋은 시절은 갔네.
남자들아, 내 좋은 시절은 다 갔어.

하는 처지에 이르러 갑자기 이야기하는 게 좋아졌을 리 없다. 아직도 가끔씩 그녀의 입술 밖으로 노래가(예를 들면 위와 같은) 흘러나오는 일은 있어도, 말을 하는 건 아주 드물었다.

재키는 레너드의 무릎에 앉아서 그를 어루만졌다. 이제 재키도 서른세 살의 덩치 큰 여자였으므로 그 무게에 짓눌려 무릎이 아팠지만, 레너드로서는 차마 그 말을 할 수가 없었다. 이윽고 재키는 책을 읽고 있었냐고 물었으며, 레너드는 그렇다고 대답했다. 레너드는 재키가 집어 든 책을 쉽게 빼앗았는데, 그 속에서 마거릿의 명함이 빠져나와 뒤집힌 상태로 방바닥에 떨어졌다. 레너드는 책갈피라고 말했다.

"렌⋯⋯."

"응?"

레너드는 다소 우울해졌다. 재키가 그의 무릎에 앉았을 때 하는 얘기는 늘 정해져 있었기 때문이다.

"나 사랑해?"

"그거야 너도 알잖아. 왜 그런 걸 묻지?"

"글쎄, 사랑하느냐고, 렌."

"물론이지."

거기서 잠깐 이야기가 끊어졌다. 레너드는 다음에 무슨 얘기가 나올지 알고 있었다.

"렌⋯⋯."

"응?"

"렌, 틀림없이 해 주는 거지?"

"그거는 더 이상 묻지 말라니까."

레너드는 벌컥 화를 내며 말을 이었다.

"내가 성년이 되면 자기랑 결혼하겠다고 이미 약속했으니까, 그걸로 됐잖아? 난 약속은 꼭 지켜. 내가 스물한 살이 되면 자기랑 결혼하겠다고 약속한 이상 그 문제로 자꾸 들볶이는 건 싫다고. 안 그래도 고생만 실컷 하고 있잖아. 내 약속은 별도로 치더라도, 이렇게까지 돈을 썼는데 이제 와서 자기를 버린다는 게 말이나 돼? 게다가 나도 남자야. 스스로 약속한 것은 꼭 실천한다고. 그걸 모르겠어, 재키? 난 반드시 자기와 결혼할 거야. 다만 그 문제로 잔소리를 듣고 싶진 않아."

"렌, 자기 생일이 언제지?"

"몇 번이나 말했잖아. 11월 11일이면 스물한 살이 된다고. 자, 이제 무릎에서 내려가 줄래? 누구 한 사람은 저녁식사를 준비해야지."

재키는 침실로 가서 모자를 손질하기 시작했다. 모자 손질이란 모자에 세게 입김을 몇 번 불어넣는 일이었다. 레너드는 거실을 정리하고 부엌으로 가서 저녁식사를 준비했다. 그는 가스계량기 요금 투입구에 1페니 동전을 집어넣었고, 얼마 뒤 통조림 내용물을 요리하는 고약한 냄새가 사방으로 퍼졌다. 레너드는 불쾌한 기분을 삭이지 못하고 요리하는 동안 끊임없이 투덜댔다.

"동료가 나를 믿지 못하는 것만큼 불쾌한 일은 없어. 나는 이 동네 사람들에게 자기가 내 아내라 말하고 다녔는데…… 그래, 반드시 결혼해 준다니까 …… 자기한테 반지도 사 주고 가구가 딸린 이 집을 빌리기도 했잖아. 내가 이렇게 무리하게 돈을 쓰면서까지 성의를 보였는데 나를 아직도 못 믿다니, 정말이지 너무 했어. 가족한테는 사실을 밝히지도 못했는데."

그는 갑자기 목소리를 낮추더니 말했다.

"만약 형이 이 사실을 안다면 가만있지 않을 거야."

그는 겁먹은 척했지만 즐기듯이 그 말을 되풀이했다.

"만약 형이 이 사실을 안다면, 우린 끝장이야. 재키, 난 온 세계를 상대로 싸우고 있는 거야. 그래, 바로 그렇다니까, 재키. 나는 누가 뭐라고 말해도 신경 쓰지 않아. 내가 하겠다고 결심한 일은 얼른 해치워 버린다고. 난 옛날부터 그랬어. 다른 겁쟁이들하고는 달라서, 곤경에 처한 여자를 그냥 내버려 두지는 않아. 난 그렇게는 못하는 성격이야. 아, 그리고 하나 더 말해 두자면, 나는 문학이나 예술에 대한 교양을 쌓아서 시야를 넓힐 생각이야. 실은 아까 자기가 들어왔을 때에도 러스킨이 쓴 《베니스의 돌》을 읽고 있었지. 아니, 그걸 자랑하려는 건 아니야. 다만 내가 어떤 사람인지 자기도 알아주기를 바랄 뿐이야. 오늘 고전 음악도 정말로 즐겁게 들었다고."

레너드가 무슨 말을 해도 재키는 전혀 관심이 없었다. 저녁식사 준비가 다 됐을 때에야 비로소 침실에서 나오면서 한마디 했을 뿐이다.

"그래도 날 사랑하는 거지?"

그들은 레너드가 더운물을 부어 만든 즉석 수프부터 먹었다. 다음 요리는 통조림에서 꺼낸 소 혓바닥이었는데, 위에는 젤리가 조금 얹혀 있고 밑에는 누런 비계가 잔뜩 붙어 있는 얼룩덜룩한 둥근 고깃덩이였다. 그리고 마지막으로 레너드가 미리 녹여 둔 또 다른 즉석 음식—파인애플 맛 젤리—이 나왔다. 재키는 그 음식들을 그럭저럭 만족스럽게 먹으면서 이따금 불안한 눈빛으로 레너드를 쳐다봤다. 재키의 외모에는 그 눈빛과 어울릴 만한 요소가 하나도 없었지만, 그래도 그 눈빛은 재키의 영혼을 드러내보이는 것 같았다. 한편 레너드는 자기 위장에 영양가 있는 음식이 들어가고 있다는 사실을 깨닫고 있었다.

식사를 마친 뒤 두 사람은 함께 담배를 피우면서 몇 마디 이야기를 나눴다. 재키는 자신의 '사진'이 끼워져 있는 액자 유리가 깨졌다고 말했고, 레너드는 자기가 퀸스 홀 음악회를 관람하고 나서 곧장 집으로 돌아왔다고 다시 한 번 말했다. 그러는 동안에 재키는 또다시 레너드 무릎에 앉았다. 그때 마침 카멜리아 로드에 사는 이웃사람이 두 사람의 머리 근처에 있는 창문 앞을 오갔고, 1층에 사는 가족들은 찬송가를 부르기 시작했다.

"나는 저 노래만 들으면 한기가 들어."

레너드가 말했다. 하지만 재키는 자기한테는 그것이 아름다운 노래로 들린다고 대꾸했다.

"그렇다면 내가 정말 아름다운 노래를 들려주지. 잠깐 일어나 봐."

그는 피아노 앞에 앉아 그리그의 곡을 연주했다. 그 연주는 서툴고 조잡했지만 그래도 효과가 있었는지, 재키는 이제 그만 자겠다며 침실로 가 버렸다. 그러자 일련의 다른 일들이 레너드의 머릿속에 떠올랐다. 슐레겔 양이 음악 이야기를 하면서 자꾸만 얼굴을 찌푸리던 모습을 떠올렸다. 어느새 그의 생각은 점점 더 슬프고 질투 섞인 것으로 변해 갔다. 그의 우산을 가져갔던 헬렌이라는 여자, 그에게 상냥하게 미소 지은 독일 여자, 레 어쩌고 하는 독일 남자, 무슨 이모님, 두 슐레겔 양의 남동생, 행운을 붙잡은 그들은 위컴 플레이스의 사치스런 좁은 계단을 올라가 넓은 방으로 들어갔다. 하지만 그 자신은 하루에 열 시간씩 책을 읽어도 그런 곳으로 들어갈 수 없었다. 아무리 노력해도 어쩔 수 없는 일이었다. 어떤 사람들은 교양을 타고나지만 그러지 못한 사람들은 그저 자신에게 편한 것을 추구하는 편이 낫지 않을까. 레너드 같은 사람에게 인생 전체를 바라본다는 것은 꿈도 못 꿀 일이었다.

부엌 저편의 어둠 속에서 렌을 부르는 소리가 들려왔다.

"렌?"

"벌써, 잔다고?"

레너드가 이맛살을 찌푸리며 물었다.

"응…….."

"알았어."

얼마 뒤 재키가 또 레너드를 불렀다. 레너드가 대답했다.

"내일 아침에 신을 구두를 닦아야 해."

얼마 뒤 재키가 또 불렀다.

"이 대목만 다 읽고 갈게."

"뭐라고?"

레너드는 침묵을 지키기로 했다.

"뭐라고 했어?"

"아무것도 아냐, 재키. 책을 읽고 있다고."

"뭐라고?"

"뭐라고?"

그녀가 못 듣는 척한다는 걸 알아채고 레너드도 똑같이 되물었다.

얼마 뒤 재키가 또 그를 불렀다.

그 무렵 러스킨은 이미 토르체로에 도착해서 이번에는 무라노엘 가자고 곤돌라 사공들에게 지시하고 있었다. 러스킨은 물결이 조용히 찰싹이는 바다 위를 미끄러지듯이 나아가면서, 이를테면 레너드 같은 사람의 무지함이나 비참함으로 인해 자연의 힘과 아름다움이 손상되는 것은 아니라고 말하고 있었다.

7

"마거릿, 큰일 났어. 이제야 겨우 너랑 단둘이 있게 되었구나."

이튿날 아침 먼트 부인이 말했다.

그 큰일이라는 것은 사실 그렇게 심각한 일도 아니었다. 그저 맞은편에 있는 고층 아파트 한 채를 윌콕스 가족이 "런던 사교계에 발을 들일 수 있게 될지도 모른다는 생각으로" 빌렸을 뿐이다. 이 사실을 먼트 부인이 가장 먼저 눈치챘다는 것은 별로 놀라운 일도 아니었다. 부인은 언제나 그 건물에 비상한 관심을 가지고서 그곳 사람들의 움직임에 끊임없이 신경을 썼기 때문이다. 먼트 부인은 그런 종류의 주택을 말로는 경멸했다. 이렇게 높은 주택이 오래된 좋은 집들을 파괴한다느니, 햇빛을 가린다느니, 그런 집에 사는 사람치고 제대로 된 사람이 없다느니 하면서. 그러나 실제로 부인은 위컴 맨션이 생기고 나서부터 위컴 플레이스에 오는 일이 전보다 몇 갑절 즐거워졌다.

먼트 부인은 고급 아파트에 대해서 단 이틀 만에, 조카딸들이 두 달 동안, 그리고 티비가 2년쯤 걸려야 얻을 수 있는 정보량보다 더 많은 것들을 알아냈다. 부인은 길을 건너가 그곳 수위들에게 말을 걸었다. 이를테면 집세에 대해 이것저것 물어보고는 깜짝 놀라며 이렇게 말하기도 했다. "어머, 지하실이 120파운드라고요! 그럼 당신들은 못 살겠군요." 그러면 상대는 "좌우간 해 볼 일이지요, 부인" 이런 식으로 대답했다. 먼트 부인은 입주민용 승강기와 화물용 승강기, 부정직한 수위를 자꾸만 유혹하는 석탄 운반 방법 등 이 방면에서 모르는 것이 없었다. 언제나 정치나 경제, 예술 이야기만 하는 슐레겔 집안의 분위기 속에서 이것은 부인에게 하나의 위안거리가 되었는지도 모른다.

마거릿은 이모에게 그 이야기를 들어도 별로 놀라지 않았고, 헬렌이 어떻게 생각할지 걱정이라는 이모의 의견에도 동의하지 않았다. 마거릿은 이모에게 다음과 같이 설명했다.

"헬렌은 그거 하나밖에 생각하지 못하는 아이가 아니니까요. 그 애는 그것 말고도 여러 가지 일과 다양한 사람에게 흥미를 가지고 있어요. 윌콕스 가족과 관련된 사건은 그 애가 착각해서 일어난 일이니까, 우리와 마찬가지로 그 정도에서 끝낼 거예요."

"너처럼 똑똑한 애가 그렇게 바보 같은 말을 하다니. 그 사람들이 저기로 오면, 헬렌이 그 정도에서 끝내 버릴 수가 없잖니. 길거리에서 폴과 마주칠지도 모르고, 그러면 적어도 인사는 해야 하지 않겠어?"

"그야 물론이죠. 그건 그렇고, 꽃꽂이부터 해 놓을까요? 제가 하고 싶은 말은요, 폴에게 흥미를 가지려는 의지 자체가 이미 헬렌 마음속에서 사라져 버렸다는 거예요. 그것으로 족하지 않을까요? 저는 그 사건이—물론 이모님은 그때 우리에게 친절을 베풀어 주셨지만—헬렌의 신경 하나를 죽인 것이나 다름없다고 생각해요. 그러니까 헬렌이 또 다시 그 문제로 힘들어할 일은 없을 거예요. 오직 우리가 흥미를 느끼고 있는 대상만이 우리에게는 중요한걸요. 그러니까 인사를 하거나, 찾아가거나, 명함을 놓고 오거나, 저녁식사에 초대를 받거나 하는 일도 윌콕스 씨네 사람들이 원하신다면 우리야 얼마든지 해 드릴 수 있어요. 다만 또 다른 일, 그보다 더 중요한 일은 이미 끝나 버렸지요. 그걸 이해하지 못하시겠어요?"

먼트 부인은 이해하지 못했다. 어떤 흥미나 감정이건 한 번 격렬하게 일어난 뒤에 완전히 사라질 수 있다는 마거릿의 의견은 아무래도 미덥지가 않았다.

"게다가 분명히 말씀드리지만, 그분들도 이제는 우리에게 흥미가 없어요. 그때는 말씀드리지 않았지만—그렇잖아도 이모에게는 걱정을 끼쳐 드렸는데 이 얘기까지 하면 더더욱 속상해하실 것 같아서—그때 저는 윌콕스 부인에게 헬렌 일로 폐를 끼쳐서 죄송하다고 사과 편지를 써 보냈어요. 하지만 그쪽에서는 답장을 해주지 않았죠."

"세상에, 무례하기도 하지!"

"글쎄요, 답장을 안 할 수밖에 없었던 것이 아닐까요?"

"그럴 리 없어. 그건 무례한 짓이야."

"어쨌든 우리에겐 다행이네요."

먼트 부인은 한숨을 내쉬었다. 부인은 지금이야말로 자기가 조카딸들 곁에 있어 줘야 한다고 생각했지만, 다음 날 스워니지에 돌아가기로 되어 있었다. 게다가 그것 말고도 아쉬운 점이 하나 있다면 예를 들어 자기가 혹시라도 길거리에서 찰스와 마주친다면, 멋지게 무시하고서 지나가 버릴 텐데 하는 것이었다. 사실 먼트 부인은 찰스가 수위에게 무슨 지시를 내리고 있는 모습을 보았다. 실크모자를 쓴 그는 아주 시시한 인간이라는 느낌이 들었다. 그런데 공교롭게도 그때 찰스는 부인을 등지고 서 있었고, 부인이 그를 모른 척하고 지나갔다 해도 그것이 찰스의 마음을 아프게 할 수는 없었다.

"그래도 조심할 거지?"

먼트 부인은 마거릿에게 간곡하게 말했다.

"네, 그럼요. 조심 또 조심해야죠."

"헬렌도 조심해야 할 텐데."

그때 마침 헬렌이 사촌인 프리다와 함께 들어오면서 물었다.

"뭘 조심하라는 거예요?"

"아냐, 아무것도 아냐."

마거릿이 순간적으로 당황해서 말했다.

"뭘 조심해야 한다고요, 줄리 이모?"

헬렌의 질문에 먼트 부인은 묘한 표정을 지으며 대답했다.

"아무것도 아냐. 다만 우리가 이름을 알고 있어도 말하지 않기로 한 그 사람들이 매더슨 씨네 집—발코니에 화분이 놓여 있는 집—맞은편에 이사를 왔을 뿐이지."

헬렌은 반농담조로 대답하려다가 갑자기 얼굴을 붉혀 모두를 당황하게 만들었다. 먼트 부인은 엉겁결에 이렇게 말했다.

"아니, 헬렌, 그래도 넌 개의치 않겠지?"

헬렌 얼굴이 더욱 빨개졌다. 이윽고 헬렌은 퉁명스럽게 말했다.

"당연하잖아요. 별것도 아닌 일 가지고 이모님과 메그 언니는 뭘 그렇게 심각하게 생각하세요."

"심각하게 생각하는 게 아니야."

이번에는 마거릿이 퉁명스럽게 말했다.

"하지만 실제로 심각하게 생각하는 모양인데. 안 그래, 프리다?"

"아무튼 나는 전혀 그렇지 않아. 네가 착각하고 있는 거야."

"맞아, 전혀 그렇지 않다니까. 마거릿은 나한테 반대하면서……."

먼트 부인이 그 말에 맞장구를 쳤다. 그때 모제바흐 양이 부인의 말을 가로막았다.

"아! 브루노가 왔나 봐요."

리제케 씨는 프리다와 헬렌을 어딘가로 데려가기 위해 위컴 플레이스에 들르기로 되어 있었지만 아직 도착하지 않았다. 그러나 왠지 분위기가 어색해졌다고 생각한 프리다는 마거릿과 먼트 부인이 꽃꽂이를 하는 동안 헬렌과 자기는 아래로 내려가서 브루노를 기다리는 편이 낫겠다고 말했다. 헬렌도 이 제안을 받아들였다. 그러나 분위기가 어색할 일은 없다는 점을 강조하고 싶었는지 방 입구에 서서 한마디 했다.

"매더슨이라고 하셨죠, 줄리 이모? 이모한테는 당해 낼 수가 없네요. 코르셋으로 허리를 꽉 졸라매고 다니는 그 여자 분 이름이 매더슨인 줄 미처 몰랐어요."

"헬렌, 어서 가자."

프리다가 말했다.

"그래, 어서 가 보렴, 헬렌."

이렇게 말하고 나서 먼트 부인은 곧 마거릿에게 말을 걸었다.

"난 알고 있어. 헬렌은 그 일에 마음이 쓰이는 거야."

"이모, 다 들리겠어요. 프리다가 들으면 성가시게 굴 거예요."

마거릿이 목소리를 낮추어 말했다.

"신경 쓰고 있다니까."

이렇게 말한 먼트 부인은 생각에 잠겨 방 안을 서성인 뒤, 꽃병에서 시든 국화들을 꺼내며 의견을 내놓았다.

"그래, 마음이 쓰일 줄 알았어…… 그게 당연하지 않니? 아주 호되게 당했으니 말이야. 나 참, 그렇게 천한 사람들이 세상에 또 있을까? 내가 너보다 더 그 사람들을 잘 안다는 사실을 잊지 마라. 만약 네가 찰스와 함께 자동차를 탔다면, 그 집에 도착할 무렵에는 정신이 나가 버렸을 거야. 앞으로 네가 어떤 봉변을 당하게 될지…… 저거 봐, 그 집 사람들이 응접실 창가에 모여 있잖니. 저 사람이 윌콕스 부인이고…… 그래, 직접 만났었지. 저 녀석이 폴이고, 그 옆이 이비야. 이비는 말괄량이라고. 찰스도 있구나…… 내가 맨 처음으로 만난 사람이 저 친구야. 그런데 구릿빛 얼굴에 콧수염이 난 중년 남자는 누굴까?"

"윌콕스 씨 일 거예요."

"맞아, 저 사람이 윌콕스 씨야."

"윌콕스 씨 얼굴이 구릿빛이라고 하기는 어려울 것 같은데요. 그분 나이치고는 얼굴빛이 아주 좋으신걸요."

마거릿이 투덜거렸다. 먼트 부인은 다른 면에서는 전체적으로 승리를 거둔 거나 다름없었으므로 윌콕스 씨의 얼굴빛쯤이야 기꺼이 양보할 수 있었다. 부인은 이어서 두 조카딸이 앞으로 어떻게 해야 할지 말하려고 했는데, 마거릿이 그 말을 가로막았다.

"윌콕스 씨 가족이 이사 왔다는 사실을 헬렌이 그런 식으로 받아들일 줄은 미처 몰랐어요. 하지만 우리는 정말로 저 사람들에 개의치 않으니까, 우리가 앞으로 어떻게 해야 할지 걱정할 필요는 없다고 생각해요."

"그렇다고 그냥 내버려 둘 수도 없잖니?"

"아뇨, 그래도 괜찮아요."

"어째서?"

"그 이유는요……."

마거릿의 생각은 아직 말로 구체화되지 않은 단계에 머물러 있었다. 그러나 살다가 일어날 수 있는 모든 일에 대비하는 사람은 그 때문에 기쁨을 누리지 못할지도 모른다는 것만은 확신했다. 예컨대 시험이나 만찬회, 주가 하락 등에는 미리 대비할 필요가 있으나, 사람과 사람의 관계에서 똑같이 이 방법을 쓰면 실패하고 만다. 그래서 마거릿은 이렇게 말할 수밖에 없었다.

"그때 가서 생각하는 편이 나을 테니까요."

"그렇다면, 밤에 어떨지를 상상해 봐."

먼트 부인이 물뿌리개로 위컴 맨션 쪽을 가리키며 말을 이었다.

"여기서나 저기서 불을 켜면 양측이 한방에 있는 거나 다름없지 않겠니? 저쪽이 깜빡 잊고 블라인드를 안 내린다면 이쪽에서 저쪽이 모두 보일 테고, 또 마찬가지로 이쪽이 깜빡한다면 저쪽에서 이쪽이 죄다 보이겠지. 게다가 발코니에 나갈 수도 없고, 화분에 물을 주지도, 대화를 나누지도 못하게 될 거야. 또 이쪽이 현관을 나설 때 저쪽도 현관에서 나온다면 어쩔 거니? 그런데도 그때 가서 생각하면 된다고 말할 거야?"

"저는 평생 그렇게 살 거예요."

"얘야, 그런 위험한 짓을……!"

"그래도 돈만 있으면 위험하지 않아요."

마거릿이 미소를 지으며 말했다.

"그런 말을 하다니, 부끄럽지도 않니?"

"돈은 만사를 원만하게 하죠. 그래서 돈 없는 사람은 살기 힘든 거예요."

"글쎄, 그건 꽤나 새로운 사고방식이구나."

먼트 부인은 도토리를 모으는 다람쥐처럼 새로운 생각을 수집하기를 좋아했고, 특히 쉽게 써먹을 수 있는 것에 관심을 보였다.

"저에게는 새로운 생각이지만, 상식적인 사람들은 예전부터 이 점을 알고 있었을 거예요. 이모님도 저도 윌콕스 가족들도 모두 이 섬나라에 서 있는 것처럼 돈 위에 서 있는 셈이니까요. 돈은 너무나도 견고하게 우리 발밑에 존재하고 있기에 우리는 그것이 있다는 사실조차 잊어버리고 있다가, 곁에 있는 누군가의 기반이 무너져서야 비로소 '재산이 있다는 것'이 어떤 건지 깨닫게 되죠. 어젯밤에는 우리 모두가 이 난롯가에 모여서 이야기를 했잖아요? 그때 저는 세계의 영혼 자체가 경제적인 것이 아닐까, 애정이 없는 것보다는 돈이 없는 것이 가장 무서운 일이 아닐까 하고 생각했어요."

"그건 좀 냉소적인 사고방식이 아닐까?"

"저도 그렇게 생각해요. 하지만 헬렌이나 저나 남에 대해서 이러쿵저러쿵 이야기하고 싶어질 때에는, 우리는 땅 위에 발을 디디고 서 있지만 대부분의 다른 사람들은 바다 밑에 있다는 사실을 떠올려야 해요. 가난한 사람들은 사랑하는 사람들이 있는 곳으로 다가갈 수 없고, 더 이상 사랑하지 않게 된 사람들에게서 멀어질 수도 없죠. 우리 같은 부자들은 충분히 그럴 수 있죠. 만약 올 6월 헬렌과 폴 윌콕스가 너무 가난해서 서로 헤어지고 싶어도 기차나 자동차를 이용할 수 없는 형편이었다면, 어떤 비극이 일어났을지 아무도 몰라요."

"그건 사회주의적인 사고방식이 아닐까?"

먼트 부인이 걱정스러운 어조로 말했다.

"어찌 됐든 저는 자기가 가진 모든 것을 숨김없이 보여 주면서 살아가야 한다고 생각해요. 부자는 일부러 가난한 척하면서, 자기를 파도 위로 떠받쳐 올려 주는 돈더미를 무시하죠. 저는 그들이 그걸 뭔가 대단한 행동이라고 생각하는 데에 질려 버렸어요. 저는 해마다 나오는 600파운드 위에 서 있고, 헬렌도 그래요. 티비는 머잖아 800파운드 위에 서게 될 테고요. 그 돈더미가 바다 속으로 무너져 내릴 때마다 그 바다로부터 새로운 돈이 보급되죠. 우리 생각은 연수입이 600파운드인 사람이 하는 생각이고, 말하는 것도 마찬가지예요. 그래서 우리는 애초부터 우산을 훔칠 생각 따위는 하지 않기 때문에, 바다 밑에서는 사람들이 우산을 훔치고 싶어 하고 또 실제로 훔친다는 사실, 우리가 있는 곳에서는 단순한 농담에 지나지 않는 것이 그곳에서는 현실이라는 사실을 잊어버리는 거예요……."

"어머, 저기 봐. 모제바흐 양이잖아. 그녀는 독일인치고 옷을 참 잘 입는단 말이지. 아, 저런……."

"왜 그러세요?"

"헬렌이 윌콕스 씨네 집 쪽을 올려다봤어."

"그게 뭐 어떻다고 그러세요?"

"아, 미안해. 뭔가 현실에 대한 이야기를 하고 있었지?"

"그냥 늘 그렇듯이 조금 흥분했을 뿐이에요."

마거릿이 문득 생각에 잠긴 얼굴로 대답했다.

"그래도 최소한 네가 부자 편인지 아니면 가난한 사람 편인지는 가르쳐 주지 않을래?"

"그건 어려운 질문이네요. 하지만 부자와 가난뱅이 가운데 굳이 하나를 선택하자면, 부자가 되는 쪽이죠. 제 생각에는 부자가 최고예요!"

"부자 말이지."

먼트 부인은 그 말을 되풀이해 말하더니, 마침내 도토리를 손에 넣은 듯한 표정을 지었다.

"그래요, 부자. 돈이 최고죠."

"물론 나도 그렇게 생각하고, 스워니지에서 내가 알고 지내는 사람들도 대개 그렇지만, 네가 그런 말을 하니 좀 신기하구나."

"고마워요, 이모. 제가 떠들고 있는 동안 이모가 꽃꽂이를 다 해 주셨네요."

"이 정도로 뭘 그래. 이보다 좀 더 중요한 일로 너희를 도와줄 수 있으면 좋으련만."

"그럼 이모, 직업소개소까지 저와 함께 가주시겠어요? 하녀 한 사람이 우리 집에 오겠다는 말도, 안 오겠다는 말도 않고 있거든요."

직업소개소로 가는 길에 두 사람은 윌콕스 가족이 사는 집을 올려다보았다. 먼트 부인의 말에 의하면 이때 발코니에 나와 있던 이비는 아주 무례한 눈빛으로 그녀들을 내려다보고 있었다. 확실히 윌콕스 가족이 거기로 이사온 것은 꽤나 골치 아픈 일이었다. 헬렌이 우연히 그들과 마주치는 정도로 그친다면 걱정할 필요가 없겠지만…… 마거릿은 점점 자신감을 잃어가기 시작했다. 그 가족들이 코앞에서 살고 있다는 사실은 죽어 가던 헬렌의 신경을 되살아나게 하지나 않을까?

더구나 프리다 모제바흐는 아직도 2주일은 더 이곳에 머무를 예정이었다. 프리다는 그런 문제에 대해서는 눈치가 빨라서 "너, 맞은편에 살고 있는 젊은 남자를 사랑하는 거 아냐?" 같은 소리를 능히 할 만한 여자였다. 그 말이 설령 사실이 아니라 할지라도 여러 번 반복되는 과정에서 진실이 될 수도 있었다. 마치 "영국과 독일은 언젠가는 싸운다"는 말이 튀어나올 때마다 그만큼 전쟁이 쉽게 일어날 수 있다는 인식을 사람들에게 심어 주기 때문에, 두 나라 황색신문*7들이 지치지도 않고 되풀이해서 그런 기사를 내고 있는 것처럼. 그렇다면 사적인 감정 면에서도 황색신문이 존재하는 걸까? 마거릿은 그런 것이 존재한다고 믿었으며, 프리다와 친절한 줄리 이모가 그 전형적인 예라고 생각했다. 두 사람은 자꾸 같은 말을 되풀이하는 과정에서 헬렌을 또다시 지난 6월과 같은 상태로 되돌려 놓을지도 몰랐다. 하지만 그게 전부일 뿐, 헬렌을 영원한 사랑으로 이끌 수는 없었다. 이런 사람들은—마거릿은 잘 알고 있었다—저널리즘에 물든 사람이고, 마거릿의 아버지는 편견을 비롯한 여러 가지 결점을 갖고 있기는 해도 문학적인 사람이었다. 따라서 만약 아버지가 살아 계셨다면 틀림없이 헬렌을 잘 이끌어 주셨을 것이다.

직업소개소에서는 아침 면접이 진행되고 있었다. 그 앞 거리에는 마차들이 줄지어 서 있었다. 차례를 기다리던 마거릿은 집에 계단이 너무 많다는

---

*7 yellow paper. 저속하고 선정적인 기사를 주로 다루는 신문.

이유로 정식 하녀들에게 모두 거절당했다. 그 바람에 별로 미덥지 않은 '임시 하녀'로 만족할 수밖에 없었다. 마거릿은 이 일로 인해 우울해졌다. 이 일은 곧 기억에서 사라졌지만 우울한 기분은 여전히 남아 있었다. 마거릿은 돌아오면서 윌콕스 씨네 집을 또다시 올려다보았다. 그리고 어머니가 된 기분으로 헬렌과 이야기를 나눠 보기로 결심했다.

"헬렌, 혹시 이번 일이 신경 쓰인다면 나한테 말해 주지 않을래?"

"응? 무슨 일?"

점심식사 전이라 손을 씻고 있던 헬렌이 물었다.

"윌 모 씨네 가족들이 온 것 말이야."

"그거, 당연히 관심 없어."

"정말로?"

"정말이야."

그렇게 말하고서 헬렌은 다만 윌콕스 부인이 좀 마음에 걸린다고 덧붙였다. 부인의 감정은 너무 섬세해서, 다른 윌콕스 씨네 사람들로서는 생각지도 못할 이유로 상처를 입을지도 모른다는 얘기였다.

"폴이 우리 집을 가리키면서 '저기가 나를 유혹하려 했던 여자 집이야'라고 말한다 해도 나는 전혀 개의치 않을 거야. 하지만 윌콕스 부인은 그렇지 않을지도 몰라."

"네가 그런 점까지 염려한다면, 다른 방법을 생각해 봐도 좋지 않을까. 우리는 돈이 있으니까, 우리가 불쾌하게 생각하는 사람들이나 우리를 불쾌하게 생각하는 사람들과 가까이 붙어 살 필요가 없어. 한동안 다른 곳에 가 있어도 좋고."

"난 외국에 나가 있을 거야. 방금 프리다가 슈테틴으로 오라고 했는데, 거기로 가면 새해가 지나야 돌아오게 될 거야. 그럼 됐지? 설마 영국에 영영 돌아오지 말라는 건 아닐 테고. 정말이지 메그 언니, 그렇게 야단법석 떨 필요가 없다니까."

"내가 잔소리 많은 아줌마가 되어 가는 건지도 모르겠구나. 나도 전혀 상관없을 거라고 생각했는데, 네가 또다시 그 남자와 사랑에 빠지게 된다면 곤란하겠다 싶어서……."

마거릿은 잠깐 헛기침을 한 뒤 말을 이었다.

"오늘 아침 줄리 이모가 말했을 때 네 얼굴이 빨개졌잖아. 그렇지 않았다면 나도 입 다물고 있었을 거야."

이 말을 듣자 헬렌은 진정함이 느껴지는 웃음을 터뜨렸다. 그러고는 비누 묻은 손을 치켜들고 앞으로는 어디서 어떤 식으로든, 두 번 다시 윌콕스 씨네 사람들하고는 절대 사랑에 빠지는 일은 없을 거라 맹세했다. 비록 사돈의 팔촌이라 해도.

8

그 뒤 마거릿과 윌콕스 부인은 급속도로 친해졌으며, 그것은 매우 불가사의한 결과를 낳았다. 어쩌면 이 일은 두 사람이 그해 봄 슈파이어에서 만났을 때부터 시작되었는지도 모른다. 마거릿보다 나이가 많은 윌콕스 부인은 슈파이어의 볼품없는 불그스레한 성당을 바라보면서 남편과 헬렌의 대화를 듣고 있었다. 그때 그녀는 언니 마거릿이 헬렌만큼 매력적이지는 않아도 인간에 대한 깊은 이해력과 건실한 판단력을 갖추고 있음을 발견했는지도 모른다. 윌콕스 부인은 그런 점을 발견할 수 있는 사람이었다. 슐레겔 자매를 하워즈 엔드에 초대한 사람이 윌콕스 부인이었을 수도 있고, 부인은 두 자매 가운데 특히 마거릿이 와 주기를 바랐는지도 모른다. 다만 이것은 순전히 추측일 뿐이다. 그러나 2주일쯤 지나서, 때마침 헬렌이 사촌 프리다와 함께 슈테틴으로 떠나려던 날에 윌콕스 부인이 위컴 플레이스의 슐레겔 자매네 집을 찾아와서 명함을 두고 간 것은 분명한 사실이었다.

"헬렌!"

모제바흐 양이 당황한 얼굴로 헬렌을 불렀다(그녀는 이미 헬렌에게 폴에 대한 이야기를 들어서 익히 알고 있었다).

"그 사람 어머니가 너를 용서하셨나 봐."

이어서 모제바흐 양은 영국 관습을 떠올렸다. 영국에서는 어떤 장소에 새로 이사 온 사람은 그곳에 이미 살고 있는 사람을 먼저 방문하지 않았다. 그래서 모제바흐 양은 윌콕스 부인이 이상한 사람인 것 같다고 말했다.

"아, 그 사람들도 참…… 헬렌, 그렇게 장난치지 말고 빨리 짐이나 마저 꾸려. 부인은 왜 우리를 가만히 놔두지 않는 걸까?"

마거릿이 발끈 화를 내며 투덜거렸다.

"저런, 우리 메그 언니를 어쩌면 좋지? 머릿속이 윌콕스와 짐 상자로 가득 차 버렸나 봐. 메그 언니, 응, 메그 언니, 나는 그 젊은 신사를 사랑하지 않아. 메그 언니, 사랑하지 않는다니까. 이보다 더 분명하게 말할 수는 없잖아?"

헬렌은 계단에 털썩 주저앉으며 말했다.

"확실히 이제는 사랑하지 않는가 봐요."

모제바흐 양이 말했다.

"그래, 사랑하진 않겠지. 하지만 이 상황에서 내가 윌콕스 부인의 방문에 답례하러 간다면, 윌콕스 가족들과 성가신 교제를 시작하게 될 거야. 그건 틀림없는 사실이잖아?"

그러자 헬렌은 우는 시늉을 했으며, 그게 무척 재미있어 보였는지 모제바흐 양도 그 흉내를 내기 시작했다.

"싫어, 싫어. 메그 언니는 답례하러 가는데 나는 갈 수 없다니. 하지만 어쩌겠어, 난 독일에 가니까 말이야."

"독일에 가려거든 빨리 짐이나 꾸리렴. 아니면 네가 나 대신 윌콕스 씨네 집에 가든가."

"하지만 메그 언니, 나는 이제 정말 그 젊은 신사를 사랑하지 않는단 말이야. 나는…… 아, 큰일 났어! 누가 내려오는데, 티비인가 봐! 오, 이런!"

남자가 하나 등장한 것은—그 남자가 티비였다 해도—이 바보 같은 소동을 중단시키기에 충분했다. 오늘날 문명인들 사이에서 남녀 차별 의식은 많이 약해졌지만, 그래도 완전히 사라지지는 않았다. 특히 여자 쪽에 강하게 남아 있었다. 헬렌은 언니에게 폴에 대한 모든 것을 고백했고 여자 사촌에게도 그에 대한 대부분을 이야기했었다. 하지만 남동생에게는 아무 말도 하지 않았다. 그것은 헬렌이 점잖아서가 아니었다. 헬렌은 이제 이른바 '윌콕스 식 이상(理想)'을 소재로 삼아 농담도 하고, 이에 대해 냉소적인 태도를 보이기까지 했다. 그렇다고 해서 헬렌이 조심하느라 그런 것도 아니었다. 티비는 자기 자신에 대한 이야기가 아니라면 남에게서 들은 바를 좀처럼 입 밖에 내지 않으니까 말이다. 오히려 헬렌이 그 일을 숨긴 이유는, 남자들에게 비밀을 누설하는 듯한 느낌이 들어서였다.

그래서 헬렌은 부질없는 소동을 계속 피우면서도 화제를 다른 것으로 바꾸었다. 이윽고 사람들은 가까스로 그녀를 2층으로 쫓아 보냈다. 모제바흐 양도 뒤따라 올라갔는데, 그전에 난간 너머로 마거릿을 보며 진지하게 말했다.

"잘됐어요…… 이제 헬렌은 그 젊은 분을 사랑하지 않아요. 그에게는 그럴 만한 가치가 없으니까요."

"그래, 그건 나도 알겠어. 고마워."

"언니에게 그 사실을 알려 주는 것이 좋겠다고 생각했어요."

"정말 고마워."

"무슨 얘기를 하는 거야?"

티비가 물었다. 그러나 아무도 가르쳐 주지 않았으므로 그는 자두를 먹으러 식당으로 들어갔다.

그날 밤 마거릿은 결심을 행동으로 옮겼다. 벌써 11월이어서 안개는 추방당한 유령처럼 창문으로 바싹 다가왔고, 집 안은 무척 조용했다. 프리다도 헬렌도 이미 모두 떠나가 버린 뒤였다. 티비는 기분이 좋지 않은지 난롯가 소파에 누워 있었고, 마거릿은 그 옆에서 생각에 잠겨 있었다. 마거릿의 머리는 충동에서 충동으로 옮아갔으며 마지막에는 그것을 전부 늘어놓고 검토하기 시작했다.

아마도 실제적이면서 자기가 하고 싶은 일이 무엇인지 금방 알지만 그 밖의 것은 잘 모르는 사람이 마거릿을 본다면 우유부단하다고 생각할지도 모른다. 그러나 마거릿이 이런 식으로 머리를 쓰고 나서 행동하는 단계에 이르면, 그때는 그 누구도 마거릿을 두고 우유부단하다고 말할 수 없었다. 오히려 마거릿은 신중하지 못하다고 할 정도로 대담하게 행동했다.

그날 밤 마거릿이 윌콕스 부인에게 쓴 편지는 〈햄릿〉에 나올 법한 결의로 가득 차 있었다. 또한 햄릿의 말을 빌리자면, "창백한 사색의 그림자"는 마거릿의 경우에는 얼룩이 되기보다는 뭔가에 입김을 불었을 때처럼 닦으면 닦을수록 빛깔이 더욱 선명해졌다.

윌콕스 부인께

실례지만 부인께 무례한 말씀을 드려야겠습니다. 부인 가족과 저희는 더 이상 만나지 않는 편이 좋을 것 같습니다. 제 여동생과 이모가 부인 가족께 불쾌한 일을 저질렀고, 특히 동생은 똑같은 일을 되풀이할 수도 있습니다. 제가 알고 있는 한 여동생은 이제 댁의 아드님에게 아무런 감정도 없는 것 같습니다만, 두 사람이 다시 만나는 것은 부인을 위해서나 제 동생을 위해서나 좋은 일이 아닐 듯합니다. 그런 의미에서 참으로 기분 좋게 시작했던 부인과의 교제를 이제는 마무리할 때가 온 것 같습니다.

어쩌면 부인께서 이런 제 생각을 못마땅하게 여기실까 봐 걱정되고, 실제로 그러실 것 같습니다. 이미 부인께서는 저희 집을 직접 찾아 주실 만큼 친절을 베푸셨으니까요. 제가 이 편지를 쓰는 건 그저 제 직감 때문이고, 물론 잘못된 직감일 수도 있습니다. 여동생은 분명히 틀렸다고 말할 겁니다. 저는 여동생에게 알리지 않고 이 편지를 쓰고 있습니다. 부디 저의 무례한 행동이 그 아이 때문이라고는 생각하지 말아 주시길 바랍니다.

마거릿 슐레겔

마거릿은 이 편지를 우편으로 보냈으며, 이튿날 위컴 맨션스에서 보낸 답장을 받았다. 내용은 다음과 같다.

마거릿 슐레겔 양에게

그런 편지는 쓰지 않아도 좋았는데 그랬어요. 나는 그저 폴이 외국으로 떠나고 없다는 말을 해주려고 찾아간 거였으니까요.

루스 윌콕스

마거릿은 얼굴이 화끈거렸다. 도저히 아침식사를 끝마치지 못할 만큼 심한 수치심을 느꼈다. 그 젊은이가 외국에 간다는 얘기는 분명히 헬렌에게 들었지만, 다른 일들이 더 중요하게 느껴져서 그만 그 점을 잊고 있었다. 이리하여 터무니없는 걱정은 말끔히 사라지고, 그 대신 자기가 윌콕스 부인에게 무례한 짓을 했다는 확신만 생겨났다. 이처럼 무례한 짓을 한다는 것은 마거릿에게 이루 형용할 수 없이 씁쓸한 뒷맛을 남겼으며, 그야말로 인생이 캄캄해지는 것 같았다. 때로는 무례한 짓이 필요한 경우도 있지만, 별 이유도 없이 그런 짓을 하는 사람은 저주받아 마땅하다.

마거릿은 모자와 숄을 집어 들고 아직도 주위에 짙게 깔린 안개 속으로 나섰다. 입을 꼭 다물고, 손에는 윌콕스 부인의 편지를 쥔 채 그대로 길을 건 넜다. 그리고 위컴 맨션스의 대리석 현관에 다다라서 관리인들을 피해 3층으로 뛰어올라갔다.

윌콕스 씨네 집에서 자기 이름을 대자, 즉각 윌콕스 부인의 침실로 안내되었으므로 마거릿은 적잖이 놀랐다.

"윌콕스 부인, 제가 정말 큰 실수를 저질렀어요. 뭐라고 말씀드리지 못할 만큼 부끄럽고 죄송해요."

윌콕스 부인은 가볍게 인사했다. 마음이 상한 부인은 그 사실을 감추려 하지 않았다. 그녀는 침대에 앉은 채 무릎께에 침실용 책상을 놓고 편지를 쓰고 있었다. 침대 옆 탁자에는 쟁반에 담긴 아침식사가 놓여 있었다. 이 공간에서는 난로 불빛과 창문으로 들어오는 햇빛, 부인의 손 언저리에서 일렁이며 섬광을 발하는 촛불 불빛이 하나로 어우러져, 모든 것이 언젠가는 무너져 버릴 것 같은 기묘한 분위기를 자아내고 있었다.

"아드님이 11월에 인도로 간다는 이야기는 분명히 들었는데, 그만 잊고 있었어요."

"그 애는 이달 17일에 아프리카 나이지리아로 갔어요."

"아 참, 그랬죠. 제가 정신이 나갔었나 봐요. 정말 부끄럽습니다."

윌콕스 부인은 대답하지 않았다.

"그렇게 무례한 짓을 해서 정말 죄송합니다. 용서해 주세요."

"아니, 난 괜찮아요, 슐레겔 양. 잘 오셨어요."

"아뇨, 괜찮지 않아요. 저는 부인께 무례한 짓을 했어요. 게다가 제 여동생은 지금 집에 없으니까, 그 애 핑계를 댈 수도 없어요."

마거릿은 저도 모르게 큰 소리로 말했다.

"그래요?"

"네, 어제 독일로 떠났습니다."

"헬렌도 떠났군요. 그러면 아무 문제없겠네요. 이제는 걱정하지 않아도 되겠어요."

윌콕스 부인이 낮은 목소리로 말했다.

"부인도 걱정하셨군요."

마거릿은 더욱 흥분하여 또다시 큰 소리로 말하더니, 양해도 구하지 않고 옆에 있는 의자에 앉아 말을 이었다.

"참 신기하네요. 부인도 걱정하셨군요. 저와 마찬가지로, 헬렌이 또다시 폴과 만나서는 안 된다고 생각하고 계셨군요!"

"나도 그러는 게 가장 좋을 거라 생각했어요."

"왜죠?"

"글쎄요, 어떻게 말하면 좋을지……."

윌콕스 부인은 미소를 지었다. 부인 표정이 조금 누그러졌다.

"슐레겔 양이 편지에 적절하게 표현한 것 같아요. 직감이죠. 틀렸을지도 모르지만."

"폴 씨가 아직도……."

"아뇨, 그 애는 종종…… 그 애는 아직 너무 어려서요."

"그럼, 무엇 때문에?"

"틀렸을지도 모르는 직감 때문이었어요."

부인은 같은 말을 되풀이했다.

"바꿔 말하면 그 두 사람은 쉽게 사랑에 빠질 수 있어도 함께 살 수는 없는, 서로 다른 종류의 사람들이라는 말씀이시죠. 그건 확실해요. 이런 경우에는 십중팔구, 자연이 이끄는 방향과 인간이 이끄는 방향이 다르니까요."

"정말 색다른 표현이군요. 나는 그렇게까지 구체적으로 생각하지는 않았어요. 다만, 우리 폴이 헬렌 양을 좋아하게 되었다는 사실을 알고는 걱정이 되었을 뿐이에요."

"바로 그거예요. 어떻게 그 사실을 아셨죠? 저희 이모가 댁에 도착했을 때, 부인께서 모든 일을 원만하게 해결해 주셔서 헬렌이 깜짝 놀랐다고 하더 군요. 아드님한테서 들으셨나요?"

윌콕스 부인은 잠깐 뜸을 들이고 나서 대답했다.

"지금 그 얘기를 해 봤자 무슨 소용이 있겠어요?"

"부인, 부인께서는 지난 6월에 있었던 일 때문에 저희에게 화가 나셨죠? 제가 편지를 드렸는데도 답장을 주지 않으셨잖아요."

"나는 이 집을 빌리는 데 반대했어요. 아가씨네 집이 맞은편에 있다는 걸 알고 있었거든요."

"하지만 지금은 괜찮으신가요?"

"그런 것 같아요."

"그런 것 같다니, 확실하지는 않고요? 저는 이런 문제를 그냥 내버려 두지 못하는 성격이라서 말이죠."

"그래요, 확실해요."

윌콕스 부인은 이불 속에서 불안스레 꿈지럭거리면서 대답하더니 한마디 덧붙였다.

"나는 확실하게 말하지 못하는 편이라서 그런 식으로 말하는 거예요."

"괜찮아요. 아무튼 그 말씀을 들으니 안심이 되네요."

그때 하녀가 쟁반을 치우러 왔기에 두 사람은 잠시 입을 다물었다. 그리고 그 다음부터는 평범한 어조로 이야기를 나누기 시작했다.

"저는 이제 가 봐야겠네요. 부인께서도 일어나셔야 할 테니까요."

"아뇨, 조금만 더 있다가 가세요. 오늘은 그냥 침대에 누워서 지낼 생각이거든요. 가끔은 이런 식으로 지내곤 해요."

"일찍 일어나시는 줄 알았는데요."

"하워즈 엔드에서는 그랬죠. 런던에서는 일어나 봐야 할 일이 하나도 없어요."

그러자 마거릿이 깜짝 놀라며 물었다.

"하나도 없다고요? 곳곳에서 열리는 가을 전람회도 있고, 오늘 오후에는 벨기에에서 온 이자이의 바이올린 연주회가 있어요. 사람들을 만나려고 하면 더 말할 것도 없죠."

"솔직히 나는 지금 좀 피곤해요. 결혼식이 있었고, 다음으로 폴이 떠났고, 어제는 하루 쉬는 대신에 몇몇 집을 방문했거든요."

"결혼식이 있었나요?"

"네, 큰아들 찰스가 결혼했어요."

"그랬군요."

"그 일 때문에 우리가 이곳으로 온 거죠. 게다가 폴이 아프리카에 가서 사용할 물건들도 마련해야 했어요. 우리 바깥양반의 사촌 여동생이 친절하게도 이 아파트를 우리에게 빌려 줬지요. 그래서 결혼식을 치르기 전에 며느리인 돌리네 식구들도 만날 수 있었지요."

마거릿은 돌리네 식구들이 어떤 사람들이냐고 물어보았다.

"성은 퍼셀이에요. 아버지는 인도 육군에 소속돼 있었던 퇴역 장교인데, 오빠도 육군 소속이랍니다. 어머니는 돌아가셨고요."

언젠가 헬렌이 창문 너머로 보았다고 한 '턱이 없고 햇볕에 검게 탄 남자들'이 어쩌면 그들이었는지도 모른다. 마거릿은 윌콕스 가족의 행보에 좀 흥미를 가지고 있었다. 이런 버릇은 헬렌을 위해 생겨난 것인데 아직까지 사라지지 않고 남아 있었다. 그녀가 처녀 시절의 돌리에 대해서 물어보자, 감정이라고는 전혀 실리지 않은 차분한 대답이 돌아왔다. 윌콕스 부인의 목소리는 나긋나긋하고 매력적이었지만 감정이 거의 드러나지 않았다. 그 목소리는 그림이나 음악회, 다양한 사람들을 만나는 일 따위는 어차피 대단한 일도 아니고, 그 가운데에서 우열을 가릴 수도 없다고 말하는 것 같았다. 부인의 목소리가 생기를 띤 것은 단 한 번, 하워즈 엔드에 대한 이야기가 나왔을 때뿐이었다.

"찰스와 앨버트 퍼셀은 알고 지낸 지가 꽤 됐어요. 두 사람은 같은 클럽에서 골프를 치고 있죠. 돌리도 골프를 치지만, 두 사람만큼 잘하지는 못해요. 찰스는 믹스트 포섬*8에서 돌리를 만났지요. 우리 가족은 모두 돌리를 좋아하기 때문에 이 혼사가 성사된 걸 기뻐하고 있어요. 폴이 떠나기 조금 전인 11일에 두 사람은 결혼식을 올렸죠. 찰스는 폴을 어떻게든 들러리로 세우려고 꼭 11일 날 결혼해야겠다고 마구 고집을 부렸어요. 퍼셀 집안분들은 크리스마스 이후에 결혼식을 올리길 바랐던 모양인데, 우리 입장을 이해해 주셨지요. 돌리 사진도 있어요. 저기 액자 두 개가 연결된 사진이."

"제가 여기 있는 게 정말로 불편하지 않으세요?"

"네, 그럼요."

"그러면 좀 더 있다가 갈게요."

마거릿은 돌리의 사진을 보았다. 거기에는 이런 글귀가 적혀 있었다. "사랑하는 밈스에게." 윌콕스 부인이 '밈스'란 "찰스 부부가 나를 부를 때 사용하기로 한 이름"이라고 설명해주었다. 돌리는 어리석은 여자 같았지만, 건장한 남자들이 흔히 좋아하는 삼각형 얼굴을 하고 있었다. 어쨌거나 그녀의 미모는 대단히 출중했다. 이어서 마거릿은 그 사진과 나란히 있는 찰스의 사

---

*8 mixed foursome. 골프에서 남녀 한 쌍이 한 조가 되어, 두 조 네 명이 경기하는 것.

진을 보고는, 이 두 사람이 혼인 서약대로 죽을 때까지 함께 있도록 묶어 놓은 힘은 과연 무엇일까 생각해 보았다. 그러면서도 두 사람이 행복하길 바란다고 말하는 것을 잊지 않았다.

"두 사람은 나폴리로 신혼여행을 갔어요."

"어머, 부러워라."

"나는 찰스가 이탈리아를 여행하는 광경을 상상조차 하기 힘들어요."

"아드님이 여행을 싫어하나요?"

"여행은 좋아하지만 외국인을 철저히 외국인으로 여기는 버릇이 있거든요. 그 애는 자동차로 영국 여행하는 것을 가장 좋아해요. 날씨만 이렇지 않았다면 아마 이번에도 그쪽을 선택했을 거예요. 우리 바깥양반이 결혼 축하 선물로 자동차를 사 줬지요. 그 차는 지금 하워즈 엔드에 있고요."

"거기에 차고도 있나요?"

"네, 집 서쪽에 느릅나무가 있고 그 옆엔 망아지용 울타리가 세워져 있었는데, 그이는 지난달 거기에다 작은 차고를 하나 지었어요."

그 말에는 뭐라고 형용하기 어려운 울림이 있었다. 마거릿은 잠시 뜸을 들이다가 질문을 했다.

"망아지는요?"

"그건 오래전에 죽었어요."

"그 느릅나무라면 저도 알고 있어요. 헬렌이 멋진 나무라고 말하더군요."

"하트퍼드 주 전체에서 제일 멋진 느릅나무죠. 동생이 이빨 이야기는 안 하던가요?"

"안 했는데요."

"들어 봐요. 재미있는 이야기거든요. 그 나무줄기에는 돼지 이빨들이 박혀 있어요. 4피트쯤 되는 높이에 말이죠. 마을 사람들이 오래전에 박아놓은 건데, 그 나무껍질을 조금 벗겨 내서 씹으면 치통이 낫는다는 거예요. 하기야 이제 그 돼지 이빨은 나무껍질 속에 거의 묻혀 버렸고, 아무도 그것을 씹으러 오지 않지만요."

"저라면 갈 거예요. 저는 민간요법이나 그런 허무맹랑한 미신을 무척 좋아하거든요."

"그러면 정말로 그 나무가 치통을 치료했다고 생각하나요?"

"물론이죠. 옛날에는 다 그런 식으로 치료했을 거예요."

"나도 그런 이야기를 들었던 기억이 나요…… 나는 그이가 하워즈 엔드로 오기 훨씬 전부터 그곳에 살고 있었어요. 내가 그 집에서 태어났거든요."

거기서 화제가 다시 바뀌었다. 마거릿은 윌콕스 부인과의 그런 대화를 단순한 잡담 정도로 생각했다. 마거릿은 윌콕스 부인이 하워즈 엔드를 자기 집이라고 말했을 때 흥미를 느꼈다. 그러나 퍼셀 가족에 대한 이야기, 나폴리가 과연 어떤 곳인지 찰스가 신경을 쓰더라는 이야기, 자동차를 타고 요크주를 여행하는 윌콕스 씨와 이비 이야기 등을 부인이 너무 자세히 늘어놓는 바람에 어느새 마거릿은 따분해져 버렸다. 그녀는 따분한 것이 싫었으므로 곧 딴생각을 하기 시작했다. 그리고 액자를 만지작거리다가 떨어뜨려 유리를 깨뜨렸으며, 사과하여 용서받고, 손가락을 베여 동정을 샀다. 그리고 마침내 이제 돌아가야겠다고 말했다. 집에는 이런저런 할 일들이 있었고, 티비의 승마 선생도 만나야 했다.

하지만 이야기는 또 다른 방향으로 흘러갔다.

"잘 가요, 슐레겔 양. 오늘 와 줘서 정말 고마워요. 당신 덕분에 기운이 좀 나는군요."

"그렇게 말씀하시니 저도 기뻐요."

"저기…… 슐레겔 양은 자기 자신에 대해 생각할 때가 있나요?"

"저는 오직 제 생각밖에 안 하는걸요."

마거릿은 여전히 부인의 손을 쥔 채 이렇게 대답하고는 얼굴을 붉혔다.

"그런가요? 나는 하이델베르크에서도 이런 생각을 했어요."

"그렇군요."

"어쩌면……."

"네?"

마거릿의 질문을 끝으로 상당히 긴 침묵이 이어졌다. 그 침묵은 그 방 난로에서 타고 있는 불꽃의 일렁임, 두 사람의 손을 비추며 흔들리는 촛불 빛, 창문으로 들이비치는 희뿌연 빛과도 비슷했다. 마치 언제 끝날지 알 수 없는 그림자로 가득한 침묵이었다.

"어쩌면 말이죠, 내 생각에 슐레겔 양은 자신이 젊은 여성이라는 사실을 잊어버리고 있는 것 같기도 해요."

마거릿은 놀랐고 조금 기분이 상했다.

"저는 스물아홉 살이에요. 이젠 그렇게 젊지도 않아요."

윌콕스 부인은 말없이 미소를 지었다.

"왜 그런 말씀을 하시는 거죠? 제가 무슨 무례한 짓을 저지르거나 어리석은 말이라도 했나요?"

그러자 부인은 고개를 저으며 말했다.

"나는 다만, 내가 쉰한 살이고, 내가 보기에는 아가씨들 두 사람 다⋯⋯ 글쎄요, 뭐라고 딱 꼬집어 말하기가 힘드네요. 아마도 책에 그런 내용이 실려 있을 테니까 책을 통해서 한번 알아보세요."

"알겠습니다. 미숙하다고 말씀하시는 거죠? 저도 그 점에서는 헬렌과 마찬가지인데, 그런 제가 헬렌을 돌보고 있다는 말씀 아니신가요?"

"그래요, 바로 그거예요. 미숙하다는 거예요."

"미숙하다⋯⋯."

마거릿이 진지하면서도 밝은 어조로 되풀이하더니 이야기를 계속했다.

"물론 저는 아직도 배울 게 너무나 많아요. 모든 걸 배워야 하죠. 헬렌하고 똑같이 말이에요. 인생이란 너무나 어렵고 예측 불가능하니까요. 어쨌거나 저도 여기까지는 터득했어요. 그래서 늘 겸손하고 친절하게 행동하려 애쓰고, 아무리 힘들어도 좌절하지 않으며, 동정보다 사랑으로 남을 감싸주고, 어려움에 처한 사람들을 잊지 않으려고 하죠. 하긴 이런 일을 한꺼번에 다할 수야 없겠죠. 서로 상충되니까요. 하지만 중용이라는 게 있어요. 중용에 따라 사는 것. 처음부터 중용으로 시작할 수는 없어요. 그건 뭔가를 크게 깨달은 사람들이나 할 수 있는 일이에요. 중용은 마지막 수단이 되어야 해요. 더 좋은 방법들이 실패했을 때, 막다른 골목에 다다랐을 때⋯⋯. 아, 이게 뭐하는 짓이람. 제가 어느새 설교를 하기 시작했네요."

"아니에요. 삶의 어려움을 아주 확실하게 잘 표현해 줬어요."

윌콕스 부인은 꺼냈던 손을 도로 집어넣으며 말을 이었다.

"내가 하려던 말이 바로 그거였어요."

9

윌콕스 부인이 마거릿에게 인생에 대해 많은 것을 일러주었다고는 할 수 없다. 마거릿은 겸손하게 행동하는 한편, 확실히 자신이 느껴보지 못한 미숙함이 드러나는 말투로 이야기했다. 그러나 마거릿은 10년이 넘도록 한 집안을 잘 이끌어 왔다. 언제나 훌륭하다고 할 만한 태도로 손님을 접대했고, 여동생을 멋진 아가씨로 키워 냈으며, 현재 남동생도 훌륭히 키우고 있었다. 따라서 경험이라는 것을 몸에 지닐 수 있다면, 마거릿은 분명히 경험을 지니고 있을 터였다.

그렇지만 마거릿이 윌콕스 부인을 위해서 마련한 점심 모임은 성공을 거두지 못했다. 이 새 친구는 모임에 손님으로 초대된 '유쾌한 사람들 한두 명'과 잘 어울리지 못했으며, 분위기는 '예의바른 엇갈림'이라고밖에 표현할 길이 없다. 윌콕스 부인은 수수한 성격인 데다가 문화에는 별 관심이 없었다. 그 모임에서 화제에 오른 영국 예술의 새로운 경향이라든가 문학과 저널리즘의 차이에도 흥미가 없었다. 그러나 마거릿이 부른 '유쾌한 사람들'은 마거릿을 필두로 하여 신나게 토론을 벌였고, 식사가 끝나갈 무렵에야 주빈이 그 토론에 거의 참가하지 않았음을 깨달았다.

그 자리에는 공통된 화제가 없었다. 남편과 자식들을 위해 평생을 바친 윌콕스 부인은 그런 인생과는 인연이 없는 낯선 사람들, 나이도 자기의 반밖에 안 되는 사람들에게 할 수 있는 말이 하나도 없었다. 그런 사람들의 재치 있는 대화는 윌콕스 부인을 놀라게 했고, 부인의 섬세한 상상력의 움직임을 둔화시켰다. 그 사람들은 마치 자동차와도 같아서 심한 진동의 연속에 지나지 않았으며, 그 자리에서 부인은 한 움큼 짚이요, 한 송이의 꽃이었다.

윌콕스 부인은 두어 번 날씨가 좋지 않다고 한탄했고, 두어 번 그레이트 노던 철도의 접객 태도가 나쁘다고 비난했다. 다른 사람들은 그 말에 동의했지만 금세 또 자기들끼리 토론을 벌이기 시작했다. 부인이 마거릿에게 헬렌은 독일에서 어떻게 지내느냐고 물었을 때에도, 마거릿은 로젠슈타인의 그림을 품평하느라 바빠 제대로 대답을 하지 못했다. 윌콕스 부인은 다시 한 번 물었다.

"헬렌 양은 무사히 독일에 도착했겠죠?"

그제야 마거릿이 정신을 차리고 대답했다.

"네, 화요일 날 독일에서 편지가 왔어요. 신경 써 주셔서 감사합니다."

그러더니 그때까지 열심히 이야기하던 기세로 또 다른 이야기를 해나가기 시작했다.

"화요일에야 편지가 왔어요. 사촌 남동생들이 슈테틴에 살고 있거든요. 슈테틴에 사는 사람을 만나 보신 적이 있나요?"

"아뇨, 한 번도 없어요."

윌콕스 부인이 진지하게 대답했다. 그러자 부인 옆에 앉아 있던 교육부 말단 직원이라는 젊은 남자가 슈테틴에 사는 사람들이 어떤 사람들인지 이야기하기 시작했다. 과연 슈테틴 기질이라는 것이 존재할까? 마거릿은 또 다시 열정적으로 토론에 참여했다.

"슈테틴 사람들은 창고를 강 쪽으로 튀어나오게 지어 놓고, 거기서 배 안으로 짐을 떨어뜨리죠. 제 사촌 남동생들이 그 일을 하고 있는데 그렇게 생활이 넉넉하지는 않아요. 그다지 특색이 없는 도시예요. 눈알이 데굴데굴 굴러가는 시계하고 오데르 강 경치만 빼면 말이죠. 그 경치가 정말 독특해요. 윌콕스 부인도 한번 보시면 틀림없이 반할 거예요! 강이라고는 하지만 강줄기가 여남은 개는 되니까 강들이라 표현하는 게 맞겠네요. 모두 짙은 파랑색이고 그것이 흐르는 들판은 짙은 초록색이에요."

"경치가 참 아름답겠군요."

"저는 그렇게 생각합니다만, 헬렌은 그것도 자기 멋대로 뒤섞어서 경치가 아니라 음악이라고 주장해요. 오데르 강은 음악처럼 흐르지 않으면 안 된다, 교향시 같은 느낌으로 흐르지 않으면 안 된다는 거예요. 그러니까 선창이 있는 곳이 나단조고, 그 다음부터는 무서울 정도로 복잡해지는데요. 뭐라더라, 음, 온갖 곡조가 동시에 사용된 복잡한 주제가 나오는데, 그곳은 바로 진흙이 모여 있는 곳이죠. 또 운하 부분은 다른 곡조가 되고요. 발트 해로 흘러드는 부분은 아주 약하게 연주하는 올림다장조예요."

"그럼, 그 강 쪽으로 튀어나와 있는 창고들은 헬렌 양의 견해를 어떻게 생각하고 있을까요?"

교육부에 다니는 젊은이가 웃으며 물었다.

"그야 열렬히 찬성하고 있죠."

그렇게 말하고서 마거릿은 갑자기 또 다른 방향으로 이야기를 전개시켜나갔다.

"오데르 강을 음악에 비유하는 것은 단지 그런 식으로 여기면서 잘난 척하는 게 아닐까요. 제 생각은 그렇고, 여러분 생각도 그럴 테지요. 하지만 강 쪽으로 튀어나와 있는 슈테틴 창고들은 진지한 아름다움을 지니고 있어요. 한데 우리도 그렇지만 보통 영국 사람들에게는 그런 미의식이 없죠. 영국인은 그런 미의식을 지닌 사람을 경멸한단 말이에요. 그러므로 이제 더 이상 '독일인한테는 제대로 된 취미가 없다'는 식으로 말하지 말아 주세요. 물론 제대로 된 취미가 없을지 몰라도, 그 대신 그들은—이게 중요한 점인데—시(詩)에 대해서는 진지하게 생각해요. 정말로 진지하게 생각한다고요."

"그런 게 인생에 도움이 되나요?"

"그럼요. 독일인은 늘 아름다움을 찾고 있지만, 어리석어서 이를 못 보고 지나치기도 하고 오해하기도 하죠. 그래도 그들은 언제나 아름다움이 자기 생활 속에 들어오기를 바라고 있고, 결국은 그렇게 되리라고 믿어요. 제가 하이델베르크에서 만난 어느 뚱뚱한 수의사는 시시한 시 한 수를 암송하다가 흐느껴 울었는데, 저로서는 웃음을 터뜨리지 않을 수 없었어요. 저 자신은 단 한 편의 시도 암송하지 못하면서 말이죠. 저도 반은 독일사람이니까 애국심 때문일지도 모르겠지만 화가 뵈클린이건 그 수의사건, 영국사람들이 그 모든 독일적인 것을 경멸하는 모습을 보면 화가 나요. 그 사람들은 뵈클린이 아름다움을 추구하느라 무리하고 있다고 말하겠죠. 자연 세계에 신(神)들을 자꾸 등장시키는 태도가 지나치게 의식적이라면서 말이죠. 그래요, 확실히 뵈클린은 무리하고 있어요. 왜냐하면 그 사람은 무언가 원하니까요. 아름다움이라든가 그밖에 이 세상을 떠도는 손에 잡히지 않는 온갖 것들을 말이에요. 그래서 뵈클린의 풍경화는 실패했고, 리더의 풍경화는 성공했어요."

"글쎄요, 잘 모르겠습니다. 부인께서는 어떻게 생각하십니까?"

젊은 남자가 윌콕스 부인에게 물었다.

"슐레겔 양이 하는 말을 듣고 있으면 모든 것이 매우 분명해지는 것 같아요."

윌콕스 부인이 이렇게 대답하자 왠지 어색한 분위기가 다른 사람들 사이로 퍼져 나갔다.

"윌콕스 부인, 그렇게 말씀하시면 곤란하죠. 제가 말하면 모든 것이 분명해진다는 말씀은, 꼭 놀리는 것처럼 들려요."

"나는 그런 뜻으로 말한 게 아니에요. 슐레겔 양이 방금 한 이야기는 무척 재미있었어요. 어째서인지 대부분의 사람들은 독일을 별로 좋아하지 않는 것 같아서, 나는 전부터 반대편 의견을 들어 보고 싶었어요."

"반대편이라고 하시니, 부인께서는 반대편이 아니시겠군요. 그럼 부인의 견해를 부디 들려주시겠어요?"

"나는 어느 편도 아니에요. 다만 남편은⋯⋯."

윌콕스 부인의 목소리가 부드러워졌다. 그러자 다른 손님들이 느끼는 어색함은 한층 심해졌다.

"남편은 대륙에 있는 나라들을 별로 신용하지 않고, 우리 아이들도 아버지를 닮은 모양이에요."

"어째서일까요? 대륙 사람들이 나쁘다고 생각해서일까요?"

윌콕스 부인은 그런 것을 알 수 없었고 이유를 생각해 본 적도 없었다. 부인은 지식인도 아니고 세상 돌아가는 일에 민감하지도 않았지만 그럼에도 왠지 위대하다는 인상을 주었다. 마거릿은 다른 손님들과 함께 예술이나 사상을 빠르게 논하면서도, 자기들의 개성을 뛰어넘어 자기들이 하고 있는 일을 보잘것없는 짓으로 만들어 버리는 어떤 개성이 부인에게 있음을 의식하게 되었다.

하지만 윌콕스 부인에게는 악의는 물론이고 뭔가를 비판할 생각도 전혀 없었다. 사랑스러운 성격을 지닌 부인은 그날도 불쾌하거나 불친절한 말은 한마디도 내뱉지 않았다. 그러나 왠지 모르게 부인은 일상생활과는 초점이 맞지 않았고, 특히 그날 모임에서는 여느 때보다도 더더욱 초점이 맞지 않았다. 부인은 일상생활보다 더 가치가 있을지도 모르는 다른 생활과 일상생활 사이의 경계선에 자신이 서 있다는 느낌을 받았다.

마거릿이 입을 열었다.

"그래도 대륙이—대륙이라고 부르는 것도 좀 우습지만, 아무튼 그 대륙의 어떤 부분도 영국에 비하면 대륙이라고 할 수밖에 없겠죠. 영국은 특별해요. 아, 젤리를 좀 더 드시지 않겠어요? 저는 대륙 사람들이 좋건 나쁘건 사상이라는 것에 흥미를 가지고 있다는 점을 말씀드리려던 참이었어요. 대륙 문학이나 예술에서는 초현실적인 뭔가가 느껴지고, 그것은 잘난 척하는 태도나 퇴폐적인 분위기 속에서 여전히 사라지지 않고 남아 있죠. 영국에는 행동의 자유가 있지만, 사상의 자유를 원한다면 관료적이라고 생각되는 프러시아로 가는 편이 나아요. 프러시아 사람들은 우리가 시시하다고 생각하는 수많은 것들의 본질에 대해 겸허하게 논의하거든요."

그러자 윌콕스 부인이 대답했다.

"나는 프러시아에는 가고 싶지 않아요. 그리고 슐레겔 양의 이야기를 듣고 나서도 프러시아에 대해 아무런 흥미를 못 느끼겠어요. 게다가 나는 겸허하게 뭔가를 논의하기에는 너무 나이를 먹었어요. 하워즈 엔드에서는 그 누구도 뭔가를 논의하지 않아요."

"그러시다면 꼭 토론을 해 보세요. 토론이 집안에 활기를 불어넣어 주지 않을까요? 집을 이루는 게 벽돌과 시멘트만은 아니니까요."

"그렇지만 벽돌과 시멘트 없이는 지을 수 없죠."

뜻밖에도 윌콕스 부인은 마거릿의 말에 직접적으로 대답했다. 그때만큼은 '유쾌한 사람들'도 부인의 말에 얼마쯤 기대를 걸기 시작했다.

"그런 것들 없이는 지을 수 없어요. 그래서 나는…… 내 딸도 이 의견에는 반대하니까 여러분도 찬성하시지 않으리라 생각합니다만……."

"그런 건 신경 쓰지 마시고, 부인 생각을 말씀해 보세요."

"나는 가끔 행동이나 토론 같은 건 남자들한테 맡기는 게 좋겠다고 생각해요."

잠시 침묵이 흘렀다.

"어쨌든 여성 참정권에 대한 반대 여론이 만만치 않은 건 사실이죠."

윌콕스 부인 맞은편에 앉아 있는 젊은 여자가 몸을 앞으로 내밀고 빵 덩어리를 잘게 부수면서 말했다. 그러자 윌콕스 부인이 대답했다.

"그런가요? 나는 그런 여론은 전혀 몰라요. 나로서는 투표를 하지 않아도 된다면 그것으로 만족해요."

이때 마거릿이 다음 타자로 나섰다.

"하지만 지금 문제가 되고 있는 것은 투표가 아니잖아요? 그보다 더 광범위한 것이 문제가 되고 있는 게 아닐까요, 부인? 요컨대 여자가 역사의 여명기부터 떠맡았던 역할을 계속 유지해야 하느냐, 아니면 남자가 이만큼 전진했으니까 여자도 조금은 앞으로 나아가야 하느냐는 거죠. 저는 나아가야 한다고 생각하고 약간은 생물학적 변화도 있을 거라는 생각도 듭니다."

"나는 모르겠어요. 정말로 모르겠어요."

젊은 남자가 끼어들었다.

"자, 이제는 그 튀어나와 있는 창고 얘기로 돌아갑시다. 나 참, 요즘에는 그런 문제가 불쾌할 정도로 떠들썩하게 거론되고 있지요."

윌콕스 부인이 자리에서 일어났다. 마거릿도 덩달아 일어났다.

"저, 2층에 잠깐 올라가 보지 않으시겠어요? 퀘스티드 양이 피아노를 연주하거든요. 미국 작곡가 맥도웰의 곡 좋아하세요? 두 가지 음만 쓰는 작곡가의 곡은 싫으신가요? 꼭 가셔야 한다면 제가 문 앞까지 배웅해 드리죠. 커피라도 드시겠어요?"

두 사람은 식당에서 나와 문을 닫았다. 윌콕스 부인이 재킷 단추를 채우면서 말했다.

"런던 생활은 정말로 재미있군요."

"아뇨, 그렇지도 않아요."

마거릿은 갑자기 그런 생활이 싫어졌다.

"우리는 그저 원숭이처럼 시끄럽게 떠들면서 살고 있을 뿐이에요. 그렇지만 부인, 이거 하나는 사실이에요. 우리의 마음 깊은 곳은 조용하고 안정되어 있다는 것 말이에요. 그리고 제가 사귀고 있는 사람들 모두가 다 그렇다는 걸 부인께서 믿어 주셨으면 좋겠어요. 오늘 모임이 즐거웠다고 말씀하지는 말아 주세요. 조금도 즐거워하지 않았다는 걸 알고 있으니까요. 그렇지만, 다음에는 혼자 저희 집에 와 주시든지 아니면 저를 댁으로 불러 주세요."

"나는 젊은 사람들에게 익숙해요."

윌콕스 부인이 말했다. 부인이 한마디 한마디 할 때마다 마가렛의 현실을 이루고 있는 요소들의 윤곽은 점점 흐려졌다.

"우리 집에서도 슐레겔 양 집처럼 손님을 많이 치르니까 여러 가지 이야기를 듣고 있어요. 우리 집에서는 주로 스포츠와 정치 이야기가 나오지만…… 아무튼 오늘은 즐거웠어요, 슐레겔 양. 정말이에요. 그냥 빈말로 하는 얘기가 아니라, 나도 여러분과 좀 더 이야기를 나눌 수 있었으면 좋겠어요. 다만 오늘은 몸 상태가 안 좋아서요. 그리고 또 하나, 젊은 분들의 이야기는 너무 빨리 진행돼서 저로선 따라가기가 힘드네요. 찰스도 그렇고, 돌리도 그래요. 하지만 나이가 많건 적건 간에 우리는 다 똑같은 처지잖아요. 나는 그점을 잊지 않아요."

두 사람은 잠시 동안 말없이 서 있다가, 새로운 감정에 휩싸여 악수를 했다. 그 뒤 마거릿이 식당으로 돌아오자 갑자기 이야기는 뚝 그쳤다. 그 자리에 있던 사람들은 마거릿의 새 친구에 대해 이러쿵저러쿵 평가한 끝에, 별로 이렇다 할 것이 없다는 결론에 도달한 참이었다.

10

며칠이 지났다.

마거릿은 윌콕스 부인이 남에게 접근하는 듯한 태도를 보이다가도 결국은 접근하지 않는, 별로 그녀 마음에 들지 않는 사람의 유형일지도 모르겠다고 생각했다. 그런 사람은 우리의 관심과 애정을 불러일으키면서 한동안 우리 정신 생활을 자기 주위로 끌어당겼다가 어느새 우리 곁을 떠나 버린다. 여기에 육체적 욕정이 끼어들 때에는 명확한 말로 '교태를 부린다'고 표현하고, 이것이 도를 넘으면 법에 의해 처벌된다. 그런데 법률과 여론은 우정 관계에서 교태를 부리는 사람을 처벌하지 않는다. 그러나 이 때문에 우리가 경험하는 가슴 아픔, 허탈감, 피로 등은 실연했을 때와 마찬가지로 참기 어려울 만큼 심각하다. 혹시 윌콕스 부인도 그런 부류의 사람일까?

처음에 마거릿은 그렇게 생각했다. 마거릿은 런던 사람 특유의 버릇대로 뭐든지 빨리 결말을 내고 싶어 했고, 이른바 '성숙'을 위해 필요한 휴지(休止) 기간이란 말을 믿지 못했다. 윌콕스 부인과 친구가 되고 싶었던 마거릿은 두 팔 걷어붙이고 그 일을 재빨리 해치우려 했다. 때마침 윌콕스네 다른 식구들이 집을 비웠으니 기회는 이때다 싶어서 더더욱 서둘렀다. 그러나 윌콕스 부인은 이를 받아들이지 않았고, 위컴 플레이스에 모이는 사람들과 만나지 않았다. 마거릿은 부인과 친해지는 지름길이라고 생각해서 헬렌과 폴 이야기를 다시 꺼내 보았지만 뜻대로 되지 않았다. 윌콕스 부인은 시간을 충분히 들이는—또는 시간에 몸을 맡기는—사람이었는데, 막상 결정적인 순간이 되면 이미 모든 준비가 갖추어져 있었다.

그 순간은 부인이 먼저 크리스마스 쇼핑을 함께 하지 않겠느냐는 편지를 보냄으로써 시작되었다. 크리스마스가 다가오자 윌콕스 부인은 여러 사람에게 보낼 선물이 필요했다. 벌써 며칠 동안 침대에 가만히 누워 있었으므로 이제는 시간이 없었다. 마거릿은 부인의 청을 흔쾌히 받아들였고, 두 사람은 어느 추운 날 오전 열한 시에 마차를 타고 선물을 사러 갔다.

마거릿이 입을 열었다.

"먼저 선물 보낼 사람들 목록을 만들어요. 그 다음에 해결된 사람들 이름을 하나하나 지워 나가는 거예요. 우리 이모님은 늘 그렇게 하세요. 어쩌면 안개가 더 심해질지도 모르겠네요. 어디 생각해 두신 데라도 있으세요?"

"해러즈 백화점이나 헤이마켓 스토어스에 가려고 했는데요."

윌콕스 부인은 기운 없는 목소리로 대답하더니 말을 이었다.

"그런 곳에는 뭐든지 있을 테니까요. 사실 나는 주위가 너무 어수선해서 쇼핑을 잘 못해요. 그런데 이모님께서 좋은 생각을 해내셨군요. 나도 목록을 만들어야겠어요. 이 수첩 맨 위에다 슐레겔 양 이름을 적어요."

"어머, 감사합니다. 저를 맨 처음으로 생각해 주시다니."

마거릿이 자기 이름을 적으면서 말했다. 그러나 비싼 물건을 원하지는 않았다. 두 사람 사이는 친밀하기보다 특이했고, 마거릿은 윌콕스 집안 사람들이 남에게 돈 쓰기를 싫어한다고 짐작하고 있었다. 질서 있는 가정은 대개 그런 법이다. 마거릿은 젊은 남자를 차지하지 못해서 크리스마스 선물이나 우려먹는 제2의 헬렌으로 여겨지기 싫었고, 또 제2의 줄리 이모가 되어 찰스한테 모욕을 받기도 싫었다. 그래서 이 경우에는 웬만큼 점잔 빼는 태도가 적당하리라 생각하며 한마디를 덧붙였다.

"하지만 크리스마스라고 해서 꼭 무슨 선물을 받고 싶지는 않아요. 실은 받지 않는 편이 좋지요."

"왜요?"

"저는 크리스마스에 대해 남들과는 다른 생각을 갖고 있거든요. 저는 친구는 좀 더 많이 가지고 싶지만, 물건은 갖고 싶지 않아요. 돈으로 살 수 있는 것이라면 이미 다 가지고 있는걸요."

"슐레겔 양, 나는 우리의 만남을 기념할 수 있는 뭔가 괜찮은 선물을 하고 싶어요. 내가 혼자 있을 때 친절을 베풀어줬잖아요. 어쩌다 보니 식구들이 하나둘 다 떠나고 나 혼자 남았는데, 마거릿 덕분에 괜한 걱정에 빠지지 않을 수 있었어요. 나는 자주 그러거든요."

"만일 제가 모르는 사이에 부인을 도와드렸다면, 그것을 물건으로 보상받을 수는 없잖아요?"

"그야 그렇지만, 그래도 나는 당신에게 뭔가를 주고 싶어요. 쇼핑하다 보면 좋은 선물이 생각날지도 모르죠."

이리하여 마거릿의 이름은 명단 맨 위에 실렸지만 그 옆에는 아무것도 기입되지 않았다. 두 사람은 이 가게에서 저 가게로 이리저리 돌아다녔다. 바깥 공기는 하얗게 보였고, 마차에서 내리면 바깥 공기가 차가운 동전이 살갗에 닿은 것처럼 느껴졌다. 때로는 마차가 회색 덩어리 속을 지나가기도 했다. 윌콕스 부인은 그날 아침에도 별로 기운이 없었다. 어떤 여자아이에게는 장난감 말, 또 다른 여자아이에게는 도깨비 인형, 동네 교구장 부인에게는 구리로 된 침상 가열기를 사 주기로 결정한 사람은 마거릿이었다.

"하인들에게는 돈으로 줄 거예요."

"그래요? 하기야 그편이 간단하죠."

이렇게 대답하면서도 마거릿은 이제는 잊힌 베들레헴의 갓 태어난 아기 예수가 누워 있던 구유에서 돈이나 장난감이 흘러나온다는, 현실에 영향을 끼치는 초현실의 영향에 대해 어떤 야릇한 감정을 느끼게 되었다. 어디를 봐도 저속한 것들만 눈에 띄었다. 술집에는 예의 금주운동 반대 벽보가 붙어 있는 동시에, 사람들에게 '이 주점의 크리스마스 모임'에 참가할 것을 권하는 광고문이 붙어 있었다. 그 내용에 의하면, 회비의 많고 적음에 따라서 요리에 진이 한 병이나 두 병 추가로 나온다는 것이다. 또한 타이츠를 입은 여자 그림은 크리스마스 어린이 연극을 광고하고 있었고, 크리스마스카드에는 올해부터 다시 유행하기 시작한 '작고 붉은 악마'가 그려져 있었다.

마거릿은 결코 편협한 이상주의자가 아니었으므로, 그러한 상업적 활기나 광고가 어떤 형태로든 제약받기를 원치 않았다. 다만 해마다 세상에 이런 활기를 가져다주는 사건의 성격을 생각하면 아무래도 의표를 찔리는 기분이었다. 지금 이렇게 무엇을 살지 망설이고 있는 사람들과 지쳐 있는 점원들 가운데, 그들을 이렇게 만든 것이 얼마나 성스러운 사건인지 알고 있는 사람은 과연 몇 명이나 될까. 마거릿은 이 북새통에서 한 발짝 벗어나 있었으므로 그것을 이해할 수 있었다. 마거릿은 일반적인 의미에서의 기독교인이 아니었으며, 먼 옛날 하느님께서 인간 세계에 내려와 젊은 목수로 일하셨다는 이야기를 믿지 않았다. 그러나 이와는 달리 이곳에 모인 사람들 대부분은 그 이야기를 믿고 있었으며, 필요하다면 그것을 말로써 확실하게 표명할 수도 있을 것이다. 이런 그들의 신앙이 겉으로 드러난 결과물이 리젠트 거리*[11]의 상점들과 드루어리 레인 극장*[12]이었다. 그리고 사람들이 진흙을 옮기고 돈을 쓰고 음식을 해서 먹는 등의 행위였다. 물론 이 정도로는 충분하지 않을 것이다. 그러나 눈에 보이지 않는 것들을 사람들 앞에서 어떻게 충분히 표현할 수 있겠는가? 무한한 모든 것을 반영하는 것은 인간의 개인적인 생활이며, 인간과 인간의 사귐만이 우리 시야 바깥에 존재하는 무언가를 암시하고 있다.

마거릿이 말문을 열었다.

"음, 아무래도 저는 크리스마스를 싫어하나 봐요. 크리스마스는 조야한 방식으로 평화와 선의를 나타내고 있고, 그 수준은 해마다 점점 낮아지고 있으니까요."

"그래요? 나는 시골 크리스마스에만 익숙해서요."

"저희는 대개 런던에서 크리스마스를 보내요. 게임을 하고, 웨스트민스터 성당에 가서 크리스마스 성가를 듣고, 틀에 박힌 점심식사를 하고, 하녀들을 위해 틀에 박힌 저녁식사를 준비하죠. 그 뒤 크리스마스트리에 불을 켜고, 가난한 집 아이들을 불러서 춤을 추게 하고, 헬렌이 노래를 부르는 거예요. 이런 행사에는 응접실이 딱 알맞죠. 응접실 옆에 화장실 비슷한 것이 있으니까 거기에다 크리스마스트리를 놔두고요. 그런 다음 양초에 불을 붙이고 커튼을 치면, 뒤쪽에 거울이 있어서 꽤 아름다운 장면이 연출되죠. 다음에 살 집에도 그런 방이 있으면 좋을 텐데. 물론 작은 나무가 아니면 거기에 놔둘 수 없지요. 선물도 걸 수 없을 만큼 작은 나무라야 해요. 선물은 포장지를 구겨 만든 바위 조형물 위에 두지요."

"슐레겔 양, 다음에 살 집이라니요? 위컴 플레이스를 떠난다는 말인가요?"

"네, 앞으로 2, 3년 뒤에 임대 계약이 끝나거든요. 그러면 떠나야 해요."

"옛날부터 그 집에서 살았나요?"

---

*11 런던에서 제일가는 쇼핑가.
*12 1663년 런던에 세워진 왕립 극장.

"지금까지 쭉 거기서 살았어요."

"그럼 많이 섭섭하겠네요."

"네, 그럴 테죠. 우리는 아직 실감을 못하고 있어서요. 아버지께서⋯⋯."

거기까지 말했을 때 그들은 이미 헤이마켓 스토어스의 문구점에 도착했으므로 이야기를 중단했다. 윌콕스 부인이 그곳에서 크리스마스카드를 주문하고 싶어 했기 때문이다.

"너무 흔한 것은 되도록 피하고 싶네요."

부인은 한숨 쉬듯이 말했다. 그런데 우연히 그곳 카운터에서 크리스마스 쇼핑을 하러 온 친구를 만나 이야기를 나누는 바람에 시간을 좀 지체하게 되었다. "우리 남편하고 딸애가 자동차 여행을 떠났어요." "어머, 버사도요? 우리 집도 지금⋯⋯." 마거릿은 그다지 사교적인 사람은 아니었지만 부인들 상대로는 솜씨를 발휘할 수 있었다. 부인이 친구와 대화를 나누는 동안 마거릿은 카드 견본책 한 권을 훑어보다가 그 가운데 하나를 골라서 윌콕스 부인에게 보여 줬다. 부인은 그 카드가 아주 독특하고 거기에 인쇄된 문구도 마음에 든다면서 매우 기뻐하더니 그것을 백 장 주문하기로 결정했다. 그러나 그녀는 점원이 주문을 받는 도중에 갑자기 마음을 바꿔버렸다.

"아니, 그래도 좀 더 기다려 봐야겠어요. 그편이 좋을 것 같아요. 아직 그렇게까지 서두를 필요는 없고, 조금만 더 기다리면 이비의 의견도 들을 수 있을 테니까요."

그 뒤에도 두 사람은 여러 매장을 둘러보고 나서야 마차로 돌아와 자리에 앉았다. 그때 부인이 물었다.

"하지만 재계약할 수도 있지 않나요?"

"네? 재계약이라니요?"

마거릿이 되물었다.

"집주인과의⋯⋯."

"아, 그 집 말씀이시군요. 지금까지 그 일을 계속 생각하고 계셨어요? 부인은 정말로 자상하시군요."

"찾아보면 무슨 방법이 있지 않을까요?"

"아뇨, 땅값이 천정부지로 오르고 있으니까요. 그래서 위컴 플레이스에 있는 집들을 모조리 헐어 버리고, 지금 부인이 살고 계시는 맨션 같은 건물을 지을 거래요."

"너무 끔찍한 일이군요."

"집주인들이 다 그렇죠 뭐."

그러자 윌콕스 부인이 격렬한 어조로 말했다.

"슐레겔 양, 그건 있을 수 없는 일이에요. 그런 일이 있어서야 되겠어요? 나는 그렇게 되는 줄은 꿈에도 몰랐어요. 어떻게 위로하면 좋을지 모르겠네요. 당신 가족이 당신 아버지가 사시던 집에서 쫓겨나다니…… 어떻게 그런 일이 있을 수 있나요. 죽는 것보다 더 끔찍한 일이에요. 만약에 나 같으면…… 아아, 가엽기도 하지. 만약 문명이 어떤 사람을 그가 태어난 방에서 죽게 내버려 두지 않는다면, 그 문명은 잘못된 거예요. 맙소사, 당신들은……."

마거릿은 뭐라 말해야 할지 알 수 없었다. 윌콕스 부인은 쇼핑하느라 지쳐서 머리가 이상해진 모양이었다.

"하워즈 엔드도 한번 허물어질 뻔했는데, 정말로 그렇게 됐다면 나는 아마 죽어 버렸을 거예요."

"하워즈 엔드는 우리 집과는 전혀 다르잖아요. 저희도 지금 살고 있는 집을 좋아하긴 하지만, 부인께서도 보셨듯이 그 집은 별로 대단치 않은 집이에요. 런던에 그것과 비슷한 집이라면 얼마든지 있으니까 금방 다시 찾을 수 있어요."

"그럴 수는 없어요."

"이번에도 저한테 경험이 없다는 게 문제가 되나요? 부인께서 그렇게 말씀하시면 저로선 한마디도 대꾸할 수가 없어요. 부인께서 저를 보시는 방식대로 제가 저 자신을 볼 수 있다면 얼마나 좋을까요. '참으로 천진난만한 아가씨야. 젊은 사람치고는 책을 꽤 많이 읽은 재미있는 아이지만, 아무래도 좀…….' 이렇게 말이에요."

마거릿은 화제를 바꾸려고 노력했다. 하지만 그런 말로는 윌콕스 부인을 달랠 수 없었다. 부인은 여전히 격렬한 어조로 말했다.

"지금 당장 나와 함께 하워즈 엔드로 가지 않을래요? 슐레겔 양에게 그 집을 보여 주고 싶어요. 아직 본 적이 없잖아요? 슐레겔 양은 뭐든지 잘 표현하는 사람이니까, 그 집을 보고 슐레겔 양이 뭐라고 할지 한번 들어 보고 싶어요."

마거릿은 창밖의 궂은 날씨와 부인의 지친 얼굴을 보고는 말했다.

"나중에 다른 날을 잡아서 꼭 데려가 주세요. 오늘은 날씨도 이 모양이고 우리도 지쳤잖아요. 나중에 피곤하지 않을 때 가는 게 좋을 것 같아요. 게다가 지금은 집이 잠겨 있지 않나요?"

윌콕스 부인은 대답하지 않았다. 갑자기 시무룩해진 듯했다.

"다음에 가면 안 될까요?"

윌콕스 부인은 몸을 앞으로 구부려 마차 칸막이 유리를 두드렸다.

"위컴 플레이스로 가요!"

부인이 마부에게 명령했다. 그것이 마거릿의 말에 대한 대답이었다.

"슐레겔 양, 오늘 도와줘서 정말 고마워요."

"별말씀을요."

"쇼핑을 마치니 한숨 놓이네요. 특히 크리스마스카드 문제가 해결돼서 다행이에요. 슐레겔 양은 안목이 탁월한 것 같아요."

이번에는 마거릿이 기분이 상해 아무 대답도 하지 않았다.

"남편과 이비가 모레 돌아와요. 그래서 오늘 슐레겔 양에게 이런 부탁을 했던 거예요. 나는 주로 쇼핑을 하기 위해 런던에 머무르고 있었지만 오늘까지 아무것도 못하고 있었지 뭐예요. 그런데 남편이 예정보다 일찍 여행을 마치고 돌아오겠다고 편지를 보낸 거예요. 날씨도 너무 나쁘고 경찰도 몹시 까다롭고…… 거의 서리 주만큼이나 까다롭대요. 우리 집 운전사는 아주 조심스럽게 운전하는데도, 경찰은 우리 집 사람들을 붙들고 규칙 위반 상습범처럼 취급했다고 남편이 그러더군요."

"왜 그랬을까요?"

"글쎄요, 하지만 그이는 난폭 운전자가 아니에요."

"하지만 결국 속도위반을 했다는 거 아닐까요? 그렇다면 그에 합당한 처벌을 받아야겠죠."

그러자 윌콕스 부인도 입을 다물었다. 집으로 가는 마차 안에서 이 두 사람 사이는 점점 서먹해져갔다. 그날 런던은 악마의 지배를 받는 것 같았고, 좁은 길이 이어지는 곳은 마치 광산의 갱도와도 같아서 숨이 턱 막혔다. 그래도 안개 층이 아래까지 내려오지는 않아서 장사에 방해되진 않았고 불이 켜져 있는 가게들 창가에는 사람들이 많이 모여 있었다. 그날은 오히려 정신이 어두워지는 날이었으며, 정신은 자기 자신을 들여다보다가 바깥보다 더 지독한 어둠을 발견하고 있었다.

마거릿은 윌콕스 부인에게 몇 번이나 무슨 말을 하려 했지만 그때마다 왠지 목이 막히는 기분을 느꼈다. 자기가 몹시 어색하고 치졸한 사람이 된 것 같았으며, 그런 만큼 크리스마스에 대한 생각도 냉소적인 방향으로 흘러갔다. 평화니 뭐니 하지만, 런던에서 크리스마스를 평화로운 마음으로 맞이하는 사람이 몇이나 될까? 자극과 화려함을 바라는 인간의 마음은 평화라는 하느님의 은총을 파괴해 버렸다. 또 선의는 어떤가. 저 쇼핑하러 온 사람들의 무리 속 어디에서 선의를 찾을 수 있단 말인가. 그리고 자기 자신은 어떤가. 윌콕스 부인이 자기네 집을 보러 가자고 했는데, 자신은 다만 그것이 좀 별나고 너무 공상적이라는 이유만으로 거절해버렸다…… 그러한 상상력의 작용을 소중히 여기는 것이야말로 자신의 타고난 특권이었는데도 말이다. "다음에 가면 안 될까요?"라고 냉랭하게 대답하는 대신, 두 사람 다 피곤하기는 하겠지만 기차를 타고 가든가 해서 부인의 제안을 따르는 편이 훨씬 나았다. 그때까지의 냉소적인 기분은 어느새 마거릿의 마음속에서 사라져 버렸다. 이제 마거릿은 다음 기회 따위는 없음을 알아챘다. 이 그림자 같은 여성이 마거릿을 다시 하워즈 엔드로 초대하는 일은 절대로 없을 것 같았다.

두 사람은 위컴 맨션스 앞에서 헤어졌다. 윌콕스 부인은 이럴 때 하는 의례적인 인사를 하고서 건물 안으로 들어갔다. 마거릿은 훤칠하고도 쓸쓸한 부인의 뒷모습이 현관을 가로질러 승강기 쪽으로 빠르게 걸어가는 것을 지켜보았다. 승강기 유리문이 닫히자 마거릿은 부인이 뭔가에 갇혀 버렸다는 느낌을 받았다. 먼저 머프를 얼굴에 댄 아름다운 머리 부분이 사라졌고, 이어서 승강기 바닥까지 내려온 긴 치마가 사라졌다. 뭐라고 말로 나타내기 힘든 신비로운 여인 하나가 병 속에 넣어진 표본처럼 천국을 향해 올라가고 있었다. 하지만 그 천국은 지옥처럼 새까만 빛을 띠고서 검댕을 토해 내는 하늘이었다.

점심식사 때 티비는 큰누나가 별로 말을 하지 않자 식사 내내 열심히 떠들어 댔다. 티비는 성격이 심술궂지는 않아도 아주 어릴 때부터 남이 좋아하지 않는 행동, 자신의 의도와 반대되는 행동을 하는 버릇이 있었다. 이번에도 그는 가끔 하는 학교 이야기를 평소보다 장황하게 늘어놓았다. 그 이야기가 꽤 재미있어서 마거릿은 학교 얘기를 들려 달라고 티비에게 여러 번 부탁한 적도 있었다. 하지만 지금 마거릿은 그때와는 달리 눈에 보이지 않는 세계를 생각하고 있었으므로 티비의 이야기에 신경 쓸 겨를이 없었다.

마거릿은 윌콕스 부인이 나무랄 데 없는 아내이자 어머니면서도 결국은 단한 가지—하워즈 엔드—에만 정열을 쏟았으며, 부인에게는 친구와 그런 정열을 나누는 게 매우 중대한 일이라는 사실을 그제야 깨달았다. 그런데 그 제안에 '다음에' 가자고 대답했으니, 참으로 어리석은 짓이었다. 단순한 벽돌과 시멘트로 지어진 집이었다면 '다음에' 가자고 해도 괜찮았을 테지만, 윌콕스 부인이 신성시하는 하워즈 엔드에 대해서는 그러면 안 되었다.

마거릿은 지난여름에 그 집에 대한 이야기를 실컷 들었으므로 이제는 별다른 호기심이 없었다. 창문이 아홉 개 있다느니 포도나무와 느릅나무가 있다느니 하는 것은 마거릿에게는 별 의미가 없었고, 따라서 하워즈 엔드에 가느니 차라리 음악회에 가는 편이 더 나을 것 같았다. 그러나 역시 상상력은 승리를 거두었다. 티비가 혼자서 떠드는 동안 마거릿은 어떤 대가를 치르더라도 반드시 하워즈 엔드에 갈 것이며, 윌콕스 부인도 꼭 가게 해야겠다고 결심했다. 그래서 식사를 마치자마자 곧장 위컴 맨션스로 갔다.

그러나 윌콕스 부인은 집에 없었으며 그날 밤에는 돌아오지 않는다고 했다. 마거릿은 별로 중요한 일은 아니라고 말했지만 부랴부랴 밖으로 나와 삯마차를 타고 킹스 크로스 역으로 갔다. 스스로도 왜 그러는지 이유를 설명할 수는 없었지만 꼭 그렇게 해야 할 것 같았다. 그녀는 기차가 몇 시에 출발하는지 모르면서도 세인트 팬크라스 역의 시계가 시야에 들어오기를 애타게 기다렸다.

그러는 사이에 킹스 크로스 역의 시계는 지옥을 연상케 하는 하늘에 떠오른 달처럼 나타났고, 마차가 역 앞에서 멈추었다. 힐튼 행 기차가 5분 뒤에 떠난다고 했다. 마거릿은 힐튼까지 가는 기차표를 한 장 샀다. 그때 조용하면서도 기쁨에 젖은 목소리로 마거릿에게 인사하며 고마워하는 사람이 있었다. 바로 윌콕스 부인이었다.

"지금이라도 괜찮으시다면 함께 가고 싶습니다."

마거릿이 수줍게 웃으며 말했다.

"거기서 하룻밤 묵고 가야 해요. 그 집은 아침에 가장 아름다워 보이니까요. 그러니까 하룻밤 묵으셔야죠. 게다가 해돋이 때가 아니면 목장을 제대로 보여 줄 수가 없거든요. 이 안개는……."

윌콕스 부인은 역 천장을 가리키며 말을 이었다.

"그렇게 멀리까지 퍼지지는 않을 거예요. 하트퍼드 주에서는 틀림없이 다들 일광욕을 즐기고 있을 테지요. 아가씨도 그 사람들과 함께 즐겨 봐요. 결코 후회하지 않을 테니까."

"부인과 함께한다면 저는 후회하지 않을 거예요."

"나도 그래요."

두 사람은 기다란 플랫폼을 따라 걸어갔다. 저 멀리 플랫폼 끝에 기차가 어둑어둑한 바깥을 향해 서 있었다. 그러나 두 사람은 끝내 거기에 다다를 수 없었다. 상상력이 승리의 함성을 올리기도 전에 "어머니, 어머니!" 하고 부르는 소리가 들리더니, 눈썹이 짙은 소녀가 휴대품 보관소에서 뛰어나와 윌콕스 부인의 품에 안겼다.

"어머, 이비!"

윌콕스 부인이 깜짝 놀라며 소리쳤다. 그러자 이비가 큰 소리로 외쳤다.

"아버지! 여기 누가 있는 줄 아세요?"

"이비, 넌 지금쯤 요크 주에 있어야 하지 않니?"

"네…… 그런데 자동차 사고가 나서 일정이 변경됐거든요…… 아버지도 함께 오셨어요."

이때 아내를 부르며 윌콕스 씨가 다가왔다.

"루스! 당신이 여기 있다니, 여기서 뭘 하고 있는 거요?"

윌콕스 부인은 흥분을 가라앉히고 말했다.

"헨리, 다시 만나서 정말 기뻐요. 참, 그보다도 먼저…… 당신, 슐레겔 양 아시죠?"

"그야 물론이지."

윌콕스 씨는 별로 관심이 없다는 듯 대답하고는 아내에게 물었다.

"그나저나 루스, 잘 지냈소?"

"아주 잘 지냈죠."

윌콕스 부인이 밝은 목소리로 대답했다.

"우리도 그렇소. 자동차도 상태가 좋아서 리펀까지 순조롭게 잘 갔는데,

짐마차를 모는 멍청한 마부 녀석이…….”

“슐레겔 양, 우리 다음에 함께 가기로 해요.”

“그 멍청한 녀석이 말이지, 이건 입회한 순경도 인정한 건데…….”

“네, 윌콕스 부인. 다음에 가요.”

“……뭐, 보험을 들어 놨으니까 상관은 없지만…….”

“……그 짐마차랑 우리 차가 거의 직각으로…….”

행복한 가족의 목소리가 점점 높아지는 가운데 마거릿만 혼자 남았다. 아무도 마거릿을 원하지 않았다. 윌콕스 부인은 남편과 딸 사이에서 두 사람의 이야기를 번갈아 들으며 역을 빠져나갔다.

11

장례식이 끝났다. 조문객들이 탄 마차가 흙탕길을 따라 떠나가자 가난한 사람들만이 그 자리에 남았다. 그들은 갓 판 무덤구덩이로 다가가, 위쪽에서 삽으로 퍼 넣는 흙 때문에 거의 다 가려진 관을 내려다보았다. 그들의 인생에서 그것은 커다란 사건이었다. 그들 대부분은 윌콕스 씨에게 지급받은 검은 상복을 입은 마을 여자들이었으며, 나머지는 단순한 호기심으로 장례식을 보러 온 사람들이었다. 이 참석자들 한 무리는 죽음, 그것도 갑자기 찾아온 죽음 때문에 흥분한 상태였다. 그들은 마치 드문드문 떨어진 잉크 자국처럼 몇 사람씩 모여 서서 이야기를 나누거나, 무덤과 무덤 사이를 걸어 다니고 있었다. 그들 가운데 한 사람의 아들인 어느 나무꾼은 그보다 훨씬 더 위쪽에서, 묘지에 심어진 느릅나무 한 그루에 올라가 그 가지를 톱으로 자르고 있었다. 그가 있는 곳에서는 노스 컨트리 길을 따라 이어지는 힐튼 마을과 그 주위로 펼쳐진 주택가가 보였다. 또 그 너머로는 눈썹처럼 생긴 잿빛 하늘 밑에 노랗고 붉게 반짝거리는 노을과 교회, 마을이 보였다. 그리고 나무꾼 뒤쪽으로는 예나 지금이나 늘 한결같이 들과 밭, 농가만이 자리 잡고 있는 풍경이 보였다.

그런데 그 나무꾼도 그날 사건을 천천히 속으로 곱씹고 있었다. 그는 관이 가까이 다가오는 모습을 보았을 때 자기가 느꼈던 것을 저 밑에 있는 어머니에게 말했었다. 일을 중단할 수는 없었지만 계속할 마음도 없었다는 것, 너무 놀라서 하마터면 나무에서 떨어질 뻔했다는 것, 까마귀가 이 일을 미리 알고 있었는지 깍깍 울었다는 것을. 그러자 어머니는 자기도 그런 기분을 느꼈다고 주장하면서, 윌콕스 부인의 상태가 아무래도 이상해 보였다고 말했다. 어떤 사람은 런던에 간 것이 잘못이었다고 말하기도 했다. 윌콕스 부인은 좋은 분이었고, 그분 할머니도 윌콕스 부인만큼 예쁘지는 않아도 정말 친절한 사람이었다. 그런 분들이 자꾸만 사라지고 있다. 윌콕스 씨도 좋은 분이다…… 그들은 단조롭지만 열띤 어조로 되풀이하여 이런 화제를 입에 올렸다. 왜냐하면 그들 입장에서 부유한 사람들의 장례식은, 교양 있는 사람들 입장에서 그리스 비극의 알케스티스나 셰익스피어 작품에 나오는 오필리아의 장례식과 같은 역할을 하기 때문이었다. 그것은 하나의 예술로서, 인생에서 멀리 떨어져 있어도 인생의 가치를 끌어올렸다. 그래서 그들은 이번 장례식에서도 좀처럼 눈을 뗄 수 없었다.

그동안 다른 사람들과는 달리 비판적인 태도를 유지하던 무덤 파는 사람들은—이런 때 이렇게 말하면 안 되지만 찰스 윌콕스를 싫어했다—무덤을 메우자, 무덤 위에다 화환과 십자가 모양으로 만든 꽃들을 올려놓았다. 이미 해가 저물어서 잿빛 눈썹 같던 하늘은 잠깐 동안 붉게 물들었고, 그 사이에 세로 주름처럼 붉은 줄 하나만 남았다. 그때까지 묘지에 남아 있던 사람들은 여전히 슬픈 얼굴로 이야기를 나누면서 묘지 입구를 빠져나와, 마을로 이어지는 밤나무 가로수 길을 가로질러 갔다. 젊은 나무꾼은 묘지의 침묵 위에서 가볍게 몸을 흔들며 잠시 동안 혼자 남아 있었다. 이윽고 그가 자르던 나뭇가지가 툭 떨어졌다. 그는 깊은 숨을 들이쉬고 나무에서 내려왔고, 죽음이 아닌 요새 사귀고 있는 여자를 생각했다. 그는 새로 생긴 무덤 옆에서 걸음을 멈추더니, 노란 국화꽃 한 다발을 바라보았다. '장례식에 빛깔 있는 꽃을 사용하면 안 되는데.' 문득 그런 생각이 들었다. 얼마쯤 가다가 다시 걸음을 멈추고 어스름한 주위를 슬쩍 둘러보았다. 그러더니 무덤으로 되돌아가 그 꽃다발에서 꽃송이 하나를 빼내어 호주머니 속에 넣었다.

그가 떠난 뒤에는 침묵만이 흘렀다. 묘지 옆에 있는 작은 집은 텅 비어 있었고, 근처에 다른 집이라곤 하나도 없었다. 그때부터 장례식이 있던 장소에서 인기척은 완전히 사라지고 시간만이 유유히 흘러갔다. 서쪽에서 온 구름들은 묘지 위를 떼 지어 지나갔다. 교회는 그곳에 있는 모든 것들과 함께 뱃머리를 높이 쳐들고 파도를 가르며 영원을 향해 나아가는 배처럼 여겨졌다.

그러는 사이에 날이 새자 공기는 차가워지고 하늘이 맑게 개었다. 묘지에 누워 있는 사람들 위에 펼쳐진 대지에는 서리가 내렸다가 굳어져서 반짝반짝 빛났다. 그때 연애의 환희에 젖어 하룻밤을 보낸 나무꾼이 돌아왔다. 그는 이렇게 많은 백합꽃과 국화꽃이 흉하게 변해 버릴 바에는 차라리 자기가 모두 다 가져갈걸 그랬다고 생각했다.

하워즈 엔드에서는 윌콕스 집안사람들이 아침식사를 하는 데 애를 먹고 있었다. 찰스와 그의 아내와 이비는 식당에서 식사를 했고, 아무도 만나고 싶지 않았던 윌콕스 씨는 2층으로 식사를 가져오도록 했다. 윌콕스 씨는 견딜 수 없을 만큼 슬펐다. 육체적인 고통과도 비슷한 고통이 파도처럼 밀려왔다. 뭔가를 먹으려고 해도 눈에 눈물이 가득 고여 도저히 먹을 수가 없었다.

그는 30년 동안 한결같이 남을 위해 헌신했던 아내에 대해 생각했다. 이런저런 세세한 것—이를테면 처음 만났던 무렵의 일이나 초기의 황홀한 기쁨—이 아니라, 오로지 그가 가장 존중할 만한 여자의 미덕으로 여기는 그 변함없는 마음씀씀이에 대해서 생각했다. 여자들은 대개 변덕스러워서 남들이 상상도 못한 순간에 갑자기 흥분하거나 경박하게 굴었지만, 윌콕스 부인은 그렇지 않았다. 세월이 흘러 여름이나 겨울이나, 갓 결혼한 무렵이나 어머니가 된 뒤에나, 그녀는 늘 한결같은 모습이어서 언제나 신뢰할 수 있었다.

부인의 상냥함과 순진함은 참으로 특별했다. 그 순수함은 하느님의 은총이었다. 루스 윌콕스는 세상일에 대해서는 정원의 꽃이나 목장의 풀보다 더 몰랐다. 예컨대 사업에 대해서는 "헨리, 돈이 궁하지 않은 사람이 어째서 돈을 더 벌려고 하는 거죠?"라고 말하고, 정치에 대해서는 "만약 여러 나라 어머니들이 한자리에 모일 수만 있다면 전쟁 따위는 사라질 텐데" 하는 식이었다. 그리고 종교의 경우, 한때 갈등의 씨앗이 되기도 했지만 머잖아 해결되었다. 윌콕스 부인 루스는 퀘이커 집안에서 자라났고, 헨리 집안은 처음에는 비국교도였다가 나중에는 국교인 성공회로 개종했다. 루스는 처음에는 교구장이 하는 설교에 반발하여 "좀 더 내면적인 빛"을 원한다고 말하면서 "나보다도 이 아이(찰스)를 위해서"라고 덧붙였다. 그러나 이윽고 그 내면적인 빛이 루스에게 주어졌는지, 나중에 루스는 그런 말을 하지 않게 되었다. 두 사람은 세 아이를 사이좋게 길렀고, 말다툼 따위는 한 번도 하지 않았다.

그런 아내가 이제는 흙 속에 묻혀 있다. 아내는 어딘가로 떠나 버렸다. 게다가 떠나간 방식이 아내답지 않아 이해하기 어려웠기에 더더욱 마음이 쓰라렸다. "왜 좀 더 일찍 말해 주지 않았소?" 남편이 한탄하자 아내는 알아듣기 힘들 만큼 낮은 목소리로 대답했다. "말하고 싶지 않았어요, 헨리……내가 잘못 알았을지도 모르고, 누구나 환자가 되고 싶지는 않은 법이잖아요." 윌콕스 씨는 그 무서운 병에 대한 이야기를 처음 만난 의사에게서 들었다. 그가 여행하는 동안 아내가 진찰을 받던 의사였다. 과연 이래도 된단 말인가? 루스는 충분한 설명도 하지 않고서 죽어 버린 것이다. 그것은 나쁜 짓이었지만—그의 눈에는 또다시 눈물이 가득 고였다—그래도 얼마나 사소한 잘못인가! 지난 30년 동안 아내가 그를 속인 것은 그때뿐이었다.

이비가 그날 온 우편물을 가지고 들어왔다. 윌콕스 씨는 누구와도 마주볼 용기가 없었기에 의자에서 일어나 창밖을 내다봤다. 확실히 루스는 훌륭한 여자였고, 올곧았다. 윌콕스 씨는 일부러 이 단어를 썼다. 그는 '올곧다'는 단어에 모든 찬사를 담았다.

겨울날 초목이 시든 뜰을 바라보고 있는 헨리의 모습은 그야말로 올곧다는 인상을 주었다. 그 얼굴은 장남 찰스만큼 네모지지는 않았다. 턱은 윤곽이 뚜렷했지만 옆에서 보면 약간 안쪽으로 들어가 있었으며, 분명치 않은 입매는 수염으로 가려져 있었다. 그러나 외관상 헨리는 약해 보이는 구석이 전혀 없었다. 그의 눈은 상냥함 또는 붙임성으로 빛났으며, 지금은 눈물 때문에 붉어졌지만 적어도 남에게 쉽게 굴복할 만한 눈은 아니었다. 찰스만큼 넓고 반듯한 이마는 갈색으로 빛나면서 머리 위쪽까지 이어져 있다. 그것은 세계와 맞서서 그의 머리를 지키고 있는 요새 같았고, 때로는 단순한 벽처럼 보이기도 했다. 그 벽 뒤에서 헨리는 50년 동안 어느 누구의 방해도 받지 않고 행복하게 살아왔다.

"우편물이에요, 아버지."

이비가 우물우물 말했다.

"고맙다. 거기에 놔두렴."

"식사는 하셔야죠?"

"아냐."

이비는 음식과 아버지를 번갈아 흘긋거리고는 어쩔 줄 몰라 했다.

"찰스 오빠가 아버지한테 〈타임스〉를 읽으시겠느냐고 여쭤 보라던데요."

"됐다, 나중에 보마."

"뭔가 필요한 게 있으시면 벨을 눌러 주세요."

"아무것도 필요 없어."

이비는 편지와 광고 우편물을 분류해 놓고서 식당으로 돌아왔다.

"아버지가 아무것도 안 드셨어요."

이비는 홍차 주전자가 놓인 자리에 앉아 이맛살을 찌푸리며 말했다.

찰스는 대답 대신 2층으로 뛰어올라가 문을 열고 말했다.

"아버지, 뭐라도 좀 드셔야죠."

그러나 기다려도 끝내 대답이 없자 찰스는 조용히 계단을 내려와 얼버무리듯 웅얼거렸다.

"먼저 편지부터 읽으실 거야. 그다음에 틀림없이 식사를 하시겠지."

그러고 나서 찰스는 〈타임스〉를 집어 들었다. 한동안 식당에서는 찻잔이 받침에 닿는 소리와 칼이 접시에 닿는 소리 말고는 아무 소리도 들리지 않았다.

침묵하는 찰스와 이비 사이에 앉은 가엾은 돌리는 얼떨떨함과 다소 지루함을 느끼고 있었다. 그녀는 별 볼 일 없는 여자였으며 스스로도 그 점을 잘 알고 있었다. 느닷없는 전보 한 통이 그녀를 나폴리의 신혼 여행지에서 몇 번 보지도 않은 여인의 임종 자리로 끌고 왔다. 그렇게 그녀는 남편의 말 한 마디로 상복을 입게 되었다. 물론 진정으로 애도는 하지만, 시어머니가 어차피 죽을 운명이었다면 차라리 자기와 찰스가 결혼하기 전에 죽었더라면 자기한테 이토록 무거운 책무가 주어지지는 않았을 거라 그녀는 생각했다. 돌리는 그저 토스트를 부수기만 할 뿐, 버터를 집어 달라고 말할 용기도 없었다. 그녀는 시아버지가 2층에서 식사하고 계신다는 사실을 위안거리로 삼으며 거의 꼼짝도 않고 제자리에 앉아 있었다.

이윽고 찰스가 겨우 입을 열어 이비에게 말했다.

"어제 거기에서 나뭇가지를 치다니. 잘못된 일이 아닐까?"

"맞아."

"기억해 둬야겠어. 교구장이 그걸 허락하다니 기가 막히는군."

"그건 교구장 관할이 아니지 않아?"

"그럼 누구 관할인데?"

"지주겠지."

"그럴 리 없어."

"새언니, 버터 드릴까요?"

"고마워요, 아가씨. 그런데 여보……."

"응?"

"난 느릅나무도 가지를 치는 건지 몰랐어요. 버드나무만 가지치기를 해야 하는 줄 알았지."

"아냐, 느릅나무 가지도 쳐."

"그렇다면 왜 묘지에 있는 느릅나무 가지는 자르면 안 된다는 거죠?"

그 말을 듣고 찰스는 살짝 미간을 찡그리더니 다시 여동생에게 말했다.

"또 하나, 초클리에게 말해야겠어."

"맞아, 항의해야지."

"그 녀석은 무덤 파는 인부들이 자기 책임이 아니라고 말하겠지만 그렇지 않아."

"그렇고말고."

윌콕스 남매가 무신경한 것은 아니었다. 그들이 그런 말을 한 이유는 첫째로는 초클리를 잘 단속해야 한다고 생각했기 때문이고—그것 자체는 나쁜 일이 아니었다—, 둘째로는 자기들 생활에서 인간미를 제거하고 싶었기 때문이다. 이는 윌콕스 가족에게 공통된 특징으로, 그들은 인간미를 별로 중요하게 여기지 않았다. 아니, 어쩌면 헬렌의 생각처럼 그들은 인간미가 중요하다는 사실을 알고 있으면서 동시에 그것을 두려워하고 있었는지도 모른다. 어쨌든 두 사람은 무신경하지 않았다. 그들은 슬퍼서 가슴이 미어지는 기분을 느끼며 식당 밖으로 나갔다. 평소에 어머니는 식당에서 아침식사를 하시지 않았으므로 식당보다는 다른 곳, 특히 뜰에 있을 때 그들은 어머니가 돌아가셨다는 사실을 절실하게 느꼈다.

차고로 가는 도중에 찰스는 한 걸음 한 걸음 옮길 때마다 자기를 사랑해주신 그분, 아무도 대신할 수 없는 그분을 떠올렸다. 그분의 온건한 보수주의에 자신은 얼마나 많이 반항했던가. 어머니는 무언가를 고치는 것을 싫어하면서도, 일단 고치고 난 뒤에는 그것을 받아들여 주셨다. 찰스와 아버지가 차고를 만들려고 했을 때 그들은 상당히 애를 먹었었다. 어머니는 뜰보다 더 소중히 여겼던 망아지 우리를 차고 부지로 만들겠다는 남편과 아들의 계획을 받아들이기까지 너무나도 많이 괴로워하셨다. 그러나 포도나무만은 끝내 아무도 건드릴 수 없었으므로, 지금도 열매가 열리지 않는 포도 덩굴이 집의 남쪽 벽을 뒤덮고 있었다.

요리사와 이야기하고 있는 이비도 찰스와 같은 심정이었다. 찰스가 어머니를 대신하여 바깥일을 할 수 있는 것처럼 이비도 어머니를 대신하여 집안일을 할 수 있었다. 하지만 자신의 생활에서 뭔가 둘도 없이 소중한 것이 없어졌음을 느꼈다. 찰스와 이비의 슬픔은 아버지만큼 절실하지는 않았지만, 그보다 더 깊은 곳에서 우러나고 있었다. 아내는 새로 얻을 수 있다 해도 어머니를 대신할 존재는 세상에 없기 때문이다.

찰스는 런던으로 돌아갈 작정이었다. 하워즈 엔드에서는 할 일이 없었다. 어머니의 유언장 내용은 오래전부터 모두에게 알려져 있었다. 그 유언장에는 누구에게 무엇을 물려준다거나 연금을 준다거나 하는 내용은 전혀 적혀 있지 않았다. 윌콕스 부인은 남편을 믿고서 아무런 조건 없이 모든 것을 그에게 넘겨주기로 했다. 부인은 생각보다 가난해서 결혼할 때 가져온 재산이라고는 그 집뿐이었으며, 그것은 앞으로 찰스가 소유할 예정이었다. 윌콕스 씨는 부인이 가지고 있던 수채화는 폴에게, 보석과 레이스는 이비에게 주기로 마음먹었다.

윌콕스 부인은 참으로 간단하게 세상에서 사라져 버렸다. 찰스는 스스로는 그렇게 할 마음이 없으면서도 그것을 훌륭한 태도라고 생각했다. 그러나 마거릿이라면 틀림없이 그 유언장에서, 남들에게 비난받더라도 자기 사후의 일에 무관심할 수밖에 없는 부인의 태도를 발견했을 것이다. 윌콕스 부인이 남긴 유언장에는 심술이나 비웃음이 담긴 냉소가 아니라, 예절과 상냥함을 수반한 냉소가 깔려 있었다. 부인은 남의 마음에 상처를 주고 싶지 않았으며, 만약 그렇게 된다면 얼어붙은 흙에 삼켜져 버려도 괜찮다고 했을 게 분명했다.

어쨌든 찰스가 하워즈 엔드에 남아 있을 이유는 없었다. 그렇다고 신혼여행을 다시 떠날 수도 없었기 때문에, 런던으로 가서 일을 해야 했다. 그는 빈둥거리며 지내는 걸 못 견뎌했다. 아버지가 이비하고 시골에서 조용히 지내는 동안, 그는 돌리하고 런던 아파트에서 지낼 것이다. 그러면 서리 주 교외 지역에 마련한 자신의 작은 집도 감시할 수 있었다. 지금 페인트칠과 마무리 단장을 하는 중인 그 집에 크리스마스가 지나면 들어가 살 예정이었다. 그는 그날 점심식사가 끝나면 아버지가 새로 사 준 자동차를 타고 런던에 돌아가기로 결심했다. 장례식 때문에 런던에서 데리고 왔던 하인들은 기차로 돌려보내기로 했다.

차고에는 아버지가 고용한 운전사가 있었다. 찰스는 그쪽을 보지도 않고서 잘 잤느냐고 묻더니, 몸을 구부려 자기 차를 들여다보았다. 그 뒤 말을 이었다.

"누가 이 차를 사용했나 보군."

"아, 그렇습니까?"

"그래. 사용한 다음에 제대로 청소하지 않았는지 차축에 진흙이 묻어 있어. 깨끗이 닦아 내."

찰스가 붉어진 얼굴로 말하자 운전사는 말없이 걸레를 가지러 갔다. 그는 굉장히 못생긴 남자였으나, 찰스는 외모를 따지지 않았으므로 그 점은 별로 문제가 되지 않았다.

"여보!"

아내가 그를 부르는 소리가 들렸다. 아내는 조그만 얼굴 위로 복잡한 디자인의 상복 모자를 쓴 채, 검고 가느다란 기둥처럼 서리를 밟으며 다가왔다.

"잠깐 기다려. 지금 바빠. 이봐, 크레인, 누가 이 차를 사용한 것 같나?"

"저도 모르겠습니다. 물론 제가 여기로 돌아오고 나서부터는 아무도 사용하지 않았습니다만, 제가 요크 주에 가느라 2주일쯤 자리를 비웠으니까……."

진흙은 곧 제거되었다.

"여보, 아버님이 내려오셨어요. 무슨 일이 일어난 모양이에요. 당신더러 빨리 오라고 하셨어요."

"금방 갈게. 당신이 없는 동안 누가 이 차고 열쇠를 보관하고 있었지?"

"정원사입니다."

"페니 할아범이 자동차를 몰 수 있다고?"

"아니죠. 그 영감님은 자동차를 쓰지 않았을 겁니다."

"그럼 저 진흙은 어떻게 된 거야?"

"제가 요크 주에 가 있었던 2주일 동안 일어난 일에 대해서는 뭐라고 드릴 말씀이 없군요. 진흙은 이제 다 떼어냈습니다."

찰스는 불쾌함을 느꼈다. 운전사가 대충 얼버무리고 넘어가려는 것이 틀림없었다. 마음이 우울하지만 않았다면 이 일을 당장 아버지께 알렸겠지만, 지금은 그럴 시기가 아니었다. 그래서 찰스는 점심식사가 끝나면 차를 현관 앞에 대 놓으라고 지시한 다음 아내에게 다가갔다. 아내 돌리는 그때까지 편지라느니 슐레겔 양이라느니, 알아들을 수 없는 말들을 남편에게 퍼부어댔다.

"다 끝났어, 돌리. 슐레겔 양이 뭐 어쨌다고? 뭘 원하는 건데?"

찰스는 누군가에게서 편지가 오면 먼저 상대가 무엇을 원하는지 알아내려 했다. 그는 인간의 유일한 행동 동기는 무엇을 원하거나 어떤 일을 남에게 시키는 것이라고 생각했기 때문이다. 이때 돌리가 "하워즈 엔드를 원한대요." 이렇게 대답했으므로, 찰스의 질문은 적절했던 셈이다.

"하워즈 엔드? 아, 크레인, 타이어 교환하는 것을 잊지 말게."

"네, 잊지 않겠습니다."

"잊으면 곤란해. 자, 돌리, 가자."

운전사가 보이지 않는 곳에 다다르자 찰스는 돌리를 한 팔로 끌어당겨 안았다. 두 사람의 행복한 결혼생활에서 그가 한결같이 아내에게 준 것은, 그의 사랑 전체와 관심 절반이었다.

"여보, 제 얘기는 듣지도 않았군요……."

"그래, 뭐가 어쨌다고?"

"아까부터 계속 말했잖아요. 하워즈 엔드가 슐레겔 양의 소유가 되었다고요."

"뭐? 그게 무슨 소리야?"

찰스가 아내에게서 손을 떼며 물었다.

"여보……."

"터무니없는 소리 하지 마. 지금은 그런 얘기나 하고 있을 때가 아니잖아?"

"그러니까 내가 말하잖아요. 어머님께서 슐레겔 양에게 이 집을 물려주셨으니까, 우리 모두 나가야 한다고요."

"하워즈 엔드를?"

"네, 하워즈 엔드를!"

돌리가 찰스 목소리를 흉내 내듯이 쇳소리를 질렀을 때, 이비가 관목 수풀 저편에서 달려 나왔다.

"새언니, 어서 안으로 들어가요. 아버지가 화가 많이 났어요. 오빠……."

말을 이으면서 이비는 흥분한 나머지 손으로 자기 몸을 때렸다.

"아버지가 빨리 오래요. 아버지한테 끔찍한 편지가 왔어요."

찰스는 뛰어가려다가 퍼뜩 정신을 차리고 자갈길을 한 걸음 한 걸음 힘껏 밟으며 걸어갔다. 눈앞에는 창문 아홉 개와 열매를 맺지 못하는 포도나무와 함께 평소와 똑같은 모습으로 서 있는 하워즈 엔드가 있었다. 찰스는 무의식 중에 중얼거렸다.

"또 그놈의 슐레겔 가족이 일을 치는군."

"아녜요, 그렇지 않아요. 병원 수간호사가 대필한 편지를 부친 거래요."

마치 더 큰 혼란을 만들어내듯 돌리가 말했다.

"셋 다 안으로 들어와라!"

더 이상 무기력하지 않은 윌콕스 씨가 큰 소리로 그들을 부르더니 말을 이었다.

"새아가, 너는 왜 내 말을 듣지 않니?"

"하지만 아버님……."

"차고에는 가지 말라고 했잖니. 뜰에서 떠드는 소리가 여기까지 들리더구나. 이제 그만 하고 안으로 들어와라."

윌콕스 씨는 편지 두 통을 손에 든 채, 지금까지와는 전혀 다른 모습으로 현관에 서 있었다.

"모두 식당으로 와라. 하인들 앞에서는 이런 일을 떠들 수 없으니까. 찰스, 여기, 이 편지를 읽어 봐라. 그리고 어떻게 생각하는지 말 좀 해보렴."

찰스는 줄지어 식당으로 들어가는 사람들을 뒤따라가며 편지를 읽었다. 첫 번째 편지는 수간호사가 쓴 편지로, 윌콕스 부인이 장례식이 끝난 뒤 동봉한 편지를 부쳐 달라고 자신에게 부탁했다는 내용만 적혀 있었다. 그리고 거기에 동봉된 편지 겉봉에는 찰스 어머니의 필적으로 "사랑하는 남편에게"라고 쓰여 있고, 안에는 "하워즈 엔드는 슐레겔 양(마거릿)에게 주고 싶습니다"라는 문장이 적혀 있었다.

"지금부터 이 문제에 대해 이야기해 봐야겠군요."

찰스가 차가운 목소리로 말했다.

"그래, 너를 찾아서 이야기해 보려고 했는데, 새아가가…….."

"그럼 먼저 자리에 앉지요."

"이비도 꾸물대지 말고 어서 앉아라."

모두가 말없이 탁자를 둘러싸고 앉았다. 어제 있었던 일, 아니 심지어 그 날 아침에 있었던 일조차 갑자기 아득한 옛날 일처럼 느껴졌다. 그런 시간을 보냈다는 사실조차 믿기지 않았다. 여기저기서 숨소리가 거칠게 울렸다. 그들은 마음을 가라앉히려고 애를 썼다. 찰스는 분위기를 좀 더 진정시키기 위해 다시 한 번 편지를 소리 내어 읽었다.

"필체는 어머니 필체이고 받는 사람은 아버지로 되어 있으며 봉인도 되었어요. 안에는 '하워즈 엔드를 슐레겔 양(마거릿)에게 물려주고 싶습니다'는 내용이 적혀 있고 서명과 날짜는 없습니다. 이 편지는 병원의 수간호사가 맡았다가 여기로 보내줬어요. 그런데 문제는…….."

그때 돌리가 끼어들었다.

"하지만 그 유서는 정식으로 작성된 게 아니잖아요? 집을 양도할 때는 변호사에게 의뢰해야 하지 않나요, 여보?"

찰스의 턱은 격렬하게 꿈틀거리고 관자놀이가 부풀어 올랐다. 하지만 돌리는 그것이 위험 신호인 줄도 모르고 편지를 보여 달라고 재촉했다. 찰스가 아버지를 돌아보자, 윌콕스 씨는 그냥 보여 주라고 말하고서 딴생각을 하는 것 같았다. 돌리가 찰스의 손에서 편지를 빼앗았다.

"봐요! 연필로 씌어 있어요. 제가 말했잖아요. 연필로 쓴 유서는 효력이 없다니까요."

그러자 윌콕스 씨가 요새 같은 이마 뒤에서 말했다.

"아가, 그게 법적 구속력이 없다는 사실은 다 알고 있단다. 그거야 우리도 알고, 법률상으로 그 편지를 찢어서 불태워 버려도 아무 문제도 없어. 우리는 너를 우리집 식구로 여기고 있지만, 네가 이해할 수 없는 일에는 참견하지 말아 줬으면 좋겠구나."

찰스는 아버지와 아내 둘 다에게 불만을 느끼면서 똑같은 말을 되풀이했다.

"문제는……."

그는 아침식사에 사용된 도구가 그대로 남아 있는 식탁 한구석에서 접시와 칼을 옆으로 치우더니 식탁보에 선을 그었다.

"문제는, 우리가 집을 비운 2주일 사이에 슐레겔 양이 부당하게……."

그는 거기서 말을 끊었다.

"아니야, 그런 일은 없었을 거야."

아들보다는 품성이 좀 더 나은 아버지가 말했다.

"뭐가 없었다는 건가요?"

"슐레겔 양이…… 그러니까 이번 일에 부당한 간섭이 있었으리라는 것 말이다. 내 생각에 문제가 되는 것은 오히려…… 병을 앓고 있었던 네 어머니가 이 편지를 썼을 때 어떤 상태였느냐 하는 점이야."

"아버지, 전문가와 상담해 보세요, 저는 이걸 어머니 필체라고 인정할 수 없습니다."

"아니, 당신이 조금 전에 어머니 필체라고 말했잖아요?"

돌리가 물었다. 그러자 마침내 찰스가 울화통을 터뜨렸다.

"그래서 뭐 어쨌다는 거야! 입 다물고 가만있어!"

불쌍한 새댁은 그 말을 듣고 얼굴이 빨개지더니 손수건을 꺼내 눈물을 훔쳤다. 그러나 아무도 돌리에게 신경을 쓰지 않았다. 이비는 성난 소년 같은 표정으로 자리를 지켰다. 하지만 나머지 두 남자는 위원회에라도 참석한 듯한 태도를 취하기 시작했다. 사실 그들은 그런 모임에 참석했을 때 가장 컨디션이 좋았다. 그들 두 사람은 인간적인 사정이 얽혀 있는 문제를 다룰 때 이를 전체적으로 보는 실수를 저지르지 않았으며, 전체를 몇 가지 항목으로 나누고서 하나하나를 사무적으로 처리해 나갔다.

이 사건에서는 먼저 필적이 문제가 되었다. 두 사람은 잘 훈련된 두뇌를 활용하여 이 문제에 대해 판정을 내리려고 했다. 이윽고 찰스가 그것을 어머니의 필적이라고 확실히 인정하자 두 사람은 다음 항목으로 옮겨 갔다. 그것은 이 문제에 인간적인 감정이 섞이는 일을 방지하는 가장 좋은—또는 유일한 방법이었다. 결국 그들도 보통 인간에 지나지 않았으므로, 이 편지를 전체적으로만 바라보았다면 말도 못할 정도로 비참한 기분을 느꼈거나 아니면 미쳐 버렸을지도 모른다. 그러나 그들은 항목별로 일을 차근차근 해결해 나

감으로써 감정이 끼어들 여지를 두지 않았고, 일은 원활하게 진행되어 갔다.

방안에서는 시계가 똑딱거리고, 타오르는 난로의 석탄 불길이 창문 밖에서 쏟아져 들어오는 흰 빛과 밝기를 겨루고 있었다. 어느새 태양이 하늘 구석구석을 환하게 밝혔고, 나무줄기 그림자는, 서리 덮인 잔디 위로 그림자가 아닌 보랏빛 도랑이라도 패인 듯 짙게 떨어져 있었다. 눈부신 겨울 아침이었다. 이비의 하얀 폭스테리어가 지저분한 잿빛 개로 보일 만큼 주위의 순수함은 강렬했다. 폭스테리어의 위신은 추락했지만, 그에 버금가는 까마귀 떼는 찬란한 빛을 내뿜었다. 세상의 모든 색이 평소와는 달라 보였다. 집안의 모든 시계가 명랑한 소리로 열 시를 알렸다. 식당에서의 이야기도 슬슬 끝나가고 있었다.

그 경과를 일일이 살펴볼 필요는 없을 것이며, 오히려 여기서는 작가가 직접 나서서 이 문제를 언급해야 할 것이다. 윌콕스 가족이 자기 집을 마거릿에게 넘겨주어야 했을까? 나는 그렇게 생각하지 않는다. 편지가 전하는 윌콕스 부인의 유언은 턱없이 근거가 부족할 뿐만 아니라 법률적인 절차도 전혀 밟지 않았다. 병중에 쓰였고 또 갑자기 싹튼 우정의 마법 아래서 쓰였다. 그것은 고인의 과거 의도와도 어긋날뿐더러, 윌콕스 가족들이 알고 있는 고인의 평소 성격과도 어울리지 않았다. 그들에게 하워즈 엔드는 단순한 집에 지나지 않았다. 부인에게 하워즈 엔드는 영혼이었고, 그래서 영적 후계자를 찾았다는 걸 그들은 몰랐다. 혹시 이러한 안개에 싸인 경지 속으로 한 걸음 더 들어갔더라면, 그들은 생각했던 것보다 더 적절한 조치를 취할 수 있지 않았을까. 요컨대 영혼의 소유물이 양도될 수 있는가? 영혼에도 자손이 있는가? 느릅나무나 포도나무 또는 이슬 맞은 건초 한 줌 같은 것들에 대한 열정이, 피 한 방울 섞이지 않은 남에게 전달될 수 있는가?

그렇다고 해서 윌콕스 가족을 탓할 수는 없다. 이 문제는 너무나 심오해서 그들은 그런 문제가 있다는 사실조차 알지 못했다. 따라서 그들이 실컷 이야기를 나눈 끝에 편지를 찢어 식당 난로에 던져 넣은 것은 잘못된 일이 아니었다. 실제적인 도덕가라면 그들에게 무죄 판결을 내려도 좋을 것이다. 좀 더 깊은 곳을 보려는 사람도 이들을 용서할지 모른다. 하지만 온전한 용서는 아닐 것이다. 한 가지 냉정한 사실, 즉 그들이 인간적인 부탁을 외면했다는 문제가 남기 때문이다. 죽은 여인이 그들에게 '이렇게 해줘' 말했는데 '그럴 수 없어' 거절한 것이다.

이 사건은 그들을 매우 고통스럽게 했다. 슬픔은 그들 머릿속까지 흘러들어 마구 휘저어댔다. 어제 그들은 한탄했다. '그분은 다정한 어머니이자 진실한 아내였는데, 우리가 집을 비운 사이에 건강을 제대로 돌보지 않아서 돌아가셨어.' 하지만 오늘 그들의 머릿속에는 이런 의혹이 생겨났다. '그분은 우리가 생각했던 것만큼 다정하지도 진실하지도 않아.' 내면적인 빛을 추구했던 윌콕스 부인의 욕구는 마침내 겉으로 표현되었고, 보이지 않는 세계가 보이는 세계로 나타났지만, 이에 대해 가족들은 '배신'이라 말하고 있었다. 윌콕스 부인은 자기 가족과 소유권에 대한 법률, 자신이 정식 유언장에 쓴 내용을 배반한 것이다.

윌콕스 부인은 하워즈 엔드가 어떤 식으로 마거릿 슐레겔에게 양도되어야 한다고 생각했을까? 그 집의 법적 소유자인 남편이 마거릿 슐레겔에게 이를 조건 없이 증여하는 식일까? 단지 마거릿이 살아 있는 동안에만 그녀에게 소유권을 넘기는 것일까? 아니면 영원히 소유권을 넘기는 것일까? 언젠가는 그 집을 소유하리라 기대하면서 차고를 지었던 윌콕스 가족들에 대한 보상은 하나도 없는 것일까?

한마디로 말해 윌콕스 부인의 소원은 배신이며, 이치에 맞지도 않았다. 그리고 죽은 사람이 이치에 맞지도 않는 배신을 한다면, 우리는 그 죽음을 쉽게 받아들이게 된다. 윌콕스 부인이 연필로 써서 수간호사에게 맡긴 편지는 비현실적인 동시에 잔혹했으며, 그것을 쓴 부인의 가치를 떨어뜨리고 말았다.

"이런 일이 일어날 줄은 꿈에도 몰랐다."

윌콕스 씨가 자리에서 일어서며 한마디 했다.

"어머니 진심이 아닐 거예요."

이비가 여전히 얼굴을 찌푸린 채 말했다.

"그래 그럴 리가 없지, 이비."

"어머니는 혈연이라는 것을 굳게 믿고 계셨잖아요. 그런데 아무런 연고도 없는 타인에게 뭔가를 넘겨 주시다니."

그때 윌콕스 씨가 딱 잘라 말했다.

"정말로 그 사람답지 않은 일이야. 만약 슐레겔 양이 가난해서 집이 없다면야 조금은 이해할 수도 있겠지. 하지만 슐레겔 양은 이미 집을 가지고 있잖아. 한 채 더 얻는다고 해서 무슨 소용이 있겠어? 하워즈 엔드를 얻어 봤자 별 의미가 없을 텐데."

"그거야 차차 알게 되겠죠."

찰스가 낮은 목소리로 말했다.

"어떻게?"

이비가 물었다.

"그 여자는 이미 이 사실을 알고 있지 않을까. 어머니한테서 들었을 거야. 그 여자도 병원에 두어 번 갔으니까. 아마, 우리가 어떻게 나올지 지켜보고 있겠지."

"정말 가증스러운 여자네요! 혹시 우리를 쫓아내려고 이쪽으로 오고 있는 거 아녜요?"

가까스로 기운을 되찾은 돌리가 말했다. 그러자 찰스도 질세라 의미심장한 한마디를 내뱉었다.

"바라던 바야. 그럼 내가 만나야지."

"그건 나도 할 수 있는 일이야."

윌콕스 씨가 차갑게 말했다. 찰스는 이에 장례식 일을 도맡아서 해냈고, 아침에는 식사 좀 하시라고 친절하게 권하기도 했다. 그러나 이 아들은 나이가 들수록 점점 고집이 세어지더니 이제는 언제 어디서나 주도권을 잡으려 들었다.

"나도 할 수 있는 일이지만, 그 사람은 오지 않을 거다. 너희들 모두 슐레겔 양에게 좀 가혹하구나."

"하지만 폴 사건을 생각해 보세요. 정말 어처구니없었잖아요?"

"찰스, 폴 얘기는 더 이상 듣고 싶지 않다고 내가 말했을 텐데. 더구나 이번 일은 그때와는 전혀 달라. 지난 1주일 동안 마거릿 슐레겔 양이 쓸데없는 참견을 하면서 성가시게 굴었다는 건 우리가 다 아는 사실이야. 그래도 그 아가씨가 정직한 사람이라는 것만은 확실해. 나는 그 사람이 병원 수간호사와 결탁했을 거라고는 생각지 않아. 그렇다고 해서 의사와 결탁했을 리도 없고. 더욱이 우리 앞에서 뭔가를 감추고 있었다는 것은 생각할 수도 없는 일이지. 그 사람도 우리와 마찬가지로 그날 오후까지 아무것도 모르고 있었으니까. 마거릿 슐레겔 양도 우리와 마찬가지로 속았던 거야……."

윌콕스 씨는 잠시 말을 끊었다가 다시 이었다.

"찰스야, 네 어머니는 그렇게 아프면서도 우리 모두를 속인 거야. 안 그랬다면 폴은 아프리카에, 너는 이탈리아에, 나와 이비는 요크 주에 가지 않았을 것 아니냐. 슐레겔 양도 그 점은 마찬가지야. 생각해 보면 그 사람은 나쁜 생각이 없었을 거야."

"하지만 그 국화꽃을 생각해 봐요……."

이비가 한마디 했다.

"게다가 장례식에 온 것도 그렇고요……."

돌리가 이비를 거들었다.

"장례식에 온 것이 뭐가 문제인데. 슐레겔 양은 참석할 자격이 있는 데다가 내내 마을 여자들과 함께 서 있었어. 그리고 그 꽃은…… 물론 우리들이라면 그런 꽃을 남의 장례식에 바치지는 않겠지만, 슐레겔 양은 그래도 된다고 생각했을지 모르잖니, 이비. 또 독일에서는 그런 꽃을 바치는 관습이 있는지도 모르지."

"참, 그렇죠. 그 사람은 진짜 영국인이 아니었죠. 그렇게 생각하니까 이제 좀 이해가 가네요."

이비가 말했다. 이어 찰스가 손목시계를 보면서 입을 열었다.

"그 여자는 세계주의자야. 나는 세계주의자를 별로 좋아하지 않아. 물론 내 편견이겠지만, 하여튼 성격적으로 안 맞는단 말이야. 특히 독일계 세계주의자는 도저히 참을 수가 없어. 자 그럼, 이것으로 이야기는 다 끝난 거죠? 초클리에게 볼일이 있어서요. 자전거로 다녀오려고요. 그런데 아버지, 크레인한테 따끔하게 한마디 해주세요. 그 놈이 제 자동차를 멋대로 끌고 나갔었나 봐요."

"그래서 차에 문제가 생겼니?"

"아뇨, 그렇지는 않아요."

"그럼 이번에는 조용히 넘어가자. 공연히 소란 떨 필요는 없으니까."

찰스와 아버지는 가끔 이렇게 의견이 갈리기도 했다. 하지만 그럴 때마다 늘 서로를 존중했고, 감정적 문제를 지나쳐 항해해야 할 때면 둘도 없는 동맹 관계를 유지했다. 이들과 똑같은 식으로, 호메로스의 《오디세이》에서 율리시스의 선원들도 서로의 귀를 솜으로 틀어막고 사이렌들 섬을 지나갔다.

12

찰스는 걱정할 필요가 없었다. 슐레겔 양은 윌콕스 부인의 기이한 소망에 대해 아는 바가 전혀 없었기 때문이다. 마거릿은 먼 훗날 자기 생활을 새로운 형태로 구축한 다음에야 그 사실을 알았다. 그러나 현재 마거릿은 다른 일에 정신이 팔려 있었다. 아마 그 편지 이야기를 들었어도 윌콕스 가족들과 마찬가지로 단순히 아픈 사람의 공상으로 치부하고 말았을 것이다.

마거릿은 이번이 윌콕스 가족과 두 번째 이별이었다. 폴과 그의 어머니는 잔물결과 큰 파도로 그녀의 삶에 흘러들었다가 다시 빠져나갔다. 잔물결은 아무런 흔적을 남기지 않았다. 하지만 파도는 모르는 세계에서 가져온 조각들을 그녀의 발치에 잔뜩 놓아두고 사라졌다. 호기심이 가득한 마거릿은 매우 과묵하지만 그래도 약간의 진실을 말해 주는 바다 앞에 서서, 마지막 조수가 밀려 나가는 모습을 잠시 지켜보았다.

친구는 고통 속에 사라졌지만, 거기엔 어떤 탈선도 없었다고 그녀는 생각했다. 그 친구가 떠나간 방식에는 병이나 고통 말고도 뭔가 특별한 것이 있는 듯했다. 인간 세상에서 사라질 때 어떤 사람은 눈물을 흘리고 어떤 사람은 비정상적으로 무관심한 태도를 유지하는데, 윌콕스 부인은 정확히 그 한가운데 길을 택했다. 이는 참으로 축복받은 사람에게만 가능한 일이었다. 윌콕스 부인은 균형을 잡는 데 성공했다. 부인은 우울한 비밀을 친구에게 조금은 말해 줬지만 필요 이상으로 털어놓지는 않았다. 속마음을 철저히 숨기지는 않았어도 대부분을 숨기고서 떠났다. 만약 세상을 떠나는 데에 어떤 방식이 있다면 우리는 희생자로서나 광신자로서가 아니라, 우리가 지금부터 들어가야 할 바다와 떠나야 할 바닷가를 같은 눈으로 바라볼 수 있는 뱃사람으로서 죽어야 할 것이다.

마지막 한마디는—그 내용이 무엇이든 간에—힐튼 묘지에서 이야기되지는 않았다. 윌콕스 부인은 거기에서 죽지 않았다. 장례는 죽음이 아니다. 세례가 탄생이 아니고, 결혼식이 결합이 아니듯, 때로는 너무 늦게, 때로는 너무 일찍 일어나는 그 세 가지는 이 사회가 인간의 바쁜 행동을 기록해 두는 서툰 장치에 불과하다. 마거릿이 보기에 윌콕스 부인은 그런 기록에서 벗어나 있었다. 윌콕스 부인은 자기만의 방식으로 산뜻하게 인간 세계에서 떠나갔다. 흙 속에 정중히 내려진 그 묵직한 관에 든 내용물—언젠가는 한낱 먼지로 변해 버리는—보다 더 하찮은 것도 없을 테고, 아침이 되기 전에 서리를 맞아 시들어 버렸을 그 국화 꽃다발보다 더 헛된 것도 없으리라.

언젠가 마거릿은 윌콕스 부인에게 자기는 미신을 좋아한다고 말했지만, 그건 사실이 아니었다. 마거릿처럼 우리 영혼과 육체를 감싸고 있는 두꺼운 껍질을 깨뜨리려고 진지하게 노력하는 여자도 드물었다. 그런데 윌콕스 부인의 죽음은 그 작업을 도와주었다. 마거릿은 인간이 어떤 존재이며 또 어느 정도의 존재가 될 수 있는지를 전보다 좀 더 확실히 알게 되었으며, 인간과 인간 사이의 진정한 결합이 실제로 존재할지도 모른다는 느낌을 받게 되었다. 아마도 우리는 희망을 가질 수 있을 터이고, 이는 사후 세계에서만 가능한 것은 아니리라.

그건 그렇고, 마거릿은 유가족들에 대해서도 여전히 관심을 두었다. 각종 크리스마스 행사를 준비하고 티비를 돌보느라 바쁜 가운데도 윌콕스 가족에 대한 생각이 틈틈이 떠올랐다. 윌콕스 부인이 죽기 전 마지막 1주일 동안 마거릿은 그 집 사람들과 여러 번 얼굴을 마주했는데, 그들은 마거릿과는 다른 세계에 있었다. 그들은 이해심이 부족하고 의심이 많았으며, 마거릿이라면 쉽게 해낼 수 있는 일도 해내지 못했다. 그러나 윌콕스 가족과의 충돌은 마거릿에게 좋은 자극이 되었으며, 찰스에 대해서조차 마거릿은 거의 호의에 가까운 흥미를 느꼈다. 마거릿은 그들을 돕고 싶었다. 또한 그들에게도 마거릿이라면 손도 대지 못할 일을 쉽게 해내는 능력이 있고, 상황에 따라서는 자기가 그들의 도움을 받을 수도 있을 거라 생각했다. 윌콕스 가족은 감정이 개입된 위험지역을 무사히 통과하기만 하면 일을 아주 잘해냈다. 어떤 일을 하려면 어떻게 해야 하며 누구에게 말해야 일이 순조롭게 풀리는지 정말로 잘 알고 있었다. 그들은 이런 경우에 필요한 요령을 완전히 터득한 사람들이었다. 그들은 사교성이 부족한 대신 그만한 근성이 있었다. 마거릿은 그런 근성을 높이 평가했다.

그들은 마거릿으로서는 꿈도 꿀 수 없는, '전보와 분노'로 가득 찬 외부 세계에서 살고 있었다. '전보와 분노'로 가득한 세상은 지난 6월에 헬렌과 폴이 접촉했을 때 그 정체를 드러냈고, 지난 1주일 사이에 또 한 번 정체를 드러냈다. 마거릿이 보기에는 그런 세상도 의미가 있었으므로 헬렌과 티비처럼 무조건 경멸할 수는 없었다. 이런 세상은 일솜씨, 결단력, 순종 같은 미덕을 길러 주었다. 이는 분명히 이차적인 미덕이기는 하나 문명을 지탱하는 미덕이기도 했다. 또한 마거릿은 그것이 인간을 단련해 준다는 사실도 의심할 수 없었다. 이렇게 단련됨으로써 인간 영혼은 점점 강해져가는 것이다. 이처럼 인간 세계는 온갖 부류의 인간으로 이루어져 있는데, 어떻게 슐레겔 가족이 윌콕스 가족을 경멸할 수 있겠는가.

마거릿은 헬렌에게 보내는 편지에서 다음과 같이 자신의 생각을 말했다.

'보이는 세계보다 보이지 않는 세계가 우월하다는 데 지나치게 집착하지 마. 그게 사실이기는 하지만 거기에 집착하는 건 중세적인 사고방식이야. 우리가 할 일은 두 가지를 대립시키는 게 아니라 조화시키는 거니까.'

이에 대해 헬렌은, 자기는 그런 따분한 문제를 생각해 볼 마음이 전혀 없다고 답장했다.

"언니, 나를 얕보지 말라고. 지금 이곳은 굉장히 날씨가 좋아. 나는 모제바흐 가족들과 포메라니아에 있는 단 하나뿐인 언덕에서 썰매를 타다가 방금 돌아왔어. 아주 재미있었지만, 포메라니아 사람들이 죄다 그곳으로 몰려왔는지 몹시 붐볐어."

헬렌은 시골을 좋아했으며, 그녀의 편지는 시(詩)와 야외 활동에서 오는 활력으로 가득 차 있었다. 그 안에는 고요하고 장엄한 그곳 경치, 사슴 떼가 달리는 눈 덮인 들판, 기묘한 모양새로 발트 해에 흘러드는 강, 해발 3백 피트밖에 되지 않아 꼭대기에서 미끄럼을 타자마자 금세 포메라니아 들판으로 되돌아와 버리는 오데르 산맥에 대한 이야기가 적혀 있었다. 또한 오데르 산맥은 소나무 숲과 실개천이 있고, 꼭대기에 오르면 멋진 풍경이 펼쳐지는 진정한 산맥이라고 적혀 있었다.

"산은 크기보다도 내용물이 중요하다는 사실을 깨달았어."

그 편지 한 부분에서 헬렌은 윌콕스 부인의 죽음을 애도하긴 했으나, 부인의 사망 소식에는 그다지 충격을 받지 않은 듯 보였다. 헬렌은 어떤 의미에서는 한 인간의 죽음 자체보다도 더 오래 기억에 남는 죽음의 부산물을 인식한 적이 없었다. 예를 들면 조심과 비난이 교차하는 병실 분위기라든지, 그 속에서 한 인간의 몸은 고통을 겪기 때문에 한층 생기 있게 느껴진다든지, 그 몸이 힐튼 묘지에서 사라져 버렸다든지, 그 뒤에 어떤 희망 비슷한 것이 남아 일상생활에 활력을 불어넣어준다든지 하는 것들을 헬렌은 모르고 있었다. 헬렌은 그저 호감 가는 여성이 죽었다는 사실만 알았을 뿐이다. 이윽고 그녀는 자기 자신에 대한 문제로 머릿속이 꽉 차서 위컴 플레이스로 돌아왔고—헬렌에게 또 다른 혼담이 들어온 것이다—, 마거릿은 한순간 불만을 느꼈지만 곧 그러려니 하고서 넘어갔다.

그 혼담은 크게 문제가 되지는 않았다. 그것은 모제바흐 양이 주선한 것으로, 이 아가씨는 결혼을 통해 영국에 있는 친척을 조국으로 다시 데려오겠다는 애국적인 계획을 세우고 있었다. 저번에 영국은 폴 윌콕스를 선수로 내보냈다가 패배했다. 그러자 이번에는 독일이 산림청 직원 아무개라는, 헬렌이 기억 못할 이름을 가진 남자를 선수로 내보냈다. 숲 속에 살고 있는 산림청 직원은 오데르 산맥 꼭대기에서 헬렌에게 그 집을, 아니 그 집이 있는 숲의 일부를 가리켜 보였으며, 헬렌은 그 풍경을 보고 감탄했다.

"어머, 정말로 아름답네요. 나도 저런 곳에서 살고 싶어요."

그날 밤 프리다가 헬렌 방으로 찾아와, 전할 말이 있다면서 이야기를 시작했다. 그러나 프리다는 헬렌이 얘기를 듣고 웃음을 터뜨려도 화내지 않고 이해해 주었다. 또 그런 쓸쓸하고 축축한 숲 속에서 어떻게 사느냐는 헬렌의 말에도 순순히 동의했다. 그러나 산림청 직원 아무개는 아직 포기하지 않은 모양이었다.

헬렌이 이야기를 마치면서 한마디 덧붙였다.

"티비, 너한테도 좋은 사람을 소개해 주겠대. 어때, 티비? 땋아내린 머리에, 발 부분만 딸기를 밟은 것처럼 빨갛게 물든 흰색 털양말을 신은 아가씨를 프리다가 너에게 소개해 주겠대. 아, 너무 떠들어서 머리가 아프네. 이번에는 네가 좀 얘기해 봐."

그러자 티비가 이야기를 시작했다. 그도 자기 자신에 대한 일로 머릿속이 꽉 차 있었다. 마침 티비는 옥스퍼드로 특대생 시험을 치러 갔다가 막 돌아온 참이었다. 방학 기간이라 대학에는 학생이 없었고, 지원자들은 단과대학별로 나뉜 숙소에 머물면서 그곳 식당에서 식사를 했다. 티비는 본디 아름다운 것을 좋아하는 데다 이런 경험은 처음이어서, 평소와는 다른 열의를 갖고 거기에서 있었던 일들을 이야기했다. 오랜 세월 동안 수많은 학생들을 배출한, 서구의 지적 유산이 가득한 옥스퍼드 대학은 티비의 취향에 꼭 맞았다. 그것은 티비가 이해할 수 있는 대상이었고, 또 그때는 대학이 비어 있었기에 더더욱 잘 이해할 수 있었다. 옥스퍼드는 과연 옥스퍼드였다. 단순히 젊은 사람들을 받아들이는 장소인 케임브리지와는 달랐다. 옥스퍼드는 거기에 다니는 학생들이 서로 사랑하기보다는 대학 자체를 사랑하기를 바라는 것 같기도 했다. 하여튼 티비는 그런 식으로 옥스퍼드를 파악했다. 마거릿과 헬렌은 그때까지 티비가 한쪽으로 치우친 교육을 받느라 같은 또래 친구들이나 연상의 남자들과 사귈 기회가 별로 없었다는 사실을 알고 있었다. 그래서 옥스퍼드에서 친구 사귈 기회를 주려고 일부러 티비를 그곳으로 보냈었다. 그러나 그는 누구와도 사귀지 않았다. 티비의 옥스퍼드는 끝까지 텅 빈 상태로 남아 버렸고, 그는 빛나는 청춘의 추억도 없이 희미한 색조만 지닌 채 대학에서 사회로 나왔다.

두 동생의 대화를 듣고 있자니 마거릿은 마음이 흐뭇했다. 둘은 이렇게 사이가 좋은 편이 아니었다. 잠시 동안 마거릿은 자신이 인자한 노부인이 된 듯한 느낌이 들었다. 그때 갑자기 생각이 나서 그녀가 끼어들었다.

"헬렌, 내가 윌콕스 씨 부인 이야기는 너한테 했었지?"

"응."

"나중에 그분 아들에게서 편지가 왔어. 지금 어머니 유품을 정리하고 있는데, 어머니가 나에게 뭘 주시겠다는 말씀을 하시지 않았냐고 묻는 거야. 그래서 내가 답장을 보냈지. 크리스마스 때 뭘 주시겠다고 말씀하시긴 했지만, 어쩌다 보니 우리 둘 다 그 일을 잊어버렸다고 말이야."

"설마 찰스가 그 정도로 끝내지는 않았겠지?"

"맞아. 아, 아니, 이번에는 윌콕스 씨에게서 편지가 왔어. 자기 아내에게 잘 대해 줘서 고맙다는 내용이었지. 그리고 부인이 쓰던 은으로 된 약상자를 보내 주셨어. 정말 친절하시지 않니? 나는 윌콕스 씨가 마음에 들어. 그분이 앞으로도 너와 내가 이비를 만나러 와 주면 좋겠다고 하셨어. 그분은 참 좋은 분이야. 또 새로운 사업도 시작하셨는데, 고무와 관련된 큰 사업이래. 찰스도 함께한다더라. 찰스는 얼굴은 예쁜데 머리는 별로 안 좋아 보이는 여자랑 결혼했어. 그 둘이서 잠시 그 집에 머물다가, 지금은 딴 동네에 집을 구해서 거기에 가 있는 모양이야."

헬렌은 적당한 간격을 두었다가 다시 슈테틴 이야기를 시작했다. 상황이 어찌나 빨리 변해가는지! 지난 6월 헬렌은 위기에 직면해 있었고 11월이 되어서도 여전히 사소한 일로 얼굴을 붉히곤 했다. 하지만 1월이 된 지금은 작년 일을 깨끗이 잊고 있었다. 마거릿은 지난 여섯 달 동안 일어난 일들을 돌이켜보면서 우리 일상생활이 줄거리가 있는 책과는 달리 매우 무질서하다는 사실을 실감했다.

우리 생활은 엉터리 예보 또는 방향을 제대로 가르쳐 주지 않는 이정표로 가득 차 있고, 우리는 오지도 않을 위기에 대비하느라 애를 먹는다. 크게 성공한 사람은 그가 살면서 산을 움직일 만큼 많은 노력을 한 것이며, 실패한 사람은 준비가 안 되어 있어서 실패했다기보다는 많은 노역을 했지만 기회를 끝내 얻지 못한 것이다. 이런 종류의 비극에 대해 우리 영국의 도덕은 마땅히 침묵을 지킨다. 위험에 대비하는 것은 그 자체로 좋은 일이다. 따라서 사람이든 국가든 비틀거리는 한이 있더라도 완전 무장을 한 채 살아가야 한다. 준비된 인생의 비극을 제대로 보여준 예는 그리스인들이 유일하다. 인생은 진실로 버거운 대상이지만, 그 본질은 전투가 아니다. 인생이 버거운 이유는 그것이 로맨스이고, 그 본질은 낭만적 아름다움이기 때문이리라.

마거릿은 앞으로 예전보다 주의를 더 기울이는 게 아니라 덜 기울이며 살게 되기를 희망했다.

13

그 뒤로 2년 이상이 지났다. 그동안 슐레겔 가족은 여전히 세련되고 안락한 생활을 즐기면서 런던의 잿빛 물결 위를 우아하게 떠다니고 있었다. 음악회와 연극이 그들 눈앞을 지나가고, 돈을 다 쓰고 나면 다시 주어지고, 누구는 유명해지기도 하고 파멸하기도 했다. 그들의 생활방식을 결정짓는 런던 자체가 끊임없이 물결치면서 서리 주의 언덕과 하트퍼드 주의 들판을 향해 점점 더 넓게 퍼져 나갔다. 하나의 유명한 건물이 건설되는가 하면 그다음에는 또 하나의 유명한 건물이 철거됐다. 화이트홀 지구는 예전과는 딴판으로 변해 버렸고, 얼마 뒤에는 리젠트 거리가 그렇게 될 터였다. 날이 갈수록 거리에 휘발유 냄새가 심해졌고, 도로를 건너기 어려워졌다. 또한 사람들은 말을 할 때 전보다 더 크게 말해야 했고, 인간이 들이마실 공기 양은 줄어드는 동시에 우러러볼 하늘도 좁아졌다. 한여름에 벌써 나뭇잎이 떨어지기 시작했으며, 태양은 먼지에 가려져 부옇게 빛났다.

런던을 비난하는 것은 이미 유행을 지난 일이다. 대지가 예술의 재료가 되는 시대는 지나갔다. 가까운 미래의 문학은 시골에 등 돌리고 도시를 노래하는 노선을 취할 것이다. 하기야 이런 반동이 일어나는 것도 이해할 만하다. 대지의 신 '판'이나 각종 자연 현상에 대한 이야기는 모두들 귀에 딱지가 앉도록 들었으니—그것은 빅토리아 시대의 이야기 같은 느낌이 들었고, 런던은 현대 도시였다—, 진지하게 대지를 편드는 사람이 다시 득세하는 시대를 맞이하려면 꽤 오랫동안 기다려야 할지도 모를 일이었다.

확실히 런던은 매력적이었다. 아무 목적이 없는데도 지적이고, 애정이 없는데도 흥분하기 쉬우며, 만물이 잿빛을 띠고 북적이는 지대였다. 또한 뭐라고 기록하기도 전에 이미 다른 것으로 변해 버리는 하나의 정신이고, 틀림없이 고동치고 있으나 인간미라고는 전혀 없는 하나의 심장이었다. 그것은 만물을 초월하여 존재하고 있었다. 자연이 비록 잔인하기는 하나, 그래도 이 사람의 무리에 비하면 자연은 차라리 친근하게 느껴졌다. 무릇 친구란 설명할 수 있는 존재여야 하는데, 자연은 설명할 수 있는 존재다. 우리는 그곳에서 왔다가 다시 그곳으로 돌아가야 한다. 그러나 과연 누가 런던이 숨을 들이쉬고 있는 아침의 웨스트민스터 브리지 로드나 리버풀 거리를, 또는 런던이 몹시 더러워진 숨을 내뱉고 있는 저녁의 똑같은 거리들을 설명할 수 있겠는가? 우리는 어쩔 줄 모르고 안개 너머를, 더 나아가 하늘의 별 너머 우주 공간까지 바라보면서, 인간 형태를 띤 이 괴물의 존재를 시인할 만한 근거가 없는지 찾아 헤맨다. 런던은 새로운 종교를 하나 만들기에 더없이 적합한 곳이다. 이는 신학자들의 점잖은 종교가 아니라, 좀 더 의인화된 조야한 종교다. 하기야 누군가가 우쭐대거나 눈물로 지새우는 것이 아니라, 하늘 어딘가에서 우리 인간과 비슷한 존재가 우리를 염려해 주고 있다면, 끊임없이 일어나는 런던의 유동도 참을 만할 것이다.

런던 사람들은 대개 설 자리를 잃어버릴 때가 되어서야 비로소 런던이라는 도시를 이해하게 된다. 마거릿도 위컴 플레이스 계약 만료일이 다가오자 비로소 눈을 떴다. 언젠가는 그 기간이 끝나리라는 것을 전부터 알고 있었지만, 그 사실을 실감한 건 아홉 달 전부터였다. 그러자 갑자기 집이 살아 있는 존재로 느껴졌다. 지금까지 이곳에서 행복하게 살아왔는데, 왜 이 집이 철거되어야 하는가?

밖으로 나온 마거릿은 비로소 그런 황급함으로 지어진 건물과, 같은 황급함에서 생겨난 이 도시 사람들의 말—중간까지만 내뱉는 말, 말다운 형태를 이루지 못한 말, 틀에 박힌 긍정이나 부정 표현—을 인식하게 되었다. 날이 갈수록 그 속도는 점점 빨라지고 있는데, 무슨 목적으로 그러는 걸까? 인구는 계속 늘어났지만 태어나는 사람의 자질은 어떠한가? 위컴 플레이스의 집주인으로서 그 자리에 호화 아파트를 지으려는 부유한 사람은, 이렇게 만물이 잿빛을 띠고 북적거리는 지대의 큰 부분을 휘저을 권리를 가지고 있는가? 그 부자는 바보가 아니었다. 마거릿도 사회주의를 비판하는 그의 강연을 한 번 들은 적이 있었다. 그러나 진정한 지혜는 그의 지성이 끝나는 곳에서 시작되었다. 부자들은 대체로 그런 것 같았다. 그런 자들이 무슨 권리로……. 하지만 마거릿은 거기서 생각을 멈추었다. 더 골몰하다가는 미쳐버릴 듯했다. 그녀는 그저 자신에게 돈이 있어서 새집을 살 수 있다는 사실에 감사했다.

어느새 옥스퍼드 대학 2학년생이 된 티비가 봄 방학을 맞아 집에 돌아와 있었으므로 마거릿은 이 기회를 이용해 그의 진짜 속마음을 알아보기로 했다. 어디에서 살고 싶을까? 티비는 아직 생각한 바가 없었다. 앞으로 무슨 일을 할 예정이지? 티비는 그것도 생각해보지 않았다. 다만 특정한 직업에 얽매이고 싶지 않다는 생각을 밝히기만 했다. 마거릿은 별로 놀라지 않았고 잠시 동안 바느질만 계속하다가 드디어 입을 열었다.

"바이즈 씨에 대해 생각해 봤어. 그런데 그분은 별로 행복하지 않은 것 같더라."

"그래?"

이렇게 말하고서 티비는 기묘하게 입을 벌리고 떨었다. 마치 자기도 바이즈 씨에 대해 생각해 봤는데, 바이즈 씨를 꼼꼼히 살펴본 결과, 바이즈 씨는 현재 화제와는 아무 상관도 없음을 분명히 확인했다는 것 같았다. 헬렌은 티비의 이런 버릇 때문에 늘 울화통을 터뜨렸지만, 다행히 이때 헬렌은 아래층 식당에서 경제학연설을 연습하고 있었다. 그 소리가 이따금씩 2층까지 들려왔다.

마거릿이 다시 말했다.

"저기, 바이즈 씨는 왠지 불행하고 연약해 보이지 않니? 가이도 그래. 가

이도 최근에 불행을 당했잖아. 어쨌든 사람은 번듯한 직업을 가지는 게 좋아."

마거릿이 일반론을 펼치자 동생이 신음 소리를 냈다.

마거릿이 미소를 지으며 말을 이었다.

"너를 가르치려 드는 게 아니라, 진심으로 나는 그렇게 생각하거든. 지난 한 세기 동안 사람들은 일하려는 욕망을 키웠고, 앞으로도 계속 그래야 한다고 봐. 그건 새로운 욕망이야. 그로 인해 여러 부정적 결과가 생길 수도 있지만 그것 자체는 바람직한 현상이야. 그리고 머지않아 여자들이 일하지 않는 것도 백 년 전에 결혼하지 않는 것만큼이나 놀라운 일이 되었으면 좋겠어."

"나는 누나가 말하는 새로운 욕구에 대해서 생각해 본 적이 없어."

티비가 대꾸했다.

"그렇다면 네가 그 일에 대해서 생각해 볼 때까지 이 문제는 보류해 두자. 나는 서두를 마음이 전혀 없으니까. 시간이 걸려도 상관없어. 다만 네가 제일 좋아하는 사람들이 어떤 식으로 살아가고 있는지, 그 점을 잘 생각해 봤으면 좋겠구나."

"난 가이와 바이즈 씨가 제일 좋아."

티비가 들릴락 말락 한 목소리로 말했다. 그러고는 의자에 앉은 채, 목과 무릎이 거의 일직선상에 놓일 정도로 몸을 젖혔다.

"그리고 내가 돈을 벌어야 한다느니, 네 재능을 발휘할 곳을 찾아야 한다느니 하는 상투적인 말을 안 한다고 해서, 내가 이 문제를 진지하게 대하지 않는다고 생각하지는 말렴. 그런 말은 결국 거짓말이니까."

마거릿은 여전히 바느질을 하면서 이야기를 계속했다.

"나는 네 누나일 뿐이야. 너한테 이래라저래라 할 수도 없고, 그러기도 싫어. 솔직히 말하자면……."

여기까지 말하고서 마거릿은 요즈음 쓰기 시작한 코안경을 벗었다.

"앞으로 몇 년만 지나면 너와 나는 친구처럼 같이 늙어갈 텐데, 그때는 네가 내 힘이 되어 줬으면 좋겠구나. 여자보다는 남자의 삶이 모든 일에 훨씬 쉽거든."

"그렇게 시시한 생각까지 할 정도라면, 왜 결혼하지 않는 건데?"

"글쎄, 실은 해 버릴까 하는 생각도 들어."

"청혼한 사람이라도 있어?"

"죄다 별 볼 일 없는 사람들이지만."

"헬렌 누나는?"

"몇 사람 있지."

"그 사람들 이야기 좀 해 줘."

"안 돼."

"그럼, 큰누나한테 청혼한 별 볼 일 없는 사람들 이야기라도."

"그 사람들은 다들 아무것도 할 줄 모르는 사람들이야."

마거릿은 이 정도는 말해도 되겠거니 하고 말을 이었다.

"그러니까 정신 차려야 한다는 거야. 너도 일을 하거나, 나처럼 일하는 척이라도 해야 해. 일하는 것 말고는 영혼과 육체가 구원받을 길은 없으니까. 정말이야. 윌콕스 가족들을 봐, 아니면 펨브룩 씨라도. 물론 그 사람들은 성격이나 이해력 면에서 여러모로 결함이 있기는 하지만, 나라면 모든 게 잘 갖추어진 사람들보다는 차라리 그 사람들과 기분 좋게 어울릴 것 같아. 그 사람들은 번듯한 일에 종사하고 있기 때문이지."

"윌콕스 가족은 좀 빼줘."

티비가 투덜거렸다.

"아니, 그들이야말로 제대로 된 사람들이야."

"암만 그래도 그렇지, 메그 누나!"

티비가 참을 수 없다는 듯 벌떡 일어나더니 외쳤다. 확실히 티비에게는 여러 가지 결점이 있었지만, 그만의 개성이 있는 것도 틀림없는 사실이었다.

"아무튼 그 사람들이야말로 제대로 된 사람이라 할 수 있어."

"말도 안 돼."

"전에는 별 볼 일 없다고 생각했던 그 집 둘째 아들도 그래. 그 사람은 아프리카에 갔다가 병에 걸려 돌아왔어. 그런데 이비 윌콕스 말로는, 그 사람이 그럴 의무가 있다고 하면서 또 아프리카에 갔대."

의무라는 말을 듣자 티비는 또다시 신음 소리를 냈다.

"돈을 벌기 위해서가 아니라 일 때문에 그러는 거야. 아주 힘든 일인 것 같더라. 아무것도 없는 곳에서 부정직한 현지인을 상대로 일하면서, 늘 물과 식량을 걱정해야 한대. 그런 일을 하는 사람이 영국에 있다는 것은 충분히 자랑스러운 일이야. 그러니까 영국이 제국이 된 거지."

"제국이라고!"

"그 결과에 대해 이러쿵저러쿵 말하기는 어려워." 마거릿이 조금 슬픈 기색을 띠며 말했다. "그건 내게 어려운 일이야. 난 단지 그런 사람들을 관찰할 수 있을 뿐이지. 지금까지 내가 보아온 결과로만 보면 제국은 영 시시하게 여겨지지만, 제국을 건설해 나가는 것이 영웅적인 일이라는 것쯤은 나도 알 수 있어. 런던은 시시하지만, 수천, 수만이나 되는 훌륭한 사람들이 런던을 만들기 위해 애쓰고……."

"이 모양으로 만들어 버렸지."

티비가 빈정댔다.

"그래, 공교롭게도 말이야. 내가 문명과는 관계없는 활동을 바라는 건 좀 우스운 일이겠지만, 어쩌면 천국에서 우리를 기다리고 있는 것은 그것일지도 몰라."

"그리고 나는 활동과 연관되지 않는 문명을 바라지. 그것은 천국이 아닌 또 다른 장소에서 발견될지도 몰라."

"티비야, 그런 걸 바란다면 굳이 거기까지 갈 필요도 없이 옥스퍼드에서 찾으면 되잖아?"

"아, 바보 같아……."

"바보 같아? 그럼 집 문제로 돌아가자. 네가 원한다면 옥스퍼드에서 살아도 좋아, 북부 옥스퍼드에서 말이야. 본머스, 토키, 첼트넘만 빼고는 어디로 가든지 상관없어. 아, 그리고 일프라콤, 스워니지, 턴브리지 웰스, 서비턴, 베드퍼드도 빼고. 지금 말한 곳들은 안 돼."

"그럼 런던에서 살아야겠네."

"그래, 하지만 헬렌은 런던을 벗어나고 싶어 해. 그렇다고 우리가 시골과 런던, 두 곳에 집을 마련하지 말란 법은 없지. 우리 셋이 힘을 합해서 돈을 분담한다면 말이지. 그런데…… 우리는 뭐든지 하고 싶은 대로 할 수 있지만, 정말로 가난한 사람들은 이럴 때 어떻게 할까? 자기가 원하는 곳으로 갈 수 없다면 나는 어떻게 해야 할지 상상도 못할 것 같아."

마거릿이 그렇게 말한 순간, 문이 벌컥 열리더니 헬렌이 몹시 흥분한 얼굴로 들어왔다.

"저기, 있지, 방금 무슨 일이 있었는지 알아? 아마 절대로 알아맞히지 못할걸. 어떤 부인이 남편을 찾으러 여기 왔었어."

이런 식으로 자기가 먼저 깜짝 놀란 척을 하는 것이 헬렌의 버릇이었다. 헬렌이 다시 말했다.

"글쎄, 남편을 찾으러 왔다고."

"설마 브랙넬은 아니겠지?"

마거릿이 물었다. 최근에 그들은 칼과 구두를 닦을 실업자 한 사람을 고용했었다.

"내가 브랙넬 얘기를 꺼냈지만 그도 아니었고, 티비 얘기도 했지만 역시 아니었어. 우리가 아는 사람은 아닌가 봐. 하여튼 난 이렇게 말했어. '자, 어서 이 부근을 찾아보세요. 저기 탁자 밑도, 난로 속도, 의자 커버 밑도 살펴보셔야죠.' 아, 정말 굉장한 옷차림을 한 여자였어. 샹들리에처럼 이것저것 주렁주렁 달고 있더라고."

"헬렌, 제대로 말해 봐. 도대체 무슨 일이 일어난 거니?"

"지금 말한 대로야. 난 연설 연습을 하고 있었거든. 그런데 내가 마침 입을 딱 벌리는 순간, 멍청한 애니가 그 여자를 안내해서 집으로 들어온 거야. 그래서 우리는 매우 정중하게 대화를 나누기 시작했지. '제 남편이 와 있지 않나요? 아마 여기 와 있을 겁니다.' '그분 성함이 어떻게 되시죠?' 뭐 이런 식이었지. 남편 이름은 랜이라고 하더라."

"랜?"

"랜인가, 렌인가? 모음이 정확하지 않았어. 아마 래널린 정도 아닐까?"

"하지만 이런 황당한 일이……."

"난 그 사람한테 말해 줬어. '래널린 부인, 부인께서 뭔가 오해하고 계시나 봅니다. 보시다시피 저는 예쁘기도 하지만 정숙하기 때문에, 래널린 씨를 만난 적이 한 번도 없어요.'"

"참 기분 좋았겠다."

티비가 말했다.

"물론이지!"

헬렌이 날카로운 소리로 대꾸하고 나서 말을 이었다.

"아주 유쾌했어. 래널린 부인은 참 순진하더라. 무슨 우산이라도 찾으러 온 것처럼 남편에 대해 물어보지 뭐야. 토요일 밤에는 남편이 없어졌어도 별로 걱정하지 않았는데, 하룻밤이 지나고 오늘 오전이 지났는데도 남편이 감감무소식이니까 점점 걱정이 되기 시작했대. 아침식사 때에도 왠지 평소와는 다르고 점심식사 때에도 묘하게 이상한 느낌이 들어서, 위컴 플레이스 2번지에 가 보면 알겠지 하고 여기까지 찾아왔다는 거야."

"하지만……."

"아무리 '하지만'을 연발해 봤자 소용없어. 래널린 부인은 '제가 똑바로 알고 왔거든요'라는 말만 계속 되풀이했어. 그것도 쏘아붙이는 말투가 아니라 굉장히 우울한 말투로. 대체 무엇을 알고 있느냐고 물어봐도 소용없었어. 아는 사람은 다 알더라도 모르는 사람도 있을 텐데, 모르거든 조심하는 편이 낫다는 식으로 말하는 거야. 아, 정말, 도움이 안 되더라! 얼굴이 꼭 누에 같이 생긴 여자였는데, 식당에서는 그 여자 향수 냄새가 아직도 풀풀 나고 있다니까. 어쨌든 한동안 우리는 남편이라는 작자에 대해 이야기했어. 그러다가 다시 래널린 씨는 어딜 갔을까 하는 말이 나왔지. 내가 경찰서에 가 보는 게 어떻겠냐고 했더니, 그 부인이 나한테 고맙다고 인사를 했어. 결국 우리는 래널린 씨가 참으로 나쁜 인간이라는 점에서 의견 일치를 봤지. 하지만 그 여자는 아무래도 끝까지 나를 의심하는 것 같았어. 아, 메그 언니, 이번 일은 내가 줄리 이모한테 편지로 알려 드릴 거야. 알았지? 내가 할 거라고."

그러자 마거릿이 바느질을 멈추고 대답했다.

"그래, 네 마음대로 하렴. 그런데 헬렌, 과연 이 일이 그렇게 우습기만 한 일일까? 생각만 해도 소름 끼치는 화산이 어딘가에서 연기를 내뿜는 것 같은 느낌이 드는걸."

"그런 일은 없을 거야. 그다지 신경 쓰이는 일도 아니었다고. 그렇게 대단한 인물이 비극에 등장할 리가 없다고."

"하지만 그 남편이라는 사람은 어떨까?"

마거릿이 창가로 걸어가면서 물었다.

"아마 괜찮을 거야. 비극에 등장할 만한 사람이 래널린 부인 같은 여자하고 결혼하지는 않았을 테니까."

"아름다운 사람이었니?"

"옛날에는 날씬했을지도 모르지."

창문으로 보이는 것은 맞은편 아파트뿐이었다. 그 건물은 화려한 커튼처럼 마거릿과 혼잡한 런던 사이를 가로막고 있었다. 마거릿은 집을 구해야 한다는 생각을 떠올리자 마음이 울적해졌다. 위컴 플레이스 집은 매우 편안했다. 사실 그런 생각을 할 이유가 전혀 없는데도 마거릿은 자기들이 이곳으로부터 어수선하고 가난한 세계로 밀려나서, 오늘과 같은 일을 심심치 않게 겪게 되는 생활을 할 것 같다는 생각을 했다.

한참 뒤 마거릿이 드디어 입을 열었다.

"아까 티비랑 나는 9월에 어디로 가면 좋을지 이야기하고 있었어."

"그 전에 티비는 자기가 무엇을 해야 할지부터 생각해 보는 게 좋을 텐데."

헬렌이 이렇게 대꾸하자 또다시 그 문제가 화제에 올랐는데, 아무래도 그 이야기는 감정적일 수밖에 없었다. 차를 마시고 나서 헬렌은 다시 연설 연습을 시작했고, 마거릿도 연설을 준비하기 시작했다. 두 사람은 다음 날 열리는 토론회에 초대를 받았기 때문이다. 그런데 마거릿은 왠지 그날 사건을 잊을 수가 없었다. 어떤 희미한 냄새나 고블린의 발소리처럼 래널린 부인이 심연 속에서 슬그머니 나타나, 사랑도 미움도 다 사라져 버린 생활에 대해 끊임없이 이야기하는 것이었다.

14

그 수수께끼도 다른 많은 수수께끼와 마찬가지로 곧 풀렸다. 다음 날, 마거릿과 헬렌이 저녁식사를 하러 나갈 채비를 마쳤을 때 바스트라는 사람이 찾아왔다. 명함에 의하면 그는 포피리온 화재보험회사의 사무원이었는데, 그를 식당까지 안내한 애니의 말로는 "어제 그 부인 일로" 찾아왔다는 것이다. 그러자 헬렌이 소리쳤다.

"오, 여러분, 래널린 씨가 왔어!"

티비마저 그의 방문에 흥미를 느꼈다. 셋은 서둘러 아래층으로 내려갔다. 그런데 그곳에는 그들이 기대하던 멋쟁이 대신 이렇다 할 특색이 없어 보이는 한 남자가 있었다. 그는 슬픈 눈매와 처진 콧수염을 지닌, 런던에서 흔히 볼 수 있는 젊은 남자에 지나지 않았다. 그는 도시로 이주한 양치기 또는 소작인의 손자에 해당하는 제3세대로서, 육체적인 생활에서는 벗어났지만 아직 정신적인 생활에는 이르지 못한 수많은 사람들 가운데 하나로 보였다. 그런 사실은 보면 한눈에 알 수 있다. 하지만 이 젊은 남자에게서는 강건한 육체나 반듯한 이목구비의 흔적을 뛰어넘는 그 무언가가 희미하게 느껴졌다. 마거릿은 좀 더 꼿꼿해야 할 그의 등과 좀 더 넓어야 할 가슴을 보면서 상념에 잠겼다. 연미복 한 벌과 한두 가지 관념은 과연 아름다운 동물성을 저버리면서까지 추구할 만큼 가치가 있는 것일까.

마거릿은 문화와 잘 어울린 편이었지만 지난 몇 주일 동안, 과연 문화가 다수 인류를 인간답게 했는지 의심에 싸여 지냈다. 자연적 인간과 철학적 인간 사이에 놓인 심연은 나날이 그 폭이 넓어져서, 너무나 많은 선량한 사람들이 그것을 건너뛰려다 비참하게 실패하고 말았다. 그녀는 이런 유형의 사람을 잘 알고 있었다. 막연한 열망, 정신적 허영, 겉핥기식 독서 등. 그녀는 그가 어떤 어조로 말을 걸어올지도 짐작할 수 있었다. 하지만 미처 짐작하지 못한 게 있었다. 그것은 바로 그가 내민 마거릿 자신의 명함이었다.

"슐레겔 양, 이 명함을 주신 것을 기억하고 계시는지요?"

그 젊은이는 애써 평온한 태도를 보이면서 물었다.

"네, 기억이 안 나는데요."

"어쨌든 그게 바로 원인이었습니다."

"바스트 씨, 제가 어디서 당신을 뵈었던가요? 얼른 생각나지 않는군요."

"퀸스 홀에서 열린 음악회에서였어요. 베토벤 〈교향곡 제5번〉이 연주되던 날이라고 말씀드리면……."

바스트 씨는 왠지 젠체하는 태도로 말을 이었다.

"아마 기억이 나실 것 같은데요."

"글쎄요, 그 교향곡이 연주될 때에는 거의 빠짐없이 들으러 갔으니까…… 헬렌, 넌 기억나니?"

"갈색 고양이가 연주회장 난간을 돌아다니던 날인가요?"

바스트 씨는 아니라고 대답했다.

"아니라고요? 제가 특별히 기억하는 베토벤 연주회는 그때뿐인걸요."

"그 음악회에서 당신이 제 우산을 가져가셨잖아요. 물론 실수로 말이죠."

"그랬을지도 모르겠네요."

헬렌이 웃으면서 말을 이었다.

"저는 베토벤을 듣는 것보다 남의 우산을 가져가는 일이 더 많으니까요. 저기, 그 우산은 무사히 되찾으셨죠?"

"네, 덕분에요."

"제 명함이 착각의 원인이었군요. 그렇죠?"

마거릿이 끼어들었다.

"네, 그 착각이라는 것이…… 그래요, 그게 착각의 원인이었습니다."

"어제 오신 부인은 그것을 보고, 선생님께서 여기에 와 계신다고 생각했나 보군요."

마거릿이 바스트 씨를 거들어 주려고 한마디 했다. 그는 그 일을 설명하러 왔으면서도 제대로 설명하지 못하고 있었다.

"네…… 착각이었던 겁니다."

"그렇다면 왜……."

헬렌이 입을 열자 마거릿은 얼른 동생의 팔에 손을 얹었다. 이때 바스트 씨의 말이 조금 빨라졌다.

"아내에게 친구 집에 다녀올 거라 말하고 나왔는데, 제가 집을 비운 사이에 무슨 문제가 생겼거든요. 그래서 아내는 이 명함을 보고서 제가 여기에 와 있는 줄 알고 찾아왔던 거지요. 그렇게 폐를 끼친 점에서, 제가 집사람을 대신해 사과하러 온 겁니다."

그러자 헬렌이 말했다.

"아뇨, 폐를 끼치다니요. 전혀 그렇지 않아요. 다만 저는 아직도 선생님께서 하시는 말씀을 이해할 수가 없군요."

바스트 씨는 뭔가를 숨기고 있는 듯했다. 그는 다시 한 번 설명했지만 거짓말을 하고 있는 게 틀림없었다. 헬렌은 그것을 모른 척 눈감아 주려고 하지 않았다. 그녀에게는 젊은이 특유의 잔인함이 있었다. 마거릿의 만류에도 불구하고 그녀는 서슴없이 말했다.

"저는 아직도 잘 모르겠어요. 선생님께서 그 방문 때문에 집을 나선 것이 언제였죠?"

"방문이라니, 무슨 방문이오?"

바스트 씨는 답변이 궁한 사람이 흔히 그러듯이, 왜 그런 어리석은 질문을 하는지 모르겠다는 표정으로 헬렌을 바라보며 말했다.

"그 오후의 방문 말예요."

"그야 물론 오후였죠."

그는 이렇게 대답하고 재치 있는 자신의 응답이 통했는지를 확인하려고 티비를 바라보았다. 하지만 그런 응답에 명수인 티비는 별다른 표정 없이 물었다.

"토요일 오후요, 아니면 일요일 오후요?"

"그건…… 토요일 오후였습니다."

"정말요!" 헬렌이 말했다. "그렇다면 일요일까지 친구들을 만나고 계셨다는 거잖아요 바스트 부인이 여기 온 그날 말이에요. 상당히 오랜 만남이었군요."

헬렌이 이렇게 말하자 바스트 씨는 얼굴을 붉히더니 갑자기 남자다운 모습을 보이며 대꾸했다. 그 눈에는 투지의 빛이 서려 있었다.

"아니, 아닙니다. 무슨 뜻으로 그런 말씀을 하시는 건지 알겠습니다만, 그렇지 않습니다."

"아, 이제 그만하자." 마거릿이 다시 한 번 심연에서 올라오는 악취에 비위가 상해서 말했다.

"그건 다른 거였어요." 그가 다시 말했다. 조금 전까지만 해도 조심스럽던 그의 태도가 갑자기 달라졌다. "저는 다른 곳에 있었는걸요."

"그걸 말씀하시려고 일부러 찾아와 주신 거군요. 저희는 그 정도로도 충분해요."

마거릿이 말했다.

"네, 하지만 저는…… 제가 하고 싶었던 것은…… 혹시 메러디스가 쓴 《리처드 페베렐의 시련》을 읽어 보신 적이 있나요?"

마거릿이 고개를 끄덕였다.

"아름다운 소설이죠. 리처드가 그 책 마지막 부분에서 그랬듯이 저도 땅으로 돌아가고 싶었던 겁니다. 그리고 스티븐슨이 쓴 《오토 왕자》도…….."

헬렌과 티비가 낮은 신음을 뱉었다.

"그것도 아름다운 소설인데, 거기서도 땅으로 돌아가죠. 저는……."

바스트 씨는 짐짓 과장되게 꾸며 말하다가, 문화적 교양의 뿌연 안개를 헤치고 돌멩이처럼 단단한 사실과 마주했다.

"토요일 밤새 걸었습니다."

레너드 바스트가 말했다. '밤새 걸었다'는 말에 두 자매는 귀가 솔깃했다. 하지만 또다시 문화의 안개 속에 갇혀 버린 그는 수필가 E.V. 루카스가 쓴 《여로》를 읽은 적이 있느냐고 두 사람에게 물었다. 헬렌이 대답했다.

"그것도 아름다운 소설이겠죠. 하지만 그보다는 레너드 씨가 걸었던 길 얘기를 듣고 싶어요."

"저는 그저 걸어갔을 뿐입니다."

"어디까지요?"

"모르겠어요. 몇 시간을 걸었는지도 모르겠고요. 너무 어두워서 시계를 볼 수 없었거든요."

"혼자서 걸었나요?"

"네."

레너드는 허리를 꼿꼿이 펴고 말을 이었다.

"하지만 전에 사무실 사람들하고 이야기한 적이 있어요. 요즘 사무실에서 그 이야기를 자주 하거든요. 그 사람들은 북극성을 지표로 길을 찾는다고 하더군요. 그래서 천체도에서 북극성을 봐두었는데, 막상 밖으로 나오니까 어느 별인지 헷갈려서……."

"북극성 이야기는 하지 마세요." 헬렌이 흥미를 느끼고 끼어들었다. "저도 그 별의 움직임은 알고 있어요. 북극성이 빙빙 도니까 그걸 따라가면 우리도 돌게 되는 거죠."

"저는 그 별을 놓쳐 버렸어요. 처음에는 가로등이 방해하고 다음에는 나무가 별을 가리더니, 이윽고 새벽녘이 되자 하늘에 구름이 끼었거든요."

순수한 희극만 좋아하는 티비는 슬그머니 방에서 나가 버렸다. 그는 이 젊은이가 시(詩)에는 도달할 수 없다고 생각했기에, 이러쿵저러쿵 떠드는 소리를 들을 마음이 생기지 않았다. 남동생이 떠나자 방에는 마거릿과 헬렌만이 남았다. 두 사람은 스스로 생각하는 것보다 훨씬 더 남동생에게 신경을 쓰고 있었으므로, 동생이 나가 버리자 아까보다 더 편하게 레너드의 이야기에 집중할 수 있었다.

"어디서부터 걷기 시작했죠? 더 자세히 이야기해 주세요."

마거릿이 말했다.

"먼저 지하철을 타고 윔블던까지 갔어요. 가끔은 사무실에서 퇴근할 때 그런 짓을 해 봐야겠다는 생각을 했었는데, 그때 하지 않으면 영영 못할 것 같다는 생각이 들었거든요. 그래서 윔블던에서 저녁식사를 한 다음에……."

"하지만 그 동네는 진정한 시골이라 할 수 없죠."

"글쎄요. 몇 시간이 지나도 길 양쪽에는 가스등이 계속 켜져 있었어요. 저에게는 하룻밤이란 시간이 있었고, 그렇게 밖으로 나온 것 자체가 중요했죠. 계속 걷다가 어느새 숲으로 들어갔어요."

"네, 그 다음은요?"

헬렌이 재촉했다.

"어둠 속에서 울퉁불퉁한 땅을 걷기가 얼마나 힘든지 그때 처음으로 깨달았습니다."

"길이 없는 곳으로 가셨던 거예요?"

"네. 처음부터 그럴 작정이었지만, 문제는 길이 없는 곳에 들어가기보다 다시 길을 찾아내기가 훨씬 더 어렵다는 거였어요."

"선생님은 타고난 모험가시군요."

마거릿이 웃으면서 말을 이었다.

"아무리 대단한 운동선수라도 선생님이 하셨던 대로 따라 하지는 못할 거예요. 용케 목을 부러뜨리지 않고 모험을 마치셨군요. 부인께서 나중에 뭐라 하시던가요?"

여기서 헬렌이 끼어들었다.

"운동선수는 랜턴과 나침반 없이는 아무 데도 안 가요. 그것들이 없이는 걸을 수가 없죠. 게다가 그들은 걷질 않아요. 걸으면 피곤해지니까요. 계속 말씀하세요."

"스티븐슨이 된 것 같았어요. 스티븐슨이 쓴 《소년 소녀를 위하여》를 보면 ……."

"아, 네, 그보다도 그 숲 말이에요. 거기서 어떻게 빠져나오셨나요?"

"숲을 빠져나오니 맞은편에는 꽤 가파른 오르막길이 있었어요. 아마 북부 구릉 지대였을 테지요. 그런데 초원 속에서 길이 사라지는 바람에 또다시 숲 속으로 들어가게 되었어요. 그 숲은 아주 끔찍했어요. 가시나무로 꽉 찬 숲이었거든요. 정말이지 어쩌다 이런 짓을 하기로 마음먹었을까, 이런 생각을 하면서 눈앞에 있는 나무 밑으로 몸을 구부려 빠져나갔죠. 그랬더니 갑자기 사방이 밝아지고 길도 나왔어요. 그 길을 따라가니 역이 나왔죠. 거기서 첫차를 잡아타고 런던까지 돌아온 거예요."

"그 새벽이 정말로 아름답지 않던가요?"

헬렌이 물었다. 그러자 그는 결코 잊을 수 없는 진실 가득한 목소리로 "아뇨"라고 대답했다. 그 말은 돌팔매를 벗어난 돌멩이처럼 휙 하고 날아갔다. 그러자 레너드의 이야기 가운데 시시한 것이나 문학적인 것, 스티븐슨, '대지에 대한 사랑', 그가 쓰고 온 실크모자 등이 한꺼번에 무너져 내렸다. 레너드는 두 여자 앞에서 자기 목소리를 발견했으며, 일찍이 경험한 적 없는 고양된 기분으로 신들린 것마냥 이야기를 계속했다.

"새벽은 그냥 잿빛이었을 뿐, 별것도 아니었어요……."

"그래요, 잿빛 저녁을 뒤집어 놓은 것뿐이겠죠. 맞아요."

"게다가 저는 새벽 풍경을 바라볼 기운조차 없을 정도로 피곤하고 추웠어요. 지금은 그런 곳까지 가본 것은 역시 잘한 일이었다고 생각하지만, 그때는 그저 힘들기만 했지요. 그리고 믿기 어려우시겠지만 그때 저는 몹시 배가 고팠어요.   윔블던에서 저녁을 먹을 때는 평소처럼 저녁 한 끼로 이튿날 아침까지 견딜 줄 알았어요. 그런데 길을 걷다보니 상황이 달라지더군요. 말하자면 그 하룻밤 사이에 아침밥과 점심밥, 간식이 다 필요했어요. 하지만 제가 가진 것이라곤 담배 한 갑뿐이었죠. 참 괴롭더군요. 돌이켜 보니 그날 밤 저의 목적은 무엇을 즐기는 게 아니라, 무엇을 해내는 것이었어요. 저는 그것을 해냈죠. 저는…… 꼭 그러겠다고 결심했던 겁니다. 그럴 수밖에 없었던 것이…… 말하자면,   방 안에서만 지내는 게 무슨 의미가 있겠어요. 사람들은 날마다 똑같은 일을 하고 똑같은 길을 다니죠. 그러다가 세상에 다른 길도 있다는 사실을 잊어버려요. 가끔은 바깥에 무슨 일이 일어나는지 봐야 해요. 혹시 특별한 게 없다고 밝혀지더라도 말이죠."

"그래요, 무슨 일이 있어도 그렇게 해야죠."

이렇게 말하면서 헬렌은 식탁 가장자리에 엉덩이를 걸쳤다. 헬렌의 목소리를 들은 레너드는 다시 정신을 차렸다.

"이 모든 것이 다 리처드 제프리스의 어떤 글을 읽은 데에서 비롯되었다고 생각하니 기분이 묘하군요."

"실례지만 바스트 씨, 그렇지 않아요. 그건 훨씬 더 중요한 것에서 비롯된 거예요."

그러나 헬렌의 말은 레너드를 막지 못했다. 제프리스에 이어 배로가 나오는 것은 불가피했고, 배로에 이어 소로, 끝으로는 스티븐슨이 또다시 등장했다. 결국 그의 열변은 책의 홍수 속에 끝이 났다. 이런 위대한 사람들의 이름에 누를 끼칠 생각은 없다. 잘못은 그들이 아니라 우리에게 있다. 그들은 자신들이 이정표가 되기를 원한다. 그러니 어리석은 우리가 이정표를 목적 표지로 착각한다고 해서 그들을 탓할 수는 없다.

레너드는 목적지에 도착했다. 어둠이 각종 시설을 뒤덮고, 아득한 옛날부터 이어진 밤이 그 부근에 줄지어 있는 아늑한 별장들을 삼키고 있을 때, 그는 걸어서 서리 주를 방문했었다. 물론 이러한 기적은 열두 시간마다 한 번씩 일어나지만 중요한 것은 그가 몸소 그 현상을 확인하고 왔다는 점이었다. 레너드의 협소한 정신 세계에는 제프리스가 쓴 책보다 위대한 것, 제프리스로 하여금 그 책을 쓰게 만든 것과 다름없는 뭔가가 있었다. 새벽이 그에게 잿빛만을 보여주었다 해도, 그것은 조지 배로가 스톤헨지의 거석을 보았을 때와 마찬가지로 영원한 아침의 일부를 이루고 있었다.

"저, 두 분은 제가 어리석었다고 생각하시지 않는 거죠?"

레너드가 타고난 솔직함을 발휘해 물어보았다.

"어머, 그럴 리가 있나요."

마거릿이 말했다.

"그렇게 생각한다면 저희가 이상한 거죠."

헬렌이 거들었다.

"그렇게 말씀해 주시니 기쁩니다. 아내는 그것을 이해하지 못해요…… 제가 몇 날 며칠을 설명한다고 해도 말이죠."

"그건 절대로 어리석은 짓이 아니에요. 선생님이 하신 일은, 인간을 가둔 벽을 허무는 훌륭한 행위였어요."

헬렌이 눈을 빛내며 말했다.

"선생님은 저희처럼 그렇게 하고 싶다고 생각만 하는 것이 아니라……."

"저희도 그렇게 걸어 본 적은 있지만……."

"2층에 꼭 보여 드리고 싶은 그림이 있어요."

그때 초인종이 울렸다. 그들을 밤 모임에 데려갈 마차가 도착했다.

"어휴, 하필이면 이럴 때…… 깜빡했는데 실은 갈 데가 있었어요. 저, 다음에 또 이야기를 나누러 와 주시겠어요?"

"그래요, 꼭 다시 와 주세요."

마거릿도 부탁했다. 레너드는 몹시 흥분해서 말했다.

"아닙니다, 다시 오지 않겠습니다. 이대로 헤어지는 편이 낫습니다."

"어째서요?"

마거릿이 물었다.

"다음에 만나 뵐 때에는 어떻게 될지 알 수 없으니까요. 저는 오늘 일을 제 인생에서 특별히 아름다웠던 일 가운데 하나로 영원히 기억할 겁니다. 정말이에요. 같은 일을 두 번 할 수는 없지요. 지금 저는 참으로 행복합니다. 이 행복을 이대로 간직하고 싶어요."

"하지만 그건 너무 슬픈 생각이잖아요."

"좋은 일이 망쳐지는 경우도 종종 있으니까요."

"그건 그래요. 하지만 사람은 그렇지 않아요."

헬렌이 다시금 눈을 빛내며 말했지만 레너드는 이해하지 못했다. 그는 진정한 상상력과 허울뿐인 상상력이 뒤섞인 이야기를 계속해 나갔다. 그의 말은 틀리지도 않고 맞지도 않았지만, 뭔가 거짓된 요소로 이야기를 듣는 두 사람의 신경을 자극했다. 그는 마치 조금만 태엽을 감아 주면 장단이 맞지만 조금이라도 무리가 가면 금방 망가질 악기 같았다. 레너드는 두 사람에게 몹시 고마워하면서도 다시 올 생각은 없다고 말했다. 그 바람에 분위기가 약간 서먹해졌다. 헬렌이 입을 열었다.

"선생님이 정 그렇게 생각하신다면 그편이 나을지도 모르겠네요. 다만 선생님이 제프리스보다 훌륭하시다는 사실만은 잊지 말아 주세요."

레너드는 돌아갔다. 두 자매가 탄 마차가 길모퉁이에서 그를 따라잡자 두 사람은 그를 보고 손을 흔들었다. 이윽고 두 여인을 태운 마차는 저녁 어스름 속으로 사라졌다.

밤이 되자 런던 시내에 불빛이 빛나기 시작했다. 큰길에서는 전등이 깜빡거리기도 하고 번쩍이기도 했으며, 골목길에서는 가스등이 금빛이나 초록빛으로 빛났다. 노을이 진 하늘은 붉게 물들었지만, 런던의 뿌연 안개는 그 장엄한 저녁놀을 가렸다. 옥스퍼드 거리 맞은편에 걸린 구름들은 섬세하게 꾸며진 천장 같았다. 화려하긴 했지만 마음을 사로잡을 정도는 아니었다.

레너드는 런던의 아름다운 저녁 풍경 속에서, 그 분위기에 잘 어울리는 통행인 한 사람이 되어 걸음을 재촉했다. 그는 암울한 잿빛 삶을 살고 있었지만 이러한 삶을 조금이라도 밝게 하기 위해 구석구석 낭만주의를 위한 경계선을 긋고 칸막이를 해 놓았다. 슐레겔 집안사람들과 이야기를 나눴던 일은 바로 그런 한 구석을 차지하게 되었다. 사실 레너드가 낯선 사람과 속을 터놓고 이야기를 나눈 건 이번이 처음은 아니었다. 이런 버릇은 주색잡기와 마찬가지로 적당치 않은 배출구였지만, 그래도 도저히 억누를 수 없는 본능을 발산하기 위한 유일한 통로였다. 그 본능은 레너드를 지배하여 조심하거나 의심하는 일마저 잊게 했으므로, 어느새 그는 초면 또는 초면이나 다름없는 사람들에게 자신의 여러 가지 비밀을 털어놓곤 했다. 그러고 나서 레너드는 몹시 걱정했으나, 때로는 그 일이 좋은 결과를 낳기도 했다.

어쩌면 그가 가장 행복했던 때는 케임브리지까지 가는 기차 안에서 어느 인상 좋은 대학생이 그에게 말을 걸어왔을 때였는지도 모른다. 그와 이야기하는 도중에 레너드는 체면이고 뭐고 다 던져 버리고서 가정생활의 속사정을 얼마쯤 털어놓았었다. 그리고 그 생활이 어떤 것인지 넌지시 비추기도 했다. 그 대학생은 레너드와 친구가 될 수 있다고 생각했는지, 저녁식사를 마치면 자기 방으로 커피를 마시러 오라고 권했다. 레너드는 그러겠다고 약속했지만, 그날 밤이 되자 왠지 귀찮아져서 그가 묵고 있던 비즈니스호텔에서 한 발짝도 나가지 않았다.

레너드는 낭만주의가 그의 회사, 아니 그보다도 재키와 충돌하는 것을 원치 않았다. 레너드보다 훨씬 더 알차고 행복한 생활을 하는 사람들은 이 점을 좀처럼 이해하지 못했다. 그 대학생이나 슐레겔 집안사람들은 레너드를 재미있는 사람으로 여기면서 좀 더 사귀어 보고 싶어 했다. 하지만 레너드가 볼 때 그런 사람들은 낭만주의 세계에 사는 사람들이므로 저기 한구석에 지정된 칸막이 공간 속에 틀어박혀야만 했다. 그림이 액자 밖으로 빠져나오기라도 하면 곤란했기 때문이다.

레너드가 마거릿에게서 받은 명함을 처리하는 방식에서도 이 점이 잘 드러났다. 레너드의 결혼생활은 그다지 비극적이지 않았다. 돈이 없어 폭력을 휘두르고 싶은 마음도 들지 않았고, 따라서 비극이 일어날 여지도 없었다. 그는 아내로부터 떨어질 수 없었지만 그렇다고 해서 아내를 때리고 싶은 마음도 없었다. 그 생활은 단지 우울함과 비참한 기분만으로 채워져 있었는데, 거기에 갑자기 명함이 들어온 것이다. 레너드는 뭔가를 감추고 싶어 하는 성격이지만 칠칠치 못한 구석도 있어서 그 명함을 아무 데나 내버려 두었다. 어느 날 재키가 그것을 발견했다.

"이 명함은 뭐야?"

"글쎄, 뭘까?"

"렌, 슐레겔 양이 누구야?"

이런 식으로 끝없는 문답이 이어졌다. 몇 달이 지나자 두 사람은 농담거리나 푸념거리 삼아 이 명함을 주거니 받거니 하게 되었고, 그러는 사이에 명함은 점점 더 더러워졌다. 그래도 두 사람은 카멜리아 로드에서 탈스 힐로 이사 갈 때에도 그것을 가지고 갔고, 남에게 보여 주기도 했다. 길이가 몇 인치밖에 안 되는 이 두꺼운 종이는 어느새 레너드와 그 아내의 영혼이 불꽃 튀게 싸우는 전쟁터가 되었다.

어째서 레너드는 "어떤 여자가 내 우산을 가져갔는데, 다른 여자가 이걸 주면서 우산을 찾으러 오라고 했어" 하고 솔직하게 말하지 않았던 걸까? 재키가 그 말을 믿지 않을 것 같아서였을까? 그런 생각도 좀 있었겠지만 가장 큰 원인은 그가 품은 감상 때문이었다. 레너드가 명함에 애정이 있는 건 아니었다. 그것은 교양 있는 세계를 상징했고, 그 세계는 재키가 건드려서는 안 되는 영역이었다. 그 생각은 잠들기 전까지 떠날 줄을 몰랐다.

'어쨌든 재키가 그 명함의 정체를 아직도 모른단 말이지. 깨소금 맛이다!'

재키도 실은 불쌍한 여자였다. 그녀는 온갖 괴로움을 꾹 참으며 살아가야만 했다. 그러다가 마침내 자기 힘으로 한 가지 결론에 도달했으며—그녀가 생각할 수 있는 결론은 그것밖에 없었다—이윽고 그 생각을 바탕으로 행동했다. 레너드는 금요일 내내 재키와 한마디도 나누지 않았고 밤에는 별을 바라보며 지냈다. 토요일에는 평소와 다름없이 나갔지만 밤에 집으로 돌아오지 않았고, 일요일 오전에도, 오후에도 돌아오지 않았다. 재키는 더 이상 참을 수 없었다. 이제는 성격이 소극적으로 변해서 다른 여자와 만나기 싫었지만 애써 그녀는 위컴 플레이스까지 갔다 왔다. 레너드는 재키가 외출한 사이에 돌아왔는데, 러스킨의 책 사이에 끼워 놨던 명함이 없어진 것을 보고 무슨 상황인지 대충 짐작할 수 있었다.

재키가 돌아오자 레너드는 껄껄 웃으며 말했다.

"어땠어? 난 당신이 어디 갔다 왔는지 다 알지만, 당신은 내가 어디 갔다 왔는지 모를 거야."

재키는 한숨을 쉬더니 "렌, 설명해 줘" 이렇게만 말하고는 다시 얌전해졌다.

그 단계에서 사정을 설명하기란 어려운 일이었고 레너드는 그런 설명을 하기에는 너무나 성실한 남자였다고 말해 주고 싶지만, 사실 그는 머리가 나쁠 뿐이었다. 레너드는 입을 다물었다. 다만 이 침묵은 비즈니스맨의 습관적인 침묵이었지, 뭔가 하찮은 것을 대단한 것처럼 보이게 하려고 일부러 〈데일리 텔레그래프〉를 펴들고 얼굴을 가리는 침묵과는 달랐다. 말하자면 그는 말수가 적은 모험가였다. 회사원으로서는 몇 시간에 걸쳐 어둠 속을 걷는 것도 하나의 모험인 셈이니까. 물론 여러분은 이 말을 듣고 웃을 수도 있다. 남아프리카 초원에서 총을 옆에 끼고 며칠 밤을 보낸 적이 있는 사람은 웃어도 좋고, 모험 자체를 어리석은 짓이라고 생각하는 사람도 웃어도 좋다. 다만 레너드가 그런 사람들을 만나기 싫어하고, 재키가 아닌 슐레겔 집안사람들이 레너드의 새벽 풍경 이야기를 듣게 된 것은 결코 이상한 일이 아니었다.

슐레겔 집안사람들은 레너드의 행동을 어리석은 짓으로 여기지 않았으며, 이 점이 그로서는 잊을 수 없는 기쁨이었다. 슐레겔 집안사람들을 생각할 때 레너드는 가장 그다워졌다. 어찌 된 일인지 빈부 격차의 벽이 허물어지고—레너드로서는 어떻게 표현해야 좋을지 알 수 없었지만—'사람이 사는 세계'에 존재하는 경이가 확인된 것만 같았다. 어떤 신비주의자는 이렇게 말했다. '내가 지닌 신념을 다른 누군가가 믿는 순간, 그것은 무한한 힘을 얻는다.' 레너드와 슐레겔 집안사람들은 잿빛 일상생활 저편에 특별한 무엇인가가 있다고 생각하는 점에서 의견이 일치한 것이다.

레너드는 실크모자를 벗어 들고 천천히 어루만졌다. 지금까지 그에게 미지의 세계란 책과 문학, 지성적 대화, 문화 속에 존재하고 있었다. 공부만이 자신을 향상시키고 세상을 보다 앞서나갈 수 있는 길이라 생각했다. 하지만 위컴 플레이스에서의 짧은 만남은 그에게 새로운 깨달음을 주었다. 어둠에 잠긴 교외의 언덕을 걸은 게 '그 무엇'이었을까?

레너드는 자기가 모자도 쓰지 않고 리젠트 거리를 걷고 있다는 사실을 깨달았다. 하지만 런던이라는 도시는 즉시 그를 제정신으로 돌려놓았다. 이 시간에 인적은 별로 없었지만, 지나가는 사람들은 모두 적의에 찬 시선으로 레너드를 보았다. 그 적의는 무의식적인 것이었기에 더욱 강렬하게 느껴졌다. 레너드는 모자를 썼다. 모자가 너무 커서 그의 머리는 과자 상자에 들어간 과자처럼 모자 속으로 쏙 들어갔으며, 귀는 위로 휘어진 모자챙에 눌려 앞쪽으로 납작하게 찌그러졌다. 그는 모자를 약간 젖혀 썼다. 그래서 머리가 길어 보이고, 눈과 콧수염은 실제보다 더 멀리 떨어져 보였다. 어쨌든 그렇게 하자 더 이상 아무도 레너드를 쳐다보지 않았다. 그가 빠르게 박동하는 인간의 심장을 가슴에 담고서 보도 위를 뛰어다녀도 아무도 불안함을 느끼지 않았다.

15

그날 밤 슐레겔 자매는 레너드의 방문으로 모험심에 가득 차서 모임에 나갔다. 그들이 같은 주제를 안고 있을 때 그들에게 맞설 만한 저녁식사 모임이란 거의 없었다. 그날 밤 모임은 여자들만 참석하는 자리라서 여느 때보다 반발이 거셌지만, 그래도 얼마간의 저항 끝에 무너졌다. 식탁 한쪽에서는 헬렌이, 다른 한쪽에서는 마거릿이 바스트 씨의 이야기만 계속했다. 그러다가 고기 요리가 나오자 두 사람의 장황한 이야기는 맞부딪쳐서 끝나고, 이 자리에 어울리는 공통 화제가 등장했다.

사실 그 모임은 토론회였다. 식사가 끝나면 사람들은 늘 응접실에 모여 커피를 마시면서 농담을 주고받았는데, 때로는 어떤 문제를 진지하게 다룬 논문을 발표한 뒤 그 논문에 대한 토론을 벌이곤 했다. 그런데 그날 밤에는 모든 사람들의 발언에 바스트 씨가 자주 등장했다. 말하는 사람의 성격에 따라 그는 문명에 광채를 더해 주는 존재가 되기도 하고, 오점이 되기도 했다.

그날 발표된 논문 제목은 〈유산을 어떻게 처분해야 하는가〉였다. 죽음을 앞둔 어떤 백만장자가 전국 각지에다가 미술관을 짓는 사업에 재산을 기부하기로 마음먹었는데, 이를 대신할 만한 다른 제안도 고려할 수 있다는 내용이었다. 사람들은 각자 역할을 맡아서 토론에 참여하기로 했다.

그날 모임을 주최한 부인은 백만장자의 장남이라는 달갑지 않은 역할을 맡았다. 장남은 빈사 상태에 빠진 아버지에게, 그렇게 큰돈을 기부함으로써 사회적 혼란을 초래해서는 안 된다고 강하게 주장했다. 돈은 사람이 어떤 형태로든 자기를 희생해서 모으는 것이며, 그런 사람의 자손은 부모의 희생 덕분에 혜택 받을 권리가 있다. 이와는 달리 바스트 씨 같은 사람에게 어찌 혜택을 받을 권리가 있겠는가? 그런 사람들을 위한 장소로는 이미 런던에 국립 미술관이 있지 않은가.

이와 같이 사유재산을 옹호하는 발언이 있고 나서—별로 멋진 발언이 아니라는 느낌이 드는 것은 어쩔 수 없었다—, 몇몇 박애주의자가 번갈아 가며 의견을 밝혔다. 바스트 씨를 위해 뭔가를 해 줘야 한다는 것은 명백한 사실이며, 바스트 씨의 생활은 그의 독립심을 해치지 않는 선에서 개선되어야 할 것이다. 그렇다면 그에게 무료 도서관을 제공하는 것이 좋을까, 아니면 테니스장이 더 나을까? 바스트 씨의 집세를 본인 몰래 대신 지불해 주는 것이 바람직하다. 그가 국민의용군에 들어가도 곤란해지지 않을 정도의 조치는 취해 줘야 한다. 그에게는 무거운 짐에 지나지 않는 아내와 헤어지게 하고, 아내에게는 그 대신 위자료를 주면 될 것이다. 아니, 그보다 여유 있는 계급에 속하는 사람을 수호신처럼 그에게 붙여 줘서 언제나 그를 보살피게 하면 어떨까(헬렌은 이 말을 듣고 신음 소리를 냈다). 바스트 씨에게는 옷이 아니라 식량을 주어야 한다. 아니다, 그에게는 식량이 아니라 옷을 주어야 한다. 아니, 그보다는 베니스로 가는 3등 왕복표를 주고, 베니스에 도착한 다음 일은 본인에게 맡기면 된다. 대충 이런 의견들이 나왔는데, 요컨대 모두의 공통된 의견을 종합해보면 그에게 뭐든지 다 주어도 돈 자체만은 주면 안 된다는 것이었다.

마거릿이 일어나서 이에 반대했다. 그러자 맨 처음에 논문을 읽었던 의장이 말했다.

"잠깐, 슐레겔 양!" 그날의 낭독자가 나섰다. "슐레겔 양은 '사적지나 경승지 보존 협회' 입장에서 저를 설득해야 돼요. 맡은 역할에서 벗어나면 곤란하죠. 내 머리가 혼란스럽잖아요. 그리고 내가 병이 깊다는 걸 잊은 것 같군요."

이에 대해 마거릿이 말했다.

"당신이 혼란스럽지 않도록 제가 잘 설명해 드릴게요. 왜 바스트 씨에게 현금을 주지 않는 거죠? 당신의 연수입은 3만 파운드나 된다고 알고 있는데요."

"그랬던가요? 100만 파운드가 아니었던가요?"

"100만 파운드는 자본이겠죠. 그러고 보니 그걸 먼저 정해 둘 걸 그랬네요. 하지만 당신 수입이 얼마든 간에, 되도록 많은 가난한 사람들에게 300파운드씩 연금을 주는 건 어떨까요?"

"그러면 그 사람들을 가난뱅이 취급하는 것이 되잖아요?"

열정적인 젊은 여자가 말했다. 이 여자는 슐레겔 자매를 좋아하지만, 이따금씩 그들에게 정신적인 요소가 부족하다고 생각했다.

"큰돈을 쥐어 준다고 해서 상대를 가난뱅이 취급하는 것은 아니에요. 그보다는 쥐꼬리만 한 돈을 지나치게 많은 사람들에게 나누어 주었을 때 나쁜 결과가 생기는 법이지요. 돈은 그 값어치만큼 물건을 살 수 있는 것보다 교육적으로 더 값어치 있죠."

몇몇 사람이 이에 반대했다.

"아무튼 어떤 의미에서는 그렇다고요. 가장 뛰어난 문명인은 자기 수입을 제대로 사용할 줄 아는 사람이 아니겠어요?"

마거릿이 이렇게 덧붙였지만 반대파는 여전히 성화를 부렸다.

"바스트 씨는 그러지 못할 거예요."

"지켜봐야죠. 어린애에게 하듯이 시집이나 기차표를 줘 봐야 아무런 소용이 없어요. 그런 물건을 살 수 있는 돈을 줘야 해요. 물론 세상이 사회주의 사회로 변한다면 사정이 달라져서, 우리는 돈이 아닌 물건을 중심으로 모든 것을 생각하게 될지도 모르죠. 하지만 그렇게 되기 전까지는 현금을 줘야 해요. 씨실이 뭔지는 둘째 치더라도, 현금은 분명 문명의 날실이니까요. 우리는 돈에 대해서 상상력을 발동시켜야 해요. 왜냐하면 돈은…… 세상에서 두 번째로 중요한 것이기 때문이죠. 누구나 다 돈에 대해서는 입 다물고 모른 척하지, 명확히 생각해 보려 하지를 않아요. 물론 경제학이 있기는 있죠. 하지만 사람들은 자기 수입에 대해 명확히 생각하고, 수입에서 대부분의 독자적인 사상과 생활이 비롯되었다는 사실을 인정하지 않으려 해요. 중요한 것은 돈입니다. 바스트 씨에게는 돈을 나눠 주어야 합니다. 이상(理想)이니 뭐니, 그런 건 걱정할 필요가 없어요. 그런 것은 바스트 씨가 스스로 찾아낼 테니까요."

마거릿은 의자 등받이에 몸을 기댔다. 그러고는 자신의 말을 곡해하는 다른 참가자들 의견에 귀를 기울였다. 여자의 머리는 일상생활에선 매우 냉철하지만 대화에서 이상주의가 무시당하는 건 그냥 넘기지 못한다. 그러다 보니 그들은 '어쩜 그렇게 심한 말을 할 수 있느냐', '바스트 씨가 천하를 얻는다 해도 자기 영혼을 잃는다면 무슨 소용이 있겠느냐' 하면서 마거릿에게 비난을 퍼부었다. 그러자 마거릿이 대답했다.

"그야 아무 소용도 없겠죠. 하지만 세계의 일부를 얻기 전까지는 자기 영혼도 얻을 수 없어요."

반대파는 그런 얘기는 믿을 수 없다고 말했다. 마거릿은 생활에 쫓기면서 일생을 보내는 회사원이 저세상에 가서는 실제 성과보다 노력을 더 높이 평가받아 영혼의 구원을 얻을지도 모른다는 점은 인정했다. 그러나 이승에서 정신적인 부(富)를 나눠 가지거나, 육체의 세련된 즐거움을 맛보거나, 다른 사람들과 열정적으로 교류하게 되지는 못하리라고 주장했다.

다른 사람들은 재산이나 이자 같은 사회구조가 개혁되기를 바랐고, 마거릿은 소수의 사람들에게 눈을 돌려 현재 상태에서 어떻게 하면 그들이 좀 더 행복해질 수 있을까를 생각했다. 어차피 인류 전체를 위한 노력은 헛된 일이다. 그리고 이를 지향하는 다채로운 활동은 얇은 피막처럼 넓게 펼쳐지면서 만물을 잿빛으로 덮어 버리지는 않을까. 마거릿은 한 인간이나 몇몇 사람에게 도움을 주는 것은, 인간이 실제적으로 할 수 있는 최선이라 생각했다.

마거릿은 이상주의자와 정치경제학자의 협공을 받아 전세가 매우 불리해졌다. 이 두 집단은 다른 점에서는 의견이 맞지 않아도, 백만장자의 돈을 자신들이 직접 관리해야 한다는 점에서는 일치했다. 열성적인 젊은 여자는 '개인적인 감독 및 상호협조'를 제안했다. 이 제도의 목적은 가장 가난한 사람을 서서히 변화시켜서 조금 가난한 사람과 같은 수준의 삶을 살게 만드는 것이었다. 그러자 모임의 여주인이 직접 나섰다. 그녀는 자신은 백만장자의 장남이니 돈을 조금은 분배받아도 되지 않느냐며 매우 타당한 지적을 했다. 마거릿도 그 점은 인정할 수밖에 없었다. 이어서 헬렌이 입을 열었다. 그녀의 역할은 백만장자 밑에서 40년 동안이나 일하면서 배불리 먹을 수는 있었지만 박봉에 허덕여온 하녀였다. 그녀는 이렇게 뚱뚱하고 돈 없는 자기에게 무슨 혜택을 베풀어 줄 수 있느냐고 말했다. 끝으로 백만장자가 유언장을 낭독했는데, 알고 보니 그의 모든 재산은 이미 재무장관에게 보내져 있었다. 마침내 백만장자는 숨을 거뒀다.

그날 밤 토론회에서는 진지한 부분이 농담보다 더 재미있었다(남자들의 토론회에서는 이와 반대되는 경우가 많겠지만). 어쨌든 토론회가 끝날 무렵 분위기는 상당히 밝아졌고 나머지 여자들은 기분 좋게 자기 집으로 돌아갔다.

헬렌과 마거릿은 열성적인 젊은 여자를 배터시 브리지 역까지 바래다줬다. 그들은 그곳에 가는 동안에도 열띤 토론을 계속했다. 드디어 그 여자와 헤어지자 마거릿과 헬렌은 왠지 속이 후련했다. 그날 밤은 무척이나 아름다워 그들은 역에서 오클리 거리 쪽으로 걸어서 돌아왔다. 템스 강을 따라 줄지어 서 있는 가로등과 플라타너스 덕분에 그 주변 풍경은 영국에서 보기 드문 품격을 지니고 있었다. 몇몇 사람들은 인적이 뜸한 그 시간에 편안한 옷차림을 하고 여기저기 마련된 의자에 앉아 있었다. 바깥 공기와 밀물 때의 강물 소리를 즐기려고 집에서 나온 사람들이었다.

첼시 제방 근처 강변에는 대륙적인 분위기를 풍기는 곳이 있었다. 그곳은 정당하게 사용되는 공터였는데, 그런 공터는 대개 영국보다 독일에서 더 많이 볼 수 있었다. 마거릿과 헬렌은 그곳 의자에 앉았다. 뒤쪽에 펼쳐져 있는 런던 시가지는 끝없이 이어지는 3부작 오페라가 상연되는 거대한 극장 같았다. 그리고 두 사람은 이미 충분히 공연을 즐겨 제2막 앞부분쯤은 안 봐도 상관없는, 그래서 복도로 나와 있는 관객 같았다.

"춥니?"

"아니."

"피곤해?"

"괜찮아."

열성적인 젊은 여자를 태운 기차가 덜커덕거리며 다리 위를 지나갔다.

"있잖아, 헬렌……."

"응?"

"우리가 계속 바스트 씨를 만나야 하는 걸까?"

"글쎄."

"그러지 않는 편이 나을 것 같은데."

"그래도 상관없고."

"네가 정말로 그 사람을 알고 싶은 게 아니라면 그만두는 게 좋겠어. 오늘 토론회에서 그걸 깨달았어. 그때는 서로 흥분해서 모두 즐거웠지. 하지만 제대로 교제를 한다고 생각해 봐. 우정을 가지고 장난쳐서는 안 돼. 그래서 그만둬야 한다고 결론을 내린 거야."

"래널린 부인도 있고 말이야. 그 여자는 정말 따분해."

헬렌이 하품을 하며 말했다.

"그래, 어쩌면 그냥 따분함 정도가 아닐지도 몰라."

"그나저나 어쩌다 바스트 씨가 언니 명함을 손에 넣었을까?"

"그건, 음…… 음악회랑 우산이 이러니저러니 했잖아?"

"그렇다면 그 명함은 부인이 발견한 걸까……."

"너, 졸리지? 집에 가자."

"아니, 좋은 밤이니까 좀 더 이렇게 있고 싶어. 참, 아까 언니는 돈이 세계의 날실이라고 말했잖아?"

"응."

"그럼 씨실은 뭐야?"

"그건 사람마다 다를 거야. 어쨌든 돈이 아닌 어떤 것이 되겠지."

마거릿이 대답했다.

"예를 들면, 밤에 산책하는 것?"

"그럴 수도 있지."

"티비한테는 옥스퍼드일까?"

"그럴 것 같아."

"언니한테는?"

"위컴 플레이스의 집을 떠나게 돼서 하는 말인데, 나한테는 아마도 그 집이 그런 존재였던 것 같아. 윌콕스 부인에게는 틀림없이 하워즈 엔드였고."

자기 이름은 아주 멀리서도 들리나 보다. 거기서 꽤 멀리 떨어진 의자에 앉아 친구들과 이야기를 나누고 있던 윌콕스 씨가 일어나서 두 사람 쪽으로 걸어왔다.

"그래도 사람보다 집이 중요하다는 건 슬픈 일이구나."

마거릿이 말했다.

"언니, 그게 왜? 다른 사람들도 보통 그렇게 생각할걸. 나만 해도 그 뚱뚱한 산림청 직원보다는 그 사람이 살고 있는 집 쪽이 훨씬 낫다고 생각하니까."

"우린 점점 사람들에게는 소홀해지겠지. 많은 사람을 알수록 대체할 사람을 찾기 쉬울 테니 말이야. 런던 같은 도시에 사는 사람들의 불행이겠지. 결국 나도 집을 가장 소중히 여기면서 인생을 마치게 될지도 모르겠어."

이때 윌콕스 씨가 그들에게 다가왔다. 몇 주 만의 만남이었다.

"오랜만이군요. 목소리를 들으니 두 분 같았어요. 이런 데서 뭐하고 계시나요?"

왠지 그 목소리는 그들을 도와주러 온 것 같은 느낌을 풍겼다. 그는 젊은 여자들이 남자 동행자도 없이 첼시 제방에 있는 것은 좋지 않다고 말하는 듯했다. 헬렌은 반발심을 느꼈지만 마거릿은 이를 선량한 윌콕스 씨의 버릇으로 받아들였다.

"정말 오랜만에 뵙습니다, 윌콕스 선생님. 이비하고는 얼마 전에 지하철에서 만났어요. 아프리카로 가신 아드님은 요즘 어떻게 지내시나요?"

"폴 말입니까?"

윌콕스 씨는 담배를 끄고 두 사람 사이에 앉아 말을 이었다.

"그 애는 건강해요. 마데이라에서 편지를 보내왔는데, 아마도 지금쯤은 일을 시작했을 겁니다."

"아, 끔찍해……."

헬렌은 이렇게 말하더니 여러 가지 복잡한 이유로 몸을 떨었다.

"저, 방금 뭐라고 했나요?"

"아니, 나이지리아의 기후는 끔찍하지 않나요?"

"그래도 누군가는 가야지요."

윌콕스 씨는 당연하다는 듯이 대답했고 이에 덧붙여 말했다.

"어느 정도 희생을 치르지 않으면 영국의 해외 사업이 발전할 수 없으니까요. 우리가 서아프리카에서 제대로 발판을 굳혀 놓지 않는다면 독일이…… 아니, 하여튼 상황이 골치 아파질 겁니다. 자, 이제 아가씨들 얘기를 해 주십시오."

"오늘 밤에는 즐거웠어요. 마거릿 언니랑 저는 토론을 위한 클럽에 가입했거든요. 구성원은 여자들뿐이지만. 누군가 논문을 읽으면 이에 관해 모든 사람들이 의견을 내놓죠. 오늘 밤 토론 주제는 자기 가족과 가난한 사람들 가운데 누구에게 재산을 물려줄 것인가. 만일 가난한 사람들에게 준다면 어떤 식으로 할 것인가, 뭐 그런 주제였어요. 대단했죠."

헬렌이 열심히 대답했다. 그녀는 언제나 상대할 만한 사람이 나타나면 졸음 따위가 싹 달아나 버렸다.

사업가 윌콕스 씨는 그 이야기를 듣고 웃었다. 아내가 죽고 나서 그의 수입은 두 배 가까이 불어났다. 이제 그는 실업계에서도 거물급 인사가 되어, 회사 영업 안내서에 실린 중역진의 이름에 그의 이름이 있으면 사람들이 안심할 정도였다. 그의 미래는 밝았다. 윌콕스 씨는 템스 강의 물소리를 들으며 머잖아 세계가 자기 것이 되리라는 단꿈에 젖어 있었다. 두 여성에게는 매우 아름다워 보이는 이 강도 윌콕스 씨에게는 평범한 강에 지나지 않았다. 그는 테딩턴의 둑을 만드는 사업에 투자해 조수 간만의 차를 조절하는 데 한몫했고, 또 앞으로 그 자신이나 친한 자본가들이 원한다면 얼마든지 둑을 조절할 수도 있었다. 그날 밤 윌콕스 씨는 맛있는 음식을 먹고 나서, 상냥하면서도 지적인 두 아가씨와 함께 강변 의자에 함께 앉았다. 그는 만물은 손닿는 곳에 있으며 자기가 모르는 것은 애초에 알 가치가 없다고 생각했다.

"참 재미있었겠군요."

윌콕스 씨가 유쾌한 웃음을 터뜨리며 다시 말을 이었다.

"이비도 그런 모임에 나가 보면 좋을 텐데 말이죠. 아쉽게도 그럴 시간이 없나 봅니다. 지금 애버딘 테리어를 기르느라 바쁘거든요…… 곧 있으면 귀여운 강아지가 태어날 겁니다."

"실은 저희도 그런 일을 하는 편이 나아요."

"저희는 스스로를 향상시키기 위해 노력하고 있죠."

헬렌이 다소 가시 돋친 말투로 말했다. 윌콕스 가족의 매력은 오래가지 않는 편이었다. 헬렌은 윌콕스 씨의 그런 이야기를 즐겨 듣던 시절의 쓰디쓴 기억을 아직도 간직하고 있었다.

"저희는 한 달에 두 번씩 토론하면서 하룻밤을 보내는 것을 좋은 일이라고 생각합니다. 하지만 마거릿 언니 말대로 개라도 키우는 편이 나을지도 모르겠네요."

"아뇨, 나는 그 말에 동의하지 않습니다. 순발력을 키우는 데는 토론 만한 게 없거든요. 때로는 나도 젊었을 때 그런 모임에 다녀 볼걸 그랬다는 생각이 들어요. 그랬으면 지금 말할 수 없이 큰 도움이 되었을 겁니다."

"순발력을 키울 수 있다고요?"

"그래요. 토론할 때의 순발력. 상대 말재주에 당한 적이 한두 번이 아니거든요. 아, 나는 토론은 좋은 거라 생각해요."

윌콕스 씨의 이런 으스대는 말투가 마거릿에게는 그다지 거북하지 않았다. 마거릿에게 그는 아버지뻘 되는 사람이었기 때문이다. 사실 마거릿은 전부터 윌콕스 씨가 알게 모르게 사람 마음을 끄는 데가 있다고 생각했다. 슬픔이나 격정에 휩싸였을 때 윌콕스 씨의 태도는 꽤 꼴불견이었지만, 지금처럼 이렇게 이야기를 나눌 때, 입을 덥수룩하게 덮고 있는 갈색 수염이나 별하늘을 우러러보는 넓은 이마는 결코 나쁜 느낌이 아니었다. 그러나 윌콕스 씨의 어조가 마음에 들지 않았던 헬렌은 자기들은 진실을 추구하기 위해 토론을 한다고 반박했다. 윌콕스 씨가 말을 받았다.

"그래요, 무엇에 관해 토론하느냐는 문제가 되지 않죠."

"이러다가는 오늘 밤 토론회보다 더 재미있는 장면이 벌어지겠는데요."

마거릿이 웃으며 말했다. 그 말에 헬렌도 정신을 차렸는지 웃음을 터뜨리며 말했다.

"아니, 이 얘긴 이쯤에서 끝내죠. 그보다도 그분에 대한 윌콕스 선생님의 의견이 어떤지 여쭤 보고 싶네요."

"바스트 씨? 그래, 그거 좋겠다. 그분에 대해서라면 윌콕스 씨도 심하게 말씀하시지는 않을 테니까."

"그 전에 윌콕스 씨, 담배라도 한 대 피우시죠. 무슨 이야기인가 하면요. 저희가 얼마 전에 젊은 남자 분을 만났어요. 몹시 가난해 보이지만 재미있을 것 같은……."

"직업이 뭔가요?"

"회사원이에요."

"어느 회사요?"

"언니, 어디였더라?"

"포피리온 화재보험회사."

"맞아, 줄리 이모한테 벽난로 앞 깔개를 준 회사지? 어떤 점에서 그 젊은 분은 매우 재미있는 분이에요. 자꾸만 도와주고 싶은 마음이 들어요. 결혼은 했는데 부인을 그리 좋아하는 것 같진 않아요. 책을 좋아하고 흔히 모험이라고 하는 것도 좋아해요. 그리고 기회가 된다면─하지만 너무 가난해요. 돈을 번다 해봐야 자질구레한 생활용품들과 옷을 좀 사면 끝이에요. 그 사람이 가혹한 현실을 못 견디고 주저앉아 버릴까 봐 걱정돼요. 하여튼 오늘 밤 토론회에서 그분 얘기가 화제에 올랐어요. 토론 주제는 다른 것이었지만, 그분과 같은 사람들의 이야기였거든요. 만약 죽음을 앞둔 백만장자가 그런 사람들을 돕는 일에 재산을 쓰고 싶어 한다면, 어떻게 해야 할까요? 선생님은 어떻게 생각하세요? 마거릿 언니 말마따나 해마다 300파운드를 직접 주는 것은 어떨까요? 다른 사람들은 그렇게 하면 적선을 하는 거나 다름없다고 말했어요. 그런 사람들이 무료로 이용할 수 있는 도서관을 만들자는 얘기도 나왔죠. 그래서 제가 말했어요. 그들에게 필요한 건 더 많은 책을 읽히는 게 아니라, 제대로 된 독서법을 익히게 하는 것이라고요. 제가 그런 사람들을 매년 여름 어디로 보내주자는 제안도 했죠. 하지만 그분에게 아내가 있으니, 사람들은 아내도 함께 데리고 갈 수 있게 해야 한대요. 그리고 그럴듯한 의견은 없었어요! 자, 그리고 선생님 의견을 들려주시겠어요? 윌콕스 씨가 만약 백만장자가 되어 가난한 사람들을 돕고 싶다면 어떻게 하시겠어요?"

재산 상태가 이제까지 말한 사람과 크게 차이 나지 않는 윌콕스 씨는 호탕하게 웃으며 말했다.

"슐레겔 양, 나는 여성들이 해결하지 못한 문제에 뛰어들 생각이 없어요. 이미 제시된 훌륭한 제안들에 다른 제안을 덧붙이고 싶지 않군요. 내가 보탤 말을 이것뿐입니다. 두 분이 알고 계신 그 젊은이에게 되도록 빨리 포피리온 화재보험 회사에서 나오라고 전하십시오."

"어째서요?"

마거릿이 묻자 윌콕스 씨는 목소리를 낮추었다.

"이건 비밀인데, 크리스마스 전에 그 회사는 관리인단 손에 넘어갈 겁니다."

그는 마거릿이 알아듣지 못했을까봐 한마디를 덧붙였다.

"파산할 테니까요."

"헬렌, 들었니? 정말 큰일이네요! 그분은 다른 직장을 찾아야겠군요."

"그럼요, 당연히 찾아야지요. 배가 침몰하기 전에 다른 곳으로 옮기는 편이 좋을 겁니다."

"사태를 확실히 파악할 때까지 기다리는 것보다 그편이 낫겠죠?"

"물론이죠."

"어째서인가요?"

윌콕스 씨는 다시 한 번 의젓하게 웃더니 목소리를 낮춰 말했다.

"현재 직장을 갖고 있는 사람은 그렇지 않은 사람보다 훨씬 취직하기가 쉬우니까요. 직장이 있는 사람들은 그만한 가치가 있는 것처럼 보이거든요. 나 자신의 경험으로는—사실 이런 말은 하면 안 되는데—고용주 입장에서는 그 점이 크게 작용합니다. 세상인심이 그렇다고나 할까요."

"그런 건 생각지도 못했어요."

마거릿이 중얼거렸다. 이어 헬렌이 말했다.

"그렇다면 저희 인심은 그거랑 정반대인 셈이네요. 저희는 일자리가 없는 사람만 고용하거든요. 이를테면 지금 저희 집에서 구두를 닦고 있는 사람처럼 말이죠."

"그 사람이 구두는 잘 닦나요?"

"별로 그렇지도 않아요."

마거릿이 솔직하게 말했다.

"그거 봐요!"

"그럼 어서 그 남자 분에게……."

"아, 잠깐만요. 내가 이런 이야기를 했다는 건 비밀입니다."

윌콕스 씨는 자기가 한 말을 누가 들었을까봐 걱정 되어 주위를 두리번거리며 황급히 말을 이었다.

"하지만 나는 알고 있죠. 그쪽 방면과도 관계가 있으니까요. 포피리온은 이제 끝장입니다. 이 얘기는 하지 마세요. 거긴 저와 협정을 맺은 회사도 아니거든요."

"아무에게도 말하지 않겠어요. 애초에 저는 뭐가 뭔지도 이해하지 못했어요."

"보험 회사는 망하지 않는 줄 알았어요. 다른 회사들이 나서서 구제해주지 않나요?"

헬렌이 묻자 윌콕스 씨는 온화한 어조로 대답했다.

"재보험 말이군요." 윌콕스가 차분히 설명했다. "바로 그게 포피리온 회사의 취약점입니다. 보험료를 계속 낮추는 상황에서 소규모 화재가 쉴 새 없이 발생하는 바람에 재보험에 가입할 여력이 없었어요. 그러니 다른 기업들이 나서서 구제해 주는 일은 없겠죠."

"그게 세상인심인가요?"

헬렌의 말에 윌콕스 씨는 웃으면서 그렇다고 대답했다. 마거릿이 다른 사람들과 마찬가지로 요즘에는 회사원도 새 직장을 구하기가 어렵겠다고 말하자 그는 "매우 어렵죠"라고 대답했다. 그런 다음 그는 친구들에게 돌아가기 위해 자리에서 일어섰다. 그의 회사만 봐도 그 말뜻을 쉽게 이해할 수 있었다. 빈자리가 좀처럼 나지 않는데다가 어쩌다 한 자리라도 나면 수백 명의 지원자가 몰려들었고, 지금은 전혀 그럴 가능성조차 없다는 것이다.

"그러고 보니 하워즈 엔드는 어떻게 되었죠?"

마거릿은 헤어지기 전에 화제를 바꾸려고 이렇게 말했다. 윌콕스 씨는 남과 이야기를 하면, 상대방에게 무슨 부탁이라도 받지 않을까 염려하는 버릇이 있었다.

"그 집은 세를 줬습니다."

"어머, 그래요? 그럼 선생님은 첼시에서 임시로 머무르고 계시는 거군요. 왠지 안타까운데요."

"아니, 그게 아니라 그 집은 가구 없이 남한테 빌려 주고, 우리는 딴 곳으로 이사를 했어요."

"그렇군요. 그 집에 언제까지나 선생님과 이비가 계실 거라고 생각했는데…… 얼마 전 이비를 만났을 때도 아무 말이 없었고요."

"그때는 일이 확정되지 않은 상태였죠. 우리는 겨우 1주일 전에 이사했거든요. 폴이 그 집에 정이 들어서, 휴가차 돌아와 있는 동안에는 이사를 연기했었죠. 하지만 아무래도 그 집은 너무 좁아서 살기가 불편해요. 그 집은…… 알고 있죠?"

"네, 하지만 가본 적은 없어요."

"하워즈 엔드는 농장 주택을 개조한 겁니다. 그러니 아무리 돈을 들여도 제대로 된 집이 될 수 없죠. 아름드리 느릅나무 뿌리들 틈에 차고를 짓느라 얼마나 고생을 했는지 몰라요. 작년에는 목장 한 구석에 바위 정원을 만들었어요. 한때 이비가 고산식물을 기르는 재미에 빠져 있었거든요. 하지만 영 신통치 않았어요. 그리고 그 옆에는 뿔닭이 우글대는 농가와, 그곳에 사는 할머니가 제대로 다듬지 않아서 늘 아래쪽이 뚫려 있는 산울타리를 마거릿, 아니 헬렌 양은 기억하고 있을지도 모르겠군요. 글쎄, 집안 곳곳에는 들보가 드러나 있고 계단 앞에 문이 있죠. 그래서 색다른 느낌이 들기는 하지만, 사람이 살 만한 장소는 아니에요."

윌콕스 씨는 기분 좋은 얼굴로 난간 너머 강물을 바라보았다.

"만조로군요. 음, 사실 그 집은 위치도 좋지 않아요. 동네가 점점 교외같이 변해 가고 있거든요. 나는 아예 런던 시내든지 아니면 멀리 떨어진 시골이든지, 둘 중 하나에 살아야 한다고 생각해요. 그래서 슬론 거리 근처에 있는 듀시 거리의 집 한 채와, 슈롭셔 시골에 있는 집인 오니튼 그레인지를 샀습니다. 오니튼에 대해 들어 보셨나요? 언제 한번 꼭 놀러 와 주세요. 거기서 조금만 더 가면 웨일스입니다."

"정말 많이 변했군요!"

마거릿이 말했다. 그러나 변한 것은 그녀의 목소리였다. 깊은 슬픔에 잠긴 목소리가 말했다.

"윌콕스 가족이 없는 하워즈 엔드와 힐튼 마을은 상상도 못하겠어요."

"모두가 힐튼을 떠난 건 아닙니다. 찰스가 아직 그곳에 있으니까요."

윌콕스 씨가 말했다.

"아직도요? 아니, 그분들은 엡섬에 계시지 않았던가요? 엡섬에서…… 음, 어느 크리스마스 무렵, 그분들이 집을 하나 구해서 손질하고 있다는 얘기를 들었는데요. 모든 것이 다 변해 가는군요. 전에는 종종 우리 집 창문을 통해 비친 아름다운 찰스 부인을 보고 넋을 잃었는데. 엡섬에 계시는 게 아니었던가요?"

그동안 찰스네 소식을 거의 듣지 못했던 마거릿이 물었다.

"그곳에서 1년 반 전에 이사했어요. 찰스는 착한 녀석이어서……."

거기서 윌콕스 씨의 목소리는 한층 부드러워졌다.

"내가 그 집에서 쓸쓸하게 살고 있을까 봐 걱정했던 거죠. 그럴 필요는 없다고 했는데도 고집을 부리더니, 기어코 힐튼 반대편 끝에 있는 식스 힐의 빈집으로 이사를 왔어요. 찰스도 자동차를 갖고 있으니까 문제는 없었지만. 지금은 그 집에서 모두들 건강하게 잘 지내고 있죠. 아들 부부하고 손자 둘과 함께."

"저는 남의 일에 곧잘 참견하는 편이죠."

마거릿이 윌콕스 씨와 악수하면서 말을 이었다.

"저라면 하워즈 엔드에서 다른 곳으로 이사할 때, 찰스네를 그 집에 머무르게 했었을 텐데요. 그런 집은 남에게 넘겨주면 안 된다고 생각해요."

"물론이죠. 그 집은 팔지도 않았고, 또 팔 마음도 없어요."

윌콕스 씨가 대답했다.

"네, 하지만 윌콕스 가족은 모두 떠났잖아요."

"그렇죠. 하지만 세입자가 굉장히 좋은 분입니다. 헤머 브라이스라는 병약자죠. 혹시 찰스가 그 집에서 살고 싶어 한다면…… 아니, 그 애들은 살지 않을 거요. 돌리는 구식 설비를 제대로 다루지 못하고, 그런 까닭에 우리는 하워즈 엔드에서 살지 않기로 결정한 거요. 그 집은 그 집대로 좋지만, 아무래도 어중간한 데가 많아서 곤란하죠."

"아무튼 집을 두 채나 갖고 계신다니 굉장하시네요. 그것도 축복이죠. 윌콕스 씨, 축하드립니다."

"저도 축하드려요."

헬렌이 말했다.

"이비에게 저희 집에 놀러 오라고 전해 주세요. 위컴 플레이스에 있는 집에요. 저희도 그 집에 오래 머물지는 못할 테지만요."

"아가씨들도 이사하나요?"

"9월까지는 해야겠죠."

마거릿이 말하고는 한숨을 쉬었다.

"그럼 우리 모두 이사를 하는 셈이군요! 그럼, 잘 가요."

강물이 썰물이 되어 밀려나가기 시작했다. 마거릿은 난간에 몸을 기댄 채 슬픈 표정으로 강물을 내려다보았다. 윌콕스 씨는 아내를 잊었고, 헬렌은 옛사랑을 잊었다. 마거릿 자신도 분명 무언가를 잊어가고 있었다. 우리 마음에도 강물처럼 변화가 끊임없이 일어난다면, 과거의 인연을 잊지 않고 살아갈 수 있을까?

그러고 나서 헬렌이 말했다.

"윌콕스 씨는 잘나가는 속물이 되어 버렸어. 이제 나하고는 인연이 없는 사람이야. 그래도 포피리온에 대한 일을 알게 돼서 다행이야. 집에 가자마자 바스트 씨에게 편지를 써 보내야지. 우리집으로 불러서, 빨리 다른 회사로 옮기라고 말해야겠어."

이 말에 마거릿도 정신을 차렸다.

"응, 그러자. 그게 좋을 것 같아."

"다과회에 초대해야지."

16

레너드는 초대를 받아들여 다음 토요일 다과회에 참석했다. 하지만 그의 생각이 옳았다. 그 만남은 완전히 실패였다.

"설탕 넣으시겠어요?"

마거릿이 물었다. 이어 헬렌이 말했다.

"케이크는요? 이 큰 조각을 드시겠어요? 아니면 조그만 걸 드시겠어요? 제 편지를 보고 이상하게 여기셨겠지만, 저희는 이상하지도 않고 잘난 척하는 것도 아니에요. 좀 수다스러울 뿐이죠."

여자들과 이야기를 나누고 교제하는 것은 레너드의 장기가 아니었다. 그는 익살과 우아한 사교술을 타고난 이탈리아인이나 프랑스인이 아니었기 때문이다. 레너드는 상상력을 자극할 요소가 전혀 없는 런던 사람다운 유머밖에 없었고, 그래도 자기 딴에는 재치 있다는 투로 헬렌에게 대답했다.

'여자들이 말이 많다는데 실은 그렇지도 않더군요' 이런 그의 어설픈 익살에 헬렌은 잠시 할 말을 잃고 말았다.

"아, 네."

헬렌이 얼버무렸다.

"여자 분들은 주변을 밝히는……."

"네, 알아요. 마치 햇살 같은 존재들이죠. 접시를 드릴까요?"

"요새 일은 어떠세요?"

마거릿이 불쑥 끼어들었다. 이번에는 레너드가 그 말을 어떻게 받아들여야 할지 몰랐다. 그는 이 여자들에게 자기 일에 관한 이야기를 들려줄 마음이 조금도 없었고, 두 여성은 낭만주의 세계에 속해 있는 사람들이었다. 벽에 기묘한 나체 그림이 몇 장 걸려 있는 이 방도(그는 여기까지 간신히 올 수 있었다), 가장자리에 딸기 무늬가 새겨진 찻잔도 모두 그런 세계에 속한 물건들이었다. 하지만 그 세계를 그의 생활 속에 들어오게 할 수는 없었다. 그랬다간 정말로 큰일이 날 것 같았다.

"뭐, 일이야 그럭저럭 하고 있습니다."

레너드가 대답했다.

"포피리온이라고 하셨죠? 선생님이 근무하시는 곳이."

"네."

레너드는 이렇게 대답하면서도 다소 기분이 언짢아져서 한마디를 덧붙였다.

"소문이 참 빨리 퍼지네요."

"소문이라뇨? 바스트 씨가 준 명함에 큼직하게 쓰여 있었는걸요. 그리고 우리가 거기로 편지를 보내자 당신이 회사 이름이 박힌 종이에 답장을 보냈으면서……."

헬렌이 그의 기분을 헤아리지 못하고 말했다.

"포피리온은 큰 회사인가요?"

마거릿이 이야기 방향을 바로잡았다.

"크다니, 그게 무슨 뜻이죠?"

"그러니까 기초가 튼튼해서 사원들의 장래를 보장하고 있느냐는 말이에요."

"그건 간단히 대답할 수가 없는 문제인데요. 어떤 사람은 이렇게 말하고, 또 다른 사람은 저렇게 말할 테니까요."

그 회사 사원인 레너드는 다소 주눅 든 태도로 대답했다. "저는……" 이러다가 그는 고개를 젓고서 다시 말을 이었다.

"사람들이 하는 말은 절반만 믿습니다. 어쩌면 그만큼도 안 믿어요. 그러는 편이 안전하죠. 똑똑한 사람일수록 사실이 아니라고 밝혀지면 더 큰 곤란을 겪게 되는 걸 많이 봤기에 저는 늘 조심하죠."

레너드는 홍차를 마신 뒤 콧수염을 훔쳤다. 그 수염은 늘 찻잔 속에 빠질 정도로 긴 데다 유행에 뒤처진 것이어서, 거추장스러워 보였다.

"그건 그래요. 그래서 알고 싶은 거예요. 포피리온은 튼튼하고 안정적인 회사인가요?"

레너드는 그 질문에 답을 할 수 없었다. 그가 아는 것이라고는 자기가 소속된 회사 한구석의 사정뿐이었고 그 밖의 부분은 아무것도 몰랐다. 그러나 그것을 안다고도, 모른다고도 말하고 싶지 않았으므로 레너드는 다시 한 번 고개를 저었다.

일반 영국인들처럼 레너드에게 포피리온은 광고 그대로 적당히 몸을 천으로 가리고, 한 손으로 횃불을 들고 다른 손으로는 세인트 폴 대성당과 윈저 성을 가리키고 있는 거인이었다. 광고 하단에는 엄청난 금액이 숫자로 표시되어 있는데, 그것을 어떻게 해석하느냐는 보는 사람 마음대로였다. 이 거인은 레너드에게 계산을 시키고, 편지를 쓰게 하며, 신규 가입자에게 보험 약관을 설명하게 하고, 기존 가입자에게 약관을 다시 설명하게 했다. 어쨌든 이 거인이 변덕스러운 것만은 분명했다. 그는 먼트 부인의 새 깔개 대금을 요란스러운 선전과 함께 지불했는가 하면, 더 많은 보험금을 지불하지 않기 위해 법정에서 여러 번 공방전을 펼치기도 했다. 그런데 이 거인의 실력, 경력, 다른 상업의 신들에 비해 그의 위치는, 일반 사람들이 제우스가 하는 일을 모르는 것처럼 전혀 알려져 있지 않았다. 우리는 신들이 건재할 때에는 그들에 관한 정보를 거의 얻지 못하며, 그들이 약해졌을 때가 되어서야 비로소 강한 빛이 천국을 비추기 시작한다.

"포피리온이 곧 파산한다는 이야기를 들었거든요. 그 말을 해 드리려고 편지를 쓴 거예요."

마침내 헬렌이 사실대로 털어놓았다.

"아는 분께서 그렇게 생각하시더군요. 포피리온은 재보험에 가입하지 못하고 있다고."

마거릿이 덧붙여 말했다. 레너드는 이제야 자신이 할 일을 깨달았다. 그는 당장 포피리온을 치켜세워야만 했다.

"그 친구 분에게 전해 주세요. 틀리셨다고요."

"그거 참 다행이네요!"

젊은이는 얼굴을 약간 붉혔다. 그의 세계에서 틀린다는 건 치명적인 일이었다. 그런데 슐레겔 자매는 틀리는 일에 개의치 않았다. 오히려 그녀들은 자신들이 잘못 알았다는 사실을 아주 기뻐했다. 이들에게 치명적인 것이란 오로지 악행뿐이었다.

"말하자면 틀렸다고 할 수 있겠네요."

레너드가 덧붙여 말했다.

"그건 무슨 뜻인가요?"

"그러니까, 꼭 그렇지는 않다는 뜻입니다."

그러나 이 말은 실수였다. 마거릿이 즉각 반문했다.

"그렇다면 어느 정도는 그렇다고 할 수 있겠네요?"

레너드는 누가 내놓은 의견이라도 어느 정도는 그렇지 않겠느냐고 대답했다.

"바스트 씨, 제가 이런 일을 잘 몰라서 어리석은 질문만 하는 것 같은데요. 어떤 회사가 튼튼하다느니 튼튼하지 않다느니 하는 것은 분명히 말해서 어떤 것이죠?"

레너드는 한숨을 쉬면서 의자에 몸을 파묻을 뿐이었다.

"저희가 아는 그분도 사업가예요. 그분이 장담했어요. 크리스마스가 되기 전에……."

이때 헬렌이 끼어들어 그 말을 받았다.

"그러니까 당신이 회사를 다른 데로 옮기시는 편이 낫다고 하더군요. 하지만 그분이 바스트 씨보다 그런 사정을 더 잘 알고 있다고 단정 지을 수는 없겠죠."

레너드는 두 손을 비볐다. 그런 사정은 전혀 모른다고 말하고 싶었지만, 그가 받은 훈련은 이를 허락지 않았다. 그러나 자기 회사가 위험하다고 말했다가는 내부 사정을 알려 주는 셈이 되고, 건재하다고 말해도 결과는 마찬가지였다. 그랬기에 레너드는 실정은 그 중간쯤이라서 앞으로 매우 좋아질 수도 있고 완전히 망할 수도 있다고 넌지시 암시하려 했다. 하지만 슐레겔 자매의 진지한 눈빛이 그를 방해하고 있었기에 그것조차 여의치 않았다. 한쪽이 다른 한쪽보다 좀 더 아름답고 명랑한 것 같았지만, 그에게 이 두 사람은 한 사람이나 마찬가지였다. 슐레겔 자매는 하나의 정신에서 비롯된 상반된 의견과 수많은 팔을 지닌 힌두교의 신과 같았다.

"그때가 되기 전까지는 알 수 없죠. 입센의 연극을 봐도 그렇듯이 별의별 일들이 다 일어나니까요."

레너드는 이렇게 덧붙였다. 그는 책 이야기나 하면서 낭만주의적인 오후를 최대한 즐기고 싶었기에 온 몸에 좀이 쑤셨다. 그러나 시간은 헛되이 지나갔다. 두 여성은 어색하게 재보험 문제를 논하기도 하고, 자기들이 안다는 그 남자를 칭찬하느라 여념이 없었다.

레너드는 기분이 언짢아졌고, 어쩌면 그건 당연했다. 그는 자신이 남들 입방아에 오르내리는 걸 꺼린다는 말로 슬쩍 그런 심기를 내보였지만, 두 자매는 눈치 채지 못했다. 남자들이라면 좀 더 용의주도했을지 모른다. 하지만 여자들은 다른 일은 요령 있게 잘 해내면서도 이런 일에는 둔하다. 여자들은 남자들이 왜 자기 수입이나 사업에 관한 일을 숨기고 싶어 하는지 이해하지 못한다. 오히려 그들은 태연하게 말한다. "지금 얼마를 갖고 계시고, 그게 6월이면 얼마나 될까요?" 게다가 이 두 여성의 상태는 한층 심각했다. 그들은 돈 이야기를 하지 않는 것은 이상하며, 누구든지 자기가 서 있는 황금 섬의 크기와 돈이 아닌 씨실을 거는 날실의 길이를 명확히 밝힌다면 인생에서 허위가 다소 사라질 것이라고 믿었다. 그것을 모르고서야 어떻게 완성된 직물을 올바르게 평가할 수 있겠는가?

소중한 시간은 그렇게 흘러가고, 재키가 있는 초라한 일상으로 돌아갈 시간이 다가왔다. 마침내 레너드는 참지 못하고 뜬금없이 이런저런 책 제목을 늘어놓았다. 마거릿이 "선생님도 칼라일을 좋아하세요?"라고 물었을 때에는 환희마저 느껴졌다. 그러나 그 순간 문이 열렸다. 손님이 오셨다는 하녀의 말과 함께 윌콕스 씨와 그의 딸이 강아지 두 마리를 앞세우며 집으로 들어왔다.

"어머, 귀여워! 어쩜 이렇게 귀엽니, 이비!"

헬렌이 소리치며 바닥에 꿇어앉아 손을 짚었다.

"이 녀석들도 데리고 왔습니다."

윌콕스 씨가 말했다.

"내가 직접 기르는 거예요."

이비가 말했다.

"정말? 바스트 씨, 이리 와서 이 강아지들 좀 봐요."

"저는 그만 가 봐야겠습니다."

레너드가 퉁명스럽게 말했다.

"가시기 전에 강아지들하고 좀 놀아 주셔야죠."

"얘가 아합이고, 걔가 이세벨이에요."

구약성서에 나오는 인물들의 이름을 동물에게 갖다 붙이기 좋아하는 이비가 말했다.

"그만 가 봐야겠어요."

그러나 헬렌은 이미 강아지에게 정신이 팔린 나머지 레너드를 신경조차 쓰지 않았다.

"윌콕스 선생님, 이분이…… 아, 그래요. 아쉽지만 할 수 없죠. 안녕히 가세요."

마거릿이 말했다.

"또 오세요!"

헬렌이 바닥에 앉은 채 말했다.

그 말에 레너드는 정말 참을 수가 없었다. 또 올 필요가 있겠는가. 그래 봤자 무슨 소용이 있겠는가. 마침내 그는 솔직히 마음을 털어놓았다.

"아뇨, 이제는 오지 않을 겁니다. 처음부터 오지 않는 게 좋을 거라고 생각했으니까요."

다른 사람들이라면 레너드를 그냥 가게 했을 것이다. '한번쯤은 다른 계층의 사람과 사귀어 보려고 했지만, 역시 잘 안 되네요' 이렇게 말하고 넘어갔으리라. 하지만 슐레겔 자매에게 인생은 그렇게 가벼운 것이 아니었다. 이들은 레너드와 친구가 되려고 시도했으며, 그 결과에 대한 책임을 회피할 마음은 조금도 없었다.

"정말 무례한 말씀이군요? 왜 그렇게 말씀하시는 거죠?"

헬렌이 이렇게 말하자 응접실 분위기가 순식간에 어수선해졌다.

"왜 그렇게 말하느냐고 묻는 건가요?"

"그래요."

"그럼, 무슨 생각으로 나를 이곳으로 불렀나요?"

"당신을 도와드리려고 불렀어요. 그걸 몰라요! 그게 그렇게 호통 칠 일인가요?"

헬렌이 격분하여 쏘아붙였다.

"아가씨들이 도와주지 않아도 돼요. 다과회 초대도 바라지 않고요. 나는 나대로 충분히 만족스럽게 살고 있는데, 어째서 내 인생에 간섭하는 겁니까? 이분에게 여쭈어 볼까요?"

레너드는 윌콕스 씨를 쳐다보며 말을 이었다.

"이 사람들이 저에게 이것저것 꼬치꼬치 캐물어도 된다고 생각하십니까?"

윌콕스 씨는 이런 경우에 즐겨 취하는 태도, 즉 진담도 아니고 농담도 아닌 태도로 마거릿에게 말했다.

"슐레겔 양, 무슨 문제가 있으신 모양인데, 우리가 뭐 도울 일이 있다면 말씀해 주십시오. 아니면 오늘은 이만 실례할까요?"

마거릿은 잠자코 있었다.

"저는 유명한 보험회사에 다니고 있습니다. 그런데 이 아가씨 초대를 받아 여기로 와 보니, 이분들의 목적은 이것저것 꼬치꼬치 캐묻는 것이었습니다. 너무하지 않습니까?"

"정말 그렇군요."

윌콕스 씨가 대답했다. 이비는 숨을 죽였다. 아버지가 그런 식으로 말하는 것은 위험 신호였기 때문이다.

"거봐요. 정말 그렇다고 이분도 말씀하시잖아요. 아가씨는……."

레너드는 마거릿을 가리키며 말을 이었다.

"그걸 부정하진 못할 겁니다."

그는 어느새 재키와 싸울 때처럼 언성을 높이고 있었다.

"그래요, 내가 쓸모 있다는 사실을 알게 되자 아가씨의 태도는 달라졌어요. 아, 그 사람을 불러서 물어보면 되겠구나, 미주알고주알 캐물어야지 하고 생각하게 된 겁니다. 저는 평소에는 얌전한 사람이에요. 법에 어긋나는 일도 하지 않고, 말썽을 일으키고 싶지도 않아요. 그러나 저는…… 저는……."

"당신…… 당신은……."

마거릿의 말에 이비가 옆에서 웃었다.

"당신은 북극성으로 방향을 찾으며 길을 걸었던 분이 아닌가요?"

이비가 또 웃었다.

"해돋이도 보셨죠?"

또 웃는다.

"우리 모두를 가두고 있는 짙은 안개 속에서 빠져나가기 위해, 집들이 늘어서 있는 거리와 책에서 벗어나 진실을 찾아 나서지 않았나요? 당신은 마음이 쉴 수 있는 곳을 원하셨잖아요."

"그것과 이게 무슨 상관이 있습니까?"

분노로 이성을 잃은 레너드가 말했다.

"그래요."

여기서 마거릿은 잠시 말을 끊었다가 다시 이야기를 계속했다.

"당신은 지난 일요일만 해도 그러셨다가 오늘은 이렇게 이야기하시네요. 바스트 씨, 저는 여동생과 함께 당신 이야기를 했어요. 저희는 당신을 도와 드리고 싶었고, 또 언젠가는 당신이 저희를 도와주실 거라 생각했어요. 무슨 자선이라도 베풀려고 당신을 부른 게 아니라—우리는 그런 것을 싫어해요 —지난 일요일과 다른 날 사이에 무슨 상관이 있기를 바랐기 때문이에요. 사실 우리 모두의 생활 속에 들어와 주지 않는다면 별도 나무도, 해돋이도 바람도 아무 의미가 없잖아요? 그런 것들이 우리에겐 들어오지 않았지만, 당신한테는 들어가 있을 거라 생각했어요. 우리는 모두 싸워야 하지 않을까요? 일상의 무미건조함과 옹졸함, 그리고 기계적인 유쾌함과 의심에 맞서서 말이에요. 저 자신은 친구를 상기함으로써 그렇게 하고 있어요. 제가 아는 사람들은 자기가 좋아하는 장소나 나무를 상기함으로써 그렇게 하고 있고 요. 저희는 당신도 그렇게 하고 있으시다고 생각했어요."

"제가 무슨 오해라도 했다는 건가요? 그렇다면 전 돌아갈 수밖에 없겠군요."

레너드가 우물거렸다.

"그래도 이것만은 말해 두겠는데……."

그는 이야기를 멈췄다. 아합과 이세벨이 그의 발에 대고 장난을 치는 바람에 그 상태로 가만히 있다가 겨우 한마디를 했다.

"두 분은 제게서 회사에 관한 정보를 캐내려고 했어요. 증명을 할 수도 있습니다. 저는……."

그러고서 레너드는 코를 풀더니 밖으로 나가 버렸다.

"제가 도와드릴까요? 현관에 가서 그 사람이랑 좀 이야기해 볼까요?"

윌콕스 씨가 마거릿에게 물었다.

"헬렌, 네가 가 봐. 가서 어떻게든…… 어떻게든 그 바보 같은 사람한테 사정을 설명해 줘."

헬렌은 그렇게 할 마음이 나지 않았다. 그때 윌콕스 씨가 말했다.

"하지만 정말로 그렇게까지 해야 할까요?"

헬렌이 얼른 방에서 나갔다.

"내가 나서서 한마디 할 수도 있었지만, 두 분이서 충분히 감당할 것 같아서 잠자코 있었죠. 그런데 정말로 잘했어요, 슐레겔 양. 저런 사람을 그런 식으로 다룰 수 있는 여성은 흔치 않아요."

윌콕스 씨가 말했다.

"아뇨, 별말씀을요."

마거릿은 머릿속이 혼란스러웠기에 그렇게밖에 말하지 못했다.

"온갖 이야기로 상대가 입도 열지 못하게 만들다니, 정말 통쾌하네요!"

이비가 말했다.

"그래요, 특히 '기계적인 유쾌함'이라는 부분이 아주 훌륭했어요."

윌콕스 씨도 웃으며 말했다.

"아뇨, 제가 미안해요." 마거릿이 잘못을 뉘우치며 말했다. "좋은 분인데, 왜 저렇게 화를 내는지 모르겠군요. 불쾌하게 해서 죄송해요."

"아니, 죄송할 게 뭐가 있나요."

이어서 어조를 바꾼 윌콕스 씨는 마거릿에게 친구로서 의견을 말할 수 있도록 허락해 달라고 부탁했고, 그녀가 허락하자 그는 이렇게 말했다.

"두 분이 좀 더 신중하게 행동해야 할 것 같아요."

사실 마거릿은 머리 반쪽으로는 아직도 헬렌과 함께 레너드를 뒤쫓고 있었지만, 그래도 웃으면서 대꾸했다.

"이게 다 윌콕스 씨 탓이에요. 윌콕스 씨한테도 책임이 있다고요."

"나 때문이라뇨?"

"저 사람은 말이죠, 선생님이 포피리온에서 다른 회사로 옮기는 편이 낫겠다고 말씀하셨던 그 당사자거든요. 그래서 저희가 그 얘기를 했더니…… 일이 이렇게 되고 만 거예요."

"그런 논법이 어디 있소?"

윌콕스 씨는 불쾌한 빛을 드러냈다.

"네, 물론 없죠. 단지 저는 이번 일이 참 복잡하게 뒤얽혀 있다고 생각해요. 그래요, 이번 일은 전적으로 저희 잘못이지, 윌콕스 씨 잘못도 아니고 그분 잘못도 아니에요."

"그 사람 잘못이 아니라고요?"

"네."

"그건 지나치게 친절한 견해가 아닐까요?"

"맞아요!"

이비는 고개를 끄덕이며 한심하다는 표정을 지었다.

"아가씨들은 남들한테 너무 잘해 줘요. 그러면 사람들이 당신들을 만만하게 보게 돼요. 나는 세상 경험이 많다보니 저런 유형의 남자도 잘 알죠. 내가 여기 들어온 순간 당신 자매가 그 남자를 제대로 대하지 못한다는 걸 알았어요. 저런 사람은 멀찌감치 거리를 두고 대해야 돼요. 안 그러면 분수를 잊어요. 이런 말을 하긴 싫지만 현실인 걸 어쩌겠어요. 우리하고는 부류가 달라요. 이건 엄연한 사실이죠."

"네…… 그래요?"

"그 사람이 신사였다면 그런 식으로 행동하지는 않았을 거예요. 그 점은 인정하시겠죠?"

"그거야 인정하죠. 그분이 만약 신사였다면, 의심하는 바를 입 밖에 내지는 않았을 테니까요."

마거릿은 방 안을 왔다 갔다 하다가 대답했다. 윌콕스 씨는 왠지 모를 불안감을 느끼며 마거릿을 바라보았다.

"그 사람이 무엇을 의심했다는 겁니까?"

"자기를 이용해서 돈을 벌려고 한다는 거죠."

"그건 너무 심하네요. 두 분이 어떻게 그 사람을 이용할 수 있겠어요?"

"그러게 말이에요. 어떻게 그럴 수 있겠어요. 다만 그런 식으로 남을 의심하지 않고는 못 배길 뭔가가 있어서 그런 거겠죠. 그러니까 조금만 더 생각하거나 호의를 품게 되면, 그런 것은 사라져 버릴 거예요. 이유 없는 두려움이 사람을 나쁘게 만드는 건 아닐까요?"

"아까 했던 얘기를 다시 해야겠군요. 슐레겔 양, 좀 더 조심하는 편이 좋을 것 같아요. 그런 사람은 집 안에 들이지 말라고 하녀에게 일러두어야 해요."

그러자 마거릿은 윌콕스 씨를 쳐다보며 분명히 말했다.

"저희가 왜 그분을 좋아하고, 다시 만나고 싶어 하는지 설명해 드릴게요."

"아가씨는 늘 그런 말투를 쓰시는데, 저는 당신들이 그를 좋아하고 있다고 생각하지 않아요."

"아녜요, 정말 좋아해요. 첫째로 그분은 선생님과 마찬가지로 스스로 몸을 움직여서 무슨 일을 하는 데 관심이 있어요. 선생님이 자동차 여행이나 사냥을 하시듯이 그분은 야영을 하고 싶어 해요. 그런 것에서 그분은 뭔가를 추구하고 있는데, 그것은 시(詩)라고 불러도……."

"아, 글 쓰는 사람이었군요?"

"아뇨…… 그건 아니에요. 어쩌면 글을 쓸지도 모르지만 그것도 분명히 형편없는 글일 거예요. 그 사람의 머리는 책과 교양의 껍데기로 가득 차 있어요. 우리는 그 사람이 그런 머릿속을 깨끗이 씻어내고 진실한 것을 찾아가기를 원해요. 이 세상에 맞설 수 있는 요령을 가르쳐 주고 싶고요. 아까도 말했듯이 일상의 무미건조함을 견뎌 내고, 또 그것이 무미건조하다는 사실을 깨닫기 위해서는 누군가……."

여기서 마거릿은 잠시 말문이 막혔다.

"몹시 사랑하는 사람이나, 아니면 그런 장소가 필요하지 않을까요? 둘 다 있으면 더욱 좋고요."

윌콕스 씨는 이해하기 어려운 부분은 그대로 흘려듣고, 나머지 부분을 매우 명쾌하게 비판했다.

"슐레겔 양은 실수하고 있어요. 물론 누구나 흔히 저지르는 실수죠. 그 버릇없는 젊은이에게도 자기 인생이 있다는 겁니다. 슐레겔 양이 무슨 권리로 그 인생에 문제가 있다느니, 아니면 무미건조하다느니 말한단 말입니까?"

"그건……."

"아, 이야기를 계속 들어주세요. 사실 슐레겔 양은 그 남자에 대해 아무것도 모를 겁니다. 그도 어쩌면 마누라니, 자식이니, 아늑한 집과 같이 자기 나름의 즐거움이나 관심을 갖고 있을 거요. 이 점에서는……."

여기서 윌콕스 씨는 미소 짓더니 다시 말을 이었다.

"우리같이 실제적인 사람들은 슐레겔 양 같은 지성인들보다 세상 물정에 밝아요. 나는 나, 남은 남이죠. 다들 알아서 적당히 해 나가고 있을 테고, 우리와 다른 방식으로 살아가는 사람들도 그들 나름대로 잘살고 있을 거예요. 그야 물론…… 우리 회사 사무원들을 봐도 표정은 다들 지루하지만, 속으로는 무슨 생각을 하고 있는지는 알 수 없죠. 그러고 보면 런던이라는 도시도 마찬가지가 아닐까요? 슐레겔 양, 전에 당신이 런던을 싫어한다는 말을 들었는데, 이렇게 말해도 될지 모르겠지만 그때 나는 몹시 화가 났어요. 아가씨는 런던에 대해 아무것도 모르잖아요. 아가씨는 문명의 겉모습만 보고 있어요. 당신은 안 그럴 수도 있지만, 대부분의 경우 그런 태도는 사람들을 불만과 사회주의로 인도하는 법이지요."

상상력을 무시한 주장이기는 했지만 마거릿은 윌콕스 씨의 말에 일리가 있음을 인정했다. 윌콕스 씨의 이야기는 시(詩)와 인간성에 기초를 둔 마거릿의 전초 기지를 멋지게 공략했다. 마거릿은 구체적인 사정을 언급해서 동정을 끌어내기 위해 후방 기지로 물러났다.

"레너드 씨 부인은 시시한 여자예요. 지난주 토요일, 그분은 혼자 있고 싶어서 집으로 돌아가지 않았는데, 부인은 남편이 이곳에 와 있다고 착각했었죠."

마거릿은 사실대로 말했다.

"이곳에?"

"네."

이비가 웃었다.

"그분에게는 아늑한 집이 없어서, 밖에서 무언가를 찾아야 해요."

"부도덕한 사람이군요."

이비가 말했다.

"부도덕하다고요?"

부도덕을 죄악보다 더 싫어하는 마거릿이 이렇게 묻더니 말을 이었다.

"글쎄요, 이비 양은 결혼하고 나면 아무 갈등도 없을 거라고 믿어요?"

"그렇다면 그 사람은 위안을 얻었겠군요."

윌콕스 씨가 비웃듯이 말했다.

"그러게 말예요, 아버지."

"그분은 그저 어둠 속에서 서리 주를 걸어 다녔을 뿐이에요."

다소 기분이 상한 마거릿은 계속 방 안을 왔다 갔다 하면서 대꾸했다.

"아무렴, 그야 그랬겠죠."

"아니, 이비 양, 정말로 그랬다니까요."

윌콕스 씨도 믿지 않는 표정이었다. 그에게 그것은 재미는 있지만 다소 아슬아슬한 이야기였다. 그래서 웬만한 여성과 함께라면 함부로 그 문제를 논하지 않았겠지만, 이때는 마거릿이 의식 있는 여성이라는 점을 생각했다.

"그분이 직접 말했어요. 그런 걸 거짓말할 사람이 아닙니다."

윌콕스 씨와 이비가 웃음을 터뜨렸다.

"저는 이런 문제에 관해서는 여러분과 다른 생각을 갖고 있어요. 남자들은 자기 지위나 장래에 대해서는 거짓말을 해도 이런 문제에 관해서는 거짓말을 않거든요."

윌콕스 씨는 고개를 저었다.

"미안하지만, 나는 그런 유형에 속하는 사람을 알고 있어요."

"아뇨, 그분은 정해진 유형에 속한 사람이 아니에요. 그분은 모험하기를 원하고, 우리가 날마다 경험하는 평범한 생활이 삶의 전부가 아니라는 사실도 알고 있어요. 그분은 품위가 없고 감정적이며 책을 지나치게 신봉하지만, 그게 그 사람의 전부는 아니에요. 그분은 그분 나름대로 한 남자라고 할 수 있죠. 맞아요, 제가 하려던 말이 바로 그거예요. 그분은 남자예요."

이렇게 대답하다가 마거릿은 문득 윌콕스 씨와 눈이 마주쳤다. 그 눈빛은 윌콕스 씨의 방어벽을 무너뜨렸다. 마거릿은 그의 깊은 곳에 숨어 있는 남성을 보았고, 저도 모르게 윌콕스 씨의 감정을 깨워 놓았다. 그리하여 한 여자와 두 남자는 성(性)의 불가사의한 삼각관계를 이루었으며, 여자가 다른 남자에게 끌리는 걸 본 남자는 질투에 사로잡혔다.

이 세상의 금욕주의자들은 성이 인간과 짐승의 유사성을 보여주는 수치스런 것이라고 하지만, 그것은 그럭저럭 무방하므로 어느 정도는 참을 수 있다. 이보다는 오히려 질투야말로 수치스런 것이다. 참을 수 없는 질투는 우리를 농가 마당과 연결해주고 성난 수탉 두 마리와 의기양양한 암탉 한 마리가 있는 장면을 연상케 한다. 마거릿은 문명인이었으므로 이런 일로 의기양양해지는 것 자체를 허용치 않았다. 하지만 아직 문명인이라고 할 수 없는 윌콕스 씨는 냉정을 되찾아 다시 방어막을 세운 뒤에도 계속 분노를 느꼈다.

"슐레겔 양, 두 자매가 모두 훌륭하지만, 이 세상은 만만치 않으니까 누가 뭐래도 좀 더 조심을 해야 해요. 남동생 분이 그 점에 대해 아무 말도 안 하던가요?"

"글쎄요, 기억이 안 나는데요."

"그래도 무슨 말인가 했겠죠."

"아뇨, 제 기억으로는 웃었던 것 같았어요."

"그분은 머리가 아주 좋은가 봐요?"

옥스퍼드에서 티비를 만나고 나서부터 그를 몹시 싫어하게 된 이비가 말했다.

"네, 그렇기는 해요…… 그런데 헬렌은 뭐하고 있는 거지?"

"헬렌 양은 그런 사람을 상대하기에는 너무 어리지 않을까요."

윌콕스 씨가 말했다. 마거릿이 현관으로 나가 보니 아무도 없고, 바스트 씨의 실크모자도 보이지 않았다.

"헬렌!"

"응."

서재에서 대답 소리가 들려왔다.

"거기 있니?"

"응, 그 사람은 아까 갔어."

마거릿은 서재로 들어가 동생에게 말을 걸었다.

"어머, 혼자 있었니?"

"응. 가엾게도. 그 사람은……."

"그 이야기는 나중에 하고 일단 윌콕스 씨 부녀가 있는 곳으로 돌아가자. 윌콕스 씨가 걱정하고 있어. 또 재미있어 하기도 하고."

"아, 참을 수 없어. 난 그분이 너무 싫어. 아, 불쌍한 바스트 씨! 바스트 씨는 우리랑 문학 이야기를 하고 싶어 했는데, 우리는 보험 이야기만 했었잖아. 바스트 씨는 머릿속이 엉망진창이긴 하지만, 그래도 그걸 정리해 줄 만한 가치가 있는 분이야. 난 그분이 좋은 분이라고 생각해."

"그래, 알았어."

마거릿은 헬렌에게 입맞춤을 한 뒤 말을 이었다.

"하지만 지금은 나랑 같이 응접실로 가자. 윌콕스 씨 부녀 앞에서는 그분 이야기를 하지 말아 줘. 그냥 다 끝난 일로 해 버리자."

헬렌은 응접실로 돌아가 명랑한 태도를 취함으로써 윌콕스 씨의 자존심을 만족시켜 주었다. 그러나 헬렌은 아무에게도 마음이 끌리지 않았고, 그래서 이렇게 말했다.

"그분은 화를 풀고 돌아가셨어요. 자, 이제는 강아지들을 돌봐 줘야지."

윌콕스 씨는 집으로 가는 마차 안에서 딸에게 말했다.

"그 아가씨들이 그런 식으로 지내는 게 아무래도 마음에 걸리는구나. 둘 다 머리는 좋지만, 세상 물정을 몰라도 너무 몰라…… 저러다 무슨 일이라도 저지르면 어쩌지? 저런 아가씨들끼리 런던에서 사는 것은 좋지 않아. 결혼할 때까지는 누가 곁에 있어 주어야 하는데. 우리라도 더 자주 찾아가서 돌봐 주자꾸나. 곁에 아무도 없는 것보다는 그래도 나을 테니까. 이비야, 너도 그 아가씨들을 좋아하지, 아니야?"

그러자 이비가 대답했다.

"헬렌 양은 좋지만, 이가 못생긴 분은 아무래도 좀 싫어요. 게다가 그분은 이제 아가씨라고 할 만한 나이도 아닌 것 같아요."

이비는 아름다운 숙녀로 자라 있었다. 검은 눈과, 햇볕에 그을린 건강한 피부에서는 젊음이 빛나고 있었다. 입은 야무지게 다물고 있었고, 몸매는 탄력적이었다. 윌콕스 집안 혈통에서 이보다 더 아름다운 미인은 바랄 수 없었다. 이때까지 이비가 좋아한 대상은 아버지와 강아지들뿐이었지만, 결혼이라는 그물은 서서히 이비를 위해 마련되고 있었다. 며칠 뒤 이비는 찰스 부인의 숙부인 퍼시 카힐 씨에게 끌렸고, 카힐 씨 또한 이비에게 끌렸다.

17

사유재산 시대에는 재산 소유자도 괴로운 경험을 하지 않을 수 없다. 딴 곳으로 이사할 때가 되면 가재도구라는 것이 참으로 묘한 존재가 되기 때문이다. 마거릿은 오는 9월에 자기들과 자기네 소유물이 과연 어디로 옮겨질지 생각하느라 밤에도 잠을 이룰 수 없었다. 지금까지 여러 세대에 걸쳐 전해져 내려온 의자·탁자·그림·책 등을 이제 또 다른 곳으로 옮겨야 했다. 사실 마거릿은 그것들을 밀어서 영영 바다 속에 묻어 버리고 싶었다. 그러나 그 물건들은 거의 아버지의 책이었고, 따라서 더 이상 그 책을 읽을 사람이 없다 해도 그것들을 버릴 수는 없었다. 또 위쪽이 대리석으로 된 조그만 장롱도 하나 있었다. 이유는 기억나지 않지만 마거릿 남매의 어머니는 그 장롱을 무척이나 아꼈었다. 지금 이 집에 있는 모든 가구들의 손잡이와 쿠션에는 하나같이 손때가 배어 있었다. 그것은 개인적인 추억이라기보다, 이미 무덤에서 끝나 버렸을 사건의 연장에 지나지 않았다. 즉 고인에 대한 어렴풋한 애착심인 경우가 더 많았다.

생각해 보면 우스운 이야기였다. 헬렌과 티비는 거기까지 생각을 했지만 마거릿은 부동산 중개업자를 만나고 다니느라고 그럴 겨를이 없었다. 구시대 봉건제도에 의한 토지 소유는 그 소유자에게 품위를 주었지만, 현대의 동산 소유는 우리를 유목민 시대로 되돌아가게 만들었다. 그것은 짐의 문명이었다. 어쩌면 후세 역사가들은 토지에 뿌리내리지 않고 재산만 축적하려는 오늘날의 중류층 경향을 주목하여, 우리 상상력이 빈곤해진 원인을 거기에서 찾으려고 할지도 모른다.

슐레겔 남매는 위컴 플레이스에 있는 집을 잃음으로써 그만큼 가난해졌다. 그 집은 그들 삶의 균형추이면서 거의 조언자에 가까운 역할을 수행해왔다. 그럼 그곳의 지주는 그만큼 정신적으로 풍요로워졌을 것 같지만, 그것도 아니었다. 그는 집터에 고급 맨션을 지었고, 그의 자동차들은 갈수록 빠르고 좋은 차로 바뀌었다. 또한 사회주의에 대한 그의 공격은 점점 더 심해졌다. 그러나 그는 오래된 집을 파괴함으로써 오랜 세월에 걸쳐 증류된 어떤 귀중한 액체를 땅에 쏟아 버린 셈이 되었고, 이제 그는 자신이 알고 있는 어떠한 화학 기술로도 이 액체를 다시 사회에 돌려줄 수 없게 되었다.

마거릿은 우울해졌다. 며칠 동안 런던을 떠나 먼트 부인 댁으로 가기에 앞서 이사할 곳을 정해 두고 싶었기 때문이다. 마거릿은 먼트 부인 댁에 가는 것을 좋아했다. 그래서 골치 아픈 집 문제를 해결하지 못한 채 떠나고 싶지 않았다. 스워니지는 심심한 동네이기는 해도 안정된 곳이었다. 게다가 올해는 그곳의 신선한 공기와 북쪽으로 펼쳐져 있는 멋진 들판이 유난히 그리웠다.

그런데 런던이 방해가 되었다. 런던에서는 정신을 집중할 수 없었다. 런던은 자극만 줄 뿐이지 사람을 떠받쳐 주는 곳이 아니었다. 지금 마거릿은 그러한 런던 표면에서 자기가 어떤 집을 원하는지도 모르는 채 무턱대고 집을 찾아 돌아다니고 있었다. 그녀는 이제까지 그런 문제를 조금도 생각하지 않고 그저 온갖 감동만 추구하며 살아온 것에 대한 대가를 지금에 와서야 톡톡히 치른다고 생각했다. 그렇다고 해서 문화와 인연을 끊을 수도 없는 노릇이었다. 어쨌든 마거릿은 가지 않을 수 없는 음악회나, 아무래도 거절할 수 없는 모임에 참석함으로써 귀중한 시간을 계속 낭비했다. 나중에는 도저히 안 되겠다 싶어서, 새로운 집을 찾을 때까지는 아무 데도 나가지 않고 그 누구도 만나지 않겠다고 결심하기도 했다. 하지만 그 결심은 채 30분도 지나지 않아 무너지고 말았다.

전에 마거릿은 스트랜드에 있는 레스토랑 '심슨스'에 한 번도 가 보지 못했다고 농담조로 푸념한 적이 있었다. 그런데 어느 날 이비가 거기서 점심식사를 함께 하자는 편지를 보내 왔다. 카힐 씨도 오니까 셋이서 즐거운 시간을 보낸 후 히퍼드롬 극장에 가자는 것이었다. 마거릿은 이비가 별로 마음에 들지 않았고 그 약혼자도 만나고 싶지 않았다. 게다가 심슨스에 관한 우스운 말을 하여 사람들이 웃음을 자아냈던 헬렌 대신에 자기가 초대받은 것도 이상했다. 그러나 그 편지는 매우 친근한 투로 쓰여 있어서 마거릿의 마음을 움직였다. 그녀는 이비가 자기를 그런 식으로 생각한다면 결국 안 갈 수 없겠다 싶어서 헬렌과 상의한 끝에 그 제안을 받아들이기로 했다.

그러나 레스토랑 입구에 자리 잡은 이비가 운동하는 여자 특유의 무뚝뚝한 눈빛으로 끊임없이 쳐다보자 마거릿은 주눅들 수밖에 없었다. 약혼한 뒤로 이비는 말투와 태도가 확연히 달라졌다. 전보다 거침없이 행동하면서, 인기 없는 처녀 마거릿 앞에서 선배인 체했다. 이런 이비의 행동에 마거릿은 어리석게도 고통을 느꼈다. 마거릿은 우울했다. 집이나 가구뿐만 아니라, 인생이라는 배 자체가 이비와 카힐 씨만 태우고 자기 앞을 휙 지나가 버리는 것 같았다.

살다 보면 지혜도 미덕도 도움이 되지 않는 순간이 있게 마련인데, 마거릿은 심슨스에서 그러한 순간을 맞았다. 두툼한 융단이 깔린 좁은 계단을 올라 식당에 들어선 마거릿은, 양고기 등심 요리를 실은 손수레가 배고픈 성공회 성직자들을 향해 이동하는 모습을 본 순간 '이제 다 틀렸다'고 직감했다. 그것은 매우 강렬한 느낌이었다. 그녀는 예술과 문학 말고는 아무것도 없으며,

결혼도 약혼도 하지 않겠다고 마음먹었다. 그런데 그때 예상치 못한 일이 일어났다. 이비가 말했다.

"어쩌면 아버지가 오실지도 몰라요…… 아, 와 계시네요."

갑자기 기분이 좋아진 마거릿은 얼른 윌콕스 씨가 있는 쪽으로 뛰어갔고, 외톨이 같은 느낌은 사라졌다. 윌콕스 씨가 입을 열었다.

"가능한 한 오려고 했지요. 이비한테서 이야기를 듣고 먼저 와서 자리를 잡아 뒀어요. 이런 곳에서는 자리를 잡기가 힘들거든요. 이비, 다 아니까 내 옆에 앉고 싶은 척 하지 마라. 슐레겔 양, 가엾은 나를 봐서 내 옆자리로 와주시오. 몹시 피곤해 보이는군요. 그 젊은 회사원을 돌봐 주느라 그런 겁니까?"

"아뇨, 집 문제 때문에요."

그렇게 말하고서 마거릿은 몸을 비스듬히 틀고 윌콕스 씨 앞을 지나가 자기 자리에 앉았다.

"저는 지금 피곤한 게 아니라 배가 고파요. 그래서 오늘은 많이 먹으려고요."

"그거 잘됐군요. 뭘 드시겠소?"

"생선 파이가 좋겠군요."

마거릿이 메뉴를 보며 말했다.

"생선 파이? 아니, 심슨스에서 그런 걸 먹으면 안 되죠!"

"그럼 저 대신 무엇이든 시켜 주세요."

마거릿이 장갑을 벗으면서 말했다. 점점 기운이 나기 시작했다. 윌콕스 씨가 레너드 바스트를 언급하자 어쩐지 묘하게 따뜻한 느낌마저 들었다.

"양고기 등심 요리."

윌콕스 씨가 한참 고민 끝에 말했다.

"그리고 사과주도 시킵시다. 여기서는 이런 걸 먹는 게 좋거든요. 난 여기가 맘에 들어요. 그야말로 완벽한 영국식 식당이니까요. 그렇지 않나요?"

"네, 그러네요."

그렇게 생각하지 않는 마거릿이 대답했다. 그들 모두가 음식을 주문했으며, 음식 나르는 손수레가 등장하자 고기 써는 종업원이 윌콕스 씨의 지시대로 고기의 맛난 부분을 잔뜩 썰어서 각자의 접시에 수북이 담아 주었다. 카힐 씨는 설로인 스테이크를 먹겠다고 했었는데, 나중에는 그게 잘못된 생각이었음을 인정했다. 이윽고 카힐 씨와 이비는 둘이서 '그런 말은 안 했는데' '아뇨, 했어요' 같은 대화를 나누기 시작했다. 마치 그들은 단둘이 있는 것처럼 주변 사람들은 신경 쓰지도 않았다.

"고기 써는 종업원에게 팁을 주는 것이 비결이죠. 나는 어디에서나, 누구에게나 팁을 줘요."

"그렇게 하는 편이 인간미가 있어서 좋겠지요."

"그렇게 하면 종업원이 다음에 나를 기억해주거든요. 특히 동쪽 나라에서는 팁만 주면 1년 내내 기억해주죠."

"동쪽 나라에 가 보셨어요?"

"그리스와 소아시아에 가 봤죠. 전에는 키프로스 섬에 사업과 사냥 때문에 자주 가곤 했는데, 거기 군인들 사교모임이 있거든요. 그런 곳에서는 푼돈을 조금만 뿌려 놓아도 전혀 잊히지 않죠. 하기야 당신은 이런 방식이 매우 차갑다고 생각할 테지만요. 토론회는 어때요? 뭔가 새로운 이상향을 찾는 이야기라도 하고 있나요?"

"아뇨, 윌콕스 선생님, 지금 저는 집을 찾고 있어요. 전에도 한 번 말씀드렸잖아요. 어디 좋은 집이 없을까요?"

"음, 그건 잘 모르겠는데요."

"현실적으로 능력 있는 분께서 가엾은 두 여자를 위해 집 한 채를 못 찾아주시면 어떡해요? 큰 방이 많이 있는 조그만 집 한 채면 되는데 말이죠."

"이비, 이거 큰일 났군! 슐레겔 양이 나한테 부동산 중개업자가 되라는구나."

"네? 뭐라고요, 아버지?"

"아니, 실은 제가 9월까지는 새집을 구해야 하거든요. 제 힘으로는 아무래도 힘들어서 누군가에게 도움을 받아야 할 것 같아요."

"퍼시, 어떻게 좀 안 될까요?"

이비가 말했다.

"글쎄, 나는 좀……."

카힐 씨가 말했다.

"당신은 그런 사람이군요. 아무것도 못하시는 거죠."

"아무것도 못하다니, 어떻게 그런 말을! 너무 심하잖아. 아무것도 못하는 건 아닌데."

"하지만 사실이잖아요. 그렇죠, 슐레겔 양?"

이렇게 두 연인은 마음이 담긴 물보라를 마거릿에게도 튀긴 뒤, 다시 그들만의 이야기로 돌아갔다. 그녀는 이제 그런 그들을 따뜻하게 바라보았다. 조금 사람에게 위로받은 것만으로 기운을 얻었기 때문이다. 말하는 건 물론, 침묵하는 것까지 즐거웠다. 윌콕스 씨가 종업원에게 치즈에 대해 몇 가지 질문을 하는 동안, 그녀의 눈은 레스토랑을 둘러보며 능숙하게 재현된 과거의 견고함에 감탄했다. 그것은 키플링의 작품처럼 진정한 영국풍은 아니었지만, 영국을 연상시키는 요소가 매우 교묘하게 섞여 있어서 그녀는 비판하고 싶은 마음을 애써 누그러뜨렸다. 대영제국을 지탱하고 있는 이 식당 손님들은, 적어도 겉으로 보기에는 파슨 애덤스나 톰 존스*와 비슷했다. 하지만 손님들이 이야기하는 내용은 묘하게도 그 자리와 어울리지 않았다. 뒤쪽에 있는 어떤 사람은 "그럼 오늘 밤 우간다에 전보를 쳐야겠어"라고 말했고, "그놈의 황제가 전쟁을 하고자 한다면 어쩌겠어, 맘대로 하라고 해야지" 하고 한 목사가 주장하는 소리도 들렸다. 마거릿은 웃지 않을 수 없었다.

"다음에는 저와 함께 유스티스 마일스 식당에서 점심식사를 대접할게요."

마거릿이 윌콕스 씨에게 말했다.

"기꺼이 그러지요."

"글쎄요, 막상 그곳에 가보시면 별로 맘에 들지 않으실 거예요."

마거릿이 사과주를 더 따라 달라는 뜻으로 술잔을 윌콕스 씨 쪽으로 내밀면서 말했다.

"그곳은 단백질이니 체질 개선이니 하는 것들을 따지는 곳인 데다 낯선 사람들이 다가와서 말을 걸거든요. '실례지만 선생님, 영기(靈氣)가 참 맑고 고우시네요' 하는 식으로요."

"뭐라고요?"

"'영기'요. 들어 본 적 없으세요? 참 행복한 분이시군요. 저는 제 '영기'를 맑고 곱게 가꾸느라 무척이나 고생하고 있는데 말이죠. 혹시 영면(靈面)은

---

* 각각 헨리 필딩의 《조지프 앤드루스》와 《톰 존스》에 나오는 인물.

들어 보셨나요?"

윌콕스 씨는 영면 이야기는 들어 봤지만, 그런 것에 대해 비판적인 입장이었다.

"그야 그러시겠죠. 다행히 그 맑고 곱다는 영기는 제 것이 아니라 헬렌의 것이었어요. 그래서 헬렌은 그런 영기의 소유자답게 상냥하게 굴어야 했죠. 저는 그 사람이 가 버릴 때까지 입에 손수건만 대고 있었지요."

"두 분은 참 재미있는 경험을 하고 계시는군요. 나는 영기가 맑다느니 하는 말을 들어본 적이 한 번도 없어요. 나한테는 그런 것이 없나 봅니다."

"아니에요, 선생님한테도 있어요. 다만 그 빛깔이 좋지 않아서, 그 누구도 언급할 엄두를 못 내는 게 아닐까요?"

"그런데 아가씨께서는 초자연적인 것이니 뭐니 하는 것을 진심으로 믿고 있나요?"

"그건 대답하기 어려운 질문이네요."

"왜 그렇죠? 그뤼에르 치즈로 하시겠어요, 스틸튼 치즈로 하시겠어요?"

"그뤼에르요."

"스틸튼이 더 나을 텐데요."

"그럼, 스틸튼요. 왜냐하면 저는 영기 같은 건 믿지 않지만 신지학(神智學)은 어느 정도……."

"그래도 뭔가가 있다는 말씀이신 거죠?"

윌콕스 씨가 미간을 찡그리며 말했다.

"아뇨, 꼭 그런 것도 아니에요. 어쩌면 절반쯤 잘못된 방향으로 들어선 건지도 모르니까요. 아, 이걸 어떻게 설명하면 좋을까요. 저는 그런 것을 믿지 않지만, 그것을 믿지 않는다고 말하고 싶지도 않네요."

"그렇다면 신과 인간을 이어 주는 영매(靈媒)니 뭐니 하는 것을 믿지 않는다고 딱 잘라 말할 수는 없겠군요."

윌콕스 씨는 마거릿의 대답이 만족스럽지 않은 듯 이렇게 말했다. 그것은 윌콕스 씨에게는 꽤나 중요한 문제인 것 같았다. 마거릿은 깜짝 놀라 대답했다.

"아뇨, 믿지 않는다고 딱 잘라 말할 수 있어요. 아까 제 영기를 가꾸느라 애쓴다느니 뭐니 한 것은 그냥 농담이었어요. 그런데 왜 그런 걸 물어보시죠?"

"왜냐고요? 나도 모르겠소."

"윌콕스 씨가 모르실 리가 없잖아요."

'글쎄, 맞다니까.' '아니, 그럴 리가 없어.' 맞은편에 앉은 여인의 대화 소리가 들려왔다.

마거릿은 잠시 침묵을 지키다가 화제를 바꿨다.

"집은 어떻게 되었죠?"

"지난주에 오셨을 때와 별로 달라진 점이 없어요."

"아뇨, 저는 듀시 거리에 있는 집이 아니라, 당연히 하워즈 엔드를 말하고 있는 거예요."

"왜 '당연히'라는 거죠?"

"저기, 지금 세입자를 나가게 하고 저희가 대신 들어갈 수는 없을까요? 지금 저희들은 완전히 궁지에 몰렸거든요."

"당장은 뭐라고 말할 수 없지만, 어떻게든 아가씨들을 도와드리고 싶군요. 그런데 아가씨들은 계속 런던에 있고 싶었던 게 아니었나요? 하나만 충고해 드리고 싶군요. 조언을 하나 할까요? 먼저 지역을, 그 다음에 가격을 결정해요. 그리고 나서 집을 찾는 거죠. 나는 그렇게 해서 듀시 거리의 집과 어니턴 집을 구했어요. '여기서 살아야겠다'고 결심하고 찾아봤더니 마침 거기에 집이 있었던 거죠. 어니턴 집은 횡재한 거나 다름없지요."

"글쎄요, 저는 마음도 정하지 못하고 갈팡질팡하거든요. 남자 분들은 집에 최면이라도 거는지, 한번 노려보기만 하면 집이 벌벌 떨면서 기어 나오나 봐요. 하지만 여자들은 그게 안 돼요. 오히려 집한테 최면을 당한 것처럼 그런 방식은 저에게 통하지 않아요. 집이란 정말 살아 있는 것이 아닐까요?"

"그 점에 대해서는 뭐라고 대답해야 할지 모르겠군요."

윌콕스 씨가 이렇게 말하더니 한마디 덧붙였다.

"그 젊은 회사원에게도 그런 식으로 말했나요?"

"글쎄요, 그랬을까요? 아, 물론 그런 식으로 말했을 거예요. 저는 누구에게나 같은 식으로 말하니까…… 적어도 그러려고 하거든요."

"그러면 그 사람이 슐레겔 양 말을 얼마나 이해했을 거라고 생각합니까?"

"그거야 모르죠. 저는 상대에 따라 말하는 방식을 바꾸는 것은 옳지 않다고 생각해요. 물론 상황에 따라 적절하게 바꿀 수는 있겠지만, 그런 식의 대화는 돈이 음식이 아닌 것처럼 진정한 대화와는 동떨어져 있다고 생각해요. 아무런 영양분도 없으니까요. 그런 식으로 하층 계급에게 말을 건네고, 하층 계급에서도 그런 식으로 상층 계급에게 말을 건네는 것을 두고 사람들은 '계급 간의 교류' 또는 '협력'이라고 말하죠. 하지만, 제가 보기에는 양쪽 다 재는 척하는 것뿐이에요. 첼시에 사는 제 친구는 그렇게 생각하지 않고, 어떤 희생을 치르더라도 상대를 이해하게 하는 것이⋯⋯."

그때 갑자기 윌콕스 씨가 마거릿의 이야기에 손을 쑥 집어넣는 것처럼 끼어들었다.

"하층 계급이라고요? 그럼 당신도 돈 있는 사람과 돈 없는 사람이 존재한다는 점은 인정하는 거군요. 그것만 해도 어딥니까?"

마거릿은 바로 대답할 수 없었다. 이 사람은 정말 바보인 걸까? 아니면 마거릿이라는 존재를 마거릿보다도 더 잘 이해하는 사람인 걸까?

"아가씨는 부가 평등하게 분배된다 해도 얼마 지나지 않아 또다시 돈 있는 사람과 돈 없는 사람이 생긴다는 사실을 인정하고 있는 거지요. 부지런히 일하는 사람은 위로 올라가고, 게으른 사람은 아래로 가라앉게 되니까요."

"그건 누구나 다 인정하는 사실이잖아요."

"슐레겔 양이 만나는 사회주의자들은 인정하지 않아요."

"제가 아는 사회주의자들은 인정해요. 윌콕스 씨가 아시는 사회주의자들은 다를지도 모르지만요. 제가 보기에 윌콕스 씨가 생각하는 사회주의자들은 여흥을 위해 만들어 낸 장난감들 같아요. 사람이라면 그렇게 단순하게 생각하지 않거든요."

마거릿이 여자가 아니었다면 그는 화를 냈을 것이다. 하지만 여자는 무슨 말을 해도 상관없다는 게 그의 확고한 믿음 가운데 하나였다. 그래서 그는 미소를 지으며 말했다. "어떻든 상관없습니다. 슐레겔 양은 두 가지 불리한 사실을 인정했고, 나는 두 가지 모두 진심으로 동의합니다."

그러는 사이에 식사가 끝났다. 마거릿은 히퍼드롬 극장에 가자는 제안을 적당히 사양하고 집으로 돌아갔다. 이비는 식사하는 동안 마거릿에게 거의 말을 붙이지 않았으므로, 그날 일을 계획한 사람은 이비의 아버지가 아닐까 하는 느낌마저 들었다. 윌콕스 씨와 마거릿은 각자의 가족들을 뒤로 하고 서로에게 조금씩 다가가고 있었다. 사실 이것은 훨씬 오래전부터 시작된 일이었다. 마거릿은 윌콕스 씨 아내와 친구가 되었으며, 그런 의미에서 윌콕스 씨는 마거릿에게 아내의 유품인 은제 약통을 선물했었다. 그것은 정말 사려 깊은 조치였다. 윌콕스 씨는 대부분의 남자와는 달리 처음부터 헬렌보다는 마거릿에게 마음이 더 끌렸었다. 그런데 두 사람의 관계는 요즘 들어 더 급속히 진전되었고, 1주일 동안에 지난 2년을 합친 것보다 더 커다란 진보를 이루었다. 어느새 두 사람은 서로를 진정으로 이해하게 되었다.

마거릿은 유스티스 마일스 식당에서 함께 식사하겠다는 윌콕스 씨와의 약속을 잊지 않았으므로, 그의 상대역으로 티비에게 같이 가 줄 수 있냐고 물어봤다. 티비가 허락하자마자 그녀는 윌콕스 씨를 초대했는데, 그는 약속대로 그곳에 와서 체질 개선을 위한 요리를 순순히 먹고 집으로 돌아갔다.

이튿날 슐레겔 남매는 스워니지로 떠났다. 그때까지도 그들은 새집을 구하지 못했다.

18

그들이 '더 베이즈'라는 줄리 이모집의 아침 식탁에 앉아서 이모의 과도한 친절을 부담스러워하며 바다 풍경을 즐기는 동안, 마거릿을 당혹하게 하는 편지 한 통이 도착했다. 윌콕스 씨가 보낸 편지였다. 윌콕스 씨는 이비의 결혼으로 인해 듀시 거리에 있는 집에서 살기를 포기했으므로, 계약을 1년마다 갱신한다는 조건하에 그 집을 마거릿에게 빌려 주겠다고 했다. 편지에는 집세를 포함한 임대차 조건이 사무적인 어투로 적혀 있었다. 그는 만약 계약할 생각이 있다면 마거릿이 당장—상대가 여자일 때에는 그럴 필요가 있다는 듯이 '당장'이란 말에 밑줄이 그어져 있었다—런던으로 와서 자기와 함께 집을 살펴봐 주길 바란다고 말했다. 그리고 만약 계약할 생각이 없다면 전보를 보내 달라고 했다. 그러면 부동산 중개업자에게 의뢰해서 세 들 사람을 찾을 모양이었다.

그 편지를 받은 마거릿은 마음이 복잡했다. 편지의 속뜻을 알 수 없었기 때문이다. 만일 윌콕스 씨가 자기를 좋아해서 이비의 이름을 빌려 심슨스에 초대한 게 사실이라면, 이 편지도 자기를 런던으로 불러들이는 것이 목적이 아닐까, 그러다가 결국은 청혼을 받게 되는 건 아닐까? 마거릿은 이성을 깨워 '말도 안 돼. 그런 바보 같은 생각 집어치워!'라며 따끔하게 자신을 나무라고 싶었다. 하지만 그녀의 이성은 잠깐 흥분으로 파르르 떨다가 침묵해 버렸다. 그녀는 한동안 바다의 잔물결을 내다보며 다른 사람들에게는 이 소식이 어떻게 들릴까를 생각했다.

하지만 편지 내용을 알리면서 마거릿은 그것이 별로 특별하지 않은 평범한 편지임을 알았다. 모두들 지극히 자연스러운 편지 내용으로 받아들였고, 다 함께 이야기를 나누면서 마거릿의 불안은 사라졌다.

"꼭 갈 필요는 없으니까……."

먼트 부인이 참견하기 시작했다.

"네, 그래도 가는 편이 낫지 않을까요? 집을 구할 수 있는 괜찮은 기회도 많이 놓쳤고요. 이러다가는 갈 데도 없이 지금 있는 집에서 쫓겨날지도 몰라요. 우리가 어떤 집을 원하는지 모른다는 것이 가장 큰 문제라서……."

"맞아요, 우리는 이래야겠다고 정해 놓은 것이 하나도 없거든요."

헬렌이 토스트를 한 조각 집으며 말했다.

"오늘 가봐서 지낼만하다 싶으면 그 집을 빌리기로 하고, 내일 오후 기차로 다시 돌아오면 어떨까요? 이 문제가 해결되기 전까지는 여기서 여러분과 함께 있어 봤자 제대로 즐길 수 없을 것 같아요."

"마거릿, 그래도 집을 빌리는 일인데 그렇게 서두르지 마라."

"서두르는 것 아니에요, 이모님."

"윌콕스 가족은 어떤 사람들일까?"

티비가 질문을 했다. 그것은 어리석어 보여도 실제로는 정곡을 찌르는 질문이었고 줄리 이모는 시원스럽게 대답했다.

"난 그 가족과 굳이 교제해야 하는 이유를 모르겠구나. 우리가 왜 아직까지 그 사람들과 연결되어 있는 건지 이해할 수 없어."

"저도요. 아직까지 친분을 유지하고 있는 게 신기할 지경이에요. 우리가 호텔에서 만난 사람들 가운데 지금까지 연락하는 사람은 윌콕스 씨밖에 없거든요. 벌써 3년이나 지났는데. 더 재미있는 사람들하고도 오래전에 연락이 끊겼어요."

헬렌이 말했다.

"하지만 그 재미있는 사람들이 집을 찾아 주진 않잖아."

"언니, 이번에도 영국인기질이니 뭐니 하는 이야기를 꺼낸다면 당밀*을 확 끼얹어 버릴 거야."

"그래도 세계주의자 기질보다는 그게 더 나을 텐데."

마거릿은 이렇게 말하고 나서 일어서더니 동생들에게 물었다.

"자, 이제 어떻게 할지가 문제야. 너희들, 듀시 거리에 있는 집은 알지? 그 집을 빌리겠다고 승낙할까? 아니면 거절할까? 티비, 넌 어느 쪽이니? 이 자리에서 너희 둘이 결정해 주었으면 좋겠어."

"나는 찬성이야."

"나는 반대."

이렇게 되자 마거릿은 아까보다 훨씬 진지한 어조로 말했다.

"인류는 점점 퇴보하고 있나 봐. 이런 일조차 결정하지 못하는데, 더 큰 문제에 부딪치면 어떻게 될까?"

그러자 헬렌이 말했다.

"저기, 아버지 생각을 해 봤는데. 아버지는 젊은 시절에 독일을 위해 싸우셨고, 마음가짐도 프러시아 사람다웠으며 친구들도 다 프러시아 사람들이었잖아. 그런데도 어떻게 독일을 떠날 결심을 하셨는지, 어떻게 애국주의와 연을 끊고 전혀 다른 것을 지향하실 수 있으셨는지…… 나 같으면 엄두도 못 냈을 거야. 아버지는 그 당시에 마흔이 다 되었는데도 나라와 이상을 바꾸실 수 있었어…… 그런데 우리는 그보다 훨씬 젊은데도 집 하나 바꾸지 못하잖아. 이건 창피한 일이야."

헬렌의 이야기를 듣고 있던 먼트 부인이 화난 목소리로 말했다.

"너희 아버지는 국적을 바꿀 수는 있었지. 그게 잘한 일인지 잘못한 일인지는 둘째 치고, 집을 바꾸는 문제만 말한다면 그분도 너희와 마찬가지로…… 아니, 너희보다 더 심했지. 맨체스터에서 이사할 때만 해도 불쌍한 에밀리 언니가 얼마나 고생했는지, 나는 지금도 잊을 수가 없다."

"아, 그러셨을 거라고 생각했어요. 역시 내가 말한 대로야. 작은 일을 결정할 때나 실수하지, 큰일을 할 때는 아무 문제도 없다니까."

헬렌이 신이 나서 말했다.

---

* 설탕을 녹여 꿀처럼 만든 진액.

"실수한다고? 넌 기억도 못할 텐데. 아니다, 넌 그때 태어나지도 않았겠구나. 아무튼 이미 가구가 트럭에 실려 움직이기 시작했는데도 위컴 플레이스의 집 계약서에는 아직 서명도 안 되어 있었어. 그래서 에밀리 언니는 젖먹이를 안고 런던 어디로 가는지도 모르는 채—그 애가 마거릿이었지—작은 보따리를 들고서 기차에 타야 했단다. 그 집을 떠나는 일이 힘들겠지만, 너희가 그 집에 들어갈 때에는 더 힘들었어."

"그분이 바로 오스트리아군·덴마크군·프랑스군과 싸워 이기고, 내부 적인 독일군과도 싸워 이긴 용사님이시잖아요. 우리는 아버지를 닮은 거예요."

입 안 가득 빵을 넣고 우물거리며 헬렌은 큰 소리로 말했다.

"누나는 그럴지 몰라도 나는 세계주의자야."

티비가 말했다.

"헬렌 말이 사실일지도 몰라."

"그럼, 헬렌 말이 옳고말고."

헬렌이 말했다.

헬렌 말이 맞을지도 모르지만, 아무튼 그날 런던으로 간 사람은 헬렌이 아니라 마거릿이었다. 먼 곳에서 휴가를 즐기고 있을 때 누군가의 부름을 받고 돌아간다는 것은 별일 아닌 것 같아도 결코 즐거운 일은 아니었다. 사무적인 편지 때문에 본의 아니게 바다와 식구들 곁을 떠나야 한다면 우울한 기분이 드는 것도 당연하다. 마거릿은 설마 아버지가 자기와 똑같은 기분을 느꼈을 거라 생각하지는 않았다. 요즘 들어 눈이 나빠졌기 때문에 기차 안에서는 책을 읽기가 어려웠다. 그렇다고 해서 어제 본 경치를 또다시 바라보고 있자니 따분하기만 했다. 실은 출발할 때 먼트 부인은 마거릿에게 스워니지로 오는 중인 프리다가 탄 기차가 사우샘프턴에서 마거릿의 기차와 스쳐 지나갈 때 프리다에게 손을 흔들어 주라고 부탁했다. 그러나 프리다는 반대쪽을 향하고 있었으므로 마거릿을 알아볼 수 없었다.

마거릿은 외로운 노처녀의 쓸쓸함을 느끼면서 런던행 여행을 계속했다. 윌콕스 씨가 자기에게 청혼할지도 모른다는 생각은 확실히 노처녀다운 발상이었다. 언젠가 마거릿은 돈도 없고 어리석고 못생겼으면서 만난 남자들이 모두 자기를 사랑한다고 굳게 믿는 한 여자를 만났었다. 마거릿은 터무니없는 망상에 사로잡혀 있는 그 여자를 안타깝게 여겨 타이르기도 하고 설득도 했었다. 하지만 아무런 성과도 없었다.

"그래요, 목사님에 관해서는 내가 착각하고 있었는지도 몰라요. 하지만 열두 시에 우편물을 배달하러 오는 청년은 틀림없이 나를 좋아해요. 실제로 ……."

마거릿은 늘 그보다 더 추하게 나이먹을 수는 없을 거라고 생각해왔다. 그런데 이제 와서 생각해 보니, 자기도 처녀로 남게 된다면 그 압박감만으로도 그 여자와 똑같아질 위험이 있었다.

월콕스 씨가 직접 워털루 역까지 마중 나와 있었다. 마거릿은 확실히 그의 태도가 평소와는 다르다고 생각했다. 그는 마거릿의 말에 일일이 공격적인 반응을 보였다.

먼저 마거릿이 서두를 뗐다.

"정말 친절한 제안에 감사드립니다. 하지만 선생님 말씀대로 계약하게 될지 어떨지는 저 자신도 모르겠어요. 저희 가족은 주거 문제에 관해선 굉장히 까다롭거든요."

"그렇다면 처음부터 거절할 생각으로 오신 건가요?"

"아뇨, 그런 건 아니지만……."

"그런 건 아니라고요? 자, 그럼 함께 가실까요."

마거릿은 걸음을 멈추고 월콕스 씨의 새 자동차를 칭찬했다. 그 차는 3년 전 줄리 이모가 어떤 봉변을 당할지 모르고서 올라탔던 새빨간 대형차보다 훨씬 느낌이 좋았다.

"이건 틀림없이 좋은 차일 거예요. 그렇죠, 크레인?"

"자, 가실까요?"

월콕스 씨는 같은 말만 되풀이하더니 갑자기 놀란 표정으로 물었다.

"우리 집 운전사 이름은 어떻게 아셨어요?"

"어쩌다 알게 됐어요. 전에 한번 이비와 함께 선생님 차를 몰고 나간 적이 있거든요. 전 많은 것을 알고 있어요. 이를테면 밀튼이라는 소녀가 선생님 댁에서 잔심부름을 한다는 것도 알죠."

"아, 이비! 이비는 오늘 집에 없습니다. 카힐하고 또 외출을 했어요. 정말이지 늘 혼자 있는 것도 못 견디겠습니다. 하루 내내 일하는 것도 결코 쉬운 일은 아닌데, 어쨌든 열심히 일하고서 밤에 집으로 돌아가면 아무도 없죠."

윌콕스 씨는 마음이 상한 듯이 말했다. 그러자 마거릿은 맞장구를 쳤다.

"저도 요새 묘하게 쓸쓸해요. 오래전부터 살던 집을 떠난다는 것이 이렇게 괴로운 일인 줄은 미처 몰랐어요. 저는 위컴 플레이스에 오기 전의 일은 거의 기억하지 못해요. 헬렌과 티비는 그 집에서 태어났고요. 헬렌은……."

"슐레겔 양도 외로워요?"

"네, 많이 외로워요. 아, 국회의사당이 보이네요."

윌콕스 씨는 경멸에 찬 눈길로 그쪽을 쳐다봤다. 인생에서 중요한 것은 그런 곳에 있지 않았다.

"네, 또 수다나 떨려고 모이는 모양이군요. 그나저나 헬렌 양이 어쨌다고요?"

"그냥 가구에 대한 시시한 잡담을 했을 뿐이에요. 헬렌이 그러더군요. 세상에서 사람이나 집이 모조리 사라진다 해도 가구만은 여전히 남는다고요. 결국 이 세상은 의자와 소파만이 여기저기 흩어져 있을 뿐, 앉을 사람은 하나도 없는 사막이 될 거라고 했어요."

"헬렌 양다운 생각이군요."

"헬렌은 듀시 거리에 있는 집이면 좋다고 하고, 티비는 싫대요. 그러니까 미리 말씀드리지만 저희를 도와주시는 게 그리 재미있지만은 않을 거예요."

"슐레겔 양은 당신이 말하는 것보다 실제적인 사람 같군요. 내가 보기엔 그래요."

마거릿은 웃었다. 사실 윌콕스 씨가 뭐라고 말해도 그녀는 그렇게 실제적인 사람이 아니었다. 마거릿은 세세한 요소에 집중할 수 없었다. 국회도, 템스 강도, 대답 없는 운전사도, 나름대로 모두가 집을 찾고 있는 마거릿에게 어떤 반응을 보여줄 것을 요구하고 있었다. 사실상 현대 생활을 전체적으로 보는 것과 그 일부만을 집중적으로 지켜보는 것은 양립할 수 없다. 그랬기에 마거릿은 전부 다 훑는 쪽을 택했다. 그러나 윌콕스 씨는 그 일부만을 집중적으로 지켜보고 있었으며, 그는 알 수 없는 것이나 남의 개인사 때문에 끙끙 앓는 짓은 절대로 하지 않았다. 템스 강이 바다에서 수원지를 향해 역류하든 말든, 자기 집 운전사가 파리한 피부 밑에 열정과 철학을 감추고 있든 아니든, 윌콕스 씨가 알 바가 아니었다.

그래도 마거릿은 윌콕스 씨와 함께 있는 것이 조금도 싫지 않았다. 그는 질책이 아니라 자극을 주었고 병적인 우울함에 휩싸이지 않게 도와주었다. 그는 그녀보다 스무 살이나 많았는데도 마거릿 자신은 이미 잃어버렸다고 여기는 그 무엇, 청춘의 창의력은 아니지만 그에 어울리는 자부심과 낙천주의를 지니고 있었다. 윌콕스 씨는 이 세상이 아주 좋은 곳이라고 굳게 믿었다. 그의 얼굴색은 건강해 보였고, 이마는 벗겨졌어도 머리는 아직 벗겨지지 않았으며 콧수염도 짙었다. 헬렌이 브랜디 사탕 같다고 표현한 윌콕스 씨의 눈은 빈민가를 바라볼 때나 별을 쳐다볼 때나 한결같이 상당히 기분 좋은 자신감에 차 있었다.

언젠가 지상낙원이 실현되기라도 한다면 윌콕스 씨 같은 사람은 더 이상 필요없을지도 모른다. 그러나 지금은 자신이 더 우월하다고 생각하고 또 실제로 그런 사람들일지라도 윌콕스 씨와 같은 유형의 사람들을 존경해야만 했다.

"어쨌거나 당신은 내 전보에 빠르게 응답해주었소."

윌콕스 씨가 말했다.

"눈으로 보면 좋은지 알 수 있으니까요."

"당신이 세상의 좋은 것들을 경멸하지 않아서 기쁩니다."

"경멸이라니요! 그런 건 바보나 위선자들이 하는 일이에요."

"그렇게 말해 주니 기쁘군요."

윌콕스 씨는 마기릿이 한 말이 마음에 들었는지 갑자기 부드러운 태도를 보이며 전에 했던 말을 되풀이했다.

"지식인들 사이에서는 터무니없는 억측이 난무하죠. 당신이 그런 부류의 사람이 아니라서 정말 다행이오. 자기 욕망을 억제하는 게 인격 수양에는 좋겠지만, 그렇다고 삶의 쾌락을 무조건 비방하면서 즐거워하는 자들도 있단 말입니다. 나는 그런 사람들을 보면 참을 수가 없어요. 다들 무슨 속셈이 있어서 그러는 거라 생각하지 않소?"

"쾌락에는 두 종류가 있지요." 마거릿이 조심스럽게 말했다. "하나는 난롯불이나 날씨, 음악처럼 다른 사람들과 함께 나눌 수 있는 것이고, 또 하나는 음식처럼 함께 나눌 수 없는 거예요. 그러니 쾌락이라고 해서 다 똑같은 건 아니에요."

"물론 윤리에 어긋나지 않는 범위에서의 쾌락을 말하는 겁니다. 나는 당신이……."

그의 얼굴이 눈앞까지 다가오자 그녀는 할 말을 잃고 말았다. 마거릿은 순간 머릿속이 하얘지더니 모든 것이 등대 불빛처럼 정신없이 돌기 시작했다. 그러나 윌콕스 씨는 마거릿에게 입을 맞추지는 않았다. 어느새 시각은 열두 시 반쯤 되었고, 자동차는 왕궁 마구간 앞을 지나가고 있었다.

대기가 뜨거운 감정으로 부풀어 올라 세상 모든 사람이 오로지 마거릿만을 위해 존재하는 것 같았다. 크레인이 그걸 알아채고 돌아보지 않는 게 신기할 정도였다. 마거릿이 바보 같았다 해도 확실히 윌콕스 씨는 평소보다 훨씬—뭐라고 할까—감정에 휩싸여 있었다. 그는 사업적 목적으로 사람을 판단하는 데 능숙했지만, 오늘은 그 시야를 넓혀 재치와 순종, 결단력 이외의 특성도 눈여겨보는 것 같았다.

집에 도착하자 마거릿이 말했다.

"집 전체를 둘러보고 싶어요. 내일 오후에 스워니지로 돌아가자마자 동생들하고 의논해 볼게요. 그 결과는 전보로 알려 드리지요."

"그러세요. 여기가 식당입니다."

두 사람은 집 안을 살펴보기 시작했다. 식당은 넓었지만 가구가 너무 많았다. 첼시에 사는 사람들이라면 틀림없이 이곳을 보고 눈살을 찌푸렸을 것이다. 윌콕스 씨는 절제하고 삼가며, 안락과 호사를 희생해서 아름다움을 이루는 장식법을 외면했다. 그토록 오랫동안 채색과 과시를 피해 살아온 마거릿은 그곳의 호화로운 판자벽, 장식장, 나뭇가지에 앉아 노래하는 앵무새가 그려진 금박 벽지에서 위안을 느꼈다. 이런 분위기는 슐레겔 집 가구와는 도저히 맞지 않았지만, 그곳에 있는 묵직한 의자와 은그릇이 빽빽이 든 찬장은 남자들처럼 방의 무게를 버텨 주고 있었다. 그 방은 남성적이었다. 과거의 용사 또는 사냥꾼의 후손이 현대 자본가라고 생각하는 마거릿은, 영주가 신하들과 함께 식사하는 고풍스런 큰 홀을 상상했다. 찰스가 보어전쟁에 참전했다가 가지고 돌아온 네덜란드어 성서도 그곳에서는 제자리를 차지할 수 있었다. 사실 그 방에는 약탈품이 놓여 있어도 이상하지 않을 것 같았다.

"여기가 현관입니다."

현관에는 석판이 깔려 있었다.

"우리는 여기서 담배를 피우죠."

그들이 담배를 피운다는 안락의자는 짙은 적갈색 가죽으로 덮여 있었다. 그 모습은 마치 자동차가 알을 까놓은 것 같았다.

"와, 좋네요!"

마거릿은 좋아하며 안락의자에 앉아 보았다.

"마음에 드나요? 사람을 안락하게 해주지 못하는 것은 모두 쓰레기요. 당신도 그렇게 생각하지 않나요?"

윌콕스 씨는 그를 올려다보는 마거릿의 얼굴에 시선을 고정한 채 친근한 어조로 말했다.

"네, 쓰레기에 가깝겠죠. 저건 크룩섕크의 작품인가요?"

"아뇨, 길레이 작품입니다. 그럼 2층으로 가실까요?"

"이 가구들은 모두 하워즈 엔드에서 가져오신 건가요?"

"아닙니다. 그 집 가구들은 어니턴에 있죠."

"그렇다면…… 아니, 중요한 건 가구가 아니라 집이죠. 이 방은 크기가 어느 정도인가요?"

"가로 30피트에 세로 15피트. 아니, 15피트 반입니다."

"그런데 윌콕스 씨, 중산층인 우리가 집 문제를 두고 이렇게 심각한 것이 우습지 않으세요?"

두 사람은 2층 응접실로 올라갔다. 그곳은 좀 더 첼시풍이어서 빛깔도 희미했고 인상적인 것도 없었다. 식사를 마친 뒤 여자들은 그곳으로 물러나고, 남자들은 아래층에서 담배를 피우며 인생의 구체적인 각종 문제를 논하는 장면이 쉽게 상상되었다. 하워즈 엔드에 있던 윌콕스 부인의 응접실도 이랬을까? 마침 마거릿의 머릿속에 그런 생각이 떠올랐을 때, 윌콕스 씨가 그녀에게 청혼했다. 마거릿은 자신의 예감이 적중했음을 깨닫자 정신이 멍해졌다.

그러나 이 청혼은 영화처럼 멋진 사랑의 한 장면 같지는 않았다.

"슐레겔 양, 내가 당신을 부른 건 집 때문이 아니라 다른 이유가 있어서요. 나는 당신에게 집보다 훨씬 더 중요한 이야기를 하고 싶소."

윌콕스 씨는 단호한 목소리로 말했다.

마거릿의 입에서 하마터면 "알아요."라는 말이 튀어나올 뻔했다.

"당신이 나와 함께…… 만약 그런 일이……."

"윌콕스 씨."

마거릿은 피아노를 잡고 시선을 피하며 그의 말을 가로막았다.

"네, 알았어요. 나중에 편지로 대답해 드려도 될까요?"

그는 말을 더듬기 시작했다.

"슐레겔 양…… 마거릿…… 당신은 아직 내 말 뜻을 이해하지 못했을 거요."

"아뇨, 알고 있어요!" 마거릿이 말했다.

"내 아내가 되어 주시오."

마거릿은 이미 그의 마음을 읽고 있었지만, 그가 '내 아내가 되어 주시오'라고 했을 때 약간 움찔했다. 그가 예상한 대로 행동하려면 그녀는 놀라는 모습을 보여주어야 했다. 커다란 기쁨이 밀려들었다. 그것은 인간적인 것과는 전혀 관계가 없었으며, 오히려 날씨 좋은 날 만물을 감싸는 행복과도 같았다. 날씨가 좋은 것은 태양 때문이지만, 마거릿은 이 빛의 근원을 알 수 없었다. 그저 행복에 겨운 채 그 자리에 서서, 남을 행복하게 해주고 싶은 강렬한 충동을 느끼고 있었다. 그러다가 윌콕스 씨와 헤어지고 나서야 그 빛의 근원이 사랑이라는 것을 깨달았다.

"슐레겔 양, 기분 나쁜 건 아니죠?"

"제가 어떻게 기분 나쁠 수 있겠어요?"

두 사람은 동시에 입을 다물었다. 윌콕스 씨는 마거릿이 그만 돌아가 주기를 바랐고, 그녀도 그것을 알고 있었다. 마거릿은 그가 돈으로 살 수 없는 것을 얻으려고 고투하는 모습을 쳐다볼 수가 없었다. 그는 우정과 사랑을 원하면서도 한편으로는 두려워했다. 오래 전부터 갈망만을 익히고 그런 고투에 아름다움의 옷을 덧입힐 수 있었던 마거릿은 가만히 물러서서 그와 함께 머뭇거렸다.

"저는 이만 돌아가볼게요. 나중에 편지 드리죠. 저는 내일 스워니지로 돌아가요."

"고맙소."

"그럼 안녕히 계세요. 고마워해야 할 사람은 오히려 저예요."

"내 차를 타고 가시죠."

"감사해요."

"내가 편지로 말하는 게 나을 뻔했구려. 그게 좋았겠소?"

"아니에요."

"한 가지만 물어보겠소."

마거릿은 고개를 저었고 윌콕스 씨는 당황했다. 그렇게 두 사람은 헤어졌다. 그들은 악수도 나누지 않았다. 마거릿은 그를 위해 처음부터 끝까지 침착하게 행동하려고 노력했지만, 집에 도착하기도 전에 걷잡을 수 없을 정도로 커다란 행복감에 사로잡혔다. 지금까지 마거릿을 사랑했던 사람은 몇 있었지만, 그들은 하나같이 '별 볼일 없는 사람들'이었다. 즉 할 일 없는 젊은이거나 대책이 없는 늙은이였다. 실은 마거릿도 몇 번인가 '사랑'을 한 적은 있었다. 하지만 그것은 단순히 남성적인 것에 대한 열망이었기에 웃으며 가볍게 떨쳐 버릴 수 있었다. 그녀의 인격이 접촉된 적은 없었다. 그녀는 젊지도 않았고 부유하지도 않았다. 따라서 상당한 지위의 남자가 그녀를 진지하게 생각한다는 것은 놀라운 일이었다.

아무도 없는 위컴 플레이스의 집에서 마거릿은 아름다운 그림과 가치 있는 책에 둘러싸여 가계부를 적으면서, 밤공기 속에 파도치는 정열이 마음까지 밀려와 부서지는 것을 느꼈다. 마거릿은 고개를 흔들며 일에 집중하려고 애썼지만 도무지 그럴 수가 없었다. '이런 일은 지금까지 몇 번인가 있었잖아.' 그렇게 생각하며 마음을 가라앉히려고 노력했으나 모두 허사였다. 사실 이런 일은 지금까지 단 한 번도 없었으며, 그런 시시한 사건과는 비교도 되지 않는 큰 사건이 눈앞에서 벌어지고 있었다. 윌콕스 씨가 자기를 사랑한다는 사실은, 자기도 그를 사랑하겠다는 마음이 생기기에 앞서 마거릿을 압도했다.

그녀는 성급하게 결정하지 말아야겠다는 생각이 들었다. 지금 마거릿에게는 '너무나 갑작스러워서'라는 상투적인 표현이 가장 정확하게 들어맞았다. 예감은 그냥 예감일 뿐, 준비가 아니었다. 좀 더 자기 자신과 상대의 성격을 꼼꼼하게 검토해 보고, 헬렌과도 차분히 이야기를 나누고 나서 결정해야 할 일이었다.

확실히 그것은 기묘한 사랑 고백 장면이었고 그 중심은 끝까지 말로 표현되지 않았다. 만약 마거릿이 윌콕스 씨였다면 '당신을 사랑한다'고 말했으리라. 어쩌면 그는 자기 마음을 솔직히 털어놓는 데 익숙하지 않을지도 모른다. 하긴 마거릿이 끝까지 캐물었다면 윌콕스 씨도 그렇게 말했을 것이다. 영국 남성도 평생에 한 번쯤은 자기 마음을 고백할 수 있어야 하지 않을까. 그러나 윌콕스 씨에게 그런 말을 하기 위한 노력은 고통일 수밖에 없었다. 마거릿은 그가 이 세상에 대항하여 쌓아올린 방어벽을 무너뜨리고 싶지 않았다. 애정 어린 대화나 공감의 표현으로 그를 괴롭히는 건 안 될 일이었다. 그는 이미 중년이 넘은 남자였고, 이제 와서 그의 성격을 바꾸려 드는 것은 무의미하고 무례한 일이었다.

그러고 있는 마거릿 주변에서 윌콕스 부인의 유령이 끊임없이 떠돌고 있었다. 그 유령은 조금의 적의도 없는 착한 유령이었고, 마거릿을 보살펴 주는 것 같았다.

19

외국인에게 영국을 보여 주고 싶다면 퍼벡의 구릉지 끝자락으로 데려가, 코프보다 좀 더 동쪽에 있는 정상에 올라서게 하는 것이 가장 현명할 것이다. 그렇게 하면 영국이라는 섬을 이루고 있는 각 지역이 발아래에서 어떻게 전개되는지 볼 수 있기 때문이다. 바로 밑에는 프롬 강 계곡이 뻗어 있고, 도체스터에서부터 구불구불 이어져 내려오는 황야는 검은색과 황금색으로 물든 채 풀 항구의 수면 위로 가시금작화의 그림자를 드리운다. 그 건너편 계곡을 흐르는 스투어 강은 블랜드포드에서는 탁하고 윔본에서는 맑은데, 크라이스트처치 탑 아래에서 에이번 강과 합쳐진다. 에이번 강이 흐르는 계곡은 여기서 보이지 않지만, 눈이 좋은 사람이라면 저 멀리 북쪽에서 그 계곡을 에워싸고 있는 클리어베리 링 언덕을 볼 수 있으리라. 그리고 그 너머에 있는 솔즈베리 평야와 또 그 너머에서 영국 중부를 이루고 있는 장려한 구릉지대는 눈에 보이지 않아도 쉽게 상상할 수 있으리라.

본머스의 볼품없는 해안선은 오른쪽으로 슬금슬금 기어 나가고 있고 그 근처에서 시작되는 솔숲은 그 자체의 아름다움에도 불구하고 붉은 집들과 증권거래소를 예고하며 런던까지 이어진다. 런던이라는 도시의 꼬리가 이렇게도 길게 끌리는 것이다. 그러나 프레시워터 절벽까지는 미치지 못할 것이다. 그리고 와이트 섬의 아름다움도 세상 끝날까지 보존될 것이다. 서쪽에서 와이트 섬을 보면 모든 아름다움의 법칙을 초월한 것처럼 아름답다. 마치 영국의 한 조각이 외국인을 맞이하기 위해 물 위로 튀어나온 것 같다. 영국의 모든 백악계 절벽과 잔디로 이루어진 이 섬은 영국의 축소판이라고도 할 수 있다. 그리고 이 조각 뒤에 자리잡고 있는 것이 세계 각국 손님들이 모여드는 사우샘프턴과 언제든지 불을 내뿜을 준비가 돼 있는 포츠머스이다. 이 조각을 둘러싼 채 바다는 조수와 조수가 맞물리며 소용돌이를 치고 있다.

이렇듯 여기에 서면 수많은 마을과 성이 보인다. 폐허가 되었거나 아직 예배가 행해지고 있는 수많은 교회가 보이고, 수많은 배와 철도와 도로가 보인다. 그리고 맑게 갠 이 하늘 아래에서 얼마나 다양한 사람들이 우리가 알 수 없는 궁극적인 목적을 위해 노력하고 있는가! 이성은 스워니지 해변으로 밀려온 파도처럼 다시 밀려가고, 상상력은 부풀어오르고 퍼지고 깊어져서는 마침내 지리적 형태를 띠고 영국을 감싸 안는다.

이제는 리제케 건축가의 부인이자 갓난아이의 어머니가 된 프리다 모제바흐도 이곳 정상에 올라서 감동을 받았다. 프리다는 주위를 오랫동안 바라보더니 포메라니아보다 구릉이 더 부풀어 있다고 말했는데, 이는 사실이었지만 먼트 부인이 듣기에는 그다지 적절한 표현이 아닌 것 같았다. 물이 빠져나간 풀 항구를 보고 프리다는 뤼겐에 있는 프리드리히 빌헬름 바트 해변에는 개흙이 없다고 자랑했다. 거기서는 너도밤나무들이 조수 간만의 차이가 없는 발트 해로 가지를 드리우며, 암소들이 찾아와 바닷물을 들여다보기도 한다고 했다. 그러자 먼트 부인은 물은 움직여야 깨끗해지니까 그곳 바닷물은 건강에 나쁘지 않겠느냐고 말했다.

"그렇다면 영국에 있는 호수, 빈더미어나 그래스미어 같은 호수도 건강에 나쁜가요?"

"아니, 그건 민물이니까 괜찮아요. 그러나 바닷물의 경우에는 밀물과 썰물이 있어서 물이 늘 움직이지 않으면 냄새가 나요. 수조에 바닷물을 담아서 바닷물고기를 기르면 그렇게 되잖아요?"

"먼트 부인, 수조에 담은 민물보다 바닷물이 더 구린내가 난다고 말씀하신 거예요? 한번은 제 시동생 빅터가 올챙이를 잔뜩 모았는데……."

"'구리다'는 말을 쓰면 안 돼. 단, 자기도 우스워 죽겠다는 시늉을 하면 괜찮지만."

헬렌이 주의를 줬다.

"그럼 '냄새 난다'고 해야겠네요. 풀 항구 개펄에서도 냄새가 나지 않을까요? 아니, 아하하, 구린내가 나지 않을까요?"

"풀 항구에는 옛날부터 개펄이 형성돼 있었는데……."

먼트 부인은 약간 기분이 상한 듯 말을 이었다.

"강물이 진흙을 날라 와서 그렇게 된 거예요. 그 개펄에서 나오는 굴은 특산물이 되었죠."

"그렇군요."

프리다도 그 말을 수긍했다. 이런 식으로 국제적 분쟁이 또 하나 해결됐다.

먼트 부인은 자기가 좋아하는 이 고장 속담 하나를 인용했다.

"본머스는 현재에, 풀은 과거에, 스워니지는 미래에 가장 중요한 도시가 될 것이다."

그런 다음 이렇게 말을 이었다.

"그러니 리제케 부인, 본머스와 풀을 구경한 김에 조금만 되돌아가서 다시 한 번 스워니지가 보이는 곳까지 가 볼까요?"

"줄리 이모, 저 기차에 메그 언니가 타고 있지 않을까요?"

과연 조그만 연기구름이 풀 만(灣)을 따라 돌고 있었는데, 그것이 이제는 검은색과 황금색으로 채색된 황야를 지나 남쪽으로 이동하면서 그들을 향해 다가오고 있었다.

"마거릿이 많이 지쳤을까 걱정이구나."

"그 집을 빌렸을지 모르겠네."

"잘 생각해서 결정했으면 좋겠는데 말이야."

"맞아요, 이모님."

"그 집은 위컴 플레이스에 있는 집만큼 훌륭한가요?"

프리다가 물었다.

"그야 당연하지. 윌콕스 씨는 좋은 집을 고르는 재주가 있는 사람이니까. 듀시 거리에 있는 집들은 모두 훌륭한 현대식 건물들이야. 어쩌다 그 집을 내놓을 마음이 생겼는지 모르겠네. 하기야 그 집을 산 것도 이비 때문이었지. 그런데 이비가 곧 결혼한다니까……."

"결혼해?"

"아니, 프리다, 넌 이비를 본 적도 없잖아? 결혼 이야기만 나오면 귀가 번쩍 뜨이는 것 같구나."

"글쎄, 이비라면 그 폴의 여동생이잖아?"

"맞아, 그 찰스의 여동생이기도 하고."

먼트 부인이 '그' 부분을 유난히 강조하더니 또다시 말을 이었다.

"헬렌, 그땐 네가 정말 혼이 났었지."

그러자 헬렌은 웃으며 대꾸했다.

"언니와 저는 그런 일엔 신경도 안 써요. 집만 싸게 구할 수 있다면 상관 없어요."

"리제케 부인, 마거릿이 탄 저 기차 좀 보세요. 이쪽으로 오잖아요. 점점 다가오고 있어요. 저 기차가 코프까지 오면 그 다음엔 우리가 서 있는 이 언덕 사이를 뚫고 지나갈 거예요. 그러니까 내가 아까 말했던 것처럼 저쪽으로 가서 스워니지를 바라보고 있으면, 기차가 나오는 장면을 볼 수 있다고요. 자, 가서 구경해 볼까요?"

그로부터 몇 분 뒤 일행은 언덕 꼭대기 반대편으로 이동해서 좀 전과는 달리 훨씬 규모가 작은 뒤쪽 풍경을 바라보게 되었다. 그 밑에는 비탈진 언덕을 배경으로 하여 별다른 특징도 없는 골짜기가 자리 잡고 있었으며, 언젠가 세 소도시 가운데 가장 크고 추한 곳이 되리라 예상되는 스워니지가 퍼벡 섬 너머로 보였다. 이윽고 마거릿이 탄 기차가 먼트 부인의 말대로 나타나자 부인은 기뻐서 어쩔 줄 몰라 했다. 기차는 풍경의 가운데쯤 되는 곳에 멈춰 섰다. 티비가 마차를 타고 마거릿을 마중하러 가서 마거릿과 간식 바구니를 여기까지 날라 오기로 되어 있었다. 그때 헬렌이 프리다를 향해 아까 하던 이야기를 계속했다.

"그러니까 네 시동생 빅터가 올챙이를 모으듯이 윌콕스 가족은 집을 모은단 말이야. 듀시 거리에 한 채, 내가 그 난리를 떨었던 하워즈 엔드에 또 한 채, 슈롭셔에 별장 한 채, 찰스의 집이 힐튼과 엡섬에 각각 한 채, 이비도 결혼하면 집 한 채와 별장 한 채를 소유할 테니까 모두 합쳐 일곱 채…… 아, 맞다, 아프리카에 폴의 오두막집이 한 채 있으니까 총 여덟 채겠네. 나는 하워즈 엔드에 살았으면 좋겠어. 그 집은 아담하고 참 정겨운데. 그렇죠, 줄리 이모?"

"그때는 집을 볼 겨를이 없었단다." 일이 잘 해결되어 다행이라는 투로 먼트 부인이 말했다. "내가 왜 거길 갔는지 사람들한테 설명해야지, 하던 이야기도 마쳐야지, 찰스를 야단쳐야지, 그 상황에서 내가 뭘 기억하겠니? 네 방에서 점심 먹던 것만 생각나는구나!"

"그건 그래요. 그래도 이제는 모든 것이 옛날 일이 되어 버렸죠. 아닌가요? 하긴 그 뒤 가을이 되자 폴을 반대하는 운동이 시작되었고, 이모도, 프리다도, 언니도, 윌콕스 부인도 모두 내가 폴과 결혼할지도 모른다는 생각에 사로잡혀 있었죠."

"그건 아직도 모르지."

프리다가 걱정스럽게 말했다. 헬렌은 고개를 저었다.

"이제는 걱정할 필요 없어. 그것만은 확실해."

"그래, 사람이 확신할 수 있는 건 자기 감정의 진실성밖에 없지."

그것은 지금까지 이야기하던 내용에서 벗어난 말이었다. 그러나 헬렌은 그렇게 말한 프리다가 왠지 한층 더 친근하게 느껴져서 그녀의 허리에 한 팔을 감았다. 그것은 별로 독창적인 말이 아니었고, 프리다는 철학자라기보다 애국자다운 정신의 소유자였으므로 진지하게 그런 말을 한 것은 아니었다. 그래도 그 말은 게르만 민족에게서는 쉽게 발견되지만 영국인에게서는 보기 드문, 보편적인 것에 대한 관심을 보여주었다. 그것은 아무리 서툴게 표현된다 해도 영국인들의 위신, 외양, 효용과 반대되는 보편적 진선미와 연결되었다. 그것은 리더의 풍경화 옆에 나란히 걸려 있는 뵈클린의 풍경화처럼, 야단스럽고 어지러운 가운데 초자연적인 생명력을 전달해 주었다. 그것은 이상주의를 북돋고 영혼을 뒤흔들었다. 하지만 그 말은 그 다음에 벌어질 상황에 대해서는 별로 적절하지 않았다.

"아, 왔어! 여기, 내가 서 있는 곳에서 마차가 오는 게 보여. 마차가 오고 있어."

줄리 이모가 큰 소리로 이렇게 말하더니, 추상적인 이야기에서 벗어나 언덕 꼭대기에서 밑으로 내려갔다. 그들은 거기까지 가서 달려오는 마차를 지켜보았다. 이윽고 마차에 앉아 있는 마거릿과 티비의 모습도 보이기 시작했다. 마차는 스워니지 외곽을 지나 그 앞쪽에 있는, 집들이 하나둘 들어서고 있는 좁은 길을 잠깐 달린 다음 오르막길로 들어섰다.

"집은 빌렸어?"

그들은 마거릿이 들을 수도 없는 먼 거리에서 소리쳤다.

헬렌이 마차 쪽으로 뛰어갔다. 마차가 올라오는 길은 능선의 잘록한 지점에서 둘로 갈라졌다.

"집은 어떻게 됐어?"

마거릿이 고개를 저었다.

"뭐야, 그럼 또 그대로네?"

"그런 건 아니지만……."

마거릿은 피곤한 얼굴로 마차에서 내렸다.

"무슨 일이 있나 봐. 곧 말해 주겠대."

티비가 말했다.

마거릿은 헬렌에게 다가가, 윌콕스 씨가 자기에게 청혼했다고 낮은 목소리로 말했다. 그 말을 듣고 헬렌은 우습다고 생각했다. 티비의 마차가 지나갈 수 있도록 봉우리 쪽으로 이어지는 좁은 길의 문을 열어 주면서 헬렌이 말했다.

"홀아비는 다 그래. 참 뻔뻔해서, 꼭 아내의 친구였던 여자를 고르지."

마거릿의 얼굴에 곤혹스런 표정이 떠올랐다가 사라졌다.

"그런 남자란……."

헬렌이 잠깐 입을 다물었다가 소리쳤다.

"언니, 설마 어떻게 된 건 아니겠지?"

"저기, 잠깐만."

마거릿은 여전히 낮은 목소리로 말했다.

"언니가 설마…… 설마……."

헬렌은 곧 정신을 차리고 큰 소리로 말했다.

"티비, 서둘러. 내가 평생 이 문을 잡고 있을 수는 없잖니. 줄리 이모, 줄리 이모! 프리다랑 같이 가서 차를 좀 준비해 주시겠어요? 저희는 집 이야기를 하고 나서 따라갈게요."

그리고 헬렌은 언니를 쳐다보며 갑자기 울음을 터뜨렸다. 마거릿은 당황해서 어쩔 줄 몰랐다.

"왜 울어……."

순간 마거릿은 헬렌의 떨리는 손이 자신에게 닿는 것을 느꼈다.

"하지 마."

헬렌은 흐느끼면서 말을 이었다.

"하지 마, 언니, 하지 마."

헬렌은 그 말밖에 모르는 것 같았다. 마거릿도 훌쩍거리며 헬렌을 데리고 비탈길을 올라갔다. 그들은 다른 문을 통해 언덕 등성이로 나왔다.

"하지 마, 제발 그만둬! 내가 그 이유를 말해줄게. 난 다 알고 있어. 하면 안 돼!"

"네가 뭘 안다는 거야?"

"공포와 공허뿐이고 아무것도 안 남는단 말이야. 하지 마!"

마거릿은 헬렌이 조금 이기적이라고 생각했다.

'헬렌이 결혼하겠다고 했을 때 나는 이렇게 행동하지 않았는데.'

그런 생각을 하면서도 마거릿은 동생의 마음을 달랬다.

"괜찮아, 너랑은 언제든지 만날 수 있으니까……."

"그게 문제가 아니야."

헬렌은 그렇게 말하더니 마거릿 곁을 지나 걱정스런 표정으로 두 팔을 벌리고 울면서 언덕을 올라갔다.

"왜 그래, 헬렌?"

마거릿은 언덕 북쪽으로 부는 저녁 바람을 뚫고 따라가면서 소리쳤다.

"바보같이, 왜 그렇게……."

마거릿 자신도 갑자기 바보가 된 것 같았다. 광대한 풍경이 눈물로 흐릿해졌다. 마침 헬렌이 되돌아왔다.

"메그 언니……."

"우리가 왜 이러지? 둘 다 정신이 나간 모양이야."

마거릿이 눈물을 닦으며 말했다.

헬렌도 눈을 훔쳤다. 두 사람은 잠깐 웃기도 했다.

"여기 좀 앉을까?"

"응, 언니가 앉으면 나도 앉을게."

"그런데……."

마거릿은 헬렌에게 입을 맞춘 뒤 말을 이었다.

"도대체, 왜 그러니?"

"나는 내가 한 말을 후회하지 않을 거야. 언니, 하지 마. 잘될 리가 없다고."

"헬렌, 무조건 하지 말라고만 하면 어떡해! 그런 바보 같은 말이 어디 있어? 아직도 머리가 맑아지지 않았나 보네. '안 돼, 하지 마' 이런 말은 바스트 부인이 바스트 씨에게 하루 종일 하는 말일 거야."

헬렌은 입을 다물었다.

"말 좀 해봐."

"언니가 먼저 말해 줘. 어떻게 된 일인지 처음부터 말이야. 이야기를 듣다 보면 내 머리도 맑아지겠지."

"그래, 그러자. 어디서부터 시작할까? 워털루 역에 도착했을 때…… 아니, 그 전에 있었던 일부터 이야기하는 게 좋겠다. 너만은 모든 것을 남김없이 알아주었으면 하니까. 맨 처음은 말이지, 바스트 씨가 우리집에 와서 화를 낸 날이었어. 그때 나는 바스트 씨를 변호했거든. 그래서 윌콕스 씨가 아주 조금 질투를 느낀 모양이야. 그때 나는 그것이 여자와 마찬가지로 남자도 어쩔 수 없이 경험하는 순간적인 감정이겠거니 했어. 너도 알지…… 적어도 내 경험으로는, 어떤 남자가 내 앞에서 어떤 여자를 예쁘다고 칭찬하면 순간적으로 괜히 그 여자가 싫어져서 귀라도 잡아당기고 싶어지더라. 뭐, 조금 피곤한 감정이긴 해도 별것 아니니까 쉽게 흘려보낼 수 있지. 그런데 윌콕스 씨의 경우에는 그게 아니었나 봐."

"그럼 언니두 윌콕스 씨를 사랑해?"

마거릿은 잠시 생각하고 나서 대답했다.

"어엿한 남자가 나를 아껴 준다는 건 정말 고마운 일이야. 그게 점점 소중하게 느껴져. 또 그 사람과 3년 가까이 알고 지내는 동안 계속 호감을 갖고 있었어."

"그러면 이미 사랑하고 있었다는 거야?"

마거릿은 과거를 돌이켜보았다. 감정이 사회적 관계의 피륙에 얽혀들지 않고 오직 순수한 감정뿐인 시절을 돌아보는 것은 즐거운 일이다. 마거릿은 헬렌의 허리에 한 팔을 두르고, 이 주(州), 저 주가 자기 마음의 비밀을 밝혀 주기라도 한다는 듯이 눈앞에 펼쳐진 경치를 이리저리 둘러보면서 솔직하게 대답했다.

"아니."

"그렇다면 앞으로 사랑하게 될 거라는 말이야?"

"응, 그건 확실해. 솔직히 말하면 그분이 청혼한 순간부터 사랑하게 되었어."

"그리고 결혼하기로 결심했구나."

"응. 하지만 그 문제로 너와 이야기를 나누고 싶어. 헬렌, 너는 왜 그 사람은 안 된다고 하는 거니? 이유를 말해 봐."

이번에는 헬렌이 경치를 바라보더니 마침내 입을 열었다.

"폴이랑 얽혔던 일 때문에 그래."

"윌콕스 씨가 폴하고 무슨 관계가 있는데?"

"그분도 그 현장에 있었거든. 그날 아침에 내가 식사를 하러 내려갔을 때 폴은, 나를 사랑한다던 그 남자는 이미 겁을 집어먹고 완전히 무력해진 상태였어. 그래서 난 이제 다 틀렸구나 하고 생각했어. 인간관계가 가장 중요하지 '전보와 분노로 가득한 외부 세계' 따위는 아무 의미가 없으니까 말이야."

헬렌은 단숨에 말했다. 그것은 두 사람이 전부터 이야기했던 내용이었으므로 마거릿은 그 의미를 이해할 수 있었다.

"그 얘기는 좀 이상한데. 첫째로, 나는 그 외부 세계에 대한 네 의견에 동의하진 않지만, 이 이야기는 전에도 했었지. 그보다도 내 사랑과 네 사랑이 매우 다르다는 것이 중요해. 네 사랑이 낭만적인 시라면 내 사랑은 산문이야. 그렇다고 내 사랑을 깎아내리는 것은 절대로 아니야. 여러모로 깊이 생각해서 쓰여진 훌륭한 산문이니까. 이를테면 나는 윌콕스 씨의 단점을 다 알고 있어. 그분은 감정을 두려워하고, 성공에 연연하고, 과거를 소중히 여기지 않아. 그분이 보여주는 공감에는 시가 없고, 그러니 진정한 공감이라고 할 수도 없지. 내 생각에는……."

그녀는 저녁노을에 물든 바다를 바라보았다.

"그분은 정신적으로 나만큼 정직하지도 않아. 이 정도면 마음에 드니?"

"아니, 오히려 더 싫어졌어. 언니, 제정신이야?"

마거릿은 마음이 상한 듯 저도 모르게 몸을 움직였다.

"나는 그 사람뿐 아니라 어떤 남자도 여자도 내 인생의 모두를 걸 생각은 없어. 절대로! 서로 이해하지 못하는, 아니 절대 이해할 수 없는 것들이 얼마든지 있을 테니까."

　결혼식과 육체적 결합을 통해 부부가 된 남녀 한 쌍과 세상 사이에 엄청난 유리 장벽이 드리우기 전에 마거릿은 이미 이런 말을 했다. 그 뒤에도 마거릿은 오늘날 여자들은 결혼하고 나서 그러는 것보다도 훨씬 더 철저하게 자신의 독립성을 지켜 나갔다. 결혼은 그녀의 성격보다는 환경에 더 큰 영향을 미쳤고, 그녀가 장래의 남편을 이해한다고 말한 것도 크게 틀린 건 아니었다. 하지만 그가 그녀의 성격을 변화시킨 것은 틀림없는 사실이었다. 이는 예상치 못한 일이었으며 인생의 풍화를 겪기도 전에 부부로서의 생각을 강요하는 사회적 압력이었다.

　"그건 그분의 경우도 마찬가지야. 그분에 대해서는, 특히 그분이 하는 일에 대해서는 아무리 세월이 흘러도 내가 이해할 수 없는 점이 얼마든지 있을 거야. 예컨대 그분은 사회인으로서 행동하는 영역에서 네가 경멸하는 여러 가지 능력을 가지고 계시는데, 따지고 보면 그런 능력이 이 모든 것을 실현시키고 있는 거야."

　마거릿은 온갖 것을 긍정해주는 풍경을 향해 손을 흔들어 보였다.

　"만약 윌콕스 씨 같은 사람들이 영국에서 수천 년 동안 열심히 일하지 않았다면, 우리도 지금 여기서 편안히 쉬고 있을 수는 없었을 거야. 기차도 없을 테고 우리처럼 문학적인 사람들을 실어 나르는 배도 없었을 테고, 어쩌면 일굴 밭조차 없었을지도 몰라. 야만만이 존재했겠지, 아니 어쩌면 그것조차 없었을지 몰라. 그 사람들의 개척 정신이 없었다면 인생은 언제까지나 원형질 상태에 머물러 있지 않았을까? 내 몫의 수입은 챙기면서 그걸 만들어 주는 사람들을 조롱하는 일은 이제 점점 더 싫어져. 때로 내가 보면……"

　"나도 그렇게 봤어. 여자들은 다 그래. 그래서 폴에게 키스했어."

　"그건 말이 너무 심하잖아." 마거릿이 말했다. "이건 전혀 경우가 달라. 나는 깊이 생각해 봤어."

　"그런다고 달라질 건 없어. 결과는 똑같으니까."

　"말도 안 돼!"

　오랜 침묵이 이어졌다. 그러는 사이에 풀 항구로 밀물이 들어오기 시작했다.

　"뭔가를 잃어버리게 될 거야."

　헬렌이 혼잣말처럼 나직이 중얼거렸다. 바닷물이 개펄을 뒤덮으면서 가시금작화와 거무스름한 히스 덤불 쪽으로 밀려왔다. 브랭크시 섬은 드넓은 갯벌을 잃고서 숲의 짙은 그림자에 싸인 작은 덩어리가 되었다. 프롬 강은 도체스터를 향해, 스투어 강은 윔본을 향해, 에이번 강은 솔즈베리를 향해 내륙으로 밀려가야 했고, 태양은 이런 대이동을 위풍당당하게 감독하면서 내일을 위한 휴식을 준비했다.

영국은 살아 있었고, 모든 강 하구에서 약동치고 있었으며, 갈매기들의 입으로 환성을 질렀다. 북풍은 차오르는 바다에 더욱 사납게 부딪쳐댔다. 이런 것들은 무엇을 의미하는 걸까. 영국의 풍요로운 아름다움, 다양한 토질, 구불구불한 해안선은 무엇을 위해 존재하는 걸까. 영국은 그 나라를 이룩하여 세상이 두려워하는 강국으로 만든 사람들의 것일까? 아니면 영국에 아무런 힘도 보태지 않았지만, 은빛 바다 위에 보석처럼 떠 있는 영국이란 섬이 영혼들을 실은 배가 되어서 세계의 다른 배들과 함께 영원을 향해 나아가는 광경을 지켜본 사람들의 것일까?

20

마거릿은 사랑이라는 조약돌이 이 세상이라는 큰 바다에 떨어졌을 때 일어나는 엄청난 파문을 이상하게 여긴 적이 이제까지 여러 번 있었다. 사랑은 한 사람을 사랑하는 이와 그 사랑을 받는 이만의 문제일 터인데, 그 사랑이 바다에 떨어지면 해일이 온 해안을 덮치게 된다. 이러한 소동은 아마도 세대마다 정신이 새로운 세대를 환영하고, 또 모든 바다를 손아귀에 넣고 있는 숙명이라는 것에 반발함으로써 나타나는 결과이리라. 그러나 사랑은 이 점을 이해하지 못한다. 사랑은 자신의 무한함만을 느낄 뿐, 또 다른 무한함을 인정하지 않는다.

사랑은 한 줄기 햇빛이요, 머리카락에서 떨어지는 장미꽃이요, 복잡하게 얽힌 시공간을 지나서 다시 조용히 가라앉으려는 조약돌이다. 또한 사랑은 알고 있다. 자신이 끝까지 살아남을 것을, 그리고 운명이 자신을 절망의 구렁텅이에서 끌어올려 신들의 손길을 거쳐 감동을 안기게 되리라는 것을. '적어도 인간은 이것을 남겼다.' 신들은 이렇게 말하면서 인간에게 불멸성을 줄게 틀림없다. 하지만 그렇게 되려면 얼마나 많은 소동들이 벌어질지!

먼저 재산과 예의범절이라는 바위 두 개가 거대하게 드러나고, 가문의 자존심이 있는 힘껏 수면으로 떠올라 요란스레 숨을 헐떡인다. 신학은 희미한 금욕주의로 몸을 감싼 채 스스로의 힘을 과시하기를 주저하지 않는다. 그러면 법률가라는 냉혈동물이 굴속에서 기어 나온다. 그들은 자기 본연의 일을 한다. 즉 재산과 예의범절을 정돈하고, 가문의 자존심과 신학을 달랜다. 출렁이는 바다 위로 금화들이 뿌려지고, 법률가들이 자기 굴로 돌아간다. 이 과정에서 별다른 문제만 생기지 않는다면 사랑은 한 남자와 한 여자를 결혼으로 엮어 준다.

마거릿은 이런 소동을 예상했기에 아무렇지도 않았다. 예민한 여성치고는 드물게도 그녀의 정신은 강건했고, 모순과 부조리를 견디는 힘이 있었다. 더구나 이번 연애 사건에는 과도한 것이라곤 없었다. 마거릿과 윌콕스 씨, 아니 이제부터는 헨리라고 불러야겠지만, 두 사람 사이에는 몹시 친밀한 기운이 맴돌았다. 헨리는 낭만주의를 원치 않았고, 마거릿도 굳이 낭만을 추구하는 여자는 아니었다. 친지로 지내던 사람이 애인이 되었고 그 사람이 앞으로 남편이 될 것이다. 그들이 서로 만나면서 상대에 대해 알게 된 내용은 모두 사실 그대로일 것이다. 사랑은 새로운 관계를 낳는 것이 아니라 그때까지 이어진 관계를 뒷받침하는 것이어야 한다.

이런 마음 상태로 마거릿은 그에게 결혼을 약속했다.

다음 날, 윌콕스 씨는 약혼반지를 가지고 스위니지로 찾아왔다. 두 사람은 예의바르게 친밀한 인사를 나눠 줄리 이모를 감동시켰다. 헨리는 줄리 이모의 집에서 저녁식사를 했으나, 잠잘 곳으로는 이미 스위니지에서 가장 큰 호텔 방을 잡아 두었다. 그는 어딜 가나 그곳에서 가장 큰 호텔이 어디인지 본능적으로 알 수 있는 사람이었다.

저녁식사 뒤 헨리 윌콕스 씨는 마거릿에게 바닷가를 산책하자고 제안했다. 마거릿은 이를 승낙했다. 그것이 두 사람의 첫 번째 연애 장면이 되리라고 생각하니 몸이 떨렸다. 마거릿은 모자를 쓰다 말고 웃음을 터뜨렸다. 사랑은 책에 나온 것과는 너무나도 달랐다. 그 기쁨에 거짓은 없었지만 그래도 뭔가 달랐다. 사랑의 신비로움도 예기치 못한 신비로움이었다. 게다가 아직도 윌콕스 씨가 낯선 사람처럼 느껴졌다.

두 사람은 잠시 반지 이야기를 했다. 그러다 마거릿이 다른 화제를 꺼냈다.

"전에 첼시 강가에서 만났던 거 기억하세요? 그게 겨우 열흘 전 일인데요."

"그렇군요. 그때 당신과 당신 여동생은 사회 개혁에 관한 엉뚱한 계획을 세우려고 하지 않았소? 그래요, 그런 일도 있었지."

윌콕스 씨가 웃으며 대답했다.

"그때 저는 이렇게 되리라고는 상상도 못했어요. 당신은요?"

"글쎄, 뭐랄까. 간단히 말할 수는 없는데."

"그러면 더 전부터였어요? 더 전부터 나를 이렇게 생각했던 거예요? 정말 재미있네요! 헨리, 그 이야기 좀 해 주세요."

하지만 헨리는 그런 이야기는 하고 싶지 않았다. 어쩌면 하고 싶은데 할 수 없었는지도 모른다. 그는 어떤 정신적 상태가 한 번 지나가 버리면 제대로 떠올리지 못하는 특성이 있었다. 또 '재미있다'는 말 자체도 싫어했다. 그 말은 그에게 낭비된 노력과 병적인 상태를 연상시켰다. 그는 견고한 사실들만으로도 충분했다.

"저는 그런 생각은 미처 못했어요."

마거릿이 말을 이었다.

"당신이 응접실에서 그 말씀을 하셨을 때가 저로서는 처음이었어요. 그것도 보통 생각했던 것과는 전혀 다르더군요. 연극이나 책에서 보면 청혼은…… 뭐랄까? ……뭔가 화려하게 빛나는 일이잖아요. 꽃다발처럼 말이에요. 본래의 의미는 사라지고요. 하지만 실제 인생에서의 청혼은 정말 청혼이에요."

"그런데……."

"하나의 제안이고, 씨를 뿌리는 행위인 것 같아요."

마거릿은 이렇게 결론지었다. 그 생각은 저녁 어스름 속으로 날아가더니 사라져 버렸다.

"당신만 괜찮다면 오늘 저녁엔 다소 사무적인 이야기를 하고 싶소. 결정해야 할 일들이 많으니까."

"그래요. 그런데 티비와 대화해 보니 어땠어요?"

"남동생 말이오?"

"네, 아까 같이 담배 피웠잖아요."

"마음이 아주 잘 맞았소."

"잘됐군요. 무슨 이야기를 나누셨어요? 혹시 제 이야기였나요?"

마거릿은 뜻밖이라고 생각하면서 말했다.

"당신 이야기와 그리스 이야기를 했소."

"그리스라니 정말 좋은 화제였네요. 티비는 아직 어린애라서 화제를 잘 골라야 하거든요. 잘하셨어요."

"내가 칼라마타 근처에 있는 포도농장 주식을 갖고 있다고 했소."

"아주 좋은 곳에다 투자하고 계시는군요. 신혼여행은 거기로 갈까요?"

"거기 가서 뭘 하려고요?"

"건포도를 먹어야죠. 경치도 참 좋겠지요."

"뭐, 경치는 상당히 좋은 편이지만, 숙녀를 모시고 갈 만한 곳은 아니라오."

"왜요?"

"호텔이 없으니까."

"호텔에서 묵지 않고 여행하는 숙녀들도 있어요. 헬렌하고 저는 둘이서 배낭을 메고 아펜니노 산맥을 넘었다는 거 알아요?"

"아니, 몰랐소. 그리고 내가 곁에 있는 한 앞으로 그런 일은 절대 할 수 없을 거요."

그러자 마거릿은 약간 심각한 어조로 물었다.

"아직 헬렌하고는 아무 말 못해 봤죠?"

"그렇소."

"그럼 런던으로 돌아가시기 전에 꼭 이야기를 나눠 보세요. 두 사람이 친해졌으면 좋겠어요."

"당신 여동생하고는 전부터 대화가 잘 통했소."

윌콕스 씨는 대수롭지 않다는 듯이 대답하고는 말을 이었다.

"그보다도 하려던 이야기나 마저 합시다. 순서대로 차근차근 얘기하자면, 이비가 퍼시 카힐과 결혼한다는 건 알고 있죠?"

"네, 돌리의 숙부 말씀이죠."

"그렇소. 이비는 퍼시에게 빠져 있소. 그 친구가 좋은 사람이기는 하지만, 당연히 이비가 납득할 만한 혼수를 해올 거라 생각하고 있소. 또 당신도 잘 알겠지만 찰스 말인데, 내가 여기 오기 전에 편지를 보내 모든 사정을 설명해 주었소. 음, 그러니까, 찰스도 아이가 있어서 돈 쓸 데가 많을 텐데, 지금 회사는 발전 가능성은 있지만 아직 그 궤도까지는 멀었단 거요.

"저런, 안됐군요."

그녀는 헨리의 말뜻을 제대로 이해하지 못한 채, 바다를 바라보면서 말했다.

"찰스는 장남이니까 언젠가 하워즈 엔드를 소유하게 될 거요. 또 현재 나의 행복한 심정으로는, 다른 자식들을 위해서도 역시 힘닿는 데까지 이것저것 해 주고 싶소."

"그거야 당연한 일이죠."

마거릿은 이렇게 말하더니 갑자기 작게 소리를 질렀다.

"아, 돈 문제를 말하는 거군요! 나도 참, 둔하기도 하지. 물론 그런 것은 제대로 해 주셔야죠."

이상하게도 헨리는 마거릿이 그렇게 말하자 약간 주춤하는 것 같았다.

"그렇소, 돈 이야기요. 당신은 그런 것을 분명하게 말하는 성격이군요. 나는 모두에게, 당신에게도 자식들에게도 힘닿는 데까지 뭔가를 해 주고 싶소. 자식들이 불평하지 않도록."

"자녀분들한테 최대한 너그럽게 하세요. 공평하게 하시고요."

마거릿이 딱 부러지게 말했다.

"나도 그럴 생각이고, 찰스에게 보낸 편지에서도 그렇게 말했는데……."

"그런데 얼마나 되나요?"

"뭐가 말이오?"

"연수입이 얼마나 되냐고요. 저는 600파운드예요."

"내 수입 말이오?"

"네, 당신 수입을 알아야 찰스에게 얼마를 줄지 결정할 수 있잖아요. 공평함도 너그러움도 다 거기 달려 있죠."

"당신은 정말 거침이 없구려. 그런 걸 다 묻다니!"

헨리는 살짝 웃으며 마거릿의 팔을 두드렸다.

"수입이 얼마인지 몰라요? 아니면 말하고 싶지 않은 거예요?"

"나는……."

"아, 아뇨, 괜찮아요."

이번에는 그녀가 그의 팔을 두드리면서 말을 이었다.

"말하지 마세요. 몰라도 돼요. 계산은 비율만 가지고도 할 수 있어요. 당신 수입을 10으로 나누세요. 그 가운데 얼마를 이비에게, 얼마를 찰스에게, 또 얼마를 폴에게 줄 생각이세요?"

"솔직히 말하면 나는 그런 세부적인 사항까지 끄집어내서 이야기를 복잡하게 만들 생각은 없소. 나는 다만…… 자식들에게도 해 줄 것이 있다는 얘기를 하고 싶었을 뿐인데, 당신이 그 점을 잘 이해해 주었으니까 이제 다음 문제로 넘어갑시다."

"네, 그 문제는 이걸로 해결된 셈이죠. 당신은 제 연수입이 600파운드라는 사실을 기억해 두시고서 모든 사람들에게 되도록 많은 돈을 나눠 주시면 돼요. 아, 제가 이렇게 많은 돈을 가지고 있어서 스스로도 다행이라고 생각해요."

"나는 결코 돈이 많지는 않소. 당신은 가난뱅이하고 결혼하는 거예요."

"헬렌은 저하고는 다른 생각을 가지고 있어요."

마거릿은 하던 이야기를 계속했다.

"물론 그 애도 돈이 많으니까 부자들을 대놓고 욕하진 못하지만 속으로는 아니에요. 이해하기 어려운 건 헬렌이 가난을 실제 현실로 생각한다는 거예요. 그 아이는 세상의 모든 조직을 싫어하고, 아마도 부(富) 자체와 부를 축적하는 기술을 혼동하는 것 같아요. 양말 속에 금화를 넣는 건 괜찮지만, 그게 수표라면 싫어하죠. 헬렌의 생각을 들어보면 정말 정떨어져요. 그런 오만한 태도로는 이 세상을 살기가 힘들죠."

"그래요. 그런데 또 문제가 있소. 그것만 결정되면 나는 호텔로 돌아가서 편지 몇 통을 쓸 거요. 그 문제가 뭔가 하면, 듀시 거리에 있는 집을 어떻게 하느냐는 것이오."

"갖고 계시면 되잖아요? 적어도 그건 금방 결정할 수는 없는 일이에요. 결혼은 언제 할까요?"

마거릿은 평소 버릇대로 큰 소리로 말했는데, 마침 그 근처를 산책하고 있던 몇몇 젊은이들에게도 그 말이 들렸는지 그중 하나가 빈정거렸다.

"얼씨구, 잘한다!"

"말조심하시오!"

윌콕스 씨가 그쪽을 보고 강한 어조로 말하자 상대도 입을 다물었다. 윌콕스 씨는 말을 이었다.

"무례한 짓을 하면 경찰에 신고할 거요."

젊은이들은 조금 떨어진 곳으로 얌전히 물러갔다. 그러나 그들은 그곳에서 두 연인을 놀릴 기회를 노렸으며, 윌콕스 씨와 마거릿은 그때부터 대화 도중에 무례한 웃음소리가 나는 것을 몇 번이나 들었다.

윌콕스 씨는 마거릿에게 주의를 주는 의미도 포함하여 목소리를 낮춰 말했다.

"이비가 9월에 결혼하니까, 그 전에는 어려울 거요."

"헨리, 빠르면 빠를수록 좋아요. 여자는 이런 말을 하면 안 된다고들 하지만, 그래도 빠르면 빠를수록 좋아요."

"그러면 우리도 9월에 하는 게 어떻소?"

헨리가 담담한 목소리로 말했다.

"그래요. 그러고서 9월에 듀시 거리에 있는 집으로 들어갈까요? 아니면 헬렌과 티비를 그리 들여보낼까요? 이건 그냥 떠오른 생각이에요. 하지만 그 아이들은 도무지 현실감각이 없어서, 잘 설득하면 무슨 일이든지 시킬 수 있어요. 그래요, 그렇게 하면 어떨까요? 우리는 하워즈 엔드나 슈롭셔로 가면 되니까요."

헨리는 좀 불만스러운 듯 뺨을 부풀렸다.

"아, 기다려 봐요. 여자들은 매사를 그런 식으로 생각하는 거요? 난 어지러워서 도저히 못 따라가겠소. 하나하나 정리해 나가야지. 자, 마거릿, 먼저 하워즈 엔드에 가는 것은 불가능해요. 그 집은 올해 3월에 3년 계약으로 헤머 브라이스에게 빌려 줬다는 사실을 잊지 말고요. 다음으로 어니턴이 있지만, 그곳은 너무 멀어요. 가끔 친구를 초대할 수는 있겠지만, 아무래도 런던 가까이에 집이 한 채 더 있어야 할 거요. 그런데 듀시 거리에 있는 집에도 큰 결점이 있어요. 뒤쪽에 마구간이 있다는 거요."

마거릿은 저도 모르게 웃음을 터뜨렸다. 그 집 뒤에 마구간이 있다는 얘기는 처음 들었다. 그녀가 집을 구하러 갔을 때도 전혀 모르던 사실이었다. 물론 일부러 그랬다기보다는 그때 이미 주인의 머릿속에는 마구간의 존재가 사라지고 없었다. 윌콕스 가족의 자신만만한 태도에 진정성은 있었지만, 진실을 파악하는 데 필요한 '사물을 명확히 보는 능력'은 결여되어 있었다. 듀시 거리의 집에 사는 동안 헨리는 뒤쪽에 마구간이 있다는 사실을 잘 알고 있었으나, 그 집을 세놓아야겠다고 생각했을 때에는 그 점을 잊어버렸다. 만약 누군가 거기 마구간이 있느니 없느니 따졌다면, 그는 화가 나서 공연히 트집을 잡는다고 그 사람을 비난했을 것이다. 내가 건포도 품질에 불만을 표시할 때마다 우리 동네 식품점 주인은 나를 그렇게 비난한다. 그는 자기 가게 건포도가 최상품이고, 어디를 가도 그 가격에 그런 건포도를 살 수는 없을 것이라고 말한다. 사업하는 사람들은 본디 그런 법이니, 마거릿 또한 그런 사람들이 영국에 베푼 혜택을 생각해서 날카롭게 반응해서는 안 된다.

"그렇지, 특히 여름에는 그 마구간이 아주 골칫거리요. 또 그 집 흡연실도 형편없는 방이고. 그리고 맞은편 집은 오페라를 하는 사람이 샀는데, 내가 보기엔 그 근처 집들도 머잖아 철거될 것 같소."

"그건 안타까운 일이네요. 그 동네에 그렇게 좋은 집이 지어진 지 몇 해되지도 않았는데 말이죠."

"그만큼 활력이 있다는 거요. 사업상 좋은 현상이지."

"저는 런던이 그렇게 끊임없이 변하는 게 싫어요. 그건 말이죠, 영원히 일정한 형태를 이루지 못하는 우리의 가장 나쁜 점을 축소해 놓은 것 같아요. 좋은 것도, 나쁜 것도, 중간적인 것도 모두 다 흘러가 버려요. 영원히 흐르고 흐르죠. 저는 그것이 무서워요. 그래서 저는 강의 경치조차도 믿을 수가 없어요. 그리고 저 바다는……."

"그래요, 밀물이 들어왔구려."

"좋을 때다!"

젊은이 가운데 한 사람이 외치는 소리가 들렸다.

"저런 자들에게도 선거권을 주다니."

윌콕스 씨가 말했다. 그런 자들이 자기 회사에서 사무원으로 일한다는 사실과 그들에게 맡겨진 일이 인격 수양에 거의 도움이 되지 않는다는 사실은 언급하지 않았다. "어쨌건 저자들도 자기 인생이 있고 관심사가 있겠지. 이제 그만 돌아갑시다."

그는 말하면서 마거릿을 줄리 이모네 집까지 바래다주기 위해 발길을 돌렸다. 그날 밤 용건은 다 끝났다. 윌콕스 씨가 묵는 호텔은 반대 방향이었다. 따라서 마거릿을 집까지 바래다준다면, 그가 이제부터 쓸 편지는 그날 밤 안으로 발송되지 못할 터였다. 마거릿은 자기는 괜찮으니까 그냥 호텔로 돌아가시라고 간곡히 부탁했지만 윌콕스 씨는 막무가내였다.

"혼자 돌아간 당신을 보면 이모님이 뭐라고 하시겠소? 그럴 순 없소."

"하지만 저는 혼자 다니는 데 익숙해요. 아펜니노 산맥도 걸어서 넘었는데 이 정도야 아무것도 아니죠. 바래다주면 오히려 화가 날 거예요. 저는 그런 게 예의라고 생각하지 않아요."

윌콕스 씨는 웃으면서 담배를 꺼내 불을 붙였다.

"이건 예의가 아니오. 난 그저 당신을 밤에 혼자 다니게 하고 싶지 않을 뿐이오. 게다가 저런 녀석들도 있으니 위험해요."

"그 정도야 저한테 맡겨 두실 수 없나요? 당신은……."

"어허, 마거릿, 어서 갑시다. 아무리 불평해 봤자 소용없어요."

좀 더 젊은 여성이었다면 상대가 이렇게 남편 티를 내는 데에 반감을 품었을지도 모르지만, 마거릿은 그러기에는 인생을 지나치게 잘 파악하고 있었으므로 더 이상 소란을 피우지 않았다. 실은 마거릿도 자기 나름대로 자신만만했다. 상대가 요새라면 마거릿은 산봉우리였다. 그 산은 모든 사람이 밟고 다니지만, 눈이 내릴 때마다 순결하게 거듭났다.

거짓된 과장을 싫어하고 쉽게 흥분하며 수다스럽고 고집이 센 그녀는 이모에게 그러했듯 애인에게도 자신에 대한 잘못된 인식을 심어 주었다. 그는 그녀의 아량을 약점으로 착각했다. 그녀가 제법 똑똑하다고는 생각했지만, 실제로 그의 영혼 깊은 곳까지 들여다보고 그 안의 것을 긍정하고 있다는 사실은 알지 못했다.

만약 그러한 인식만이 삶에 필요하고 내적 생활이 인생의 전부라면, 두 사람의 행복은 처음부터 보장된 것이나 마찬가지였으리라.

두 사람은 서둘러 걸어갔다. 해안 길과 거기서 이어지는 도로는 가로등 불빛으로 밝았으나, 줄리 이모네 집 뜰은 그보다 좀 어두웠다. 두 사람이 철쭉 덤불 사이에 난 오솔길로 접어들었을 때, 앞장서서 걷던 윌콕스 씨가 약간 쉰 소리로 "마거릿" 하고 부르더니 뒤로 돌아서서 담배를 버리고는 마거릿을 꼭 껴안았다.

마거릿은 깜짝 놀라 비명을 지를 뻔했으나 곧 정신을 차렸다. 그리고 자기

입술에 맞닿은 그의 입술에다 거짓 없는 애정으로 입을 맞추었다. 그것이 그들의 첫 키스였다. 그 뒤 윌콕스 씨는 마거릿을 데리고 집 현관으로 가서 초인종을 울린 뒤, 하녀가 문을 열어 주기 전에 어둠 속으로 사라져 버렸다. 그 바람에 마거릿은 불쾌해졌다.

돌이켜 보면 이 사건은 너무나도 느닷없는 것이었다. 두 사람이 그때까지 나눈 대화에는 그런 행동을 예고하는 요소가 하나도 없었고, 심지어 입맞춤을 한 뒤에 그는 마거릿을 상냥하게 보살펴 주지도 않았다. 만약 한 남자가 열정적으로 변신하기 위한 절차를 제대로 밟지 못했다면, 적어도 거기서 평소 상태로 돌아가는 과정에서는 어느 정도 섬세하게 마음을 써야 할 것이다. 마거릿은 자기가 취한 태도로 보아도, 상대가 다정한 말을 해 주리라 기대했다. 그런데 그는 무슨 부끄러운 짓이라도 한 것처럼 서둘러 돌아가 버렸다. 그 순간 마거릿은 헬렌과 폴의 연애를 떠올렸다.

21

찰스는 돌리를 나무라고 있었다. 그녀는 야단맞을 짓을 했으므로 잠자코 있었지만, 속으로는 결코 남편에게 항복하지 않았다. 이윽고 그의 천둥소리가 가라앉자 그녀의 쩍쩍거림이 조금씩 요란해졌다.

"어휴, 애가 깼잖아요. 그럴 줄 알았다니까(아이 예쁘다, 예뻐). 퍼시 숙부님이 뭘 했든 다른 누가 뭘 했든, 그게 어떻게 내 책임이 된다는 거예요?"

"그럼, 내가 없는 사이에 숙부님을 부른 사람은 누군데? 이비를 함께 부른 사람은 누구고? 날마다 그 두 사람을 자동차로 외출하게 만든 사람은 누구냐고?"

"여보, 그러고 보니 그거 시(詩)적이지 않아요?"

"지금 제정신이야? 시 같은 소리 하고 있네. 두고 봐. 슐레겔 양 때문에 당신하고 내가 매일 뜨거운 맛을 볼 테니."

"나도 그 여자가 너무 싫어요. 그런데 이번 일이 내 탓이라니, 여보, 어떻게 그런 말을 해요?"

"당신 탓이야. 다섯 달 전에는 당신도 그 점을 인정했잖아."

"그런 적 없어요."

"그랬어."

"자, 옳지, 걸음마 해 봐."

돌리는 갑자기 아이를 돌보기 시작했다.

"얼렁뚱땅 넘어가려고 해도 소용없어. 이비가 옆에서 계속 돌봐 드리기만 했어도 아버지는 결혼 따위 생각하지도 않으셨을 거야. 그런데 당신이 괜히 나서서 쓸데없는 짓을 해 버렸다고. 게다가 카힐 씨는 나이가 너무 많아."

"퍼시 숙부님을 욕하지는 마세요."

"슐레겔 양은 예전부터 하워즈 엔드를 탐내고 있었어. 그런데 당신 때문에 이제 그걸 차지하게 됐잖아."

"이야기를 그런 식으로 끌어다 붙여 자기 멋대로 생각하다니, 너무 심한 거 아니에요? 내가 바람을 피우다 들켰어도 이렇게까지 심하게는 못했을 거야. 그렇지, 아가? 아이 예뻐라."

"어쨌든 큰일 났어. 어떻게든 이 위기를 넘겨야 해. 아버지 편지에 대해서는 제대로 답장을 써야지. 아버지도 그렇게 하시니까. 하지만 나는 그 슐레겔 집안사람들한테서 한시도 눈을 떼지 않을 거야. 저쪽이 이상한 짓을 하지 않는다면—듣고 있어, 돌리?—우리도 얌전히 있을 수밖에. 하지만 오만하게 나온다거나 아버지를 독점하거나 잘 모시지 않거나 또 예술이 어쩌니 하는 헛소리로 아버지를 괴롭히면 절대 가만있지 않을 거야. 그럴 수 없지. 그런 여자한테 어머니 자리를 내줄 수는 없어. 폴이 이 소식을 들으면 뭐라고 할지."

이 장면은 여기에서 끝난다. 힐튼에 있는 찰스네 집 뜰에서 찰스와 돌리는 야외용 의자에 앉아 있고, 잔디밭 너머 차고에서는 자동차가 평온하게 자리 잡은 채 두 사람을 바라보고 있었다. 그리고 아직 바지를 입기에는 너무 어린, 찰스를 닮은 사내아이도 역시 평온하게 두 사람을 바라보고 있었다. 어디선가 유모차가 삐걱거리는 소리가 들려온다. 머잖아 세 번째 아이가 태어날 것이다. 이 평온한 가정에서 대자연은 윌콕스 집안을 지상 세계의 소유자로 만들기 위해서인지, 줄줄이 어린 윌콕스를 생산해 냈다.

22

이튿날 아침, 마거릿은 특별히 상냥하게 미래의 남편을 맞이했다. 윌콕스 씨는 성숙한 사람이지만, 그가 무지개다리를 놓아 우리 안의 산문과 열정을 연결하는 데는 그녀의 도움이 필요했다. 그 다리가 있으면 사랑이 태어나서 다리의 둥근 꼭대기에 내려앉는다. 그것은 잿빛 배경에 광채를 발하고 불길 속에서 차분한 이성을 드러낸다. 다리 양 끝의 영광을 보는 사람은 행복하다. 그런 사람의 영혼의 길은 곧게 뻗어 있고, 그 자신도 그의 친구들도 그 길을 걷는 데 어려움이 없을 것이다.

그런데 윌콕스 씨의 영혼의 길은 걷기 어려웠다. 그는 어릴 적부터 그런 것들을 무시하고, 자기 내부에서 일어나는 일을 무심히 넘겨 버리는 사람으로 자라났다. 그는 겉보기에는 명랑하고 믿음직하고 용감하기도 했으나, 내부는 혼란스러운 상태로 방치되어 있었다. 혹시라도 그 내부를 지배하는 것이 있다면 그것은 불완전한 금욕주의일 것이다. 그는 소년 시절에도, 결혼해서 아내가 있었을 때에도, 아내를 잃은 뒤에도 왠지 모르게 육체적 정열을 나쁜 것으로 믿어 왔다. 종교가 그에게 그런 믿음의 근거를 제공했다. 일요일 교회에서 윌콕스 씨를 비롯한 교양 있는 사람들이 귀 기울여 듣는 성서 말씀은, 일찍이 성녀 카트린과 성 프란체스코의 영혼에 육체에 대한 증오를 심어준 말들이었다. 윌콕스 씨는 그런 성인들처럼 거룩한 열정으로 창조주를 사랑할 수는 없었으나, 아내를 사랑한다는 것을 어쩐지 부끄러운 행위로 여길 수는 있었다. "Amabat ; amare timebat."(그는 사랑했지만, 사랑하기를 두려워했다.) 이 점에서 마거릿은 그를 도와주고 싶었다.

그 일은 그리 어려워 보이지 않았다. 마거릿의 천성 같은 것으로 그를 괴롭힐 필요는 없었으며, 그저 그 자신은 물론이고 모든 사람의 영혼 속에 존재하는 구원의 가능성을 그에게 보여 주기만 하면 되었다. 단지 연결하라! 이것이 마거릿이 말하고자 하는 전부였다. 산문과 열정을 연결하기만 하면 그 둘 다 고양되고, 인간의 사랑은 정점에 이르게 될 것이다. 더 이상은 조각난 삶을 살지 말라. 단지 연결하라. 그러면 고립을 먹고 사는 짐승과 수도승은 죽고 말 것이다.

게다가 이 메시지를 전하는 일도 그리 어렵지 않았다. 굳이 설교할 필요도 없이 가끔 암시하기만 해도 다리는 무사히 놓일 테고, 두 사람의 인생은 아름다움으로 뻗어갈 것이다.

그러나 마거릿은 실패했다. 헨리에게는 마거릿이 아무리 마음을 다잡고 노력해도 제대로 다룰 수가 없는 특별한 성격이 있었기 때문인데, 그것은 바로 둔감함이었다. 그는 모르는 것은 계속 몰랐고, 그런 상황에서는 어떤 말도 소용이 없었다. 예를 들면 그는 헬렌과 프리다가 자기에게 반감을 갖고 있다는 것이나 티비가 건포도 농장에 흥미가 없다는 것도 몰랐으며, 가장 재미없는 대화 속에도 존재하는 밝은 면과 어두운 면을 몰랐고, 도표·이정표·대립·무한한 전망 등을 알아차리지 못했다. 한번은 마거릿이 다른 이야기를 하다가 그 일에 대해 잔소리를 했더니, 그는 당황한 표정을 짓다가 곧 웃으며 말했다.

"나는 지금 내가 하는 일에 온 힘을 집중시키는 것이 중요하다고 생각하오. 그러니까 다른 일에 신경 쓰느라 힘을 낭비하고 싶지는 않소."

그러자 마거릿이 반박했다.

"하지만 그건 힘 낭비가 아니에요. 힘을 발휘할 공간을 넓히는 거예요."

그러나 윌콕스 씨의 대답은 이러했다.

"당신 머리가 좋다는 건 알고 있지만, 그래도 나는 집중하는 것이 중요하다고 생각하오."

그날 아침 윌콕스 씨는 평소보다 더 일에 집중했다.

그들은 어젯밤에 갔었던 철쭉 덤불에서 만났다. 낮에 보니 덤불이라 하기에는 너무 듬성듬성 나 있었고, 길은 아침 햇살에 환하게 드러났다. 두 자매는 함께 있었다. 헬렌은 마거릿의 약혼이 확정된 뒤로 부쩍 말수가 줄었다.

"여기예요."

마거릿은 여동생의 손을 잡은 채 다른 손을 내밀며 말했다.

"아, 여기 있었구려. 헬렌, 잘 잤어요?"

"안녕히 주무셨어요, 윌콕스 씨?"

헬렌이 아침 인사를 하며 말했다.

"헨리, 화를 잘 내던 그 이상한 남자 분이 우리에게 아주 반가운 편지를 보냈어요. 그 사람, 기억하세요? 콧수염을 이상하게 기르고 뒷머리가 젊어 보이는 남자 말이에요."

"나도 편지 한 통을 받았는데, 그다지 반가운 편지는 아니오. 이따가 당신과 그 이야기를 해야겠소."

윌콕스 씨는 이미 마거릿과 약혼한 상태였으므로 레너드 바스트에게 더이상 신경 쓰지 않았다. 삼각관계도 이미 지나간 일이었다.

"그 사람이 당신 충고를 받아들여 포피리온을 그만뒀대요."

"그 회사도 별로 나쁘지는 않은데."

윌콕스 씨는 자기가 받은 편지를 호주머니에서 꺼내며 지나가듯 말했다.

"별로 나쁘지 않다니……."

이렇게 말하면서 마거릿은 저도 모르게 그의 손을 놓아 버렸다.

"하지만 전에 첼시 강둑에서……."

"아, 오셨군요. 안녕하세요, 먼트 부인. 철쭉이 정말 예쁘군요. 잘 잤어요, 리제케 부인? 보다시피 영국에도 이렇게 아름다운 꽃이 핀답니다."

"나쁜 회사가 아니라고요?"

"그렇소. 자, 이 편지는 하워즈 엔드에 대한 거요. 브라이스가 외국에 나가게 되었다고 그 집을 자기가 다른 사람에게 다시 임대하고 싶다고 하오. 이건 생각해 볼 문제요. 계약서에 그런 조항도 없고. 이중 임대를 한다는 게 별로 탐탁지 않소. 그 사람이 적절한 세입자를 구해 주면 브라이스와 한 계약은 해지하고 싶소. 잘 잤어요, 슐레겔 양? 그게 이중 임대보다 나을 것 같지 않소?"

헬렌은 이미 마거릿의 손을 놓고 있었다. 윌콕스 씨는 마거릿을 데리고 다른 사람들 옆을 지나쳐서 바다가 잘 보이는 뜰 한쪽으로 걸어갔다.

두 사람 발밑에는 평범하게 생긴 작은 만이 있었다. 그 만은 스워니지 같은 피서지가 바닷가에 생기기를 수 세기에 걸쳐 기다리고 있었음에 틀림없다. 그 바다에서 출렁대는 물결에는 빛깔이 없었다. 부두에 바싹 붙어 기적을 울리면서 승객을 불러 모으는 본머스행 기선 때문에 그 경치는 더욱 시시해 보였다.

"브라이스가 남한테 세를 준다면, 집이 망가져도……."

"저기, 아까 포피리온 이야기 말인데요. 아무래도 마음에 걸려서…… 당신한테 물어볼 게 있어요."

마거릿이 아주 진지한 표정으로 이렇게 말하자 그는 이야기를 그치고 다소 책망하는 듯한 어조로 그게 뭐냐고 물었다.

"전에 첼시 강둑에서 만났을 때 당신은 포피리온 회사 사정이 좋지 않다고 말씀하셨어요. 그래서 우리는 그 젊은 회사원에게 거기서 나오라고 권했는데, 오늘 아침 편지를 보니까 그가 정말로 거기서 나왔다는 거예요. 그런데 조금 전에 당신이 말씀하시길, 그 회사도 별로 나쁘지 않다고…….”

“회사가 좋고 나쁘고를 떠나서, 새 직장도 알아보지 않고 회사를 덜컥 그만두는 사람은 바보요. 그러니까 그를 동정할 필요는 없소.”

“아니, 그건 아니에요. 그 사람은 캠던 타운에 있는 은행에 다니기로 했대요. 월급은 전보다 적지만 그럭저럭 지낼 수 있을 것 같대요. 뎀스터 은행 지점이라나요. 그 은행은 괜찮을까요?”

“아, 그야 물론이지.”

“포피리온보다도 좋은 곳인가요?”

“당연히 더 좋을 거요.”

“이제야 안심이 되네요. 말 끊어서 미안해요. 브라이스 씨가 세를 주면 어떻게 된다는 거죠?”

“만약 저 집을 다시 임대를 놓는다면, 지금까지처럼 우리 손길이 닿지 않게 된다오. 굳이 따진다면야 하워즈 엔드의 상태가 지금보다 더 나빠지지야 않겠지만, 실제로 그럴 수도 있다는 거요. 그 가운데는 돈의 문제가 아닌 것도 있지요. 이를테면 나는 저 느릅나무가 걱정이란 말이오. 저 나무는……아 참, 마거릿, 언제 한번 그 집을 보러 가야지. 꽤 괜찮은 집이오. 자동차를 타고 갔다가 오는 길에 찰스네 집에 들러 점심식사를 하면 좋겠군.”

“그래요, 꼭 그랬으면 좋겠네요.”

마거릿의 말에서 진심이 느껴졌다.

“다음 주 수요일은 어떻소?”

“수요일은 안 돼요. 줄리 이모님은 우리가 적어도 1주일은 더 여기에 있을 거라고 믿고 계시거든요.”

“아니, 그거야 신경 쓸 거 없잖소?”

“아니에요.”

마거릿이 잠깐 생각한 뒤 말했다.

“내가 이모님께 말씀드리겠소.”

“있죠, 해마다 우리가 이모님을 찾아뵙는 것은 이미 하나의 관례나 마찬가지예요. 이모님은 이 방문을 낙으로 삼으시면서 우리를 위해 많은 준비를 하세요. 우리와 친한 사람들을 부르기도 하시고…… 프리다는 이모님과 친한 사이도 아닌데, 프리다만 이모님께 맡겨 두고 떠날 수는 없어요. 저는 이곳에 머물기로 했던 기간에 이미 한 번 런던까지 다녀왔어요. 그런데 심지어 도중에 돌아가 버린다면 이모님께서 얼마나 서운해 하시겠어요?"

"글쎄, 내가 잘 말씀드릴 테니까 걱정하지 말아요."

"제가 안 가겠다는 거예요, 헨리. 억지 부리지 마세요."

"그 집을 보고 싶지 않다는 거요?"

"그야 보고 싶죠…… 그 집 이야기는 예전부터 들었는걸요. 그 느릅나무에는 돼지 이빨이 박혀 있죠?"

"돼지 이빨?"

"네. 그래서 치통을 치료하고 싶은 사람은 그 나무껍질을 씹는다고 하던데요."

"설마, 그런 일은 없을 텐데."

"그럼 다른 나무하고 착각했는지도 모르죠. 아직도 영국에는 그런 나무가 많이 있는 모양이니까요."

그때 먼트 부인의 목소리가 들리자 윌콕스 씨는 그쪽으로 갔다. 그런데 도중에 헬렌에게 붙잡혔다.

"윌콕스 씨, 포피리온에 관한 얘기인데……."

말하다 말고 헬렌은 얼굴을 붉혔다.

"그건 내가 물어봤어. 뎀스터 은행이 더 낫대."

마거릿이 두 사람을 쫓아와서 말했다.

"그런데 윌콕스 씨, 당신은 포피리온이 이제 끝장나서 크리스마스 전에 파산할 거라고 말씀하셨잖아요?"

"내가 그렇게 말했던가요? 뭐, 그때 그 회사는 아직 협정에 가입하기 전이었기 때문에 무척 무리를 하고 있었어요. 하지만 이젠 협정에 가입했으니 괜찮아요."

"그럼 바스트 씨는 회사를 그만둘 필요가 없었던 건가요?"

"맞소, 그만둘 필요가 없었던 거요."

"그리고 월급이 전보다 훨씬 적은 회사에 취직할 필요도 없었던 거군요?"

"그냥 월급이 전보다는 줄었다고 적혀 있었잖아."

마거릿은 분위기가 점점 험악해지는 것을 느끼고 말을 정정했다.

"그렇게 가난한 사람한테는 수입이 약간 줄어드는 것도 엄청난 일일 거예요. 그분에게 큰 피해를 준 셈이군요."

윌콕스 씨는 먼트 부인과 대화할 생각만 하면서 계속 그쪽으로 걸어가고 있었는데, 헬렌이 그런 말을 하자 정색하고 되묻지 않을 수 없었다.

"그게 무슨 뜻이죠? 나에게 그 책임이 있다는 거요?"

"얘, 헬렌……."

"헬렌 양, 당신 생각은……."

윌콕스 씨는 도중에 시계를 보더니 다시 말을 이었다.

"요컨대 이런 거군요. 아가씨는 어떤 회사가 매우 중요한 교섭을 하고 있을 때, 그 진행 과정을 일반인들에게 감추어서는 안 된다고 생각하는 거죠. 그러니까 포피리온은 이렇게 말해야 한다는 거군요? '지금 우리는 요금 협정에 가입하려고 온힘을 쏟고 있는데, 과연 성공할지 어떨지 모르겠지만 만일 실패한다면 이 회사는 파산할 수밖에 없으므로 필사적으로 노력하고 있다'는 식으로요. 하지만 헬렌 양……."

"그렇게 생각하세요? 제 말은, 지금까지 가난했던 사람이 더욱 가난해졌다는 거예요."

"그야 안타까운 일이죠. 하지만 살다 보면 그럴 수도 있잖아요? 그게 인생에서 겪게 되는 고통이 아니겠소?"

그러자 헬렌이 같은 말을 되풀이했다.

"지금까지 돈이 없었던 사람이 우리 때문에 더욱 돈이 없어지게 되었다고요. 그것을 인생의 고통이라는 한마디로 쉽게 넘겨 버릴 수는 없다고 생각해요."

"그건 아니죠. 그것은 당신 책임도 아니고 그 누구의 책임도 아니오."

윌콕스 씨는 온화한 표정을 지으며 부정했다.

"어떤 일에 대해서도 책임질 필요는 없다는 건가요?"

"아니, 그건 아니오. 아가씨는 매사를 너무 진지하게 생각하는 것 같군요. 대체 그 사람이 누구요?"

"벌써 두 번이나 그 사람에 대해 말씀드렸는데요. 선생님은 그분을 직접 만나신 적도 있어요. 그분은 몹시 가난한데, 그 부인은 사치스럽고 어리석은 여자예요. 하지만 그분은 좀 더 훌륭한 사람이 될 수 있어요. 그래서 우리…… 우리 상류층 사람들이 유리한 위치에서 그분을 도와준답시고 손을 내밀다가 이런 결과를 낳은 거예요."

윌콕스 씨는 손가락 하나를 곧추세우더니 이렇게 말했다.

"조언 하나 하고 싶은데……."

"조언은 더 이상 필요 없어요."

"한마디만 들어요. 가난한 사람들을 그렇게 감상적으로 보는 건 좋지 않아요. 안 그렇소, 마거릿? 가난한 사람들은 가난한 사람들일뿐, 불쌍하긴 해도 어쩔 수 없소. 문명이 발전하다 보면 피치 못하게 피해자가 생기기 마련이오. 거기에 대해 누가 개인적으로 책임을 져야 한다고 우기는 건 어리석은 일이오. 헬렌도 나도, 내게 그 회사 정보를 준 사람도, 또 그 사람에게 정보를 준 사람도, 포피리온 간부들도 모두 그 사무원의 월급 감소에 아무런 책임이 없소. 피해자 한 사람이 나온 건 불가피한 일이었다는 거요. 어쩌면 그보다 더 나빠졌을 수도 있었을 거요."

헬렌은 분노를 삭이느라 부르르 몸을 떨었다.

"자선 사업에 기부하는 건 좋아요. 돈이야 얼마든지 기부해도 상관없죠. 그러나 기묘한 사회 개혁 사상에 사로잡히는 것은 또 다른 문제요. 나는 그런 것의 내막을 비교적 잘 알고 있는데, 사실 진정한 사회 문제 따위는 없다고 딱 잘라 말할 수 있어요. 뭐, 그런 것으로 먹고사는 놈들의 경우는 별개지만. 세상에는 오로지 돈이 있는 사람과 없는 사람이 존재할 뿐인데, 그건 옛날부터 그랬고 앞으로도 그럴 거요. 생각해 봐요, 이제껏 모든 인간이 평등했던 시대가 있었는지……."

"저는 그런……."

"평등을 바라는 마음이 인간을 행복하게 해 주었던 시대가 있었소? 그건 말도 안 되는 이야기요. 빈부 격차는 늘 존재했소. 나는 운명론자는 아니지만, 문명이라는 것은 개인의 수준을 넘어선 거대한 힘에 의해 형성되어 있으므로……."

윌콕스 씨는 점점 더 득의양양한 말투로 말했다. 그것은 그가 지금 개인적인 요소를 말살하고 있다는 표시였다.

"빈부 격차를 없앨 순 없어요. 게다가 뭐니 뭐니 해도……."

그의 목소리가 정중해졌다.

"문명이 전체적으로 향상의 길을 걷고 있다는 것은 부정할 수 없는 사실이잖소."

"하느님의 은총 때문인가요?"

헬렌이 대들듯이 말했다. 윌콕스 씨는 어안이 벙벙한 표정으로 헬렌을 보았다.

"선생님 같은 사람들이 돈을 긁어모으고, 뒷일은 하느님께 맡긴다 이거죠."

상대가 이렇게 신경질적으로 하느님에 대해 이야기한다면, 더 이상 말해 봤자 헛일이었다. 그래도 윌콕스 씨는 화를 내지 않았다. 다만 헬렌 곁을 떠나 좀 더 온건한 먼트 부인을 찾아가면서 이렇게 생각했을 뿐이다.

'헬렌은 어딘지 모르게 돌리와 닮았구나.'

헬렌은 바다를 바라보며 우두커니 서 있었다.

"헨리하고 정치 경제 이야기를 해 봤자 소용없어. 어차피 질 테니까."

마거릿이 동생에게 충고했다. 그러자 헬렌이 느릿느릿 말했다.

"윌콕스 씨는 과학과 종교를 뒤섞는 사람들 가운데 한 명일 거야. 나는 그런 사람들이 싫어. 말로는 과학을 안다고 하지. 적자생존 법칙이 어쩌고 하면서 직원들 월급이나 깎고, 자기들의 안락에 방해가 될 만한 사람들을 주저 없이 잘라버리거든. 그러면서도 결국은 어떤 형태로든—늘 이런 식이기는 하지만—모든 것이 잘 되어 놀라운 결과를 가져다 줄 거라 생각하지. 현재의 바스트 씨가 고통을 겪으면 장래의 바스트 씨가 덕을 볼 거라고 말이야."

"그분 이론은 그래. 하지만 그건 결국 이론상의 이야기일 뿐이야, 헬렌."

"메그 언니, 그 이론은 엉터리야!"

"꼭 그렇게 몰아붙여야겠니?"

"그래, 난 노처녀라서 그래. 실은 나도 내가 왜 이렇게 바보 같은 소리를 하고 있는지 모르겠어."

헬렌은 마거릿의 손을 뿌리치고 집 안으로 들어가 버렸다. 마거릿은 그날 하루가 그런 식으로 시작된 것을 슬프게 여기면서, 본머스행 증기선이 출항하는 모습을 잠시 지켜보았다. 마거릿은 레너드 바스트가 겪은 불행한 일 때문에 헬렌이 예의범절이고 뭐고 잊어버릴 정도로 흥분했다는 사실을 알았으며, 둔감한 헨리조차도 깨달을 만큼 본격적인 폭발이 언제 일어날지 모르겠다고 생각했다. 따라서 헨리를 빨리 다른 곳으로 보내야 했다. 그때 먼트 부인이 마거릿을 불렀다.

"마거릿! 윌콕스 씨 말씀으로는 네가 다음 주 초에 돌아가고 싶어 한다는데, 정말이니?"

"돌아가고 싶지는 않지만 이것저것 할 일이 있어서요. 찰스 부부도 만나고 싶고요."

"아니, 그럼 웨이머스에도, 심지어 룰워스에도 안 간다는 거니? 나인 배로스 언덕에 한 번 더 올라가 보지도 않고?"

먼트 부인이 가까이 다가와 말했다.

"네, 정말 아쉽지만요."

그때 윌콕스 씨도 다가와서 이렇게 말했다.

"다행이오. 내가 겨우 말씀드렸소."

문득 헨리에 대한 애정이 샘솟았다. 마거릿은 그의 두 어깨에 손을 얹고서 그의 까맣고 빛나는 눈을 들여다보았다. 그 차분한 눈매의 그늘에 무엇이 숨어 있는지 마거릿은 알고 있었지만, 조금도 불안하지는 않았다.

23

마거릿은 상황을 대충 넘기고 싶지는 않았다. 그래서 스워니지를 떠나기 전날 밤 자신의 생각을 털어놓으며 헬렌을 강하게 꾸짖었다. 그것은 동생이 자기 약혼을 반대해서가 아니라 반대하는 이유가 모호했기 때문이다.

헬렌이 생각을 솔직하게 말했다. "언니 말이 맞아." 그녀는 자신의 내면을 들여다보는 듯했다.

"그래도 어쩔 수 없어. 내 잘못이 아냐. 인생 자체가 그렇게 생겨 먹은 걸!"

그 무렵 헬렌은 인간의 잠재의식에 관한 문제에 열중하면서 인간 생활의 꼭두각시 같은 성격을 과장되게 생각했다. 눈에 보이지 않는 조종자가 꼭두각시 같은 인간을 조종해서 사랑이나 전쟁 상태로 몰아넣는다는 것이다.

마거릿은 그런 것에 너무 집착하다 보면, 인간과 인간의 관계 같은 개인적인 문제를 무시하게 된다는 점을 지적했다. 그러자 헬렌은 잠시 침묵을 지키더니 뜻밖의 말을 꺼냈다. 그로써 두 사람 사이에 있던 응어리가 눈 녹듯 사라졌다.

"그분하고 결혼해도 돼. 아마 언니라면 잘해 나갈 수 있을 것 같으니까."

마거릿이 이건 잘해 나가느냐 그러지 못하느냐의 문제가 아니라고 항의하자 헬렌이 덧붙였다.

"아냐, 바로 그게 문제야. 난 폴을 상대로 그렇게 할 만한 용기가 없었어. 난 쉬운 일밖에 못해. 그저 남에게 끌리거나 남의 마음을 끌거나 할 뿐이야. 나는 누군가와 복잡한 관계를 맺을 만한 능력도 없고, 그럴 마음도 없어. 내가 만약 결혼한다면 상대는 나를 억누를 수 있는 강한 성격의 소유자거나, 내가 억누를 수 있는 사람이어야 해. 하지만 그럴 만한 사람이 없으니까 나도 결혼하지 않는 거야. 그런데도 억지로 결혼한다면 내 남편만 불쌍해지지. 난 금방 달아나 버릴 테니까. 정말이야. 난 교양이 없거든. 하지만 언니는 달라. 언니는 위대한 여성이야."

"내가 그런 여자라고, 헬렌? 헨리도 그렇게 생각할까? 그 사람에게는 끔찍한 일일 텐데."

"언니는 중용을 지키려고 하잖아. 그건 영웅적이고 그리스적인 거지. 언니가 그런 일을 못해낼 이유가 없다고 봐. 윌콕스 씨랑 결혼해서 서로 싸우기도 하면서 그분을 도와줘. 하지만 나한테 도움을 부탁하지는 말고. 또 내가 언니에게 공감해 줄 거라는 기대도 하지 마. 앞으로 나는 내 식대로 살 거야. 나는 굽히지 않을 거야. 그게 더 쉬울 테니까. 나는 형부 될 사람을 싫어할 작정이고, 대놓고 그렇게 말해 줄 거야. 그리고 티비한테도 양보하지 않을 거고. 티비가 앞으로도 계속 나와 함께 살고 싶다면, 나를 있는 그대로 받아들여야 할 거야. 나는 앞으로도 변함없이 언니를 사랑할 거야. 이건 정말이야. 나랑 언니, 우리 사이에는 어떤 확실한 것을 만들어 놓았잖아. 그건 순전히 정신적인 것이지. 우리 사이에 확실치 않은 것은 하나도 없는데, 육체 문제가 개입되면 곧바로 모든 것이 흐릿해져. 뭐, 알다시피 그 점에 대해서는 보통 사람들이 믿고 있는 것과 정반대야. 우리는 늘 돈이나 남편이나 집 같은 구체적인 문제로 고민하지만, 그런 것들도 언젠가는 해결되게 마련이지."

이런 애정 표현에 고마움을 느낀 마거릿은 그럴지도 모른다고 말했다. 대화에서 모든 현상이 보이지 않는 세계로 흘러가는 것은 의심할 여지가 없는 사실이었다. 하지만 헬렌은 늘 자기 식대로 성급하게 결론을 지어버렸다. 무슨 말을 해도 금세 진실이니 절대니 하는 이야기가 튀어나오는 것이다. 마거릿은 자기가 이제 형이상학에 흥미를 느낄 만한 나이도 아니고 또 헨리의 영향으로 그런 문제에서 꽤 멀어져 버렸다고 생각했지만, 그래도 그렇게 눈에 보이는 세계를 세세히 분해하려고 드는 건 좀 잘못된 태도 같았다. 지금의 삶이 전부라고 생각하는 사업가, 그것은 아무것도 아니라고 주장하는 신비주의자 이 둘은 극과 극을 달리며 모두 진실에서 벗어나 있다. '그래, 언제나 중간쯤에 있지.' 예전에 줄리 이모가 신조로 삼았던 말이다. 그러나 물론 그런 일은 있을 수 없다. 진실이란 살아 있는 존재이므로, 무엇과 무엇 사이에 있을 수는 없다. 오히려 우리는 눈에 보이는 세계와 보이지 않는 세계 양쪽에 끊임없이 파고들어서 진실을 찾아낼 수밖에 없을 것이다. 진실을 찾아내는 비결은 바로 균형을 잡는 것이며, 처음부터 진실에만 집착한다면 아무 성과도 거두지 못할 것이다.

헬렌은 마거릿의 말에 찬성도 하고 반대도 하면서 한밤중까지 이런저런 이야기를 계속하고 싶은 모양이었으나, 마거릿은 어서 짐을 꾸려야 했으므로 헨리 이야기만 집중적으로 했다. 헨리가 없는 곳에서 그를 욕하는 건 괜찮지만, 헨리 앞에서는 공손하게 대해 달라고 헬렌에게 부탁했다. 그러자 헬렌이 대답했다.

"그 사람이 정말 싫기는 하지만, 언니가 정 그렇다면 어디 한번 노력해 볼게. 대신 언니도 내 친구들한테 그렇게 해 줘."

마거릿은 헬렌과 대화를 나누고 나자 마음이 한결 가벼워졌다. 두 사람은 내면 생활이 워낙 견고했기 때문에 외적인 것들과는 쉽게 타협할 수 있었다. 그것은 줄리 이모로서는 믿기지 않는 방식이었고 티비와 찰스에게는 불가능한 방식이었다. 내면 생활이 실제로 도움이 되는 때도 있다. 그런 때는 특별한 동기 없이 수년 동안 순수하게 행한 자기 성찰이 불현듯 실제적인 쓰임을 갖게 된다. 그런 순간은 서양에서는 아직 드물지만, 어쨌거나 그렇게 될 수 있다면 서양의 장래는 좀 더 밝아질 것이다. 마거릿은 헬렌을 완전히 이해할 순 없었지만, 자매 사이가 틀어질 위험은 사라졌으므로 전보다 편한 마음으로 런던에 돌아갔다.

이튿날 아침 열한 시에 마거릿은 제국·서아프리카 고무회사 본점으로 갔다. 이제껏 헨리는 자기가 하고 있는 사업을 명확히 설명한 적이 없었다. 아프리카라는 단어에서 흔히 느껴지는, 뚜렷한 형태 없이 막연하기만 한 인상은 그의 주된 재원(財源)에도 따라다니고 있었다. 그래서 마거릿은 회사에 와 보기를 잘했다고 생각했다. 하기야 직접 봤다고 해서 잘 알게 된 것은 아니었지만. 그곳에도 장부, 반짝반짝 윤이 나는 계산대, 알 수 없는 이유로 군데군데 끊어진 놋쇠 난간이 있었으며, 전구가 세 개씩 들어 있는 전등이 천장에 매달려 있었고, 유리나 철망이 달린 토끼장 같은 작업실이 있었다. 더 안쪽으로 안내되어 들어가 보아도 눈에 띄는 것은 어디에나 있는 평범한 탁자와 터키 융단이었다. 난로 위에는 분명히 서아프리카 지도가 걸려 있었지만, 그것도 흔히 볼 수 있는 지도였다. 그 반대쪽에는 아프리카 전체 지도가 걸려 있었는데, 그것은 고래기름을 잘라 내기 위해 선을 그어 놓은 고래 같았다. 그 옆에는 문이 있었고, 그 문을 통해 헨리가 꽤 격렬한 편지를 구술하는 소리가 들렸다.

그곳은 포피리온이나 뎀스터 은행 또는 마거릿이 자주 가는 포도주 상점과 다를 바 없었다. 이 시대에는 모든 것이 다 비슷비슷해 보였다. 그러나 어쩌면 마거릿이 회사의 서아프리카 부분보다는 제국 부분에 정신이 팔려 있었기 때문에 더 그렇게 보였을 수도 있다. 이전부터 마거릿이 보기에 제국주의란 정체를 알 수 없는 것이었다.

"잠깐만 기다려요, 금방 갈 테니까."

마거릿이 왔다는 기별을 받자 헨리는 문 너머로 소리 높여 말했다. 이어 초인종을 한 번 누르자 찰스가 마거릿 앞에 모습을 드러냈다.

찰스는 아버지가 보낸 편지에 대해 예의바른 답장을 써 보냈으나, 이비는 딸로서 불쾌한 감정을 억누르지 못하는 투로 답장을 적어 보냈다. 찰스는 머잖아 시어머니가 될 사람에게 정중히 인사했다.

"제 아내가 두 분께 점심을 대접하고 싶어 하는데 어떠신가요? 이야기는 해 두었지만, 워낙 정신없이 준비해서…… 아, 하워즈 엔드를 구경하신 뒤에 저희 집에 들러서 차라도 한잔 드셨으면 좋겠군요. 그 집을 어떻게 생각하실지 모르겠네요. 저희는 딱 질색입니다만. 아주 형편없는 집이죠."

"전 어서 구경하고 싶어요."

마거릿이 처음으로 수줍음을 느끼며 말했다.

"지금은 특히 더 엉망이 되어 있습니다. 브라이스가 지난 월요일에 뒤처리할 사람도 구해 놓지 않고 외국으로 떠나 버렸거든요. 집 안이 엉망진창입니다. 그 집에서 한 달도 살지 않은 사람이 어떻게 그렇게까지 해 놓을 수 있었는지, 믿어지지 않을 정도예요."

"브라이스, 그 사람은 도저히 용서할 수 없어."

헨리가 문 너머에서 말했다.

"왜 그렇게 갑자기 떠났을까요?"

"병 때문이에요. 잠을 못 잔대요."

"불쌍해라."

그때 헨리가 건너편 방에서 나오더니 이렇게 말했다.

"뭐가 불쌍하단 거요? 뻔뻔하게도 우리한테는 한마디 의논도 없이 집을 세놓는다고 광고판을 세워 두었잖아. 그건 찰스가 뽑아 버렸지만 말이오."

"네, 뽑아 버렸죠."

찰스가 당연하다는 듯이 말했다.

"내가 그에게 전보를 쳐서 아주 세게 몰아붙였지. 앞으로 3년 동안 그 집을 유지하는 것은 그 사람 책임이라고."

"열쇠는 농원에 맡겨 두었어요. 우리가 받아두지 않으려고요."

"암, 그래야지."

"돌리가 그걸 가져올 뻔했는데, 다행히 그 자리에 제가 있었거든요."

"브라이스 씨는 어떤 분이죠?"

마거릿이 물었다. 하지만 아무도 그런 데는 관심이 없었다. 브라이스라는 사람은 그 집을 마음대로 빌려 줄 권리가 없는 세입자일 뿐, 그 이상으로 그를 설명하는 것은 시간 낭비였다. 하지만 그의 행동에 대한 비난은 계속 이어졌다. 그 사이에 격렬한 어조로 쓰인 윌콕스 씨의 편지를 타이핑하던 젊은 여자가 완성된 편지를 들고 나타났다. 윌콕스 씨는 그 편지에 서명하고 나서 말했다.

"자, 이제 갈까요?"

마거릿은 자동차로 멀리 외출하는 것을 몹시 싫어했지만 이번에는 자동차에 탈 수밖에 없었다. 찰스는 끝까지 두 사람을 정중히 배웅했으며, 제국·서아프리카 고무회사 건물은 순식간에 눈앞에서 사라졌다.

하지만 그리 인상적인 여행은 아니었다. 아마도 우울한 구름이 잔뜩 낀 잿빛 날씨 탓이었는지도 모른다. 아니면 하트퍼드셔가 자동차 여행에는 어울리지 않아서였는지도 모른다. 어떤 사람은 자동차로 달리다보니 웨스트몰랜드 주가 너무 빨리 지나가서 아무것도 보지 못했다고 말하지 않았는가! 웨스트몰랜드 주가 그렇게 지나갔다면, 구조가 섬세하고 미묘해서 한눈에 파악하기 어려운 하트퍼드셔 주는 더 말할 필요도 없으리라. 다른 어떤 곳보다도 이 주는 가장 고요한 영국이다. 강과 언덕은 전혀 두드러지지 않다. 이곳은 명상에 잠긴 영국이다.

드레이턴이 다시 살아나서 영국을 소재로 그의 걸작을 새로 쓴다면, 하트퍼드셔 주에 있는 산과 물의 요정들을 희미한 용모로 묘사하고, 런던의 연기에 머리카락이 부옇게 흐려진 모습으로 묘사할 것이다. 요정들은 머잖아 그들을 덮칠 파괴적인 운명으로부터 서글픈 눈동자를 돌려 북부 늪지대를 바라볼 것이다. 이 요정들을 거느리는 것은 아이시스 강이나 사브리나 강이 아니라 고요한 리 강이다. 요정들은 아름다운 옷을 입지도 않고 미친 듯이 춤을 추지도 않지만, 그래도 진정한 산과 물의 요정들이다.

때마침 부활절 휴가철이라 노스 컨트리 가도가 붐볐으므로 운전사는 원하는 만큼 차를 빨리 몰 수 없었다. 그러나 자동차를 좋아하지 않는 마거릿한테는 그 정도도 너무 빠른 편이었다. 이러다가 어린애나 닭을 치지나 않을까 자꾸만 걱정이 되었다.

"괜찮을 거요. 저 아이들도 이제 익숙해질 거요. 제비가 전깃줄에 익숙해지듯이 말이오."

윌콕스 씨가 말했다.

"하지만 아직은 모르잖아요."

"아무리 자동차를 싫어해 봤자 소용없소. 어딜 가는 데 시간을 낭비할 수는 없으니까. 아, 멋진 교회가 있군…… 이미 지나가 버렸소. 하여튼 도로에 있는 것이 걱정되거든 차라리 그 너머에 있는 경치나 구경하시오."

마거릿은 경치를 바라보았다. 경치는 죽처럼 끓어올랐다 사그라지기를 반복하더니 얼마 지나지 않아 얼어붙었다. 목적지에 도착한 것이다.

왼쪽에는 찰스네 집이 있었고, 오른쪽에는 언덕 여섯 개가 땅에서 불쑥 솟아올라 있었다. 그런 언덕들이 그런 장소에 있다는 것이 마거릿으로서는 상당히 뜻밖이었다. 그 언덕들은 힐튼 방향으로 점점 늘어나고 있는 주택들을 거기서 차단하고 있었다. 그리고 그 너머에는 목장과 숲이 보였다. 마거릿은 가장 훌륭한 군인들이 그곳에 묻혀 있을 거라 혼자 생각해 보았다. 마거릿의 사랑스러운 모순 가운데 하나는, 전쟁을 혐오하면서도 군인은 좋아한다는 점이었다.

돌리는 한껏 멋을 부리고 현관에서 그들을 맞았다. 그때 마침 빗방울이 하나둘 떨어지기 시작했다. 두 사람은 신나게 뛰어서 집 안으로 들어갔다. 그리고 응접실에서 오랫동안 기다렸다. 이윽고 그들은 요리마다 크림을 지나치게 많이 넣은, 찰스가 말한 '정신없이 준비한 점심'을 먹기 시작했다.

주요 화제는 브라이스 씨였다. 그가 열쇠를 갖고 찾아온 일을 돌리가 설명하자 윌콕스 씨는 그녀의 말에 일일이 반박했다. 윌콕스 씨는 일일이 그 말을 가로막으면서 상대해 주었다. 윌콕스 집안에서는 돌리를 놀리는 것이 당연하게 여겨지는 듯했다. 그러다가 윌콕스 씨가 이번엔 마거릿을 놀리기 시작했다. 잠시 생각에 잠겨 있던 마거릿은 놀림을 받자 정신을 차리더니 오히려 신이 나서 똑같이 윌콕스 씨를 놀려댔다. 돌리는 놀란 듯이 마거릿을 쳐다보았다. 그러는 사이에 식사가 끝났으며, 돌리는 2층에서 두 아이를 데리고 내려왔다. 마거릿은 아기들을 싫어했지만, 두 살 된 맏아이와는 그럭저럭 어울릴 수 있었다. 마거릿이 두 살배기 아이한테 진지하게 말을 거는 것을 보고 돌리는 웃음을 참지 못했다.

"자, 이제 아이들에게 뽀뽀해 줘요. 이만 가 봅시다."

윌콕스 씨가 말했다. 마거릿은 떠날 준비를 했지만 뽀뽀는 아이들에게 너무 심한 일이니 안 하겠다고 했다. 돌리가 두 아이를 번갈아 가며 안겨 주었지만 마거릿은 끝내 뽀뽀해 주지 않았다.

비가 본격적으로 내리기 시작했다. 덮개 덮은 자동차에 올라탄 마거릿은 또다시 공간 감각을 잃어버렸다. 그로부터 몇 분쯤 지나자 차가 멈춰 섰다. 운전사 크레인이 차 문을 열었다.

"무슨 일이죠?"

마거릿이 물었다.

"무슨 일인 것 같소?"

헨리가 되물었다.

작은 현관이 마거릿의 눈앞에 있었다.

"벌써 도착했나요?"

"그렇소."

"도착했다고요? 전에는 꽤 멀게 느껴졌는데."

마거릿은 미소를 지었지만 속으로는 다소 실망하며 차에서 뛰어 내리더니, 그대로 현관까지 달려가 문을 열려고 했다. 그때 헨리가 말했다.

"그 문은 잠겨 있소. 누가 열쇠를 가지고 있지?"

농원에 맡겨 둔 열쇠를 가지러 가는 것을 깜빡한 사람은 헨리 자신이었으므로, 아무도 그 물음에 대답하지 않았다. 헨리는 또 암소 한 마리가 길에서 벗어나 크리켓 연습장에 있는 잔디를 뜯어먹고 있는 모습을 보더니, 누가 문을 그냥 열어 놓고 갔느냐고 했다. 그러고는 다소 심기가 불편해진 어조로 말했다.

"마거릿, 당신은 비가 안 드는 데서 기다려요. 내가 가서 열쇠를 가져오겠소. 농장은 바로 이 근처요."

"함께 가면 안 되나요?"

"아니, 금방 돌아올 거요."

자동차가 떠나자 마치 커튼이 걷힌 것 같았다. 그녀는 그날 두 번째로 땅을 보았다.

예전에 헬렌이 말한 자두나무들이며 잔디로 된 테니스 코트도, 6월이면 들장미가 활짝 피는 산울타리도 있었다. 지금은 모든 게 검은빛과 연초록빛으로 덮여 있었다. 하지만 그 맞은편 움푹한 땅에서는 좀 더 선명한 색들이 차오르기 시작했고, 그 가장자리는 수선화들이 고개 숙이고 보초를 서거나 나란히 줄지어 잔디밭 위를 행군했다. 튤립들은 보석함처럼 활짝 펼쳐져 있었다. 마거릿이 있는 곳에서는 느릅나무가 보이지 않았지만, 벌써 연한 새싹이 돋아난 포도 덩굴이 현관을 뒤덮고 있었다.

그 근처 땅은 놀라울 정도로 기름졌다. 마거릿은 그토록 싱싱한 꽃을 이제 껏 본 적이 없었다. 무심코 뽑아 든 잡초도 짙은 초록색이었다. 브라이스 씨는 '아름다움' 그 자체라고밖에 할 수 없는 이것들로부터 어째서 달아나 버렸을까? 이미 마거릿에게 그곳은 아름다운 장소가 되어 있었다.

"나쁜 녀석! 어서 저리 가지 못해!"

마거릿이 소에게 소리쳤다. 그러나 정말로 화가 나서 그런 건 아니었다.

바람 없는 하늘로부터 점점 더 많은 비가 쏟아졌다. 찰스가 뽑아서 잔디밭 위에 던져 버린 '임대' 팻말을 빗줄기가 두드렸다. 마거릿은 문득 찰스를 어떤 딴 세계에서 만난 것 같다고 생각했는데, 그 세계는 사람과 사람이 만나 이야기를 나누는 세계였다. 이 생각을 알면 헬렌이 얼마나 기뻐할까? 찰스는 죽었고 다른 사람들도 다 죽었으며, 오직 집과 뜰만이 살아 있다. 요컨대 누구나 알 만큼 명백한 것은 모두 죽었고 알 수 없는 것만이 생명을 얻어, 양자는 서로 아무 상관 없는 존재가 된 것이다. 마거릿은 미소를 지었다. 자신의 생각이 늘 그렇게 또렷하다면! 세상을 그토록 오만하게 대할 수 있다면! 마거릿은 미소를 짓다가 한숨을 쉬다가 하면서 손으로 현관문을 밀었다. 그러자 문이 열렸다. 처음부터 잠겨 있지 않았던 것이다.

마거릿은 망설였다. 헨리가 올 때까지 기다려야 할까? 재산에 대한 집착이 강한 그는 직접 집을 구경시켜 주고 싶어 할지도 모른다. 하지만 아까 헨리는 마거릿에게, 거기 있으면 비를 피할 수 있을 거라고 말하면서 떠나가지 않았던가. 그런데 지금은 마거릿이 있는 곳에도 비가 들이치기 시작했다. 그래서 마거릿은 집 안으로 들어갔다. 바람이 불어 등 뒤에서 문이 닫혔다.

집 안은 황량하기 이를 데 없었다. 현관 창문에는 더러운 손자국이 가득했고, 청소하지 않은 바닥에는 먼저 더미와 쓰레기가 나뒹굴고 있었다. 문명의 짐이 한 달쯤 머물다가 철수한 흔적이었다. 현관 오른쪽 방과 왼쪽 방이 식당과 응접실이라는 점은 벽지 무늬를 보고 짐작할 수밖에 없었다. 현재 그곳은 비나 피할 수 있는 평범한 방에 지나지 않았다. 어느 방 천장에나 굵직한 들보들이 자리하고 있었는데, 식당과 현관에서는 그대로 노출돼 있었고 응접실에서는 판자로 가려져 있었다. 아까 헨리가 기다리라고 했던 것은, 여자에게는 인생의 현실을 너무 적나라하게 보여 주면 안 된다는 의미였을까? 어쨌든 이런 방을 응접실이니 식당이니 현관이니 하고 부르는 것은 우스운 일이었다. 거기는 아이들이 놀거나 친구와 함께 비를 피할 수 있는 평범한 방 세 개일 뿐이었으며, 상당히 아름다웠다.

이어 마거릿은 맞은편에 있는 두 개의 문 가운데 하나를 열어 봤다. 벽지 대신 회반죽이 발라져 있는 방이었다. 그곳은 하인들의 거처였는데 마거릿은 이 점에 거의 신경 쓰지 않았다. 단지 친구와 함께 비를 피할 수 있는 방이 하나 더 있구나 했을 뿐이다. 거기서 보이는 뒤뜰에는 매화꽃과 벚꽃이 활짝 피어 있었고, 더 먼 곳에는 목장과 검은 솔숲이 부분적으로 모습을 드러내고 있었다. 그 목장도 아름다웠다.

날씨 탓에 이 집 안에 갇히게 된 마거릿은 자동차에 올라탐으로써 잃어버렸던 공간 감각을 되찾았다. 10제곱마일이 1제곱마일보다 열 배나 대단한 것은 아니며, 1000제곱마일이 천국과 같은 것은 결코 아니라는 사실을 새삼 확인했다. 런던에 살면 생기기 쉬운 크기에 관한 착각은, 마거릿이 하워즈 엔드 현관에서부터 식당으로 걸어가면서 지붕 홈을 따라 이리저리 흘러내리는 빗물 소리를 들었을 때부터, 두 번 다시 그녀의 마음속에 되살아나지 않게 되었다.

마거릿은 헬렌이 퍼벡 언덕 꼭대기에서 웨섹스 지방의 절반이 발아래 펼쳐진 광경을 바라보며 했던 말이 떠올랐다. '언니는 뭔가를 잃어버리게 될 거야'라고 말했던 헬렌. 과연 그럴까? 지금 계단 입구에 있는 저 문을 열면 자신의 왕국은 두 배가 될 텐데?

마거릿은 아프리카 지도, 제국, 아버지, 또 세계적 패권을 다투고 있는 두 민족인 영국인과 독일인에 대해 생각해 보았다. 그 모든 것의 생명이 마거릿의 피를 따뜻하게 데워 줬지만, 그것들이 뒤섞임으로써 머리를 냉정하게 만들어 주기도 했다.

마거릿은 현관으로 돌아갔다. 그때 갑자기 집이 삐걱거리며 소리를 냈다.

"헨리, 당신이에요?"

마거릿이 불러도 아무런 대답도 없이 다시 집이 흔들렸다.

"헨리, 돌아왔어요?"

그러나 집의 심장이 또다시 고동치기 시작했다. 처음에는 약했던 진동이 점점 강해지더니 나중에는 더욱 거세져 빗소리마저 지워 버렸다.

뭔가를 무서워한다는 것은 상상력이 풍부한 사람이 아니라 부족한 사람이 하는 행동이다. 마거릿은 침착하게 계단 쪽으로 가서 문을 열었다. 그러자 북소리 비슷한 것이 한순간 마거릿의 귀를 때렸다. 큰 키에 입이 반쯤 벌어진 무표정한 노파가 계단을 내려오더니 담담한 어조로 말했다.

"루스 윌콕스인 줄 알았네."

"저를…… 윌콕스 부인으로요……?"

마거릿은 자기도 모르게 더듬거렸다.

"아니, 물론 착각한 거지. 댁의 걸음걸이가 그 사람과 똑같구려. 그럼 이만……."

이렇게 말하고서 노파는 빗속으로 걸어 나갔다.

24

"마거릿이 놀라서 겁을 집어먹었단다."

그날 다과회에서 윌콕스 씨는 무슨 일이 있었는지 돌리에게 이야기해 줬다. 그는 또 말을 이었다.

"뭐, 여자는 다 그렇지. 물론 내가 얼른 사정을 설명해 줬단다. 하여튼 에이버리 씨도 좀…… 마거릿, 많이 놀랐지요? 그때 당신은 잡초 다발을 꼭 쥐고 그 자리에 우두커니 서 있었잖아요. 그 여자도 그렇게 괴상한 모자를 쓰고 그냥 계단을 내려올 것이 아니라, 무슨 말이라도 했으면 좋았을 텐데. 마침 자동차를 타고 돌아왔을 때 그 사람이 불쑥 나타났단 말이지. 자동차도 기겁을 할 정도였어. 그 사람은 동네에서도 괴짜로 통하는 모양이야. 그래, 나이 먹은 노처녀들 중에는 그렇게 행동하는 사람도 있지."

윌콕스 씨가 잠시 말을 끊고 담배에 불을 붙이더니 이야기를 계속했다.

"달리 마음 쓸 데가 없으니까. 그 사람이 집 안에서 뭘 하고 있었는지는 모르겠지만 어차피 내 알 바는 아니야. 브라이스가 신경 쓸 문제지."

그러자 마거릿이 말했다.

"당신이 생각하는 것처럼 그렇게 겁먹은 건 아니에요." 마거릿이 말했다. "제가 놀란 건 집이 너무 조용해서 아무도 없는 줄 알았는데 뜻밖이라서……."

"유령인 줄 아셨어요?"

돌리가 물었다. 이 여인의 마음속에서는 '유령'과 '예배'가 눈에 보이지 않는 세계 전체를 요약하는 단어였다.

"그건 아니지만……."

"그 할멈은 당신을 놀라게 했소. 가여운 마거릿! 하긴 당연한 일이지. 못 배운 사람들은 그렇게 어리석다니까!"

겁 많은 여자를 싫어하지 않는 헨리가 말했다.

"그 에이버리라는 분은 교육을 받지 못한 사람인가요?"

마거릿이 물었다. 하지만 그녀의 관심은 돌리네 응접실 장식으로 쏠렸다.

"그 여자는 그냥 농장 일꾼 가운데 한 사람이오. 그런 사람들은 모든 일을 넘겨짚으며 살지. 아마 당신이 자기를 알 거라고 넘겨짚었을 거요. 그리고 하워즈 엔드의 열쇠를 전부 현관에 놔뒀으니 당신이 들어오면서 그것을 볼 것이고 또 나중에 문을 잠근 뒤 자기한테 다시 그 열쇠를 가져다줄 것이라고 속단했던 거요. 그 여자 조카딸은 열쇠를 찾느라 사방을 뒤지고 다녔지. 못 배운 사람들은 다들 그런 식으로 군다오. 옛날에는 힐튼에 에이버리 같은 여자가 많이 있었소."

"글쎄요, 저라면 별로 싫어하지 않았을 것 같은데요."

"그래요, 에이버리 할머니는 저한테 결혼 선물도 주셨어요."

돌리가 말했다. 뜬금없는 말이었지만 꽤 흥미로웠다. 마거릿은 돌리에게서 많은 걸 배울 것 같았다.

"찰스는 자기 외할머님과 알고 지냈던 분이니까 그 할머니한테는 싫은 기색을 보이지 말아야 한다고 했어요."

"아가, 넌 또 착각을 하고 있구나."

"그래요? 그럼 찰스의 외증조모님인가 보네요. 어머님께 그 집을 물려주신 분말이에요. 두 분 다 하워즈 엔드가 농장이었을 때부터 에이버리 할머니와 친하지 않았던가요?"

윌콕스 씨는 담배 연기만 한 줄기 내뿜었다. 그가 전처를 대하는 태도는 아주 묘했다. 윌콕스 씨는 스스로도 전처에 대해 이야기하고 또 남들이 전처 이야기를 하는 데 끼어들기도 했지만, 결코 아내 이름을 직접 부르지는 않았다. 또한 지금 나눈 이야기처럼 먼 옛날에 있었던 일에 대해서는 흥미를 느끼지 않았다. 그러나 돌리는 다음과 같은 이유 때문에 흥미를 느꼈다.

"어머님께는 남동생인가 숙부님인가가 계셨는데, 그분이 에이버리 할머니에게 청혼했다가 거절당하지 않으셨나요? 만약 그 청혼을 받아들이셨다면 에이버리 할머니는 찰스의 외숙모님이 되셨을 테죠…… 아, 그러고 보니 찰스의 외숙모님이라면, 〈찰리*의 외숙모님〉이라는 희극 제목과 똑같네요. 와! 오늘 밤에는 이것으로 찰스를 놀려 줘야겠어요. ……하여튼 그분이 어

---

* 찰스의 애칭.

딘가에 가셨다가 누군가한테 살해당하셨다는데…… 맞아요, 분명히 그랬어요. 그분이 바로 톰 하워드, 하워드 집안의 마지막 후계자였죠?"

"그래."

윌콕스 씨가 아무래도 좋다는 투로 대답했다.

"그렇다면 하워즈 엔드에서 하워드 가문은 끝나 버렸다 이거군요. 어때요, 오늘은 저도 꽤 재치가 있죠?"

돌리가 즐거운 듯이 큰 소리로 말했다.

"그래, 그럼 크레인이 다 끝났는지 보고 오겠니?"

"아버님, 어떻게 그런 말씀을……."

"크레인이 차를 다 마셨는지 보라고. 다 마셨으면 그만 가 봐야지."

돌리가 사라지자 윌콕스 씨는 마거릿에게 말했다.

"저 애는 착하긴 하지만 쉽게 질리는 유형이오. 나는 누가 돈을 준다 해도 저 애 곁에서는 살고 싶지 않소."

마거릿은 저도 모르게 미소를 지었다. 윌콕스 집안사람들은 세상과 맞설 때에는 똘똘 뭉쳤지만, 그들 가운데 한 사람이 다른 한 사람과 함께 살기는 커녕 그 소유지 근처에서조차 살 수 없는 성격들이었다. 그들은 하나같이 백인 혼자서 야만인 무리 속에 뛰어든다는 식의 식민 정신에 가득 차 있었으므로, 찰스 부부가 힐튼에 살고 있는 한 윌콕스 씨가 하워즈 엔드로 이사 올 수는 없었다. 헨리가 그 집에서 사는 것을 반대하는 이유가 이제야 완전히 밝혀진 셈이다.

차를 다 마신 크레인은 차고로 갔다. 차고에서는 그들의 자동차에서 떨어져 내린 흙탕물이 찰스의 자동차까지 더럽히고 있었다. 이 비는 지금쯤 여섯 언덕 아래 잠들어 있는 군인들에게도 다가가, 우리의 조급한 문명 소식을 전했을 것이다.

"신기한 언덕이오. 하지만 이제 그만 차에 타요. 구경은 나중에 합시다."

헨리가 말했다. 그는 일곱 시까지, 가능하다면 여섯 시 반까지는 런던에 도착해야 했다. 마거릿은 또다시 공간 감각을 잃었다. 나무와 집과 사람과 동물과 언덕이 하나의 진흙덩이로 부풀어 오르는 모습을 보면서, 마거릿은 위컴 플레이스에 있는 집으로 돌아왔다.

그날 밤은 기분 좋게 지나갔다. 지난 1년 동안 마거릿을 끈질기게 괴롭히던 어떤 어수선한 정신상태가 잠시 어디론가 모습을 감추었다. 마거릿은 짐을 잊고 자동차를 잊고 또 많은 것을 알지만 아무것도 연결시키지 못하는 바쁜 사람들을 잊었다. 이 지상 모든 아름다움의 기준이 되는 공간 감각이 되살아나자, 마거릿은 하워즈 엔드에서 출발해 영국 땅 전체를 파악하려고 애써 보았다. 그런데 우리가 뭔가를 파악한다는 것은 그러고자 하는 의지를 통해 실현될 수는 있지만, 반드시 실현될 수 있는 것은 아니다. 마거릿의 시도는 실패했다. 하지만 그 대신 이 섬나라에 대한 사랑이 뜻하지 않게 마음속에 생겨났으며, 그 사랑은 한쪽으로는 육체적인 온갖 기쁨과 다른 한쪽으로는 말로 표현할 수 없는 뭔가를 서로 연결해 주었다.

마거릿의 아버지와 헬렌은 이 사랑을 알고 있었고 레너드 바스트는 그것을 찾아 헤맸다. 하지만 마거릿은 그날 오후에 그것을 알게 되었다. 그녀는 틀림없이 하워즈 엔드와 에이버리 할멈을 통해서 알게 되었으리라! 이를 '통해서'라는 생각이 그녀의 머리를 떠나지 않았다. 그녀의 정신은 무지한 사람들만이 말로 표현할 수 있는 결론에 아주 가까이 다가갔다. 그런 뒤 따뜻함 쪽으로 방향을 바꾸어서 붉은 벽돌과 꽃 핀 자두나무, 그리고 봄이 가져다주는 온갖 생생한 기쁨을 생각했다.

헨리는 불쑥 나타난 에이버리에게는 신경 쓸 필요 없다고 마거릿에게 말한 뒤 집 안을 안내하면서 여러 방들의 크기와 용도를 설명해 주었다. 또 이 작은 재산의 역사를 혼잣말로 떠들었다.

"50년 전에 여기에다가 돈을 좀 더 투자하지 않았던 것이 두고두고 후회된다오. 그 무렵에는 땅이 지금보다 네다섯 배…… 적어도 30에이커는 있었으니까 작은 별장이라든가…… 아니, 어쨌든 나무를 좀 더 심고 집을 도로에서 더 떨어진 곳에 옮길 수도 있었소. 하지만 지금으로서는 이곳을 어떻게 해 볼 방법이 있어야지, 원. 이제는 목장만 남아 있을 뿐이니. 그마저도 내가 맨 처음 이곳에 왔을 때에는 담보로 잡혀 있었소. 게다가 이 집도. 그야말로 눈뜨고 볼 수 없을 지경이었지."

헨리는 마거릿이 곁에 있다는 사실도 잊어버린 듯이 말했다. 마거릿은 한 늙은 여인과 한 젊은 여인이, 자기들이 물려받은 재산이 조금씩 없어지는 모습을 지켜보고 있어야 했던 장면을 마음속에 그려 보았다. 그 두 사람에게 헨리는 하늘에서 뚝 떨어진 구세주였을 것이다.

"재산 관리 방법이 나빴던 거요. 게다가 농장 시대는 이미 지나갔소. 그런 방식으로는 채산이 맞지 않아요. 집약 농법을 쓰든지 해야지. 흔히 소작농을 보호해야 한다느니, 농촌으로 돌아가라느니 하지만, 그런 건 박애주의자의 헛소리에 지나지 않소. 어떤 사업이든지 규모가 작은 것은 십중팔구 실패한다고 볼 수 있어요. 여기서 보이는 땅 대부분은……."

이때 두 사람은 2층에 있는 유일한 서향 창문 앞에 서 있었다. 헨리는 말을 이었다.

"이 근처 지주 집안의 소유인데, 그들은 구리로 돈을 번 견실한 사람들이오. 에이버리의 농장과 저기 저 시든 떡갈나무가 서 있는 사이시 농장은 지금은 공유지가 되었소…… 이 모두 줄줄이 망해 버렸고 이 집도 하마터면 그렇게 될 뻔했어요."

하지만 헨리가 집을 구해냈다. 헨리에게는 세련된 감각도 없었고 식견 비슷한 것도 없었지만, 그래도 그는 이곳을 구해 냈다. 그런 일을 해낸 그에게 마거릿은 애정을 느꼈다.

"이곳을 관리하게 된 다음부터 나는 할 수 있는 일은 다 했소. 가축과 피부병에 걸린 망아지 한 마리와 구식 농기구 등을 다 팔고, 헛간을 허물고, 배수 시설을 만들었지. 헤아릴 수 없이 많던 관목들과 부러진 나무들을 솎아냈고요. 집에 있던 부엌을 현관으로 개조하고, 소젖 짜던 곳 뒤에다 따로 부엌을 만들었소. 그리고 한참 뒤에 차고니 뭐니 하는 것들도 만들었지만, 그렇게 열심히 손질했는데도 이곳이 예전에 농장이었다는 사실은 여전히 숨길 수가 없구려. 아무래도 이곳은 이른바 예술가들이 좋아할 만한 장소가 될 수는 없나 보오."

물론 아니었다. 헨리가 그곳을 이해하지 못한다면, 예술을 좋아하는 친구들은 더욱 이해하지 못할 것이다. 그곳은 영국 땅이며, 창밖으로 내다보이는 느릅나무는 영국의 나무였다. 그러나 그 아름다움은 소문으로 듣던 것과 같지 않았다. 나무는 전사도 아니고 연인도 아니고 신도 아니었다. 영국적인 것들은 그런 역할에는 적합하지 않다. 집 위로 몸을 구부리고 있는 그 나무는 우리 친구였다. 그 뿌리는 힘과 모험심을 간직하고 있었지만 그것이 가지에서는 부드러움으로 변했다. 남자 열두 사람이 손에 손을 잡고 둘러싸도 다 안을 수 없는 그 나무둥치는 위로 올라갈수록 가늘어져서, 연한 새싹은 허공에 떠 있는 것만 같았다.

그 나무는 친구였다. 집과 나무는 남녀를 빗댄 어떤 비유도 초월했다. 마거릿은 지금 그 집과 나무를 생각했다. 그리고 그 후로도 바람이 부는 밤이나 런던에서 지낼 때면 종종 그 집과 나무를 생각하곤 했다. 그것을 남자 또는 여자에 빗대어 표현하는 것은 늘 불충분하다는 느낌이 들었다. 그러나 그 집과 나무는 여전히 인간적임에 틀림없었다. 그들이 우리에게 전하려는 것은 영원에 관한 이야기가 아니라, 이승에서 품을 수 있는 희망에 관한 이야기였다. 그 집 창가에 서서 그 나무를 보았을 때 마거릿은 가장 진실한 인간관계가 무엇인지 어렴풋이나마 알 것 같았다.

그날 일 가운데 마지막으로 하나만 더 덧붙이겠다.

그날 두 사람은 비가 내리는데도 뜰로 나갔다. 윌콕스 씨는 마거릿이 한 말이 사실임을 깨닫고 깜짝 놀랐다. 느릅나무에는 돼지 이빨이 여러 개 박혀 있어서 그 하얀 끝부분이 나무껍질 위로 톡 튀어나와 있었다.

"이거 참 신기하군. 누구한테서 들었소?"

"어느 겨울 런던에서 들었어요."

마거릿이 대답했다. 그녀 또한 윌콕스 부인의 이름을 굳이 말하지는 않았다.

25

이비는 테니스 시합을 하던 도중에 아버지의 약혼 소식을 들었고, 경기는 엉망이 되었다. 그녀가 결혼해서 아버지 곁을 떠나는 것은 마땅한 일이었지만, 홀로 남은 아버지가 결혼을 하는 건 배신이었다. 설상가상으로 찰스와 돌리는 이 모두가 이비 잘못이라고 책망했다.

"내가 뭘? 난 그럴 마음은 조금도 없었어. 나를 가끔 그 사람들 집으로 데려가기도 하고, 날 시켜서 그 사람을 심프슨스로 초대하기도 한 사람은 바로 아버지였는걸. 아, 몰라, 아버지 맘대로 하시라고 해."

그것은 돌아가신 어머니를 모독하는 행위이기도 했다. 그 점에 대해서는 세 사람 다 의견이 일치했으며, 이비는 어머니 유품인 보석과 레이스를 '항의의 표시'로 아버지에게 돌려주려는 생각까지 했다. 그것이 무엇에 대한 항의인지는 이비 본인도 정확히는 몰랐지만, 아직 열여덟 살밖에 안 된 그녀로서는 그런 식으로 불만을 표현한다는 착상이 마음에 들었다. 게다가 레이스나 보석에는 별로 관심이 없었으므로 더더욱 그랬다. 그러자 돌리가 만약 이비와 퍼시 숙부가 싸워서 약혼을 취소하는 척한다면, 아버지도 슐레겔 양과 싸워서 약혼을 취소하지 않겠느냐고 말했다. 아니면 폴에게 전보를 치자고도 했다. 이야기가 거기에 이르자 찰스가 두 사람에게 바보 같은 소리 좀 그만하라고 면박을 줬다. 그러자 이비는 슐레겔 집안사람들 때문에 자기네가 괜히 초조해지긴 싫다고 말했다. 그리하여 가급적 일찍 결혼식을 올리기로 했고, 결혼 날짜가 9월에서 8월로 앞당겨졌다. 이비는 여러 사람들로부터 축하 선물을 받은 덕에 본래의 유쾌한 성품을 되찾았다.

마거릿은 자기가 그 결혼식에 참석할 뿐만 아니라 거기서 상당히 큰 역할을 하기를 헨리가 기대하고 있음을 알았다. 헨리는 이 좋은 기회에 자기 주변 사람들과 마거릿이 친해지기를 바랐던 것이다. 카힐 집안사람들과 퍼셀 집안사람들 말고도 제임스 비더 경이 결혼식에 올 예정이었으며, 다행히 헨리의 제수인 워링턴 윌콕스 부인도 때마침 세계 일주를 마치고 돌아온 참이었다.

마거릿은 헨리를 사랑했지만 그의 주변 사람들은 그럴 수 있을 것 같지 않았다. 헨리 주위에 모여든 사람들은 별로 느낌이 좋지 않았다. 헨리는 능력과 미덕이 있는 남자치고는 친구 고르는 기술이 형편없었다. 비교적 평범한 사람에게 끌린다는 것 말고는 이렇다 할 교제의 원칙이 없었다. 헨리는 인생에서 이토록 중요한 일을 별다른 아쉬움 없이 우연에 내맡겼고, 따라서 투자에는 성공했지만 친구를 고르는 일에는 대부분 실패했다.

헨리가 참 좋은 친구라고 칭찬하는 사람도 마거릿이 만나 보면 대개 변변찮거나 따분하기 짝이 없는 사람이었다. 만약 헨리가 조금이라도 애정을 가지고 그런 사람들과 사귄다면 마거릿도 이해할 수 있었을 것이다. 애정은 모든 것을 설명해 주니까. 그러나 헨리는 애정이 존재한다는 사실조차 모르는 것 같았다. 참 좋은 친구였던 사람도 어느새 굳이 만날 필요도 없는 사람으로 변하여 순식간에 잊히고 말았다.

마거릿도 학창 시절에는 그랬다. 그러나 지금은 달랐다. 자기가 조금이라도 관심을 가진 적이 있는 사람은 절대로 잊지 않았다. 그녀는 사람과 사람 사이에는 관심과 배려가 있어야 그 관계가 연결되고 오래 지속된다고 생각했으며, 언젠가는 헨리도 그렇게 해 주기를 바랐다.

이비의 결혼식은 런던에서 치러지지 않았다. 그녀는 시골에서 하는 결혼식을 좋아했고, 게다가 그때 런던에는 아무도 없었다. 그래서 그녀는 몇 주 동안 어니턴 그레인지에 짐을 옮겨다 놓았다. 교구 교회가 결혼 예고의 종을 울렸고, 붉은 언덕들 사이에서 졸고 있던 소도시는 이틀 동안 현대 문명이 밀려드는 요란스러운 소리에 깨어나서 하객을 실은 자동차들에 길을 비켜 주었다.

어니턴을 발견한 사람은 윌콕스 씨였지만 현재 본인은 그것을 별로 자랑스럽게 여기지 않았다. 그 소도시는 웨일스 지방과의 경계 근처에 있어서 거기까지 가기가 몹시 불편했다. 그래서 윌콕스 씨는 그곳을 어떤 특별한 장소로 생각하게 되었다. 그곳에는 폐허가 된 성도 있었다. 하지만 거기까지 애써 가 봤자 그다음에는 무엇을 하면 좋단 말인가? 그곳은 사냥하기 좋은 곳도 아니었고, 낚시질도 딱히 잘되지 않았으며, 여자들 말로는 경치도 그리 대단치 않았다. 게다가 이 소도시가 슈롭셔 안에서도 별로 좋지 않은 장소에 있다는 것을 알게 되자, 성격상 자기 소유물은 절대로 욕하지 않는 윌콕스 씨도 이 부동산을 처리해 버리는 순간만을 기다리고 있었다. 그리하여 이비의 결혼식이 그 집에서 벌어진 마지막 행사가 되었고, 집을 빌리려는 사람이 나타나자마자 그 집은 이제 가치를 잃고 하워즈 엔드처럼 망각 속으로 사라졌다.

그러나 마거릿에게 어니턴은 깊은 인상을 주었다. 언젠가 그곳에 정착하기로 마음먹은 마거릿은 그 동네 목사님들을 비롯한 여러 사람들과 잘 지내려고 이것저것 신경을 썼으며, 가능하다면 이 지방 생활에 대해서도 어느 정도 알아두려고 했다. 어니턴은 조그만 시골 소도시이기는 해도 오랜 세월 동안 이 지방의 중심으로서 이 쓸쓸한 골짜기에 봉사하였고, 또 켈트 족의 침입에 맞서 영국 변경을 지키는 데 한몫을 하기도 했다.

이비의 결혼식에도 불구하고, 또 패딩턴 역에서 전세 객차에 올라탔을 때 마거릿을 맞이한 야단법석에도 불구하고 그녀의 감각은 날카로움을 잃지 않고 모든 것을 관찰했다. 지금까지 여러 차례 그랬듯이 이번 일도 결국은 마거릿을 위한 진정한 출발이 되지는 못했으나, 이 시골 소도시와 거기서 일어난 일들을 마거릿은 그 뒤에도 결코 잊지 않았다.

런던에서 기차를 타고 가는 사람은 여덟 명뿐이었다. 즉 퍼셀 씨와 그의 아들, 오랫동안 인도에서 살다가 온 플린리몬 부인과 에드서 부인, 워링턴 윌콕스 부인과 그녀의 딸, 그리고 결혼식에서 흔히 볼 수 있는 얌전하고 멋진 옷차림의 여자아이와 마거릿이었다. 그 소녀는 마거릿이 머잖아 윌콕스 씨와 결혼할 사람이라는 걸 알고 마거릿을 주의깊게 관찰했다. 돌리는 산달이 가까워 그냥 힐튼에 남았고, 폴은 익살맞은 축전을 보내 왔으며, 찰스는 슈루즈버리에서 자동차 세 대를 준비해 놓고 손님들을 맞이하기로 했다. 헬렌은 결혼식 초대를 거절했고, 티비는 청첩장에 대한 답장도 보내지 않았다.

일행은 기차에 오르자마자 극진한 대접을 받았다. 헨리가 주관하는 일이 모두 그러하듯 어느 정도 예상은 했지만, 사람들은 그가 모든 것을 고려해 완벽하게 조처했다는 사실을 쉽게 눈치챌 수 있었다. 일행은 기차에 타자마자 헨리의 손님이 되었다. 짐에는 특별히 준비된 꼬리표가 붙여졌고, 여행자의 시중을 드는 수행원이 배치됐고, 특별 점심식사가 나왔다. 따라서 손님들은 그저 기분 좋다는 뜻을 나타내면서 되도록 단정한 모습만 유지하면 되었다.

문득 마거릿은 티비의 지휘에 따라 치러질 자신의 결혼식을 생각하고는 오싹해졌다. "시어볼드 슐레겔과 헬렌 슐레겔은 누나이자 언니인 마거릿의 결혼식에 플린리몬 부인께서 참석하시기를 바라오며……." 이런 문구가 적힌 청첩장을 돌린다는 것은 상상하기도 어려웠지만, 아무튼 조만간 이런 청첩장을 인쇄해서 여러 군데로 보내야 할 것이다. 물론 헨리의 방식에 대해 경쟁의식을 가질 필요는 없었지만, 적어도 손님을 배고프게 만들어서는 안 되었고 손님 수만큼 의자도 갖춰 놔야 했다.

마거릿은 자기 결혼식이 아주 엉망이든지 통속적이든지 둘 중 하나일 거라고 생각했다. 어차피 그럴 거면 통속적인 편이 낫겠다 싶었다. 이번처럼 거의 예술에 가까운 훌륭한 솜씨로 결혼식을 연출한다는 것은, 마거릿은 물론이고 그녀의 모든 친구들에게도 불가능한 일이었다.

서부 철도 급행열차가 달리면서 내는 조그만 소음은 이야기를 나누는 데 방해가 되지 않았기에 사람들은 기분 좋은 시간을 보냈다. 손님 가운데 두 남성은 여성들에게 매우 친절했다. 그들은 어떤 여성을 위해서는 창문을 열어 주더니 또 어떤 여성을 위해서는 닫아 주었으며, 초인종을 눌러 수행원을 부르고, 기차가 옥스퍼드를 지나갈 때에는 각 단과대학 이름을 가르쳐 주고, 책이나 손가방이 좌석에서 떨어지려고 하면 얼른 받아서 제자리에 놓았다. 그들의 그런 행동은 조금도 신경에 거슬리지 않았다. 퍼블릭스쿨* 교육을 연상시키는 그 태도는 매우 세심하지만 여전히 남성적인 것이었다. 이른 같은 퍼블릭스쿨이 영국에 안겨 준 승리는 워털루 전쟁에만 국한되지 않았던 것이다. 마거릿은 속으로는 인정할 수 없었던 이런 행동의 매력에 대해 경의를 표했으며, 남자들이 말하는 단과대학 이름이 틀렸을 때에도 잠자코 있었다. '하느님이 남자와 여자를 창조하셨도다.' 슈루즈버리로 가는 이번 여행은 이 의심스러운 말을 확인해주었고, 승객들을 편안하고 안락하게 실어나르는 유리 객차는 남녀의 차이에 대한 관념을 속성 지배하는 온실이 되었다.

슈루즈버리에 도착하자 일행은 그 온실에서 나와 바깥바람을 쐬었다. 마거릿은 혼자서라도 동네를 구경하고 싶어서, 다른 사람들이 그곳 호텔에서 차를 마시는 동안 자동차를 빌려 타고 동네를 한 바퀴 돌았다. 그 차를 운전한 사람은 충성스러운 크레인이 아니라, 능장을 부려 마거릿을 난감하게 만드는 것이 취미인 듯한 이탈리아인이었다.

호텔로 돌아오자 찰스가 회중시계를 손에 들고 밖에 서 있었다. 그러나 화난 얼굴은 아니었다. 마거릿은 충분히 시간 안에 돌아왔으며, 아직 모습을 드러내지 않은 사람이 몇 명 있다는 것이었다. 이어서 마거릿은 찰스가 카페로 뛰어 들어가 "제발 부탁이니 여자 분들한테 좀 서두르라고 해 줘요. 이래서야 언제 출발할 수 있을지 모르겠네"라고 말하는 소리를 들었다. 그러자 앨버트 퍼셀이 "나한테 뭐라고 하지는 마. 내 할 도리는 다했으니까"라고 대답했다. 퍼셀 대령은 여자들이 화장하느라 여념이 없는 모양이라는 의견을 냈다.

그러는 사이에 워링턴 부인의 딸인 마이러가 왔다. 마이러는 찰스의 사촌이었으므로 그는 마이러에게 잔소리를 했다. 마이러는 세련된 여행용 모자를 세련된 자동차용 모자로 바꿔 쓰고 있었다. 다음으로 워링턴 부인이 얌전한 여자아이의 손을 잡고 나타났다. 인도에 있었던 두 여성은 언제나 마지막이었다.

---

* 영국에서 주로 상류층 자제를 교육하는 명문 사립 중등학교.

이미 하녀들과 수행원은 큼직한 짐을 들고 어니턴 근처의 역으로 가 있었지만, 손님 일행은 아직도 모자 상자 다섯 개와 화장품 가방 네 개를 자동차에 실어야 했다. 또 다섯 여성이 먼지막이 외투를 입었다가 "그럴 필요 없다"는 찰스의 말을 듣고 다시 벗었다. 그동안에도 남성들은 조금도 언짢은 표정을 하지 않고 열심히 여성들을 도와주었다. 다섯 시 반이 되자 드디어 준비가 끝났다. 일행은 웨일스 다리를 건너 슈루즈버리에서 빠져나왔다.

슈롭셔는 하트퍼드셔처럼 조용하지는 않았다. 그 매력은 자동차의 빠른 속도 때문에 반감되었지만, 그래도 언덕이 늘어서 있는 모습은 감지되었다. 일행은 세번 강을 동쪽으로 밀어붙여 잉글랜드 강으로 만들고 있는 댐에 점점 접근했다. 산 너머 웨일스 쪽으로 지고 있는 태양이 눈부셨다. 도중에 결혼식 하객 한 사람을 더 태우고서 일행은 산을 피해 이번에는 남쪽으로 갔다. 그래도 이따금 별로 험하지 않은 산이 나타났는데, 그 산들은 낮은 땅과 색깔이 달랐지만 지형 자체는 매우 완만했다. 구불구불한 지평선 저편에서는 해넘이 의식이 조용히 거행되고 있었다. 그 의식의 비밀은 대단치 않을지 몰라도, 실제적인 사람은 평생 발견하지 못할 비밀이기도 했다.

차 안에서는 관세법 개정이 화제가 되었다.

워링턴 부인은 식민지에서 돌아온 지 얼마 안 되었다. 제국주의를 비판하려던 다른 많은 사람들이 그렇듯이 그녀 또한 음식접대로 입막음을 당해 거기서 자기가 받은 환대를 자랑하고, 식민 모국이 식민지의 젊은 영웅들을 얕봐서는 안 된다고 경고했을 뿐이다.

"그 사람들은 자기네끼리도 충분히 잘해 나갈 수 있다는 식이에요. 그럼 우리는 어떻게 되겠어요? 슐레겔 양, 관세법 개정에 대해서 헨리가 엉뚱한 생각을 하지 않도록 해 주셔야 해요. 관세법 개정은 우리의 마지막 희망이니까요."

워링턴 부인이 말했다.

마거릿은 반농담조로 그 의견에 반대했고 다른 사람들도 저마다 참고서에서 읽은 내용을 되풀이했다. 그동안 자동차는 일행을 구릉 지대 깊숙한 곳으로 데려갔다. 그것은 인상적이라기보다는 기묘하게 생긴 언덕의 연속으로, 그 윤곽에는 아름다움이 부족했다. 언덕 꼭대기의 평지가 노을빛에 물든 모습은 마치 거인의 손수건이 널려 있는 것 같았다. 드문드문 바위가 드러나 있었고, 드문드문 숲도 있었으며, 나무가 없는 갈색 사냥터도 있었다. 그 모두가 조금 뒤에는 더욱 황량한 경치가 펼쳐질 것임을 예고하고 있었지만, 그래도 눈에 보이는 주된 빛깔은 들판의 초록빛이었다.

어느새 공기가 한층 차가워졌다. 마지막 언덕을 넘자 드디어 어니턴이 발아래 펼쳐졌다. 어니턴은 교회와 사방으로 뻗은 길을 따라 늘어선 주택들과 성채를 품은 채 강물에 둘러싸여 반도를 이루고 있었다. 성 가까이에는 우둔해 보이면서도 포근함이 느껴지는 잿빛 저택 한 채가 있었으며, 그 저택이 반도의 목 부분을 가로지르고 있었다. 그것은 저택이라는 것이 아직은 국민성을 나타내던 19세기 초에 영국 곳곳에 세워진 저택 가운데 하나였다. 저게 바로 윌콕스 씨네 집이라고 앨버트 퍼셀이 어깨너머로 말하더니 갑자기 브레이크를 밟았다. 차는 속도를 줄이다가 곧 멈춰 섰다.

"죄송합니다만 오른쪽 문으로 내려 주시겠습니까? 조심해서 내리세요."

앨버트가 뒤돌아보며 말했다.

"무슨 일이에요?"

워링턴 부인이 물었다. 그때 뒤차가 따라붙어 정차하더니 찰스 목소리가 들렸다.

"여자 분들을 빨리 내려 드려."

곧 남자들이 모여들었다. 마거릿도 다른 여자들과 마찬가지로 얼른 차에서 내리라는 재촉을 받고 뒤차로 옮겨 탔다. 대체 무슨 일이 일어난 걸까? 일행이 탄 차가 움직이기 시작하자, 길가에 있는 조그만 외딴집 문이 열리더니 한 소녀가 자동차를 향해 뭐라고 소리를 질러 댔다.

"무슨 일이죠?"

차에 탄 여자들이 물었다.

찰스는 질문에 대답하지 않고 100야드쯤 차를 몰고 가더니 드디어 입을 열었다.

"여러분이 타셨던 차가 개를 좀 건드렸습니다."

"차 세워요!"

마거릿이 깜짝 놀라 소리쳤다.

"안 다쳤어요."

"정말로 안 다쳤어요?"

마이러가 물었다.

"네."

"그래도 멈춰요!"

마거릿이 몸을 앞으로 쑥 내밀며 말했다. 그녀는 차 안에서 일어섰고, 다른 사람들은 그녀가 넘어지지 않도록 무릎을 잡았다.

"가서 보고 와야겠어요."

찰스는 못 들은 척했다. 그때 누군가가 말했다.

"퍼셀 씨가 뒤에 남았으니까 괜찮을 거예요. 또 크레인이랑 안젤로도 있고요."

"네, 하지만 여자는 하나도 없잖아요."

"우리들 중 누군가가 가는 것보다는 이러는 편이……."

워링턴 부인이 손바닥을 쓰다듬으며 말했다.

"보험 회사가 알아서 할 겁니다. 게다가 앨버트가 남아 있으니까요."

찰스가 말했다.

"돌아가게 해 줘요."

마거릿이 치미는 분노를 꾹 참으며 부탁했다.

찰스는 모른 척했으며, 여자들을 가득 태운 차는 천천히 언덕길을 내려갔다.

"남자 분들이 있으니까 어떻게든 해결되겠죠."

다른 여자들이 말했다.

"남자들만 있어서는 안 된다니까요. 그걸 모르시겠어요? 찰스, 내려 줘요."

"내리실 필요 없다니까요."

찰스가 심드렁하게 대답했다.

"그래요?"

그렇게 말하더니 마거릿은 차에서 훌쩍 뛰어내렸다.

그녀는 땅에 무릎을 찧었고 장갑이 찢어졌으며, 모자가 한쪽으로 기울어 귀 아래까지 내려갔다. 사람들의 비명 소리가 들렸다. 찰스도 차에서 뛰어내려 이쪽으로 달려왔다.

"다치셨잖아요!"

"그럼, 다쳤죠."

"도대체 왜……."

"왜긴요, 알 거 없어요.".

"손을 다치셨군요."

"저도 알아요."

"아버님께서 저한테 뭐라고 말씀하실지……."

"찰스, 그런 건 좀 더 일찍 생각하지 그랬어요."

찰스에게 이런 상황은 난생처음이다. 한 여성이 그에게 반항하여 차에서 뛰어내리더니 절룩거리며 저쪽으로 걸어가는 것이었다. 뜻밖의 사건에 너무 놀라서 그는 화를 낼 수도 없었다. 그러나 다른 여자들이 그가 있는 데까지 오자 찰스는 퍼뜩 정신을 차렸다. 이런 여자들이라면 얼마든지 다룰 수 있었다. 그는 여자들에게 차로 돌아가라고 명령했다.

앨버트 퍼셀이 그들 쪽으로 걸어오고 있었다.

"괜찮아! 개가 아니라 고양이였어."

그가 소리쳤다.

"거봐요, 그냥 고양이를 쳤을 뿐이잖아요."

찰스가 의기양양한 목소리로 말했다.

"나도 태워 줘. 개가 아니라는 사실을 알자마자 얼른 빠져나왔지. 지금은 운전사들이 여자애하고 실랑이를 하고 있어."

마거릿은 그런 말을 듣고도 계속 걸어갔다. 왜 어린 여자아이를 상대하는 일을 운전사들에게 떠넘기는 걸까? 이런 식으로 여자들은 남자들 뒤에 숨고, 남자들은 고용인들 뒤에 숨는 제도 자체가 잘못된 것이다. 마거릿은 이 잘못을 모른 체 넘길 수 없었다.

"슐레겔 양! 맙소사, 손을 다치셨군요!"

"잠깐 보러 가는 거니까 괜찮아요. 기다리시지 않아도 됩니다, 퍼셀 씨."

그때 두 번째 자동차가 모퉁이를 돌아왔다.

"마님, 이제 다 해결됐습니다."

크레인이 말했다. 그는 이제 마거릿을 마님이라고 부르게 되었다.

"고양이 말인가요?"

"네, 마님. 그 여자아이는 변상을 받게 되었어요."

"무례한 계집애!"

세 번째 자동차에 탄 안젤로가 혼잣말처럼 중얼거렸다.

"당신 같으면 그런 상황에서 무례하게 굴지 않겠어요?"

그러자 안젤로는 두 손을 펼쳐 보였다. 무례하게 굴 생각은 없었지만, 마거릿이 원한다면 한번 해보이겠다는 표현이었다.

상황은 기묘하게 돌아갔다. 또다시 남자들이 마거릿 주위에 모여들어 이것저것 돌봐 주려 했고, 에드서 부인이 마거릿의 손에 붕대를 감아 줬다. 마거릿도 이제는 체념했다. 일행에게 적당히 사과한 다음 그들의 뜻에 따라 다시 자동차에 타기로 했다. 이윽고 경치가 또다시 움직이기 시작했다. 길가에 있는 외딴집은 사라지고 잔디밭 위로 성곽이 가까이 다가오며 커지더니 마침내 그들은 목적지에 도착했다.

자기가 매우 섣부른 짓을 했다는 사실은 마거릿도 알고 있었다. 그래도 어쩌겠는가. 런던에서 시작된 그날 여행 전체가 비현실적으로 느껴졌다. 그 여행은 대지나 대지 위 인간의 감정과는 아무 상관도 없었다. 거기에는 그저 먼지와 악취와 국제적인 수다만이 있었다. 죽은 고양이의 주인이었던 그 소녀야말로 이 여행자들 가운데 누구보다도 더 깊이 삶에 대해 알았을 것이다.

"아, 헨리, 내가 어리석었어요."

마거릿이 말했다. 그런 식으로 이야기를 끌어 나가기로 마음먹었던 것이다.

"도중에 차가 고양이를 치는 바람에, 찰스가 내리지 말라고 했는데도 내가 멋대로 뛰어내렸어요. 어휴, 그래서 당신의 메그가 호되게 넘어져 버렸지 뭐예요."

마거릿은 붕대를 감은 손을 내보였다. 윌콕스 씨는 그 말을 어떻게 받아들여야 할지 몰라 당황한 눈치였다. 그때 그는 연미복을 입고 손님들을 맞이하기 위해 현관에 서 있었다.

"개인 줄 알았던 거예요."

워링턴 부인이 말했다.

"개는 사람의 친구죠. 개는 절대로 주인을 잊지 않으니까요."

퍼셀 대령이 말했다.

"마거릿, 많이 다쳤소?"

"대단한 건 아니에요. 게다가 왼손이잖아요."

"얼른 옷부터 갈아입고 와요."

마거릿은 윌콕스 씨의 뜻에 따라 다른 여자들과 함께 옷을 갈아입으러 갔다. 윌콕스 씨가 아들을 돌아보며 물었다.

"찰스, 무슨 일이 있었던 거냐?"

찰스는 아무런 숨김없이 이 사건의 전말을 자기 나름대로 해석하여 설명했다. 앨버트가 고양이 한 마리를 치는 바람에 슐레겔 양은 보통 여자들이 그러듯이 신경이 날카로워졌고, 다른 차에 무사히 옮겨 타고도 감정을 누르지 못해 차가 움직이는데도 모두의 만류를 뿌리치고 뛰어내렸다. 하지만 잠시 동안 길을 걷다가 이윽고 냉정을 되찾고 모두에게 사과했다고 말했다. 윌콕스 씨는 이 설명을 듣고 납득했다. 실은 이야기가 그렇게 흘러가도록 마거릿이 잘 준비해 두었다는 점은 아버지도 아들도 미처 깨닫지 못했다. 그 설명이 여자라는 존재에 대한 두 사람의 견해에 너무나 잘 들어맞았기 때문이다.

저녁식사를 마친 뒤 남자들끼리만 모인 자리에서 퍼셀 대령은 슐레겔 양이 순전히 일시적인 변덕 때문에 그런 짓을 했을 거라고 말했다. 퍼셀 대령은 자기가 젊었을 적에, 지브롤터 항구에서 젊은 여자가—그것도 아름다운 여자가—어떤 내기를 하고 바다에 뛰어들었는데, 젊은 사내놈들이 그 여자를 구하려고 너도 나도 앞다투어 뛰어든 일을 지금도 기억하고 있었다. 그러나 찰스와 윌콕스 씨는 슐레겔 양의 경우는 신경이 예민해서 그랬을 거라고 마음을 모았다.

찰스는 마음이 무거웠다. 그 여자는 잠자코 있는 여자가 아니었다. 그녀는 오늘 저지른 것보다 더 기막힌 일을 아버지에게 저지를 것이다. 그는 이 문제를 좀 더 깊이 생각해 보려고 밖으로 나갔다. 저녁은 아름다웠다. 정면과 좌우에서는 강물이 소리 내어 흐르며 서쪽 소식을 전해 주었고, 위에서는 폐허가 된 성이 하늘을 등진 채 그 복잡한 윤곽을 뚜렷이 드러내고 있었다.

찰스는 그때까지 슐레겔 가족과 겪은 일들을 꼼꼼히 되짚어 보다가, 헬렌과 마거릿과 줄리 이모가 무슨 음모를 꾸미고 있다는 생각까지 들었다. 찰스는 한 가정의 아버지가 되자 그만큼 의심이 많아졌다. 그에게는 지금 아이가 둘이나 있고 앞으로 더 생길 텐데, 그 아이들이 부자가 될 가능성은 나날이 희박해지고 있었다. 아버지는 모두에게 공평하게 나눠 주겠다고 말씀하셨지만, 무한정 공평하게 나눠 준다는 것은 불가능한 일이다. 돈에는 신축성이 없으니까. 앞으로 이비에게 아이가 생기면 어떻게 될까? 그리고 보니 아버지에게도 아이가 생길지 모른다. 더구나 돌리나 퍼시는 아무런 수입도 없으므로, 언젠가는 틀림없이 돈이 부족해질 것이다. 이 일을 어쩌면 좋을까.

찰스는 창문에서 환한 불빛과 웃음소리가 흘러나오는 저택을 돌아보면서 왠지 부러움을 느꼈다. 이번 결혼식에도 상당한 비용이 들었다. 그 저택 앞을 두 여성이 왔다 갔다 하고 있었다. 그중 한 사람이 '제국주의'라고 말하는 소리가 들렸으므로 찰스는 그 여성이 숙모임을 알아차렸다. 아마 숙모에게 가족이 없었다면 숙모의 도움을 기대할 수도 있었으리라.

"자기 일은 스스로 알아서 하자."

그는 자기 자신에게 말했다. 지금까지 몇 번이나 그에게 힘을 주었던 이 격언은 어니턴의 폐허 앞에서 한결 엄숙하게 울렸다. 그는 아버지 같은 사업 수완이 없었기 때문에 돈에 대한 집착이 아버지보다 더 심했다. 아버지에게서 많은 유산을 상속받지 못하면, 아이들에게 가난을 물려주게 될까 걱정이었다.

찰스가 그곳에 앉아 생각에 잠겨 있노라니, 저택 앞에서 서성거리던 여자 가운데 한 사람이 목장 쪽으로 걸어오는 것이 보였다. 찰스는 팔에 맨 붕대가 하얗게 빛나는 모습을 보고 그 여자가 마거릿임을 알았고, 그녀가 담뱃불을 보고 자기가 있는 줄 알게 되면 곤란하겠다 싶어서 얼른 담배를 껐다. 마거릿은 언덕을 좌우로 왔다 갔다 하면서 올라왔다. 때로는 허리를 굽혀 잔디를 쓰다듬는 것 같기도 했다.

이것은 도무지 있을 수 없는 일이었지만, 처음에 찰스는 마거릿이 자기를 사랑해서 유혹하러 나온 거라고 생각했다. 그는 요부의 존재를 믿었고—사실 요부는 강한 남자에게는 없어서는 안 될 존재이기도 했다—그런 생각을 가볍게 웃어넘기기에는 그의 유머 감각이 너무나도 부족했다. 하지만 현재 그의 아버지와 약혼했고 누이동생 결혼식에 손님으로 와 있는 마거릿은, 찰스가 그곳에 있다는 사실을 알아차리지도 못하고 그냥 지나쳤다. 찰스도 자기가 잘못 생각했음을 인정했다.

그렇다면 마거릿은 무엇을 하고 있는 걸까? 왜 저렇게 폐허의 돌덩이에 발이 걸리고 가시나무에 옷자락이 걸리기도 하면서 이리저리 걸어 다니고 있는 걸까?

마거릿은 본성(本城)을 돌아서 오려다가 갑자기 걸음을 멈췄다. 담배 냄새를 맡은 모양이었다.

"거기 누가 있나요?"

찰스는 침묵을 지켰다.

"색슨 족인가요, 켈트 족인가요?"

마거릿이 어둠 속에서 웃으며 말을 이었다.

"하지만 그건 중요하지 않아요. 누구신지 모르겠지만, 제 말 좀 들어 보세요. 나는 이 집이 좋아요. 슈롭셔가 좋아요. 런던은 너무 싫어요. 여기가 내 집이 된다는 게 정말로 기뻐요. 아……."

마거릿은 이제 저택으로 걸음을 옮기면서 말을 계속했다.

"이리저리 헤매다 겨우 어딘가에 도착했다는 것은 참으로 기분 좋은 일이에요."

'저 여자는 분명히 무슨 짓을 저지를 거야.'

찰스는 그렇게 생각하며 입을 꾹 다물었다. 이윽고 땅이 축축해지자 그도 집으로 돌아갔다. 강이 피어오르는 안개에 모습을 점점 감추었고 강물 소리는 한층 높아졌다. 웨일스 산악 지대에 폭우가 퍼부었던 것이다.

26

이튿날 아침, 반도는 엷은 안개에 싸여 있었다. 날씨가 맑아질 징조였다. 마거릿이 지켜보는 동안 성이 있는 언덕의 윤곽이 점점 뚜렷해지더니 어느새 본성이 모습을 드러냈다. 태양이 그 성의 돌들을 황금빛으로 물들이고 희뿌연 하늘을 푸른빛으로 바꾸었다. 그러자 뜰에는 저택 그림자가 짙게 드리웠고, 고양이 한 마리가 마거릿이 서 있는 창문을 올려다보며 울었다. 마지막으로 강이 모습을 보였다. 하지만 그 물가와 강을 뒤덮은 오리나무 사이에는 안개가 남아 있었고, 상류 쪽은 언덕 그늘 속에 숨어 있었다.

마거릿은 어니턴에 매혹되었다. 스스로는 그곳을 좋아한다고 말했지만, 실은 그곳에서 드러나는 낭만주의적 긴장감에 마음이 끌렸던 것이다. 거기까지 오는 도중에 본 웨일스의 둥근 산과 그쪽에서 잉글랜드로 흘러오는 많은 강, 좀 더 낮은 곳에 있는 언덕의 자유분방한 선, 이런 것들이 마거릿에게 시적 정취를 불어넣었다.

집 자체는 별것 없었지만, 그곳 전망은 영원한 기쁨이 될 것 같았다. 그녀는 집으로 초대할 친구들을 헤아려 보고, 머지않아 시골 생활에 익숙해질 헨리를 생각했다. 지역 사람들과도 잘 지낼 수 있을 것 같았다. 어젯밤에 그곳 교구장이 식사하러 왔는데, 그는 알고 보니 마거릿 아버지의 친구였다. 따라서 마거릿이 어떤 여자인지 쉽게 이해할 수 있었다. 마거릿은 그 교구장이 마음에 들었고, 그 교구장이 어니턴 주민들을 소개해 주기로 약속했다.

또 그날 식탁에서 마거릿을 사이에 두고 교구장과 나란히 앉은 제임스 비더 경은 마거릿이 한마디만 하면, 어니턴을 중심으로 반경 20마일 이내에 사는 명사(名士)들을 언제든지 모두 불러 모으겠다고 거듭거듭 약속했다. 단, 제임스 경은 커다란 원예 회사 사장에 지나지 않았으므로 그 약속을 정말로 지킬 수 있을지 의심스러웠다. 그러나 찾아오는 손님들을 헨리가 그 고장 명사들이라 생각하고 교제해 준다면 마거릿은 그로써 만족할 수 있었다.

그때 찰스와 앨버트 퍼셀이 잔디밭에 나타났다. 두 사람은 아침식사 전에 강으로 한바탕 헤엄치러 가는 길이었다. 그 뒤에서 하인 하나가 수영복을 들고 따라왔다. 마거릿도 실은 그 근처를 산책할 예정이었는데, 그 시간에는 그곳이 남자들 전용임을 알자 산책을 포기하고 창가에 서서 두 남자가 여러 가지로 애먹는 장면을 바라보기로 했다. 먼저 탈의실 열쇠가 발견되지 않자 찰스는 물가에서 팔짱을 낀 채 아주 비장한 표정을 지었으며, 하인이 집을 향해 소리를 질렀으나 뜰에 있던 다른 하인은 못 알아들었다. 다음으로 구름판이 탈이 나 있었다. 한동안 그 목장에서는 세 사람이 명령을 전했다가 취소하고 투덜댔다가 사과하고 하면서 이리저리 바쁘게 뛰어다녔다.

마거릿은 차에서 뛰어내리고 싶으면 뛰어내렸고, 티비는 맨발로 물가를 걷고 싶으면 걸었으며, 한 회사원은 모험심이 발동하면 한밤중에 도보 여행에 나섰다. 하지만 운동으로 다져진 건강한 그 남자들은 손발이 얼어붙은 듯 아무 것도 하지 못 했다. 아침 해가 손짓을 하고, 쏟아지는 햇살에 강물 위의 마지막 안개마저 걷히는데도, 그들은 수영 장비가 없어서 물에 들어가지 못 했다. 그들이 정말로 육체적인 삶을 발견했다고 할 수 있을까? 그들은 스스로 연약하다고 경멸해 온 사람들과 자기네 특기 분야에서조차 과연 당당히 맞설 수 있을까?

그녀는 앞으로 여기 살게 되면 하인을 괴롭히지도 않고, 가진 수영 장비가 하나도 없더라도 그냥 헤엄치리라고 생각했다. 그러다가 마거릿은 조용한 소녀를 발견했다. 소녀는 고양이에게 말을 걸러 나왔다가 마거릿이 남자들을 지켜보는 모습을 보고 있었다. 마거릿은 약간 날카로운 목소리로 그 소녀에게 인사했다. "잘 잤니?" 그런데 그 소리가 큰 혼란을 불러일으켰다. 찰스가 소리 나는 쪽을 돌아다보더니, 남색 수영복을 완전히 갖춰 입고 있었음에도 탈의실로 뛰어 들어가서 다시는 나오지 않았다.

"윌콕스 양이 일어나서……."

소녀가 아주 작은 목소리로 말해서 뒷부분은 알아듣기 힘들었다.

"뭐라고? 잘 안 들리는데."

아마 옷에 관한 이야기인 것 같았다.

"……침대 위에…… 포장지……."

마거릿은 이비의 웨딩드레스가 공개되고 있으니 구경하러 가는 게 좋지 않겠느냐는 이야긴가 보다고 짐작하고는 이비의 방으로 갔다. 그곳에서 사람들이 야단법석을 떨고 있었다. 속옷만 입은 이비는 인도에서 온 여자 가운데 한 사람과 춤추고 있었고, 다른 여자들은 옷자락이 몇 야드나 되는 새하얀 공단 드레스를 보고 감탄하고 있었다. 모든 여자들이 날카로운 소리를 지르고, 웃고, 노래를 불렀다. 개도 왕왕 짖으며 분주하게 돌아다녔다.

마거릿도 소리를 질러 보았지만 왠지 흥이 나지 않았다. 결혼식이 그렇게 신나고 재미있다는 생각이 들지 않았다. 어쩌면 마거릿은 필요한 그 무엇인가를 잃어버린 채 있는지도 몰랐다.

이비가 숨을 헐떡이며 말했다.

"올케언니가 안 온 게 아쉬워. 더 신나게 떠들어 댈 수 있었을 텐데."

마거릿은 대충 어울려 주고서 아침식사를 하러 아래층으로 내려갔다.

헨리는 이미 식탁에 앉아 있었다. 그는 별로 말을 하지 않고 천천히 식사했다. 마거릿이 보기에 그는 어니턴에 모인 사람들 가운데 아직까지 감정에 휩쓸리지 않은 유일한 사람이었다. 그가 이제 곧 외동딸을 떠나보낸다는 사실, 또 미래의 자기 아내가 곁에 있다는 사실에 아예 무관심한 것 같지는 않았다. 하지만 헨리는 그런 사실이 자기라는 존재를 침범하지 못하게 하면서, 그저 가끔씩 뭔가를 지시할 뿐이었다. 그 지시들은 모두 손님들을 편하게 해주기 위한 것이었다.

헨리는 마거릿에게 손의 상처에 대해 물어보더니 그녀에게는 커피를, 위링턴 부인에게는 홍차를 따르게 했다. 그런데 이비가 내려오자 잠시 분위기가 어색해져서, 마거릿도 워링턴 부인도 각자 자리에서 일어나려고 했다. 그때 헨리가 집사를 불러 지시했다.

"버턴, 홍차와 커피를 따라 드려."

그것은 진짜 배려는 아니어도 분명히 일종의 배려여서 진짜와 마찬가지로 도움이 되었는데, 이를테면 회의 자리에서는 진짜보다 더 없어서는 안 될 배려였다. 헨리는 결혼식 때에도 장례식 때와 마찬가지로 사건 전체를 보지 않고 한 항목씩 차근차근 처리해 나갔다. 그 모습을 보고 어떤 이는 "죽음이여, 너의 고통은 어디로 갔느냐? 사랑이여, 너의 승리는 어디에 있느냐?"라고 소리칠 수도 있을 것이다.

식사가 끝나자 마거릿은 헨리에게 이야기 좀 하자고 말했다. 그에게는 정식으로 대화를 요청하는 편이 좋았다. 대화를 청한 이유는, 헨리는 내일 들꿩 사냥을 가고 자기는 런던에 있는 헬렌에게 돌아갈 예정이었기 때문이다.

"물론 시간은 있소. 그런데 무슨 일이오?"

"아무 일 없어요."

"무슨 일이라도 일어난 줄 알았소."

"아뇨, 특별히 할 얘기는 없지만, 그저 이야기 좀 나누고 싶어서요."

헨리는 시계를 들여다보더니, 교회 입구 근처에서 길이 급격히 꺾여서 참 곤란하다고 말했다. 마거릿은 진지하게 그 얘기에 귀를 기울였다. 마거릿은 헨리를 대할 때 언제나 한결같았다. 그녀는 상대를 얕잡아 보거나 무시하지 않고 존중하는 마음으로 대했다. 특정한 방침을 정해 놓고 행동하기보다는 사랑으로 대하는 것이 가장 좋은 방법이라고 생각했다. 마거릿이 헨리를 사랑하면 사랑할수록 그가 자기 영혼을 정리할 기회가 많아지리라.

이처럼 맑은 하늘 아래에서 두 사람이 앞으로 살게 될 집 뜰을 가로지르는 오솔길 옆에 앉아 있노라니 마거릿은 자연히 감미로운 기분을 느꼈다. 이 기분이 헨리에게 전해지지 않으리라고는 도저히 생각할 수 없었다. 헨리가 올려다볼 때마다, 또 콧수염이 깨끗이 깎여 있는 모습으로 입술이 벌어질 때마다, 수도승과 짐승을 동시에 죽이는 부드러운 감정이 생겨나야만 했다. 이런 기대는 지금까지 수없이 무너졌지만 마거릿은 여전히 희망을 품고 있었다. 마거릿은 상대를 아주 확실히 파악하고 사랑했으므로, 그의 머릿속이 혼란스럽다고 해서 두려워하지는 않았다. 헨리가 오늘처럼 사소한 문제를 계속 진지하게 이야기하거나 또는 저녁 어스름을 이용해 갑자기 연인에게 입맞춤을 해도, 마거릿은 그런 행동을 용서하고 상대의 기분에 맞춰 움직일 수 있었다.

"그런 커브길이 있다면 그냥 교회까지 걸어가면 되잖아요? 물론 당신과 이비는 그럴 수 없겠지만, 우리가 앞장서서 걸어가면 그만큼 마차로 가는 사람 수가 줄어들 거예요."

"여자 분들한테 읍내 광장을 걸어가라고 할 수는 없소. 퍼셀 씨가 싫어할 거요. 찰스 결혼식 때에도 그 문제로 실컷 잔소리를 들었으니까. 내…… 아니, 우리 가족 가운데 한 사람은 교회까지 걸어가겠다고 말했고 나로선 그래도 상관없었는데, 퍼셀 대령이 끝까지 안 된다고 했소."

"저는 남자가 여자에게 너무 정중하게 대하지 않는 편이 낫다고 생각하는데요."

마거릿이 생각을 말했다.

"이유가 뭐요?"

마거릿은 그 이유를 알고 있었지만 잘 모르겠다고 대답했다. 그러자 헨리는 더 이상 용건이 없다면 자기는 지금부터 포도주 저장고를 둘러보아야겠다고 말했다. 두 사람은 함께 집사인 버턴을 찾으러 갔다. 어니턴에 있는 집은 별로 아름답지 않고 살기에도 불편했지만, 진정한 시골집이었다. 두 사람은 석판이 깔린 복도를 걸으며 차례차례 방을 들여다보았다. 그때마다 각 방에서 이름 모를 하녀가 열심히 일을 하다가 깜짝 놀라곤 했다. 교회에서 돌아올 무렵이면 결혼 피로연이 준비되어 있을 테고, 차 대접은 정원에서 이루어질 것이다. 마거릿은 그토록 많은 사람들이 진지한 자세로 바쁘게 일하고 있는 모습을 보자 웃음이 나올 뻔했으나 곧 생각을 바꿨다. 그들은 처음부터 진지하게 일할 사람으로서 고용되었고, 그들로선 바쁘게 일하는 것도 하나의 즐거움일 것이다. 그것은 영광스런 결혼식을 향해 이비를 들어 올려 주는 기계 밑에서 바쁘게 돌고 있는 톱니바퀴들이었다.

몸집이 작은 한 소년이 두 사람이 누구인지도 모르고 그들 앞길을 가로막으며 말했다. "좀 비켜 주세요!" 헨리는 그 아이에게 버턴이 어디 있느냐고 물었지만, 이 집 하인들은 고용된 지 얼마 안 돼서 아직 서로의 이름을 모르고 있었다. 그 다음으로 들른 식료품 방에는 악단 사람들이 있었다. 나중에 고마움의 표시로 샴페인을 대접받기로 되어 있는 그들은 벌써부터 맥주를 마시고 있었다. 또 주방에서는 외침 소리와 함께 동양적인 좋은 냄새가 흘러 나왔는데, 비슷한 일이 위컴 플레이스의 집에서도 있었기에 마거릿은 무슨 일이 일어났는지 쉽게 알 수 있었다. 주방에서 음식물을 끓이다가 국물이 넘치는 바람에 요리사가 그 냄새를 없애려고 히말라야 삼나무 톱밥을 뿌린 것이다.

우여곡절 끝에 헨리는 가까스로 집사를 찾아 창고 열쇠를 건네주고, 마거릿의 손을 잡고는 와인 저장고로 이어지는 계단을 내려갔다. 문이 두 개 열려 있었다. 술이라고는 선반 한구석에 놔둔 몇 병이 전부인 마거릿은 술창고 안을 들여다보고 깜짝 놀라 입구에 멈춰 섰다.

"세상에, 이걸 언제 다 마셔!"

마거릿이 자기도 모르게 말하자 창고에 있던 두 남자가 동시에 미소를 지었다. 마거릿은 또다시 자동차에서 뛰어내린 것 같았다.

확실히 이 어니턴 집에 익숙해지려면 시간이 많이 걸릴 듯했다. 마거릿이 정체성을 잃지 않고 이만한 살림을 꾸려 나간다는 것은 결코 쉬운 일이 아니다. 하지만 그녀는 자기를 위해서만이 아니라 남편을 위해서도 정체성을 잃지 않아야 했다. 그림자나 다름없는 아내는 남편의 품위마저 떨어트리기 때문이다. 또 단순히 정직한 거래를 하기 위해서라도 자신이 맡은 살림을 스스로 잘 꾸릴 필요가 있었다. 상대에게 폐를 끼칠 정도라면 애초에 그 남자와 결혼하지 말아야 했다. 이 상황에서 마거릿이 의지할 수 있는 대상은 오로지 집 자체가 지닌 힘뿐이었다. 위컴 플레이스의 집을 잃게 되었다는 사실은 그 집을 소유하고 있을 때보다 더 많은 것을 마거릿에게 가르쳐 주었고, 하워즈 엔드는 똑같은 내용을 되풀이해 가르쳐 주었다. 이제 마거릿은 이곳 언덕들 사이에 새로운 집 하나를 만들어 낼 결심을 했다.

와인 저장고에서 돌아온 마거릿은 옷을 갈아입었고 곧이어 결혼식이 시작되었다. 준비 과정에 비하면 결혼식 자체는 대단치 않다는 느낌을 주었다. 모든 일은 예정대로 진행되었다. 카힐 씨가 어디선가 불쑥 나타나 교회 입구에서 신부를 맞아들였다. 아무도 반지를 떨어뜨리거나 목사님 말씀에 엉뚱한 대답을 하거나, 이비의 웨딩드레스 자락을 밟거나, 눈물을 흘리거나 하지는 않았다. 목사는 겨우 몇 분 만에 임무를 완수했으며, 교회 장부에 서명하는 일도 무사히 끝났다. 사람들은 또다시 마차를 타고 교회 입구 근처에 있는 위험한 커브 길을 돌아서 갔다. 마거릿은 결혼식 따윈 없었으며, 그동안 내내 노르만 건축 양식으로 지어진 이 교회에서 뭔가 다른 행사가 거행된 것만 같다고 생각했다.

집으로 돌아와서는 더 많은 서류에 서명했다. 이어 피로연을 겸한 식사를 한 다음, 약간 더 많아진 사람들과 함께 뜰에서 다과회를 즐겼다. 결혼식 초대를 거절한 사람이 많았던 데다 처음부터 그리 큰 결혼식은 아니었다. 나중에 치러질 마거릿의 결혼식이 훨씬 더 성대할 것이다. 마거릿은 표면적으로 헨리의 체면이 깎이지 않도록 결혼식 음식과 붉은 융단 등에 신경을 썼다. 그러나 마음속으로는 이번 결혼식 역시, 일요일에 교회에 다녀와서 여우를 사냥하러 가는 것과 다름없다는 느낌이 들어 유감스러웠다. 만약 누군가가 이 점을 안타까워한다면! 그러나 결혼식은 매우 순조롭게 진행되었다. '꼭 인도 궁정 잔치 같네.' 이런 에드서 부인의 말에 마거릿은 전적으로 동감했다.

이렇게 하루가 허무하게 지나갔다. 신랑과 신부가 행복에 겨워 크게 웃으며 자동차를 타고 떠나자, 다시 태양이 웨일스 언덕들 쪽으로 기울었다. 유난히 더 피로에 지친 헨리가 성채 앞 초지로 마거릿을 찾아와서, 더없이 정다운 목소리로 일이 무사히 끝나서 다행이라고 말했다. 기뻐하는 헨리의 표정과 말에서 마거릿은 자신도 칭찬받고 있다고 느껴져서 얼굴이 빨개졌다. 그날 마거릿은 상대하기 어려운 헨리의 손님들에게 할 수 있는 만큼 친절하게 대했는데, 특히 남자 손님들을 극진히 대접했다. 대부분의 손님들은 그날 밤에 돌아가기로 되어 있었다. 워링턴 부인과 그녀의 딸과 얌전한 소녀만이 이곳에 묵을 예정이었다. 다른 사람들은 짐을 꾸리려고 모두 집으로 돌아갔다.

"정말 무사히 끝난 것 같군요. 자동차에서 뛰어내려 다친 것이 왼손이어서 다행이었어요. 저도 아주 기뻐요. 우리 결혼식 때에도 오늘의 반만큼이라도 손님 대접을 잘할 수 있다면 좋을 텐데. 제 쪽에는 그런 일을 해낼 만큼 현실적인 사람이 하나도 없다는 걸 기억해 주세요. 그래도 이모님은 좀 현실적이시지만, 그렇게 많은 손님을 접대하신 적은 없거든요."

"그 점은 잘 알고 있소. 손님 접대만큼은 해러즈나 화이트리스 같은 곳에 맡기는 편이 좋을지도 모르겠소. 아니면 호텔에서 식을 올릴 수도 있고."

헨리는 진지한 표정으로 말했다.

"당신은 호텔에서 하고 싶으세요?"

"그렇소. 왜냐하면…… 아니, 이건 당신이 정할 일이지. 당신은 당신 집에서 하고 싶지 않소?"

"헨리, 제 집은 이제 곧 없어져요. 제가 원하는 것은 새집이에요. 참 아름다운 저녁이군요……."

"알렉산드리나 호텔도 나쁘진 않지만……."

"알렉산드리나 호텔……."

마거릿은 그 말을 되풀이했지만, 그보다는 집의 여러 굴뚝에서 솟아나는 연기가 석양에 물든 산기슭에 잿빛 선을 여러 줄 긋고 있는 광경에 정신이 팔려 있었다.

"커즌 거리에 있소."

"그럼 커즌 거리에 있는 그 호텔로 하죠."

마거릿은 서쪽으로 고개를 돌려 황금빛으로 소용돌이치는 하늘을 바라보았다. 때마침 언덕 아래 굽이진 강물에 저녁 햇살이 비쳤다. 강 상류에는 꼭 요정의 나라가 있을 것 같았다. 그 나라에서 맑은 물이 흘러나와 찰스의 탈의실 옆을 지나 두 사람 쪽으로 더욱 세차게 밀려왔다. 그 모습을 한참 바라보았더니 현기증이 났다. 다시 집 쪽으로 눈길을 돌리자 집 밖으로 나오는 사람들의 얼굴을 알아볼 수 없었다. 한 하녀가 그들 앞으로 다가갔다.

"저 사람들은 누굴까요?"

"손님이겠지! 너무 늦은 것 같은데……."

"결혼 선물을 구경하러 온 마을 사람들이 아닐까요?"

"마을 사람들과는 아직 만날 마음이 없는데."

"그럼 당신은 저 폐허 속에 숨어 계세요. 제가 오늘은 그냥 돌아가시라고 말해 볼게요."

헨리가 고맙다고 말했다. 의례적인 미소를 지으며 마거릿은 이쪽으로 다가오는 사람들을 향해 걸어갔다. 아마 그들은 늦게 찾아온 하객일 것이다. 이비와 찰스는 이미 떠났으니 그들 대신 자기가 손님을 정중히 모셔야만 했다. 헨리는 지쳐 있었고, 다른 사람들은 다들 자기 방으로 돌아가 버렸다. 그러므로 마거릿이 안주인 역할을 맡을 수밖에 없었는데, 그런 마음가짐을 오래 유지할 필요는 없었다. 왜냐하면 이쪽으로 다가오는 사람들 가운데 하나는 헬렌이었기 때문이다. 헬렌은 그녀의 옷 중에 가장 낡은 옷을 입고 어릴 적에 사람들을 애먹일 때마다 짓던 흥분과 악의에 찬 표정을 짓고 있었다. 마거릿이 큰 소리로 말했다.

"웬일이니? 대체 무슨 일이야? 혹시 티비가 아프니?"

헬렌이 같이 온 두 사람한테 뭐라고 말하자 그들은 걸음을 멈추었다. 헬렌은 혼자서 마거릿 쪽으로 기세등등하게 다가오더니 언니에게 대들듯이 말했다.

"저분들은 굶어 죽을 지경이야. 거의 굶어 죽을 뻔했는데 때마침 내가 발견했지."

"누군데? 왜 여기까지 온 거야?"

"바스트 씨 부부야."

"맙소사, 헬렌! 너 지금 뭐하는 거니?"

마거릿이 신음 소리를 내고는 물었다.

"바스트 씨가 직장을 잃었어. 은행에서 해고당했단 말이야. 끝장난 거지. 우리 상류층 사람들이 그 사람을 망쳐 놨어. 그래도 언니는 그게 삶의 투쟁이라고 말하겠지. 굶어 죽게 생겼고 부인은 병까지 걸렸어. 굶어 죽을 거라고. 바스트 부인은 기차 안에서 기절하기도 했어."

"헬렌, 너 미쳤니?"

"그런지도 모르지. 그래도 좋아. 아무튼 난 저 사람들을 데려왔어. 더 이상 불의를 보고 참을 수 없어. 나는 이런 사치스런 생활 밑에 깔려 있는 비참함을 폭로하고, 또 인간의 한계를 넘어선 힘이 존재한다느니 우리가 내버려두면 하느님이 다 알아서 해주신다느니 하는 새빨간 거짓말을 속속들이 파헤치고 말 테야."

"굶어죽을까 봐 네가 그들을 런던에서 슈롭셔까지 데려온 거야, 헬렌?"

이 말이 헬렌의 공격을 막았다. 그것은 미처 생각하지 못한 일이었고, 그녀는 흥분을 좀 가라앉히고 말했다.

"기차에 식당차가 있었어."

"말도 안 되는 소리 하지 마. 저분들은 굶어 죽을 지경은 아니야. 너도 그건 알고 있잖니. 처음부터 제대로 이야기해 줘. 엉터리 연극은 그만두고. 대체 어떻게 된 거니, 어떻게 된 거야?"

마거릿은 화가 치밀어 같은 말을 되풀이하더니 말을 이었다.

"이비가 결혼하는 날 이렇게 몰상식한 짓을 하다니. 네 박애주의라는 것, 좀 이상하지 않아? 저기 봐."

마거릿이 집 쪽을 가리켰다.

"저기 하인들이 있고, 창가에서도 사람들이 우릴 보고 있어. 다들 무슨 일이 일어났다고 생각할 거야. 나는 저 사람들에게 이렇게 설명해야 할 테지. 내 여동생이 무슨 일 때문인지는 몰라도 갑자기 식객 두 사람을 데리고 와서 소리소리 지르고 있을 뿐이라고 말이야."

"그 식객이라는 말, 취소해."

헬렌이 기분 나쁠 만큼 낮은 목소리로 말했다.

"그래, 취소할게."

화가 나긴 했어도 헬렌과 본격적으로 싸우고 싶지는 않아 마거릿이 말했다. 마거릿이 다시 입을 열었다.

"나도 저분들이 불쌍하다고 생각해. 하지만 네가 왜 저분들을 여기까지 데리고 와야 했니? 애초에 네가 왜 여기까지 왔는지 도무지 모르겠구나."

"이렇게라도 하지 않으면 윌콕스 씨를 못 만날 테니까."

그 말을 듣고 마거릿은 집 쪽으로 걸음을 뗐다. 헨리에게는 폐를 끼치지 않을 결심이었다.

"윌콕스 씨가 곧 스코틀랜드로 떠나 버릴 테니까. 난 알고 있거든. 그 전에 꼭 만나야 해."

"맞아. 내일 출발하기로 되어 있어."

"그러니까 오늘이 마지막 기회야."

"바스트 씨, 오랜만입니다."

마거릿이 차분하게 말하려고 애쓰며 인사했다.

"일이 좀 이상하게 됐네요. 바스트 씨는 어떻게 생각하시나요?"

"이분이 바스트 부인이셔."

헬렌이 불쑥 끼어들었다. 재키도 마거릿과 악수했다. 부인 역시 남편과 마찬가지로 부끄러워하고 있는 데다 병에 걸린 상태였고, 설상가상으로 머리가 몹시 나빠서 지금 무슨 일이 일어나고 있는지 정확히 파악하지도 못하고 있었다. 재키가 알고 있는 것이라고는 지금 그들과 함께 있는 여자가 어젯밤에 바람처럼 나타나서 집세를 대신 치르고 가구를 되찾아 주더니, 자기들 내외에게 저녁밥과 아침밥을 먹여 주고서 이튿날 아침에 패딩턴 역으로 나오라고 명령했다는 것뿐이었다. 레너드는 헬렌의 말에 반대했으며 아침이 되자 재키에게 그냥 가지 말자고 제안했지만, 재키는 마치 최면술에 걸린 사람처럼 레너드를 데리고 집을 나섰다. 어제 그 여자가 그러라고 했으니까 그렇게 해야 한다는 것이었다. 그리하여 두 사람이 있던 방은 패딩턴 역으로 변했고, 패딩턴 역은 기차 객실로 변했다. 객실이 흔들리더니 이윽고 더워지고 다음에는 추워졌다. 갑자기 객실이 눈앞에서 사라졌다가, 사치스런 향수 냄새를 풀풀 풍기며 다시 나타났다. 여자가 깜짝 놀란 얼굴로 말했다.

"저기, 부인이 잠시 기절하셨어요. 신선한 공기를 쏘이고 나면 기분이 좀 나아질지도 몰라요."

어쩌면 그럴 것도 같아서, 결국 여기까지 올 수 있었다. 게다가 이곳에는 꽃이 많이 피어 있어서 재키도 기분이 한결 나아졌다.

"폐를 끼칠 생각은 없었는데…… 전에 친절하게도 포피리온에 대해 주의를 주셨으니, 혹시나……."

레너드가 마거릿의 질문에 이렇게 답했다. 옆에서 헬렌이 몇 마디 보충했다.

"우리가 힘을 써서 포피리온에 복직시켜 줄 수 없겠느냐는 뜻이야. 메그 언니, 우린 아주 좋은 일을 한 셈이야. 그날 밤 첼시 강둑에서 말이야."

마거릿은 고개를 젓고 다시 바스트 씨와 이야기를 했다.

"잘은 모르겠지만, 바스트 씨, 당신은 포피리온이 파산할 거라는 저희 말을 듣고 그 회사를 그만두셨지요?"

"맞습니다."

"그 뒤 은행에 취직하셨죠?"

"그 얘기는 이미 했잖아."

헬렌이 다시 끼어들었다.

"바스트 씨가 입사한 지 한 달쯤 지나자 은행이 갑자기 인원 감축을 했어. 그래서 바스트 씨는 무일푼이 되고 말았지. 나는 그게 다 우리와, 우리에게 그런 말을 한 사람의 책임이라고 생각해."

"저는 이러고 싶지 않았습니다."

레너드가 중얼거렸다.

"당연히 그러시겠죠, 바스트 씨. 하지만 이미 벌어진 일은 부정할 수 없는 사실이죠. 여기서 이러고 계시는 건 바스트 씨에게 아무런 도움이 되지 않아요. 만약 두 분이 윌콕스 씨를 만나서 왜 그런 말을 해서 이 지경으로 만들었냐고 따질 생각이라면, 그건 엄청난 실수를 하는 거예요."

"내가 이분들을 데려온 거야. 모두 내가 한 일이라고."

헬렌이 또다시 소리 높여 말했다.

"저로서는 당장 런던으로 돌아가시라고 권할 수밖에 없네요. 그런데 이 자리에서 분명하게 말씀드리지만, 제 여동생 때문에 바스트 씨 입장이 무척 난처해져 버렸어요. 이젠 런던으로 돌아가기에는 너무 늦었어요. 어니턴에 좋은 호텔이 있으니까, 거기로 가시면 부인도 푹 쉬실 수 있을 거예요. 제 손님으로서 거기로 가 주실 수 없나요?"

"슐레겔 양, 저는 그럴 생각으로 온 것은 아닙니다. 아가씨는 정말 친절하시고, 제 입장이 난처한 것도 사실입니다. 하지만 당신이 저한테 이렇게 친절을 베푸시니 오히려 괴롭군요. 전 정말 구제 불능인가 봅니다."

"바스트 씨는 일자리가 필요한 거야. 언니는 그것도 몰라?"

이번에도 또 헬렌이 끼어들었다. 그때 레너드가 말했다.

"재키, 그만 가자. 우리는 이분들에게 폐만 끼치고 있어. 우리를 위해 일자리를 찾아 주려고 벌써 몇 파운드를 쓰셨는지 몰라. 어차피 일자리를 구해 주시는 건 불가능해. 우리가 할 수 있는 일은 없으니까."

"우리는 바스트 씨가 직장을 찾길 원해요." 마거릿이 상투적인 어조로 말했다. "저희는……, 그러니까 저도 제 동생과 같은 마음이에요. 지금 바스트 씨는 불운한 시기를 지나고 있을 뿐이에요. 숙박비는 제가 낼 테니 호텔로 가서 푹 쉬세요. 원하지 않으시면 나중에 갚으세요."

하지만 레너드는 이미 벼랑 끝에 서 있었고, 그럴수록 사람의 통찰력은 더 예리해지는 법이다.

"슐레겔 양은 지금 자신이 무슨 말을 하고 있는지 모르시는 것 같네요. 저는 이제 일자리를 구할 수 없습니다. 제가 부자라면 한 가지 일에 실패해도 또 다른 일을 시작할 수 있겠죠. 하지만 저는 그럴 수 없습니다. 저는 한곳에 박혀 있다가 거기서 나와 버린 겁니다. 저는 어느 회사에서 보험에 관한 부분적인 일을 적당히 잘해서 월급을 탈 수 있었어요. 그러나 그뿐입니다. 이렇게 되면 시(詩) 따위는 아무 소용이 없죠. 또 이게 무슨 뜻인지 아실지 모르겠습니다만, 돈도 아무 소용이 없습니다. 스물이 넘은 남자가 한번 실직 하면 그걸로 끝장난 겁니다. 저는 남들이 이런 상황에 처한 모습을 몇 번이 나 보았습니다. 처음에는 친구들도 돈을 빌려 주지요. 하지만 그는 결국 낭 떠러지에서 떨어질 수밖에 없습니다. 어쩔 수 없는 일이에요. 세상이 그렇게 되어 있으니까요. 부자와 가난뱅이의 차이는 결코 사라지지 않을 겁니다."

마거릿은 그 말을 끝까지 듣고 나서 말했다.

"뭘 좀 드시지 않겠어요? 저는 어쩌면 좋을지 모르겠어요. 여긴 제 집도 아니고, 윌콕스 씨도 다른 때 같았으면 물론 만나 주시겠지만…… 지금으로 서는 정말 어쩌면 좋을지 모르겠어요. 그래도 제가 할 수 있는 일은 최선을 다해서 해 볼게요. 헬렌, 뭐라도 좀 드시게 해. 바스트 부인, 샌드위치 좀 드시겠어요?"

마거릿 일행은 아직도 하인 한 사람이 식사 시중을 들기 위해 서 있는 긴 식탁 쪽으로 갔다. 그곳에는 산더미 같은 과자와 샌드위치 그리고 커피, 포 도주, 샴페인 등이 거의 고스란히 남아 있었다. 이미 맛있는 음식을 배불리 먹은 손님들은 더 이상 먹을 수 없었던 것이다. 레너드는 사양했지만, 재키 는 조금은 먹을 수 있다고 말했다. 두 사람이 낮은 목소리로 대화하기 시작 하자 마거릿은 그들 곁을 떠나 헬렌에게 다가갔다.

"헬렌, 나도 바스트 씨를 좋아해. 도와주고도 싶어. 그분이 이렇게 된 게 우리 책임이라는 것도 인정해."

"아니, 우리에겐 간접적인 책임밖에 없어. 진짜 책임은 윌콕스 씨에게 있 는 거야."

"한 번 더 말해 두겠는데, 네가 계속 그런 식으로 나온다면 나는 아무것도 안 할 거야. 논리적으로 따진다면 네가 옳을지도 몰라. 헨리를 실컷 비난하 고 싶겠지. 하지만 네가 만약 그렇게 한다면 나는 너를 상대하지도 않을 거 야. 자, 어떻게 할지 선택해."

헬렌은 말없이 석양을 바라보았다.

"저분들을 조지 호텔로 데려가면 내가 헨리한테 말해 볼게. 내 식으로 말

이야. 나는 정의니 불의니 하면서 고래고래 소리 지를 마음은 없어. 나로서
는 정의 따윈 아무래도 좋아. 이번 일이 돈으로만 해결될 문제라면 우리 힘
으로도 어떻게든 해 볼 수 있겠지만, 지금 바스트 씨에게는 일자리가 필요
해. 헨리라면 일자리를 구해 줄 수 있을지도 몰라."

"그건 그 사람의 의무야."

헬렌이 퉁명스럽게 말했다.

"의무? 그것도 나로선 아무래도 좋아. 다만 우리가 알고 있는 몇몇 사람
의 성격과, 지금 같은 상황에서 어떻게 해야 저분들을 조금이라도 도울 수
있을까 하는 것밖에는 생각할 수가 없구나. 윌콕스 씨는 남한테 무슨 부탁을
받는 걸 싫어해. 사업가는 다 그렇지. 그래서 거절당할지도 모르지만 한번
부탁해 볼 작정이야. 바스트 씨를 조금이라도 돕고 싶으니까."

"좋아, 그럼 언니 생각대로 하자. 언니는 이런 상황에서도 정말 태연하구
나."

"자, 저분들을 호텔까지 모셔다 드려. 헨리와 얘기해 볼 테니까. 가엾기도
하지, 저분들은 몹시 지친 것 같구나!"

헬렌과 헤어지기 전에 마거릿이 한마디 덧붙였다.

"나는 네가 한 짓을 잘했다고 생각하지 않아. 이번에 넌 정말 제멋대로 굴
었어. 난 그걸 용서할 수 없어. 넌 나이가 들수록 점점 더 자신을 억제하지
못하는 것 같아. 잘 생각해 보고 마음을 고쳐먹어야 해. 안 그러면 우리 둘
다 불행해질 거야."

마거릿은 헨리에게 돌아갔다. 다행히 그는 잔디밭에 앉아 있었다. 이럴 때
에는 이야기를 꺼내기가 한결 쉬웠다.

"마을 사람들이었소?"

헨리가 미소를 지으며 물었다. 그러자 마거릿이 헨리 옆에 앉으면서 말했다.

"누구였을 것 같아요? 실은 말이죠, 제 여동생이 찾아왔어요."

"헬렌? 아니, 헬렌은 참석하지 않겠다고 했잖소? 결혼식 같은 건 시시하
다면서."

헨리는 깜짝 놀라 일어나려고 했다.

"일어나지 마세요. 헬렌은 결혼식에 참석하러 온 것이 아니에요. 그래서
제가 조지 호텔로 보냈어요."

헨리는 타고난 친절함 때문에 그런 처사에 반대했다.

"괜찮아요. 지금 여동생이 돌보고 있는 사람이 둘 있는데, 그들과 함께 있어야 하거든요."

"모두 함께 여기로 오면 되잖소."

"하지만, 헨리, 그 사람들을 보지 못했나요?"

"글쎄, 갈색 옷을 입은 여자가 있었던 듯한데……."

"그 갈색 옷이 헬렌이었어요. 그 밖에 파란색 옷과 분홍색 옷도 있었는데, 못 보셨어요?"

"그게 누구요? 축제에라도 다녀오는 길이었나?"

"아뇨, 볼일이 있어서 저를 만나러 온 거예요. 나중에 그 일로 당신께 상의 드리고 싶어요."

마거릿은 자신이 그런 외교술을 쓴다는 것이 부끄러웠다. 윌콕스 집안사람들을 상대할 때에는 친구로서 대하는 것보다는, 상대가 원하는 여자 모습을 연기하는 것이 가장 쉬웠다. 헨리는 곧 마거릿이 한 말의 의미를 알아차렸다.

"왜 나중에 이야기한다는 거요? 지금 말해 봐요. 뭐든지 때를 놓치지 말고 바로바로 해야지."

"그래도 될까요?"

"긴 이야기만 아니라면."

"5분도 안 걸려요. 하지만 다 듣고 나서가 문제예요. 왜냐면 제가 어떤 사람을 당신 회사에 취직시켜 달라고 부탁하려던 참이니까요."

"어떤 능력을 가진 사람이오?"

"그건 잘 모르겠는데, 회사원이었어요."

"몇 살이지?"

"스물다섯 정도일 거예요."

"이름은?"

"바스트."

이렇게 대답하고서 마거릿은 위컴 플레이스에서 그들을 만난 적이 있다고 말하려다가 그만두었다. 별로 좋은 기억이 아니었기 때문이다.

"전에는 어디서 일했소?"

"뎀스터 은행에서요."

"왜 그만두었지?"

헨리는 아직도 짚이는 바가 전혀 없는 모양이었다.

"인원 감축을 했대요."

"그렇군. 한번 만나 보리다."

마거릿은 그날 내내 최선을 다해 헨리를 도왔으므로 이런 식으로 보답을 받는 건 당연했다. 이러고 보니 어떤 여자들이 왜 권리보다도 영향력을 더 원하는지 이해가 갔다. 플린리몬 부인은 여성 참정권 찬성론자를 헐뜯으며 이렇게 말했다. "남편을 자기 생각대로 투표하게 만들지 못하는 여자는 더 말할 가치도 없어요." 그 말을 듣고 마거릿은 불쾌함을 느꼈었다. 그런데 지금 마거릿은 헨리를 자기 마음대로 움직였다. 그래서 그 작은 승리를 축하하면서도, 그것이 아라비아 후궁에서 쓰이는 방법으로 얻어졌음을 인식하지 않을 수 없었다.

"그 사람이 얼마나 일을 잘할지는 모르겠지만, 고용해 주시면 고맙겠어요."

"하는 데까지 해 보지. 단, 이것이 전례가 되어서는 곤란하오."

"그야 물론이죠."

"이런 부탁을 매번 들어줄 수 있는 건 아니오. 그랬다가는 사업에 지장이 생길 테니까."

"네, 이 사람 일만 부탁드릴게요. 좀 특별한 사정이 있어서요."

"특별한 사정은 누구에게나 있지."

마거릿은 더 이상 말하지 않았다. 헨리는 다소 우쭐해진 태도로 일어서더니 마거릿의 손을 잡아 주었다. 이런 실제의 헨리와, 헬렌이 마땅히 이래야 한다고 생각하는 헨리 사이에는 얼마나 큰 차이가 있는지. 마거릿은 늘 그렇듯이 그 둘 사이를 오가며 때로는 남자들을 있는 그대로 받아들이고 때로는 헬렌과 함께 진실을 갈망했다. 사랑과 진실, 이 둘의 대립은 앞으로도 영원히 계속될 것만 같았다. 어쩌면 눈에 보이는 세계 전체가 이 대립을 바탕으로 성립되어 있을 수도 있다. 그래서 만약 이 둘이 하나가 된다면, 프로스페로*가 아우와 화해했을 때의 요정들처럼 인생은 공기가 되어 사라져 버릴지도 모른다.

"그 실직자 때문에 우리가 늦었구려." 그가 말했다. "퍼셀 부자가 곧 떠날 거요."

그녀는 대체로 남자들의 있는 그대로의 모습을 긍정했다. 헬렌과 친구들이 구원의 윤리학을 놓고 토론을 벌이는 동안, 헨리는 예전에 하워즈 엔드를 구해냈듯 이제 바스트 부부를 구해 줄 것이다. 그는 저돌적으로 사는 사람이었고 세상 또한 그런 저돌성 위에 건설되었으며, 산과 강과 노을의 아름다움은 미숙한 직공이 이음새를 감추려고 덧칠하는 광택제에 불과할지도 모른다. 어니턴도 마거릿과 마찬가지로 불완전했다. 저택 과수원에 있는 사과나무는 잘 자라지 않았고, 성은 폐허가 되어 있었다. 이 소도시도 색슨족과 켈트족 사이에서 되풀이된 싸움, 있는 그대로의 존재와 마땅히 이래야 할 형태 사이의 대립으로 상처 입고 있었다.

또다시 서쪽 풍경이 물러나고, 질서 정연한 별 무리가 동쪽 하늘에 나타나기 시작했다. 확실히 지상에 살고 있는 자에게 휴식은 없다. 그러나 행복은 있었다. 연인의 부축을 받아 폐허가 있는 언덕을 내려가면서 마거릿은 자기도 행복의 일부를 나눠 받고 있다고 생각했다.

그런데 뜻밖에도 바스트 부인이 아직도 정원에 있었다. 레너드와 헬렌은 음식을 계속 먹고 있는 재키를 거기에 남겨둔 채 호텔 방을 잡으러 가고 없었다. 마거릿은 이 여자를 좋아할 수가 없었다. 서로 악수할 때에도 왠지 못 견디게 창피한 느낌이 들었다. 마거릿은 재키가 처음으로 위컴 플레이스의 집에 왔을 때 느꼈던 묘한 기분을 다시금 떠올렸다. 이번에도 심연의 냄새를 맡았다. 그 냄새는 본인과는 관계없이 풍겨 나기에 더한층 마음의 평정을 잃게 하는 뭔가를 가지고 있었으나, 재키 본인에게는 아무런 악의도 없었다. 재키는 한 손엔 과자 조각, 다른 손엔 빈 샴페인 잔을 든 채 얌전히 식탁 의자에 앉아 있었다.

"저 사람, 몹시 지쳤어요."

마거릿이 낮은 목소리로 말했다.

"그뿐만이 아닌 것 같은데. 이러면 곤란하오. 저런 상태로 이 정원에 계속 둘 수는 없소."

---

* 셰익스피어 〈템페스트〉에 나오는 주인공.

헨리가 말했다.

"저 사람은……."

마거릿은 "취했나 봐요" 이렇게 말을 이으려다가 멈칫했다. 헨리는 마거릿이 자기 아내가 되기로 결정된 다음부터 그런 문제에 대해 까다로워졌으며, 이제는 마거릿이 그런 말을 하는 것조차 좋아하지 않았다.

헨리가 여자에게 다가갔다. 재키가 고개를 들었다. 그 얼굴은 석양빛을 받아 큼직한 공처럼 보였다.

"부인, 호텔로 가시는 편이 낫지 않겠습니까?"

헨리가 강한 어조로 말했다. 그러자 재키가 입을 열었다.

"어머, 헨 씨 아니세요!"

"남편 분도 이 부인과 같다고 생각하진 말아 주세요. 전혀 다른 사람이에요."

마거릿이 프랑스어로 헨리에게 변명을 했다.

"헨리 씨!"

재키가 이번에는 더 또렷하게 말했다. 윌콕스 씨는 몹시 기분이 상한 얼굴로 마거릿에게 말했다.

"당신은 묘한 사람들을 돌봐 주고 있군."

"가지 마세요, 헨 씨. 나를 사랑하지 않나요?"

"세상에, 이 사람이 왜 이러지?"

마거릿은 치마를 움켜쥐고는 한숨을 내쉬었다. 재키는 한 손에 들고 있던 케이크 조각으로 헨리를 가리키면서 "당신은 좋은 사람이에요, 사실이에요. 그래서 난 당신을 좋아해요"라고 말하고는 하품을 했다.

"미안해요, 헨리."

"뭐가 미안하오?"

헨리가 물었다. 그가 매우 강렬한 눈빛으로 그녀를 쏘아보았기에 마거릿은 헨리가 아픈 건 아닌지 걱정될 정도였다. 그의 그러한 태도는 다소 과장된 것 같았다.

"당신이 이런 변을 당하시게 되었잖아요."

"사과할 필요 없소."

재키는 여전히 뭐라 말하고 있었다.

"이 사람이 왜 당신을 헨 씨라고 부르는 거죠? 전에 만나신 적이 있나요?"

마거릿이 순진하게 물었다. 그러자 재키가 그 말을 받았다.

"전에 만난 적이 있냐고요? 그냥 만난 정도가 아니죠. 당신도 곧 나처럼 될 거예요. 남자란…… 뭐, 두고 봐요. 그래도 남자란 좋은 거죠."

"이제 만족하오?"

헨리가 말했다. 마거릿은 왠지 무서워졌다.

"뭐가 뭔지 모르겠어요. 그만 집으로 들어가요."

마거릿이 말했다. 그러나 헨리는 마거릿이 지금 연극을 하고 있으며 자기는 함정에 빠진 거라고 생각했다. 자기 인생은 이로써 끝장났다고 믿었다. 그래서 냉랭한 목소리로 말했다.

"모르겠다고? 아니, 난 알겠는데. 당신 계획이 대성공을 거두었단 말이오."

"이건 헬렌의 계획이지 제 계획은 아니에요."

"당신들이 그동안 바스트 부부에게 관심을 보인 이유를 이제야 알겠소. 잘도 생각했군. 마거릿, 당신의 용의주도함에는 진심으로 감탄했소. 암, 마땅히 그래야지…… 그것도 필요한 일이니까. 나는 남자고, 남자에게는 과거라는 것이 있소. 우리 약혼은 취소되었다고 생각해도 좋소."

그녀는 아직도 상황을 종잡을 수 없었다. 인생의 어두운 곳에서 벌어지는 일들을 들어서 알고는 있었지만 쉽게 현실로 받아들여지지 않았다. 헨리가 부정할 수도 없는 더 확실한 사실을 재키에게서 들을 필요가 있었다.

"그렇다면……."

이렇게 말하다 말고 마거릿은 집 안으로 들어가 버렸다. 스스로에게 더 이상 말하지 못하도록 했던 것이다.

"그렇다면, 뭐가 어떻다는 거죠?"

현관에 나와서 돌아갈 채비를 하고 있던 퍼셀 대령이 물었다.

"아니, 저, 방금…… 헨리와 다퉜거든요. 제 얘기는……."

마거릿은 말을 삼키더니, 하인이 들고 있던 대령의 모피 코트를 받아 그에게 입혀 주려고 했다. 대령은 그런 일을 시킬 순 없다며 사양했다. 관례에 따라 그들은 서로 양보하지 않으려고 실랑이를 벌였다.

"그 일은 내게 맡겨요."

헨리가 뒤따라 들어오며 말했다.

"고마워요…… 자, 보세요. 헨리가 저를 용서해 줬어요."

"별로 용서할 것도 없지 않았나요?"

대령이 재빨리 말을 받았다. 이어서 그는 차에 탔고, 얼마 뒤 여자들도 내려와서 차에 올랐다. 그 전에 이미 하녀들과 수행원들은 큼직한 짐을 들고 출발한 상태였다. 손님들은 아직도 수다를 떨고 있었다. 그들은 그날 파티를 연 주인에게 감사 인사를 하고, 미래의 안주인과도 적당히 말을 주고받은 다음 차를 타고 떠나갔다.

마거릿은 앞서 하던 이야기를 계속했다.

"그렇다면, 그 여자가 당신의 정부였군요."

"당신은 뭐든지 참 명확하게 표현하는군."

"언제였어요?"

"그건 왜 묻소?"

"말씀해 주세요."

"약 10년 전이오."

그녀는 아무 말 없이 자리를 떴다. 그것은 그녀의 비극이 아니라 윌콕스 부인의 비극이었다.

27

헬렌은 왜 남을 병들게 하거나 화나게 하는 데 자기가 8파운드나 되는 돈을 썼는지 아무래도 이해할 수가 없었다. 이제는 흥분이 좀 가라앉기 시작했다. 자기가 바스트 부부와 함께 슈롭셔의 호텔에서 하룻밤을 보내게 된 현재로서는, 대체 어떤 힘이 작용해서 일이 이렇게 되었는지 생각하지 않을 수 없었다. 뭐, 그래도 다행히 나쁜 결과가 나오지는 않았다. 뒷일은 마거릿이 잘 처리할 것이다. 헬렌은 언니의 방식에 동의할 수 없었지만, 결국은 바스트 부부가 그 방법으로 구제되리라고 짐작할 수는 있었다.

"윌콕스 씨는 논리적으로 생각하지 못하는 분이에요. 만약 선생님을 고용하는 것이 그분 의무라고 우리가 대놓고 말한다면, 윌콕스 씨는 기분이 상해서 거절할지도 몰라요. 요컨대 그분은 제대로 된 교육을 받지 못한 분이라서

······ 아니, 선생님께서 그분에게 반감을 가지길 바라는 건 아니지만, 하여튼 그분은 선생님과 잘 맞지 않는 부분이 있을 거예요."

헬렌이 말했다. 레너드의 아내는 방에서 잠들었고, 바에는 헬렌과 레너드밖에 없었다.

"뭐라고 감사드려야 할지 모르겠습니다, 슐레겔 양."

레너드가 할 수 있는 말은 그게 전부였다.

"저는 개인적인 책임이 중요하다고 생각해요. 안 그런가요? 개인적인 모든 것이 중요하죠. 저는—이런 말을 해도 될지 모르겠지만—윌콕스 씨 같은 사람들의 사고방식은 잘못됐다고 생각해요. 아니, 어쩌면 그들이 잘못한 건 아닐지도 모르죠. 만약 '나'라는 조그만 뭔가가 처음부터 그런 사람들 마음속에 없다면, 그 사람들을 책망해 봤자 소용없는 일이 아닐까요. 이런 문제를 다룬 끔찍한 학설도 있어요. 그 학설에 따르면, 미래 인류를 지배할 특별한 인종은 '나'라는 조그만 무언가가 결여되어 있다는 거예요. 그런 얘기, 들어 보신 적 있나요?"

"그다지 책 읽을 시간이 없어서······."

"그렇다면 이런 생각을 해 보신 적은 없나요? 세상 사람을 크게 두 종류로 나눈다면 우리처럼 머리를 써서 사는 사람과, 애초에 머리를 쓰려 하지 않는 사람이 있다는 생각 말이에요. 후자는 '나'라는 말을 하지 않아요. 그러니까 처음부터 존재하지 않는 것이나 다름없고, 따라서 초인(超人)이에요. 왜, 엄청난 부자인 피어폰트 모건 있잖아요. 그 사람은 한 번도 '나'라고 말한 적이 없대요."

레너드는 정신을 바짝 차렸다. 은혜를 베풀어준 여인이 지적인 대화를 원한다면 기꺼이 말동무가 되어 주어야 했다. 망가진 자신의 과거보다 그녀가 더 중요했다.

"저는 니체 책을 읽은 적은 없습니다만, 듣자 하니 초인은 이기주의자인 것 같던데요."

"아뇨, 그렇지 않아요." 헬렌이 말을 이었다. "초인은 '나는 원한다'는 말을 하지 않죠. '나는 원한다'는 건 '나는 누구인가?'라는 질문으로 이어지고, 나아가서 '연민'과 '정의'라는 문제로 발전하니까요. 초인은 그냥 '원한다'고만 말해요. 나폴레옹이라면 '유럽을 원한다'고 할 테고요. 푸른 수염의 사내는 많은 아내를 원하겠죠. 피어폰트 모건이라면 '보티첼리의 비너스의 탄생을 원한다'고 할 거예요. '나'는 어디에도 없어요. 그런 초인들의 내면을 들여다보면 그 안에 아무것도 없다는 사실을 깨닫게 되죠."

레너드는 잠깐 잠자코 있다가 말했다.

"슐레겔 양, 그렇다면 당신과 나 모두 '나'라는 부류로 생각해도 되겠군요?"

"그야 물론이죠."

"아가씨 언니도요?"

"물론이에요."

헬렌은 아까보다 좀 거친 어조로 되풀이했다. 마거릿 언니에게 화가 나긴 했어도, 다른 사람의 비난은 듣고 싶지 않았다.

"제대로 된 사람은 다 '나'라는 말을 써요."

"하지만 윌콕스 씨는…… 어쩌면……."

"윌콕스 씨에 대해서는 여러 말 할 필요가 없다고 생각해요."

"그렇군요."

레너드는 순순히 동의했다. 헬렌은 왜 자기가 그런 말을 했을까 생각했다. 그날 자신은 종종 레너드더러 의견을 말하게 하고서는 곧바로 그 말을 가로 막았다. 어쩌면 레너드가 자기와 대등하게 말하는 것이 싫어서? 그렇다면 자신은 시시한 인간이다.

그러나 레너드는 헬렌의 그런 태도를 매우 자연스럽게 받아들였다. 그녀가 하는 일은 모두 다 자연스러웠다. 남의 마음을 상하게 하는 일은 결코 없었다. 슐레겔 자매가 함께 있을 때에는 왠지 둘 다 인간이 아닌 것 같아서 레너드는 정신을 못 차리고 현기증을 느꼈다. 그러나 한 사람씩 따로 대하면 느낌이 달랐다. 헬렌은 아직 결혼하지 않았고 마거릿은 곧 결혼하기로 되어 있었으므로, 두 사람이 겹쳐 보이는 일은 없었다.

이제는 레너드도 부유한 상류층 세계를 제대로 볼 수 있게 되었으며, 그 가운데 어떤 부류는 다른 부류보다 자기에게 호의를 보이는 남녀로 이루어져 있음을 알게 되었다. 헬렌은 레너드의 슐레겔 양이 되어서 그를 꾸짖기도 하고 그와 편지를 주고받기도 했다. 또 어젯밤에는 그의 집에 들이닥쳐 도움을 주기도 했다. 마거릿도 친절하기는 했지만 엄격하여 거리감이 느껴졌다.

그가 그녀를 도와준다는 건 상상조차 할 수 없었다. 그는 그녀를 처음부터 좋아하지 않았고, 헬렌도 자기 언니를 그렇게 좋아하지 않을 거라는 예감이 틀리지 않을 거라는 생각이 들었다.

아무튼 헬렌은 쓸쓸해 보였다. 그토록 아낌없이 남에게 베푸는데도 남에게서 얻는 것은 너무 적은 것 같았다. 레너드는 자기가 윌콕스 씨에 대해 알아낸 사실을 말하지 않음으로써 헬렌에게 끔찍한 충격을 주지 않을 수 있다는 데에 기뻐했다. 레너드는 재키를 데리러 갔다가 아내에게서 그 얘기를 들었다. 처음에는 충격을 받았지만 시간이 좀 지나자 평정을 되찾았다. 다만 그 사실로 인해 레너드는 아내에게 심한 환멸을 느꼈고, 그 때문에 처음부터 순수하지 못했던 사랑에 또 하나의 새로운 얼룩이 생겼다. 레너드는 만약 자신이 아직도 이상을 가질 수 있다면, 앞으로는 완전한 존재를 완전한 상태로 놔두는 것을 이상으로 삼으리라고 생각했다. 그러니까 헬렌은, 또 헬렌을 위해서는 마거릿도 절대로 윌콕스 씨에 관한 일을 몰라야 했다.

그런데 갑자기 헬렌이 재키 이야기를 하는 바람에 레너드는 적잖이 당황했다.

"바스트 씨의 부인은 '나'라고 말하나요?"

헬렌은 반쯤 농담조로 묻더니 말을 이었다.

"부인이 많이 지치셨나 봐요."

"네, 방에서 쉬는 게 나을 겁니다."

"제가 좀 보러 갈까요?"

"아뇨, 적적하지는 않을 거예요."

"바스트 씨, 부인은 어떤 분이세요?"

레너드의 얼굴이 빨갛게 달아올랐다.

"이제 당신도 저의 이런 행동에 익숙해질 때가 된 것 같은데. 제 질문이 당황스러운가요?"

"아닙니다, 슐레겔 양, 그렇지 않습니다."

"저는 뭐든지 솔직히 말하는 걸 좋아하거든요. 부인과 함께 지내면서 억지로 행복하신 척할 필요는 없어요. 바스트 씨와 부인 사이에는 공통점이 하나도 없는 것 같아요."

레너드는 그 말을 부정하지 않고 다소 멋쩍은 듯이 말했다.

"그건 누가 보아도 알 수 있겠죠. 하지만 재키가 잘못한 건 아니에요. 전에는 우리 사이가 좋지 않거나 남들한테 무슨 소리를 들을 때마다 재키가 잘못해서 그런 거라고 생각했지만, 이제 와서 돌이켜 보면 오히려 제가 잘못한 거였어요. 재키와 꼭 결혼할 필요는 없었던 거죠. 하지만 이미 결혼해 버렸으니까 앞으로도 재키를 계속 돌봐 줘야 해요."

"결혼하신 지 얼마나 되었죠?"

"3년이 다 되어 갑니다."

"가족 분들은 뭐라고 하세요?"

"이미 연을 끊었죠. 우리가 결혼했다는 소식을 듣고 가족회의를 열어서 그러기로 정했대요."

헬렌은 방 안을 왔다 갔다 했다. 그러다가 상냥한 목소리로 말을 건넸다.

"정말 안타깝네요. 저, 바스트 씨네 가족들은 어떤 분들이세요?"

레너드는 그 질문에는 거침없이 대답할 수 있었다. 돌아가신 부모님은 장사를 했고, 누이들은 모두 행상과 결혼했으며, 형은 교회에서 기도문을 독송하는 사람이었다.

"그럼 조부모님은요?"

레너드는 이제까지 부끄럽게 여기던 비밀을 털어놓았다.

"특별한 분들은 아니었어요. 그냥 농사를 지으셨죠."

"그렇군요! 어느 지방에서요?"

"주로 링컨셔에서. 하지만 제 외조부님은 이곳에 사셨어요."

"슈롭셔에? 그래요, 그리고 지금 우리가 이곳에 와 있단 말이죠. 제 외갓집은 랭커셔에 있어요. 그런데 왜 바스트 씨 가족 분들은 부인을 받아들이지 않으셨을까요?"

"모르겠어요."

"죄송하지만, 알고 계실 텐데요. 저는 어린애가 아니에요. 바스트 씨가 무슨 말씀을 하셔도 놀리지 않아요. 또 많이 알려주셔야 제가 도와드리기가 쉽잖아요. 혹시 부인에 대해 나쁜 말이라도 들은 건가요?"

레너드는 잠자코 있었다.

"대충 알겠어요."

헬렌이 조용히 말했다.

"아뇨, 슐레겔 양, 당신은 아마 모르실 거예요. 그러기를 바랍니다."

"그런 문제에 대해서도 우리는 솔직해져야 해요. 전 알겠어요. 정말 안타깝지만, 그래도 두 분에 대한 제 마음은 조금도 변치 않을 거예요. 저는 그 책임이 부인이 아니라 상대 남자에게 있다고 생각해요."

레너드는 그로써 만족했다. 상대 남자가 누구인지 헬렌이 알지 못한다면 그것으로 족했다. 헬렌은 창문 앞에 서서 블라인드를 천천히 걷어 올렸다. 호텔 앞 어두운 광장에서는 안개가 피어오르고 있었다. 헬렌은 다시 레너드를 돌아보았다. 그 눈은 빛나고 있었다.

"걱정하지 마세요."

레너드가 부탁하듯 말했다.

"자꾸 그러시면 제가 몸 둘 바를 모르겠어요. 제가 일자리만 구한다면 아무 걱정 없습니다. 일자리만 있으면, 안정적인 일자리가…… 그러면 그 전처럼 비참하게 살지는 않을 겁니다. 저는 예전처럼 책을 소중하게 여기지는 않아요. 일자리만 있으면 우리는 다시 안정된 생활을 할 수 있을 거예요. 그러면 생각 자체를 하지 않게 되겠죠."

"안정되면 무엇을 하실 건가요?"

"그냥 안정된 생활을 하는 거죠."

"그렇게 산다! 아름다운 것들도 봐야 하고…… 음악도 들어야 하고……또 때로는 밤길도 걷고 하는 게 삶 아닌가요……."

헬렌이 불만 섞인 소리로 말했다. 그러자 레너드가 대답했다.

"일자리가 있으면 걷는 것도 좋죠. 전에는 꽤 이상한 생각도 많이 했는데, 사실 그런 건 아무 의미가 없어요. 그 사실을 깨닫기 위해서는 집행관이 재산을 압류하러 집에 들이닥치는 일을 한 번 당해 보는 것이 제일이죠. 그자가 제가 읽던 러스킨이나 스티븐슨을 만지작거리는 장면을 본 순간, 저는 인생의 참모습을 본 것만 같았어요. 그런 인생은 아름답지가 않죠. 아가씨 덕분에 책은 돌려받았지만, 그런 일은 두 번 다시 일어나면 안 되고, 숲 속에서 지내는 밤이 아름답다고 생각하는 일도 없을 것 같아요."

"왜죠?"

헬렌이 창문을 열면서 물었다.

"왜냐하면 사람은 돈이 있어야 하니까요."

"그건 잘못된 생각이에요."

"저도 잘못된 거라 믿고 싶지만, 이를테면 목사도 재산이 있거나 급료를 받고, 시인이나 음악가도 마찬가지예요. 또 떠돌이는 결국 빈민 수용소에 들어가서 남들이 낸 돈으로 살아가죠. 그러니까 세상에서 단 하나 확실한 것은 돈이고, 나머지는 모두 꿈일 뿐이에요, 슐레겔 양."

"그것 역시 잘못된 생각이에요. 바스트 씨는 죽음을 잊어버리신 것 같네요."

레너드는 말뜻을 이해할 수 없었다.

"우리가 영원히 살 수 있다면 바스트 씨 말씀이 옳을 거예요. 그러나 우리는 언젠가 죽어서 이 세상을 떠나야만 하죠. 우리가 영원히 살 수 있다면 부정과 탐욕이 삶의 진리가 되겠지만, 실제로는 언젠가 죽을 운명이니까 우리는 다른 것에 매달려야 해요. 저는 죽음을 좋아해요. 그건 병적인 것이 아니라, 죽음이 여러 가지를 설명해 주기 때문이죠. 죽음은 돈이 무의미하다는 사실을 가르쳐 줘요. 돈의 영원한 천적은 죽음이죠. 삶이 죽음의 천적이 아니라. 바스트 씨, 죽음 저편에 무엇이 있는지는 생각할 필요 없어요. 다만 죽음 저편에서는 '나'라고 말하지 못하는 사람보다도 시인과 음악가와 떠돌이가 더 행복하다는 것만은 확실해요."

"그럴까요?"

"우리는 모두 안개 속에 있어요. 그건 저도 알지만 이거 하나는 당신께 가르쳐 드릴 수 있어요. 즉 윌콕스 씨 같은 사람은 누구보다도 깊은 안개 속에 갇혀 있다는 점이지요. 자못 건전한 머리를 가진 그 영국인들은 제국을 구축하면서 온 세계를 그들의 상식선까지 끌어내리려 하지만, 죽음에 대한 말을 들으면 몹시 불쾌해하죠. 왜냐하면 진정한 황제는 죽음이며, 그것은 결코 그들도 피할 수 없기 때문이에요."

"저도 죽음은 두려워요."

"하지만 죽음의 관념을 두려워하는 건 아니겠죠."

"그 둘이 뭐가 다른가요?"

"많이 달라요."

헬렌은 더 조용조용 말했다. 레너드는 의아한 표정으로 그녀를 바라보았다. 무언가 거대한 것이 밤의 어둠을 뚫고 나타날 것만 같았다. 하지만 그는 그걸 받아들일 수 없었다. 아직 그의 마음에는 다른 사소한 것들로 가득했기 때문이다. 우산을 잃었다는 사실이 퀸스 홀 연주회에서 음악 감상을 망쳐놓았듯, 지금 그의 방해물은 직장을 잃었다는 사실이다. 죽음과 삶, 물질주의 같은 것은 모두 거창한 말이다. 하지만 그보다 윌콕스 씨가 자신을 취직시켜 줄지가 더 큰 문제였다. 지금 그에게는 윌콕스 씨가 세상의 지배자이며, 독자적인 도덕관을 가지고 구름 위로 우뚝 솟은 초인이었다.

"저는 머리가 나빠서……."

레너드는 이렇게 변명할 수밖에 없었다.

그러나 헬렌은 '죽음이 인간을 소멸시키고 죽음의 관념이 인간을 구제한다'는 역설의 의미를 점점 더 확실히 깨달을 수 있었다. 보통 사람들이 무서워서 접근하지 않는 관이나 시체 뒤에는 말로 표현할 수 없는 위대함이 숨어 있으며, 우리 내부에 있는 위대한 요소들이 그 소리에 응답한다. 세상에 집착하는 사람은 언젠가 자기도 들어가게 될 무덤을 무서워한다. 그러나 사랑은 더 많은 것을 알고 있다. 죽음은 사랑의 적이기는 해도 결코 사랑을 이길 수 없다. 죽음과 격투를 벌이는 과정에서 사랑은 더욱 강해지고 현명해진다. 따라서 사랑에 대항할 수 있는 것은 없다.

"그러니까 지면 안 돼요."

헬렌은 이야기를 계속했다. 보이는 세계 뒤편에는 보이지 않는 세계가 있다는, 애매하기는 해도 믿지 않을 수 없는 이야기를 되풀이했다. 레너드를 지상에 매어 두는 밧줄을 끊으려고 애쓰는 동안 그녀는 점점 더 흥분을 억제할 수 없게 되었다. 그러나 레너드의 쓰라린 체험으로 만들어진 그 밧줄은 헬렌의 힘으로는 도저히 끊을 수 없었다. 그때 여종업원이 들어와 마거릿이 보낸 편지를 헬렌에게 건네줬다. 그 속에는 따로 레너드에게 보낸 편지도 한 통 들어 있었다. 두 사람은 강물 소리를 들으며 편지를 읽었다.

28

마거릿은 몇 시간 동안 꼼짝도 않고 가만히 있었다. 그러다가 마음을 다잡고 편지를 몇 통 썼다. 마음의 상처가 너무 커서 헨리에게는 아무 말도 할 수 없었다. 그래도 마거릿은 헨리를 불쌍히 여기고 그와 결혼할 결심까지 했다. 다만 지금으로서는 그런 결심이 마음속 깊은 곳에만 존재할 뿐, 표면적으로는 헨리의 타락에 대한 충격이 너무나 강해서 마거릿도 동요할 수밖에 없었다. 목소리도 표정도 마음대로 되지 않고, 힘껏 써 나가는 다정한 말도 마치 다른 사람이 하는 말처럼 느껴졌다. 그 말은 '사랑하는 당신'으로 시작되었다.

'저는 당신과 헤어지려고 이 글을 쓰는 것이 아닙니다. 아까 그 일은 전부거나, 아무것도 아니거나 둘 중 하나일 수밖에 없는데, 저는 그 일을 아무것도 아닌 것으로 만들 생각입니다. 그것은 우리가 만나기 전에 일어난 일이며, 만약 그 뒤에 일어난 일이었어도 저는 지금과 똑같은 편지를 썼을 거예요. 저는 당신을 이해합니다.'

하지만 마거릿은 '저는 당신을 이해합니다'를 두 줄로 그어 지웠다. 문맥이 맞지 않는 느낌도 들었거니와 헨리는 남에게 이해 받기를 싫어했기 때문이다. 이어서 '전부거나, 아무것도 아니거나 둘 중 하나'라는 부분도 지웠다. 헨리는 마거릿이 이처럼 명확하게 사태를 파악하는 데에 반발할 것이 틀림없었다. 이런 견해를 분명히 드러내는 것은 여자답지 않은 행동이니 그만두는 편이 나을 것 같았다.

'이걸로 됐을까?'

마거릿은 생각했다. 그 순간 헨리가 한 짓이 마거릿의 목을 조르려고 덤벼들었다. 헨리 같은 남자에게 자기가 이토록 신경 쓰고 결혼할 만한 가치가 있는 걸까. 그런 여자의 유혹에 넘어간다는 것은 그야말로 '전부'였다. 그런 남자의 아내가 되는 것은 그녀로서는 불가능한 일이었다. 마거릿은 헨리가 유혹에 넘어가는 장면을 구체적으로 상상하니 현기증이 났다. 남자들은 그런 유혹에도 기꺼이 굴복한다는 점에서 여자와 확실히 달랐다.

서로 친구가 될 수 있을 거라고 믿었던 마거릿은 할 말을 잃었다. 인생이 피상적으로 보였다. 마치 남자와 여자를 똑같이 바깥 공기로부터 차단하는 저 서부 철도의 차창에서 보는 풍경처럼. 남자와 여자는 정말로 서로 다른 도덕관을 가진 별개의 인종일까? 남녀의 사랑은 세상을 유지하려는 자연의 장치일 뿐일까? 인간관계에서 체면을 빼면 이렇게 되고 마는 걸까?

마거릿의 이성은 아니라고 대답했다. 그리고 인간은 이런 자연적 수단으로부터, 언젠가 불멸성을 얻게 될 마법을 스스로 만들어 냈음을 그녀는 알고 있었다. 하지만 이성에 대한 매혹보다 훨씬 더 신비로운 것은 우리가 그런 매혹에 덧붙이는 다정한 마음이다. 인간과 동물 사이의 거리는 동물과 사료 사이의 거리보다 훨씬 더 멀다. 우리는 신학자가 생각할 수 없는 목적을 향해, 과학자가 측정할 수 없는 방식으로 진화하고 있다. 그리하여 여러 신들은 '적어도 인간은 하나의 보석을 만들었다'고 말하면서 틀림없이 우리를 불멸의 존재로 만들 것이다.

마거릿은 이 사실을 다 알고 있었지만 지금은 그것을 실감할 수 없었다. 이비와 카힐 씨의 결혼식이 한낱 어리석은 소동처럼 보이고, 자기 결혼식은 …… 그런 것을 생각하기에는 이미 너무 심한 타격을 입었다. 마거릿은 헨리에게 쓴 편지를 찢어 버렸다. 이어서 또 다른 편지 한 통을 썼다.

친애하는 바스트 씨.
아까 약속한 대로 윌콕스 씨에게 이야기해 보았습니다. 그러나 지금은 빈자리가 없다고 합니다. 도움이 되어 드리지 못해 유감입니다.

M.J. 슐레겔

마거릿은 이 편지를 헬렌에게 보내는 편지 봉투 속에 같이 넣었다. 헬렌에게 보내는 편지는 좀 더 세심하게 쓰는 편이 좋았겠지만, 머리가 아파서 글을 제대로 쓸 수가 없었다.

사랑하는 헬렌
동봉한 편지를 바스트 씨에게 전해 줘. 그 사람들은 틀렸어. 윌콕스 씨가 집에 돌아왔을 때 그 여자는 정원에서 술에 취해 있었어. 이곳에 방을 마련해 둘 테니까, 이 편지를 받는 즉시 이곳으로 와. 바스트 부부는 우리가 마음 써줄 만한 사람들이 아니야.
내일 아침 내가 직접 만나러 갈게. 마땅히 해 줘야 할 일은 틀림없이 해 줄 거야.

M.

편지를 쓰면서 마거릿은 이러는 것이 현실적인 대처라고 생각했다. 나중에는 바스트 부부를 좀 더 배려해 줄 수도 있겠지만, 지금은 두 사람이 쓸데

없는 말을 하지 않도록 조치할 필요가 있었다. 그 여자와 헬렌이 이야기를 나누는 것은 어떻게든 막아야 했다. 마거릿은 초인종을 눌렀다. 그러나 아무도 오지 않았다. 윌콕스 씨와 워링턴 모녀는 이미 잠들어 버렸고, 주방 사람들은 결혼식을 축하하며 야단법석을 떨고 있었다. 그래서 그녀는 직접 조지호텔로 갔다. 하지만 거기서 그들과 만나 이야기하는 것은 오히려 위험할 것 같아서 안에 들어가지는 않고 중요한 편지라는 말과 함께 그것을 종업원에게 맡겼다. 일을 마치고 돌아오는 길에 광장을 가로지르는데, 헬렌과 바스트 씨가 바 창가에서 밖을 내다보고 있는 모습이 눈에 띄었다. 혹시 편지가 제때 전해지지 못했을까 봐 걱정이 되었다. 마거릿에게는 아직 할 일이 남아 있었다. 자기가 한 일을 헨리에게 알려 주는 것이었다.

그 일은 순조롭게 진행되었다. 마거릿이 문을 열자 현관에 헨리가 서 있었다. 밤바람이 벽에 걸린 그림을 흔들어댔고, 그 소리에 그가 나왔던 것이다.

"누구요?"

헨리가 주인답게 물었다. 마거릿은 안으로 들어가 헨리 옆을 지나치며 말했다.

"헬렌에게 이리 와서 자라고 말해 주고 왔어요. 여기가 낫겠죠. 그러니까 현관문은 잠그지 마세요."

"누가 들어오나 했소."

"그리고 그 남자한테는 우리가 줄 수 있는 게 없다고 말했어요. 나중엔 또 모르겠지만, 지금은 바스트 부부를 되도록 빨리 여기서 떠나게 해야겠어요."

"그럼 헬렌이 오늘 밤 여기 온다는 거군."

"네, 그럴 거예요."

"당신 방으로 보낼까?"

"저는 헬렌에게 할 말이 없어요. 이제 그만 자야겠어요. 그러니까 헬렌이 온다는 애기를 누군가에게 해 주시겠어요? 누가 헬렌의 가방을 날라 주었으면 좋겠는데요."

그는 하인을 부르기 위해 만들어 놓은 작은 종을 울렸다.

"그 정도 소리는 안 들릴 거예요."

헨리가 문 하나를 열자 복도 건너편에서 요란한 웃음소리가 들려왔다. 그는 참 시끄럽다고 중얼거리더니 그쪽으로 걸어갔다. 마거릿은 거기서 헨리를 만난 것이 잘된 일인지 아닌지 모르겠다는 생각을 하며 2층으로 올라갔다. 두 사람은 아무 일도 없었다는 듯이 대화를 나누었다. 마거릿은 마음속 깊이 그것이 잘못된 일임을 느꼈다. 헨리는 자신을 위해서라도 뭔가 해명을 해야 했다.

하지만 해명을 들은들 마거릿이 과연 무엇을 얼마나 더 알 수 있을까? 아마도 날짜나 장소처럼 자기 혼자서도 질리도록 상상할 수 있는 몇몇 사항들을 알아내는 것이 고작이리라. 최초의 충격이 가시자 그녀는 사태를 확실히 파악하게 되었다. 헨리에게 바스트 부인 같은 여자가 있었다는 것은 실로 있음직한 일이었다. 헨리의 내적 생활을 이루고 있는 지적인 혼란, 인간관계에서 나타나는 둔감함, 억눌려 있는 강한 욕정은 이전부터 마거릿도 잘 알고 있는 바였다. 그런 그가 내면에 부합되는 외면적 생활을 했다고 해서 내가 그를 거절해야 한단 말인가? 어쩌면 그럴지도 모른다. 만약 그가 마거릿 자신에게 그런 부정을 저질렀다면 그런 방법도 생각해 볼 수 있으리라. 하지만 그것은 그녀가 그와 만나기 훨씬 전의 일이다.

마거릿은 그런 식으로 생각하고 싶지 않았으므로, 그가 윌콕스 부인에게 저지른 일은 자기에게 저지른 일과 마찬가지라고 생각하려 했다. 그러나 그녀는 이론에만 집착하는 성질이 아니었다. 잠자려고 옷을 벗기 시작하자 분노도, 죽은 사람에 대한 동정심도, 한바탕 소동을 피우려던 마음도 다 사라져 버렸다. 헨리가 원하는 대로 해야 했다. 그녀는 그를 사랑하니까. 그리고 앞으로 그 사랑으로 그를 더 나은 사람으로 만들 거니까.

이 위기 상황에서 마거릿의 행동을 지배한 감정은 연민이었다. 이런 일에 일반론을 적용해도 된다면, 여자 마음속 깊은 곳에 있는 것은 바로 연민이다. 남자가 여자를 좋아할 때에는 아무리 다정한 모습을 보인다 해도, 본질적으로는 그 여자에게서 발견되는 어떤 좋은 성질 때문에 그녀를 좋아하는 것이다. 따라서 여자는 남자의 판단이 틀리지 않았음을 증명해야 한다. 안 그러면 남자는 떠나가 버린다. 그런데 반대로 남자가 사랑 받을 만한 가치가 없을 때에는 여자는 오히려 자극을 받는다. 그래서 그 결과가 어떻게 되던, 여자의 마음속 깊이 잠들어 있던 본능이 꿈틀거리며 올라온다.

이것이 핵심이었다. 마거릿은 헨리를 용서해 주고 사랑의 힘으로 그를 좀 더 나은 사람으로 만들어 줘야 했다. 따라서 그 밖의 것은 어찌 되든 상관없었다. 좀처럼 안식을 얻지 못하는 선량한 윌콕스 부인의 유령은 이대로 내버려 둘 수밖에 없었다. 이제 윌콕스 부인에게는 만사가 균형 잡힌 상태에 놓여 있으니, 부인도 자기와 마거릿 두 사람의 생활에 오점을 남긴 이 남자를 동정할 것임에 틀림없었다. 과연 윌콕스 부인은 헨리가 한 짓을 알고 있었을까? 이것은 흥미로운 문제였다. 그러나 마거릿은 마음속에 품은 사랑과, 밤새도록 웨일스에서 흘러오는 강물 소리에 편안히 몸을 맡기고 그대로 잠들어 버렸다.

꿈속에서 마거릿은 자기가 미래의 집과 하나가 되어 그 집에 색칠하고, 그 집에 의해 색칠되는 기분을 느꼈다. 그리고 아침에 눈을 뜨자 어니턴 성이 안개 속에서 모습을 드러내는 장면을 두 번째로 보았다.

29

"헨리!"

마거릿이 그를 불렀다.

헨리는 아침식사를 마치고 〈타임스〉를 펼쳐 든 참이었다. 워링턴 부인은 짐을 꾸리느라 그곳에 없었다. 마거릿은 헨리 곁에 무릎을 꿇고 신문을 부드럽게 빼앗았다. 신문이 유난히 두껍고 무겁게 느껴졌다. 이어 마거릿은 얼굴을 들고 그의 눈을 들여다보았다.

"헨리, 저 좀 봐요. 싫어도 그러셔야 해요. 저를 보세요. 네, 좋아요."

그러자 헨리가 쉰 목소리로 말했다.

"어젯밤 일을 이야기하려는 거요? 나는 당신과의 약혼을 취소했소. 나로서도 변명할 여지가 없는 건 아니지만—변명하진 않겠소. 그런 짓은 하고 싶지도 않소. 나는 글러먹은 인간이오. 이것으로 그만 끝내고 싶소."

윌콕스 씨는 그때까지 머무르던 요새에서 쫓겨나 새로운 요새를 구축하는 중이었다. 그는 더 이상 그녀 앞에서 훌륭한 사람인 척할 수 없게 되었으므로, 이제는 죄 많은 과거라는 상황을 가정하여 그 속에 틀어박혀 버렸다. 그것은 진정한 참회가 아니었다.

"신경 쓰지 마요. 그것 때문에 우리 관계가 흔들리는 일은 없을 테니까요. 그러니 앞으로 달라지는 건 없어요. 진심으로 하는 말이에요."

"달라질 게 없다니?

내가 당신이 생각하던 그런 사람이 아니라는 것을 알았는데도?"

그는 마거릿이 이렇게 말하는 것이 못마땅했다. 차라리 충격을 받아 드러눕거나 미친 듯이 날뛰는 편이 나았다. 자신이 죄를 지었다는 의식과는 별개로, 왠지 상대가 여자답지 않다는 느낌이 들었다. 그녀의 눈은 사람을 너무 똑바로 바라본다. 그것은 남자에게나 어울리는, 책을 많이 읽은 사람의 눈이었다. 사실 헨리는 소동이 일어나는 것을 극도로 두려워했고 마거릿도 소동을 피우지 않기로 결심했었다. 그러나 어떤 식으로든 소동이 일어나는 것을 피할 수는 없었다.

"나는 당신에게 어울리는 남자가 아니오. 그렇지 않으면 약혼을 취소한다고 하지도 않았겠지. 나도 진심으로 하는 말이오. 더 이상 아무 얘기도 하고 싶지 않소."

마거릿은 헨리의 손에 입을 맞췄다. 하지만 그는 손을 뿌리치고 벌떡 일어나서 말했다.

"당신처럼 복 받은 생활을 하면서 세련된 취미와 친구와 책을 가지고 있는 사람이, 당신이나 당신의 여동생 같은 여성이 대체 뭘 알겠소? 이를테면 남자가 얼마나 강한 유혹에 노출되어 있는지 아느냐, 이 말이오."

"이해하기 어렵지만…… 우리가 결혼할 만한 가치가 있다면 이해하려고 노력해 볼게요."

"정상적인 인간관계나 사랑하는 가족으로부터 멀리 떨어져 해외에 나가 있는 젊은이들 수천 명이 어떤 상황에 처할 것 같소? 그들은 외톨이오. 곁에 아무도 없지. 나는 그게 어떤 것인지, 스스로 겪은 끔찍한 경험을 통해 알고 있소. 그런데도 당신은 달라질 게 없다고 말하는 거요?"

"제가 느끼기에는 그래요."

그는 괴로운 듯이 쓴웃음을 지었다. 마거릿은 선반으로 다가가 아침식사로 요리 하나를 집어 들었다. 그날은 그녀가 마지막이었으므로 요리를 데우는 알코올램프의 불을 꺼 버렸다. 마거릿은 연민을 느끼긴 했어도 침착성을 잃지는 않았다. 헨리는 자기 영혼의 죄를 참회하기보다도, 남자의 영혼과 여자의 영혼 사이에 있는 간격을 보여 주려 하고 있었다. 이를 알아차린 마거릿은 그 말을 듣고 싶지 않았다.

"헬렌은 왔나요?"

마거릿이 묻자 헨리는 고개를 저었다.

"아, 큰일 났네요. 헬렌이 바스트 부인과 이야기라도 나누면 어떡하죠?"

"아, 그럼 안 되지."

헨리는 그때만은 자연스럽게 반응했지만, 금세 본래의 태도로 돌아갔다.

"아니, 이젠 어떻게 되든 상관없어. 난 이미 틀렸으니까. 그래도 당신이 그렇게 나를 생각해 주니 고맙구려. 내가 고마워한다고 해서 뭐가 어떻게 되는 건 아니겠지만."

"저에게 무슨 전갈이라도 없었나요?"

"아무 얘기도 못 들었는데."

"초인종 좀 울려 주시겠어요?"

"왜?"

"하인에게 물어보려고요."

헨리는 비극의 주인공처럼 우울하게 걸어가 초인종을 눌렀다. 마거릿은 커피를 따랐다. 이윽고 집사가 와서, 슐레겔 양은 그대로 조지 호텔에 묵으셨다고 들었는데 자기가 직접 호텔로 가서 확인해 보겠다고 말했다.

"아뇨, 그럴 필요 없어요. 내가 갈 거니까."

마거릿은 이렇게 말하고 집사를 물러가게 했다. 그러자 헨리가 말했다.

"소용없소. 한 번 소문이 나면 걷잡을 수 없어. 나는 이런 경우를 많이 알고 있소. 한때 그런 사람들을 경멸했지. 나는 그 사람들과는 다르니까 시시한 유혹에는 절대로 넘어가지 않을 거라고 생각했소. 마거릿⋯⋯."

헨리는 즉석에서 억지로 감정적인 태도를 취하더니 마거릿에게 다가와 바로 옆 의자에 앉았다. 그녀는 그의 말을 듣는 게 거북했다.

"우리 남자들은 적어도 한 번은 이렇게 되고 만다오. 당신이 믿어 줄지 모르겠구려. 아무리 강한 남자라도⋯⋯ '서 있는 사람은 넘어지지 않도록 주의해야 한다'는 말도 있잖소. 내가 당신에게 모든 사실을 털어놓는다면 당신도 아마 나를 용서해 줄 거요. 그때 내 환경은 좋은 영향력과는 거리가 멀었고, 영국으로부터도 너무 멀리 있었소. 너무 외로웠고 여자 목소리가 그리웠소. 이만하면 됐소. 당신에게 용서를 받기에는 나는 이미 너무 많은 걸 말해 버렸소."

"네, 그 정도면 충분해요."

"나는……."

여기서 그는 목소리를 낮추더니 말을 이었다.

"나는 지옥을 지나왔소."

마거릿은 침착하게 이 주장을 검토해 보았다. 정말 그랬을까? 그는 후회하는 마음으로 지옥의 고통을 느꼈을까? 아니면 '어휴, 다 끝났다. 자, 이제 또다시 바른 생활로 돌아가야지' 하는 심정이었을까? 마거릿이 헨리라는 사람을 정확히 파악했다면 아마 '어휴, 다 끝났다' 쪽이 정답일 것이다. 정말로 지옥에 다녀온 사람이라면 스스로 남자라고 떠벌리지는 않을 것이다. 오히려 그런 남자는 겸허해지며, 그 마음속에 남자다움이 남아 있다 해도 보통은 그것을 감춘다. 죄를 지은 사람이 그 잘못을 뉘우치면서도 무시무시한 남성적 매력을 갖추고 나타나서 순진한 여성을 정복한다는 것은 전설에나 나오는 이야기다. 지금 헨리는 그 무시무시한 매력을 갖고 싶어했지만 그런 건 그에게 없었다. 그는 단지 유혹에 넘어간 보통 영국 남자일 뿐이었다. 정말로 비난받아야 할 유일한 점, 즉 그가 윌콕스 부인을 배신했다는 점을 헨리는 전혀 마음에 두지 않는 것 같았다. 그녀는 당장이라도 윌콕스 부인 이야기를 꺼내고 싶었다.

결국 헨리는 재키와 어떤 관계를 맺었는지 마거릿에게 조금씩 모두 고백했다. 그것은 매우 간단한 이야기였다. 때는 10년 전, 장소는 키프로스 섬의 군대가 주둔한 어느 소도시였다. 그는 이야기 도중에 이따금 그런 짓을 한 자기를 용서해 줄 수 있겠느냐고 물었다. 그때마다 그녀는 '이미 용서해 드렸잖아요, 헨리'라고 대답했다. 마거릿은 헨리가 불안을 느끼지 않도록 말씨에 주의를 기울였다. 그가 요새를 완성해서 그 속에다 자기 영혼을 숨겨 놓을 때까지, 그녀는 순진한 여자 역할을 연기했다.

얼마 뒤 집사가 그릇을 치우려고 방에 들어왔다. 그때 이미 헨리의 상태는 완전히 달라져 있었다. 그는 왜 이렇게 급히 치우려 하느냐고 물었고, 또 어젯밤에 하인들이 시끄럽게 떠들며 논 것을 꾸짖기도 했다. 마거릿은 집사를 쳐다보았다. 이 잘생긴 젊은이는 여자인 그녀 마음을 왠지 모르게 끌어당겼다. 물론 이 감정은 거의 의식되지 않을 정도로 희미했지만, 이 사실을 헨리에게 말했다가는 당장이라도 하늘이 무너져내릴 것이다.

마거릿이 호텔에 갔다가 돌아왔을 때에는 이미 요새 구축 작업이 다 끝나 있었다. 헨리는 평소와 다름없이 유능하고 세상 물정에 밝은 데다가 냉소적이면서도 친절한 모습으로 돌아와 있었다. 그는 모든 것을 고백하고 용서받았으므로, 앞으로는 그 실수를 다른 사업적 투자 실패와 마찬가지로 잊어버리기만 하면 되었다. 이제 재키는 하워즈 엔드나, 듀시 거리에 있는 집이나, 예전에 타던 빨간색 자동차나, 아르헨티나 은(銀) 시세 등과 같이, 헨리가 그때까지 대단찮게 여겼다가 이제는 아예 관심을 끊어 버린 사물이나 사람 축에 들어가 버리고 말았다. 헨리로서는 그런 것들을 계속 기억하는 것이 귀찮기만 했다.

그래서 헨리는 호텔에서 돌아온 마거릿이 안 좋은 소식을 전해 줘도 처음에는 그 의미를 이해할 수 없었다. 듣자 하니 헬렌도, 헬렌이 데려온 두 사람도 이미 그 호텔에 없다는 것이었다.

"떠났다고? 그럼 그걸로 됐잖소. 그 부부 말이오. 헬렌 양과는 앞으로도 얼마든지 만날 수 있으니까."

"그런데 따로따로 출발했다고 하더라고요. 헬렌은 새벽같이 떠났고, 바스트 부부는 제가 도착하기 조금 전에 떠났대요. 무슨 전언이나 제 편지에 대한 답장도 남기지 않고 떠났단 말이죠. 이 행동이 무엇을 의미하는지, 마음에 걸려요."

"편지에는 뭐라고 썼소?"

"그건 어젯밤에 말했잖아요."

"아, 그랬지…… 정원을 한 바퀴 산책하는 건 어떻소?"

마거릿은 그의 팔을 잡았다. 화창한 날씨가 그녀의 마음을 달래 주었다. 그러나 이비의 결혼식은 아직 끝나지 않았다. 이 행사를 위해 모인 손님들을 깍듯하게 전송하는 일이 여전히 계속되었으므로, 마거릿은 오랫동안 헨리와 단둘이 있을 수는 없었다. 그들은 모두 슈루즈버리까지 자동차로 이동한 다음, 거기서 그는 북쪽으로 가고 그녀는 워링턴 모녀와 함께 런던으로 돌아갈 예정이었다.

마거릿은 아주 잠깐 행복을 느꼈다. 그때부터 머리가 다시 움직이기 시작했다.

"조지 호텔에서 무슨 이야기를 들은 건 아닌지 걱정스럽네요. 그게 아니라면 헬렌이 그렇게 새벽같이 떠날 리 없으니까요. 제가 일처리를 잘못해서 이렇게 된 거예요. 헬렌을 그 여자에게서 빨리 떼어 놓았어야 했는데."

"마거릿."

헨리는 엄숙한 태도를 취하면서 팔을 뺐다.

"왜 그래요, 헨리?"

"나는 성인군자가 아니오. 오히려 그 반대지. 하지만 당신은 그런 나를 선택했소. 과거는 과거고, 당신은 나를 용서해 주겠다고 약속했소. 약속은 약속이니까, 이제 그 여자 이야기는 절대로 꺼내지 마시오."

"뭔가 현실적인 이유가 없다면, 그 이야기는 절대로 하지 않을게요."

"현실적이라고? 당신이?"

"네, 제가 좀 현실적이거든요."

나지막하게 말하고서 마거릿은 가까이 있는 잔디 깎는 기계 위로 허리를 굽혔다. 그러고는 깎인 잔디 부스러기를 손으로 받아 손가락 사이사이로 모래처럼 새어 나가게 했다.

마거릿의 입을 막기는 했지만 헨리도 실은 마거릿과 똑같은 걱정을 하고 있었다. 그는 전에도 남에게 협박을 당한 적이 있었다. 그는 부유하면서도 도덕적인 사람으로 통하고 있었으므로, 그가 그렇지 않다는 사실을 알고 있는 바스트 부부는 그것을 빌미로 돈을 뜯어내려고 할지도 몰랐다.

"아무튼 당신이 걱정할 필요는 없어요. 이건 남자가 처리할 일이니까."

헨리는 정신을 집중해 골똘히 생각하다가 한마디 덧붙였다.

"이번 일은 아무에게도 말하지 말아요."

마거릿은 그런 당연한 일로 주의를 받으리라고는 생각지 못했으므로 얼굴을 붉혔다. 그런데 사실 헨리는 거짓말을 할 준비를 하고 있었던 것이다. 여차하면 자기가 재키를 만난 적이 있다는 사실을 부인하고 명예훼손죄로 상대를 고소할 생각이었다. 왠지 정말로 자기가 재키를 만난 적이 없다는 생각도 들었다. 곁에 있는 마거릿도 그런 일이 없었던 것처럼 처신하고 있지 않은가. 저쪽에는 집이 있고, 그 주위에서 정원사 대여섯 명이 딸 결혼식 다음 날의 뒤처리를 하고 있었다. 모든 것은 더없이 단단하고 말끔했다. 과거는 어느새 용수철 장치가 된 블라인드처럼 드르륵 말려 올라가고 이제는 마지막 5분밖에 남아 있지 않았다.

그는 흘긋 시계를 보고 5분 후에 자동차가 온다는 사실을 떠올리고 행동을 개시했다. 종을 치고 명령을 내렸으며, 마거릿에게는 방에 가서 옷을 갈아입으라고 했고, 하녀에게는 마거릿이 현관에 한 줄로 떨어뜨린 잔디 부스러기를 치우라고 했다. 윌콕스 씨의 정신은 어떤 사람들의 정신에 비하면, 마치 우주에 비교되는 인간과 같았다. 그것은 아주 좁은 공간에 집중된 빛이요, 종말이 올 때까지 자기 혼자만의 힘으로 나아가는 10분간이었다. 헨리는 이교도는 아니지만 현재만을 위해 살았으며, 어쩌면 그것이 철학자들보다 더 현명한 태도일지도 몰랐다. 헨리는 지나간 5분과 다가올 5분을 위해서만 살았다. 그는 사업가 정신을 가지고 있었다.

자동차가 어니턴에서 빠져나와 둥근 산을 넘을 때 그는 어떤 생각을 하고 있었을까? 마거릿은 좋지 않은 소문을 들었지만 그것이 크게 문제가 되지는 않았다. 마거릿은 이미 그를 용서해 주었다. 그 덕분에 그는 자기가 남자다웠다고 느꼈다. 찰스와 이비는 그런 소문을 못 들었을 테고, 절대 들어서도 안 되었다. 폴 또한 마찬가지였다. 헨리는 문득 아버지로서 자식들에게 매우 애틋한 사랑을 느꼈다. 그러나 그 원인을 알아내려고 하지는 않았다. 윌콕스 부인은 너무나도 먼 과거의 존재가 되어 있었다. 헨리는 갑자기 이비한테 애틋한 감정을 느끼면서도 그것을 부인과 결부시키지는 못했다. 불쌍한 이비. 그는 카힐이 이비에게 잘해 주기를 바랐다.

한편 마거릿은 어땠을까?

마거릿은 아무래도 몇 가지 일이 마음에 걸렸다. 헬렌은 분명히 무슨 얘기를 들었을 것이다. 마거릿은 헬렌을 만나기가 두려웠다. 또 레너드도 그냥 내버려 둘 수는 없었다. 그가 그렇게 된 것은 틀림없이 자기들 책임이었다. 또한 바스트 부인이 굶어 죽어도 좋을 리는 없었다.

그러나 어쨌든 대체적인 상황은 별로 변하지 않았다. 마거릿은 여전히 헨리를 사랑하고 있었다. 그녀는 헨리의 성격이 아니라 행동에 실망했을 뿐이며, 그것은 그럭저럭 참을 수 있었다. 게다가 마거릿은 미래의 집도 사랑하고 있었다. 이틀 전 자동차에서 뛰어내렸던 바로 그 장소에 이르렀을 때 마거릿은 차 안에서 벌떡 일어나더니 감개무량하게 어니턴을 돌아보았다. 이번에는 그곳 저택과 폐허가 된 성 이외에도 어니턴 교회와 조지 호텔의 검고 흰 박공지붕도 분간할 수 있었다. 또 시내에 있는 다리도, 푸른 반도 기슭을 씻으며 흐르는 강물도 보였다. 심지어 저택 정원에 있는 탈의실까지도 보였다. 거기서 찰스가 새로 만들게 한 구름판을 찾고 있었는데, 갑자기 눈앞에 언덕이 나타나서 그 풍경을 모조리 가려 버렸다.

이것이 마거릿이 마지막으로 본 이 고장 풍경이었다. 그 뒤로도 강물은 밤 낮으로 잉글랜드를 향해 흘러가고, 태양은 날마다 웨일스 산 속으로 들어가고, 교회 종소리가 찬송가 가락에 맞춰 시간을 알리지만, 윌콕스 집안사람들은 그곳의 일부가 되지 않았고 근처에 있는 어떤 곳의 일부도 되지 않았다. 그들의 이름이 그곳 교구 호적부에 다시 등장하는 일도 없었고, 그들의 유령이 밤이면 밤마다 거기 있는 오리나무 숲에서 한숨을 쉬지도 않았다. 그들은 그저 이 골짜기에 들어와서 약간의 먼지와 돈만 남기고 다시 떠나가 버렸다.

30

티비는 이제 옥스퍼드에서 마지막 1년을 앞두고 있었다. 그는 이미 학교 기숙사를 나와 롱월에 있는 아늑한 하숙집으로 거처를 옮겼다. 그곳에서 그는 우주 또는 적어도 흥미 있는 우주의 일부분을 조용히 관찰했지만 그 관심이 별로 크지는 않았다. 이처럼 젊은 남자가 열정에 휩쓸리지 않고 세상 여론에도 관심이 없다면 시야가 좁을 수밖에 없다.

티비는 부자들의 지위를 확고히 하고 싶지도, 가난한 사람들의 생활을 개선하고 싶지도 않았다. 그저 맥덜린 대학의 성벽 같은 담 너머로 느릅나무 가지가 바람에 흔들리는 모습을 바라보기만 해도 아무 부족함이 없었다. 세상에는 더 형편없이 사는 사람들도 있다. 그는 이기적이었지만 잔인하지는 않았다. 담백하지는 않았지만 허세를 부리지도 않았다. 마거릿과 마찬가지로 그는 연극적이고 과장된 것을 철저히 배격했다. 그래서 다른 학생들은 그를 여러 번 만나고 나서야 비로소 그의 지성과 품격을 알게 되었다.

티비는 졸업시험에 좋은 성적으로 합격해서, 강의를 부지런히 들으며 열심히 공부하던 다른 학생들을 놀라게 했다. 지금은 '학생 통역관' 자격을 갖춰 볼 생각으로 중국어 문법책을 지루하게 읽고 있었다. 티비가 그러고 있을 때 헬렌이 찾아왔다. 전보가 그녀의 방문을 예고했었다.

그는 한눈에 누나가 달라졌다는 걸 눈치 챘다. 그런 모습은 처음이었기 때문이다. 사람들을 매혹하던 품위는 온데간데없고 난파로 모든 것을 잃어버린 뱃사람처럼 처량하기 그지없었다.

"어니턴에서 오는 길이야. 거기서 곤란한 일이 생겼거든."

헬렌이 먼저 입을 열었다.

"점심은 먹었어?"

티비는 난롯가에서 데워 둔 적포도주 병을 집어 들며 말했다. 헬렌은 동생이 권하는 대로 순순히 식탁 앞에 앉았다. 티비가 물었다.

"왜 이렇게 일찍 왔어?"

"해가 떴으니까, 아니…… 되도록 빨리 떠나고 싶었어."

"그건 알아. 그러니까 왜?"

"티비, 난 정말 뭐가 어떻게 된 건지 모르겠어. 메그 언니와 관련된 끔찍한 이야기를 들었거든. 언니와 마주치고 싶지 않았어. 위컴 플레이스로는 돌아가지 않을 거야. 너한테 그 이야기를 하려고 여기로 온 거야."

하숙집 아주머니가 커틀릿을 들고 들어왔다. 티비는 중국어 문법책의 방금 읽던 부분에 책갈피를 끼운 뒤 헬렌과 아주머니를 도와 상을 차렸다. 아직 방학 기간이어서 창밖으로 보이는 옥스퍼드 거리는 나뭇잎을 살랑거리며 꿈을 꾸고 있었고, 방 안에서는 햇빛을 받은 작은 난로가 회색빛을 덧입고 있었다. 이윽고 헬렌은 아까 하던 기묘한 이야기를 계속했다.

"메그 언니에게 안부 전해 줘. 난 한동안 혼자 있고 싶어서 뮌헨이나 본에가 있을 예정이니까 그렇게 말해 주고."

"말 전하는 거야 어렵지 않지."

티비가 말했다.

"위컴 플레이스에 있는 집과 내 가구는 너랑 언니가 알아서 처분해. 내 생각에는 다 팔아 치우는 게 상책일 것 같아. 세상에 아무런 도움도 주지 못했던 경제학 책이나, 어머니의 그 변변찮은 장롱 따위는 계속 갖고 있어도 소용없지 않을까? 아, 그리고 하나 더 부탁할게. 내 편지를 메그 언니한테 전해 줘."

헬렌은 벌떡 일어나면서 말을 이었다.

"아직 쓰지도 않았네. 아, 그냥 우편으로 보내면 되는 거 아냐?"

그러더니 다시 의자에 앉았다.

"머리가 이상해진 것 같아. 저기, 네 친구들이 갑자기 들어오지는 않겠지?"

티비는 방문을 잠갔다. 친구가 그의 방까지 찾아왔다가 잠긴 문 앞에서 그대로 발걸음을 돌리는 일이 종종 있었다. 이윽고 티비는 이비 결혼식에서 무슨 일이 있었느냐고 헬렌에게 물었다.

"결혼식에서가 아니야."

헬렌은 이렇게 말하더니 왈칵 눈물을 쏟았다.

티비는 헬렌이 종종 쉽게 흥분한다는 사실을 알고 있었지만 그녀의 그런 면에는 별로 관심이 없었다. 이 눈물은 평소와 달리 그의 마음을 움직였다. 그것은 그의 관심사, 이를테면 음악 같은 것에 가까웠다. 그는 나이프를 내려놓고 그녀를 유심히 바라보았다. 하지만 그녀가 울음을 그치지 않자 다시 식사를 했다.

디저트가 나올 때가 되었는데도 그녀는 여전히 울고 있었다. 그날 디저트인 사과 샤를로트*는 식으면 맛이 없는 음식이다.

"마틀렛 부인에게 안으로 들어오시라고 해도 될까? 아니면 부인이 가져온 음식을 내가 출입구에서 받을까?"

티비가 물었다.

"티비야, 나 세수 좀 해야겠어."

그는 헬렌을 침실로 데려갔다. 그리고 그녀가 씻는 동안 하숙집 아주머니한테 가서 디저트를 받아가지고 왔다. 먹을 만큼만 접시에 옮겨 담고 식지 않게 그릇을 난롯가에 두었다. 그리고 다시 중국어 문법책으로 손을 뻗었고 들자마자 책장을 넘겼다. 눈썹을 치올리며 경멸하는 표정을 지은 것이 과연 인간이란 존재에 대해서인지 중국어에 대해서인지 알 수 없었다. 그러는 사이 헬렌이 돌아왔다. 어느새 침착함은 되찾았지만, 억울함은 아직도 두 눈에서 가시지 않았다.

"무슨 일인지 말해 줄게. 왜 처음부터 그러지 않았냐고 묻겠지? 윌콕스 씨에 관해 새로운 사실을 알게 됐어. 그는 엄청난 잘못을 저질러서 두 사람의 장래를 망쳐 버렸어. 어젯밤에 그 사실을 알았지. 그래서 머리가 너무 복잡해. 어쩌면 좋을지 모르겠어. 바스트 씨의 부인이……."

"아, 그 사람들!"

---

* 삶은 사과와 젤라틴을 이용해 만든 커다란 과자.

헬렌은 잠시 입을 다물었다.

"다시 문을 잠글까?"

"아니, 괜찮아, 티비. 넌 친절하구나. 외국에 나가기 전에 너한테 이야기해 두고 싶었어. 이 이야기를 듣고서 네가 어떻게 하든 그건 네 마음대로야. 가구와 마찬가지로 말이지. 내 생각인데, 메그 언니는 아직 이 사실을 모를 거야. 그렇다고 내가 언니를 만나서, 언니와 곧 결혼할 사람이 아주 못된 짓을 했다고 일러바칠 수도 없잖아? 더구나 내가 그런 말을 해도 될지 모르겠어. 메그 언니는 내가 윌콕스 씨를 싫어한다는 걸 알고 있어서, 내가 이 결혼을 막으려고 일부러 그런 말을 한다고 생각할지도 몰라. 정말 어쩌면 좋을지 모르겠어. 저기, 나는 네 판단력이 뛰어나다고 믿어. 너라면 어떻게 하겠니?"

"그 남자한테 여자가 있었다는 거로군."

티비가 말했다. 그 순간 헬렌은 수치심과 분노로 얼굴이 새빨개졌다.

"그리고 두 사람의 인생을 망쳐놓았단 거야. 그러면서 개인마다 어쩔 수 없는 사정이 있다느니, 세상에는 부자와 가난뱅이가 있게 마련이라니 떠들어대면서 잘난 척한단 말이지. 그 사람은 부를 좇아 키프로스에 나갔다가 그 여자를 만났어. 굳이 그 사람을 더 나쁜 사람으로 만들 생각은 없어서 하는 말인데, 여자가 그를 유혹했을지도 모르지. 어쨌건 둘이 사귀다가 헤어졌다는 거야. 그런 여자들이 결국에 어떻게 될 것 같니?"

티비는 확실히 심한 이야기라고 말했다.

"그런 여자들이 마지막에 선택할 수 있는 길은 두 가지뿐이야. 하나는 점점 궁지에 몰려 결국은 정신병원이나 빈민 수용소를 꽉 채우는 거야. 그러면 윌콕스 씨는 국민도덕의 퇴폐를 한탄하는 글을 신문에 기고하겠지. 그리고 또 하나는, 더 늦기 전에 순진한 어린애를 유혹해서 결혼해 버리는 건데, 그 여자도…… 그러니까 그걸 비난할 수는 없어."

그때 하숙집 아주머니가 커피를 가져왔다. 커피를 따르는 동안 헬렌은 입을 다물고 있었다. 그러다가 다시 이야기를 계속했다.

"실은 그뿐만이 아니야. 이번에는 우리 셋이 어니턴까지 가게 된 이유를 말해 줄게. 윌콕스 씨의 충고에 따라 그 남자는 괜찮은 직장을 그만두고 형편없는 회사에 들어갔다가 잘려 버렸어. 물론 여러 가지 사정이 있었지만,

결국 윌콕스 씨가 잘못했다는 건 메그 언니도 인정한 사실이야. 그러니까 윌콕스 씨는 당연히 그 남자한테 일자리를 줘야 한다고. 그런데 그 여자를 만나는 바람에, 하여튼 그런 인간이니까 그 남자를 고용하겠다는 말을 취소하고 그들 부부를 당장 쫓아내기로 마음먹은 거야. 메그 언니한테 편지를 쓰게 해서 말이지. 어젯밤 늦게 언니가 나와 레너드에게 편지를 보냈어. 레너드가 받은 편지에는 별다른 설명도 없이 그냥 일이 틀어졌다고 씌어 있었어. 나로선 이유를 알 수 없었지. 그런데 알고 보니 우리가 바스트 부인을 혼자 남겨 두고 호텔에 방을 잡으러 간 사이에, 그 부인이 윌콕스 씨를 만나서 이야기를 했다는 거야. 레너드가 부인을 데리러 갔을 때에도 부인은 여전히 그 얘기를 하고 있었다니까, 레너드도 일찌감치 그 사실을 알고 있었던 거지. 그런데 레너드는 두 번이나 그런 변을 당했는데도 어쩔 수 없는 일이라고 체념하고 있어. 체념하고 있다니까. 티비, 너라면 참을 수 있겠니?"

"확실히 너무 심한데."

티비가 말했다. 그 대답이 헬렌을 침착하게 만들었다.

"난 내가 너무 흥분해서 분별력을 잃고 문제를 부풀려서 보는 건 아닐까 걱정했어. 그래도 네가 좀 더 객관적으로 볼 테니 너의 판단은 믿어도 되겠지. 하루나 이틀, 아니 일주일 뒤라도 좋아. 네가 볼 때 적당하다고 생각되는 조치를 취해 줘. 네게 다 맡길게."

그녀는 이렇게 고발을 마쳤다.

"메그 언니에 관한 얘기는 이게 다야."

헬렌이 덧붙였다. 티비는 한숨을 쉬었다. 자기가 편견이 없다는 이유만으로 배심원에 임명되는 것은 좀 지나친 일이 아닐까. 티비는 전부터 인간이라는 존재에 관심이 없었다. 하긴 그것도 무리는 아니었다. 인간이라면 위컴 플레이스에 있는 집에서 지겨울 정도로 접했으니까. 어떤 사람이 책 이야기만 나오면 정신이 산만해지듯이, 티비도 인간 관계에 대한 이야기만 나오면 주의를 딴 데로 돌려 버렸다. 바스트 부부가 알고 있는 것을 헬렌이 알고 있다는 것을 마거릿이 알아야만 하는가? 어린 시절부터 티비는 그런 문제들이 질색이었고, 옥스퍼드에 와서는 인간의 중요성이 전문가들에 의해 과대평가되어 왔다고 말하는 법을 배웠다. 1880년대 냄새가 나는 이 경구는 사실 별의미가 없었다. 하지만 헬렌이 그날 시종일관 아름답지 않았더라면 티비는 그 말을 입 밖에 냈을지도 모른다.

"그러니까, 헬렌 누나…… 담배 좀 피울래? 난 말이지, 내가 할 수 있는 일이 뭔지 모르겠어."

"그래? 그렇다면 아무것도 할 필요 없어. 네 말이 맞을지도 몰라. 그 두 사람은 그냥 결혼하면 그만이야. 그건 그렇고, 아직 보상 문제가 남아 있어."

"그것도 내가 결정해야 해? 그런 문제는 전문가와 상담하는 편이 낫지 않아?"

"이건 너한테만 하는 얘기야. 메그 언니와는 상관없으니까 언니한테는 말하지 마. 보상 문제 말인데, 그 사람들한테 보상해 줄 수 있는 사람은 나밖에 없을 것 같아서 내가 최저 금액을 임의로 정해 봤어. 내가 되도록 빨리 그 금액을 네 계좌에다 입금시켜 놓을 테니까, 내가 독일로 떠나거든 그걸 그 사람들에게 건네줘. 그렇게 해 준다면 티비, 이 은혜는 결코 잊지 않을게."

"금액이 얼만데?"

"5천 파운드."

"세상에!"

티비가 소리쳤다. 그는 상당히 당황하는 눈치였다.

"찔끔찔끔 줘 봤자 무슨 소용이 있겠니? 내 한평생에 딱 한 번만 이렇게 해서, 나락에 빠진 사람을 구해 주고 죽을 수 있다면 어떨까? 돈 몇 푼이나 담요 한 장만 줘서는 인생을 더 암울하게 만들 뿐이잖아. 물론 남들은 나더러 별나다고 하겠지만."

"사람들이 뭐라고 생각하든 무슨 상관이야! 하지만 그건 누나 재산의 절반이잖아!"

티비가 소리쳤다. 흥분한 탓에 말투가 전에 없이 남성다워졌다.

"절반은 아니야."

그렇게 말하면서 헬렌은 더러워진 치마 위로 두 손을 펼쳤다.

"나한테는 돈이 너무 많아. 있지, 우리는 지난봄에 첼시에 있는 친구 집에서 한 인간이 독립하려면 연수입 300파운드가 필요하다는 결론을 내렸어. 아까 내가 말한 금액으로는 두 사람에게 연수입이 150파운드밖에 들어오지 않으니까 실은 아직도 부족한 셈이야."

티비는 두 손 들고 말았다. 그는 화도 나지 않았고 충격도 받지 않았다. 그리고 헬렌에게는 아직도 많은 돈이 남아 있어 그녀가 생활하는 데 어려움이 없어 보였다. 그러나 한 인간이 이런 식으로 자기를 희생한다는 것은 그에게는 경악할 만한 일이었다. 평소처럼 세련된 표현으로 에둘러 말하면 효과가 없을 것 같아서, 그는 그저 5천 파운드는 자신이 개인적으로 다루기에는 너무 큰돈이라고 말했다.

"네가 날 이해해 주리라고는 생각지 않아."

"나? 나는 아무도 이해하지 못하는 사람이야."

"그래도 해 줄 거지?"

"그야, 뭐⋯⋯."

"내 부탁은 두 가지야. 하나는 윌콕스 씨에 관한 일인데, 그건 네 판단에 따라 행동해. 또 하나는 돈 문제인데, 이건 아무에게도 말하지 말고 내가 부탁한 대로만 해 줘. 그리고 선금으로 내일 100파운드를 먼저 부쳐 줘."

티비는 헬렌을 배웅하러 역까지 갔다. 가는 도중에 본 길거리의 아름다움은 결코 그를 놀라게 하지도, 지치게 하지도 않았다. 옥스퍼드는 꿈을 꾸는 것 같았다. 둥근 지붕과 뾰족한 탑이 맑게 갠 하늘에 떠 있었다. 그러나 카팩스 주위의 저속한 동네는 이 꿈이 얼마나 덧없는지, 또 옥스퍼드가 영국을 대표한다는 주장의 근거가 얼마나 빈약한지를 보여 주었다.

헬렌은 티비가 할 일을 거듭 설명하느라 다른 것에는 신경 쓸 겨를이 없었다. 그녀는 바스트 부부 일에 굉장히 집착하면서 그 사건을 다시 한 번 티비에게 차근차근 이야기해 주었다. 티비가 아닌 딴 사람이라면 그 점을 이상하게 여겼을지도 모르지만, 사실 헬렌은 자신이 한 일이 이치에 맞는지 확인하고 있었던 것이다. 티비는 이야기를 듣다가 딱 한 번 헬렌에게 이런 질문을 했다. 왜 바스트 부부를 이비 결혼식에 끌고 갔느냐고. 그러자 헬렌은 겁먹은 동물처럼 걸음을 멈추더니 되물었다. "넌 그게 이상하다고 생각하니?" 그때 입을 손으로 가리고 자기를 쳐다보던 헬렌의 눈매가 티비의 기억 속에 묘한 인상을 남겼다. 그러나 걸어서 집으로 돌아가는 길에 마주친 성모상을 잠시 바라보고 있자니까 그 인상도 결국은 지워졌다.

티비가 이런 의무들을 어떻게 해결해 나갔는지 따라가 보는 게 좋겠다. 마거릿은 이튿날 그를 영국으로 불렀다. 그녀는 헬렌의 느닷없는 잠적에 어쩔 줄 몰라 했고, 그는 헬렌이 옥스퍼드로 자신을 찾아왔다고 말해야 했다. 그러자 마거릿이 물었다.

"혹시 헨리에 관한 소문을 듣고 고민하고 있지 않았니?"

티비는 그런 것 같더라고 대답했다.

"그래, 그럴 줄 알았어. 편지를 써야겠구나."

그 말을 듣고 티비는 안심했다.

그 뒤 티비는 헬렌이 가르쳐 준 주소로 편지를 써 보냈다. 편지에 수표를 동봉하고, 앞으로 총 5천 파운드를 더 송금하겠다고 전했다. 그러자 답장이 왔다. 매우 정중하고 차분한 그 편지는 티비 자신이 쓸직한 편지였다. 거기에는 수표가 동봉되어 있었고, 돈이 부족하진 않으니 이러한 증여는 사양하겠다는 내용이 적혀 있었다. 티비는 그 편지를 그대로 헬렌에게 보냈다. 그리고 감동한 나머지, 레너드 바스트라는 사람은 뭔가 기념비적인 데가 있는 인물이라고 한마디 덧붙였다.

이에 대해 헬렌은 몹시 당황한 듯한 답장을 써 보냈다. 상대가 뭐라고 말하든 상관하지 말고, 얼른 그 주소로 가서 내가 돈을 받으라고 명령했다고 그들에게 전하라는 것이었다. 그래서 티비가 그 주소로 찾아가 보았더니 집 안에는 책과 도자기 장식물만 좀 남아 있을 뿐이었다. 바스트 부부는 집세가 밀려 그 집에서 쫓겨났는데 어디로 갔는지는 아무도 모른다는 것이었다.

그 무렵 헬렌은 재산 관리를 잘못하여 노팅엄 더비 철도 주식까지 팔아야 했다. 그 뒤로 몇 주일 동안은 손을 놓고 있다가 다시 투자를 시작했고, 주식중매인의 현명한 조언 덕분에 재산은 전보다 더욱 늘어났다.

31

집들도 나름대로 죽는 방식이 있다. 이 점에서 집은 인간과 비슷하다. 어떤 집은 비극적인 굉음을 내며 죽고, 어떤 집은 조용히 죽었다가 유령 도시에서 사후 생명을 얻고, 어떤 집은—위컴 플레이스에 있는 집처럼—그 육체가 소멸하기도 전에 영혼이 빠져나가 버린다.

그 집은 올봄부터 이미 쇠약해지기 시작해서, 그곳에 사는 두 여성이 생각한 것보다도 훨씬 더 강력한 영향을 그들의 정신에 미쳤다. 두 사람은 저마다 모르고 지내던 세계를 엿보게 되었다. 그러다가 9월이 되자 집은 이미 감각 없는 시체로 변했다. 그곳에 사는 사람들이 행복하게 보냈던 30년간의 추억도 그 시체와는 거의 상관없는 것처럼 보였다. 위쪽이 둥근 문간을 지나 가구와 그림과 책이 차례차례 운반되어 나갔고, 이윽고 마지막 방이 텅 비자 짐마차도 완전히 떠나가 버렸다. 그로부터 1, 2주일 정도 그 집은 자신의 텅 빈 상태에 깜짝 놀라 창문을 눈처럼 부릅뜨고 있는 듯했다. 그러나 곧 인부들이 와서 집을 잿빛 티끌로 되돌려 놓았다. 튼튼하고 쾌활한 이 술꾼들은, 늘 인간적인 숨결을 지녔던 집, 문화를 목적으로 착각하지 않았던 집을 장사 지내기에 알맞은 사람들이었는지도 모른다.

가구는 두세 가지만 빼고는 모두 하트퍼드셔로 옮겨졌다. 윌콕스 씨가 친절하게도 하워즈 엔드를 창고로 쓰라고 제안했기 때문이다. 브라이스 씨가 외국에서 사망하는 바람에—썩 좋지 않은 일이었다—더 이상 집세가 정기적으로 들어올 가망이 없어지자, 윌콕스 씨는 계약을 취소하고 그 집을 다시 자기가 관리하기로 했다. 그리고 다음 임차인을 찾을 때까지는 그냥 그 집 1층과 차고에다가 가구를 쌓아 두는 것이 어떻겠느냐고 슐레겔 집안사람들에게 제안했다. 마거릿은 정중히 사양하려고 했으나 티비가 나서서 기꺼이 그 제안을 받아들였다. 그곳에 짐을 맡기면 당분간은 장래 일을 생각하느라 골머리 썩일 필요가 없어질 테니까. 그래서 그들은 가재도구 가운데 은그릇이나 값비싼 그림들은 안전을 위해 런던에 있는 집으로 가져가고, 나머지는 에이버리 할머니가 관리하는 하워즈 엔드에 두기로 했다.

이사를 며칠 앞두고 우리의 남녀 주인공은 결혼을 했다. 이미 두 사람은 한차례 폭풍을 뚫고 지나왔기에 마땅히 이제는 평화가 오리라고 기대했다. 환상을 품지 않고도 사랑한다는 것, 여자에게 이보다 더한 평화의 보장이 어디 있으랴! 마거릿은 남편의 마음뿐 아니라 그의 과거도 보았다. 그리고 자신의 마음도 다른 사람들이라면 불가능했을 만큼 철저하게 알았다. 남은 것은 윌콕스 부인의 마음뿐이었지만, 죽은 사람의 감정을 헤아리는 건 미신적인 일이리라.

마거릿의 결혼식은 소박하게, 참으로 소박하게 치러졌다. 그날이 다가올수록 마거릿은 어니턴에서 열린 결혼식과 같은 짓을 되풀이하고 싶지 않다고 생각했기 때문이다. 결혼식 날 티비가 들러리를 서 주었고, 요새 건강이 나빠진 줄리 이모가 아주 간소한 피로연에서 여주인 역할을 맡았다. 윌콕스 집안에서는 찰스와 카힐이 왔는데, 찰스는 부부 재산 계약의 보증인이 되어 서류에 서명을 했다. 또 폴도 축전을 보내기는 했다. 이윽고 몇 분 사이에 목사가 배경 음악도 없이 두 사람을 부부로 만들어 버렸다. 곧이어 한 쌍의 부부를 다른 사람들로부터 떼어 놓는 유리벽이 둘러쳐졌다. 일부일처제를 옹호하는 마거릿은 이로써 인생에서 어떤 순수함이 사라진 것을 아쉽게 여겼으나, 일부다처제를 옹호하는 헨리는 이렇게 결혼함으로써 도덕적인 지주를 얻어 자신이 유혹에 노출되는 일이 전보다 적어진 것을 기뻐했다.

두 사람은 오스트리아 인스브루크 지방으로 신혼여행을 갔다. 헨리는 그곳에 번듯한 호텔이 있다는 사실을 알고 있었다. 마거릿은 거기서 헬렌을 만날 생각이었다. 하지만 그 기대는 곧 실망으로 바뀌었다. 그들이 남쪽으로 내려왔을 때 헬렌은 브레너 고개를 넘어 이탈리아의 가르다 호숫가로 달아나서, 무성의한 엽서 한 통을 언니에게 보냈다. 자기 일정이 불확실하니 만나는 계획은 빼달라는 내용이었다.

헬렌이 헨리를 싫어한다는 것은 분명한 사실이었다. 그러나 아내가 된 사람이 겨우 이틀 만에 받아들일 수 있었던 상황을, 아내도 아닌 사람이 두 달이 지나도록 받아들이지 못한다는 것은 말도 안 되는 일이었다. 마거릿은 새삼 자제력이 없는 여동생에 대해 한탄하지 않을 수 없었다. 결국 마거릿은 장문의 편지를 써서 성(性)과 관련된 일은 너그럽게 이해할 필요가 있음을 지적했다. 그런 일에 대해서는 아직 알려진 바가 거의 없으며 직접적인 당사자도 적절히 판단하기가 어려우니, 사회에서 이러쿵 저러쿵 재단하는 것은 무익하다고 했다.

"기준이 아예 없다는 말은 아니야. 그러면 도덕을 부정하는 꼴이 되겠지. 난 다만 우리 본능의 움직임이 제대로 분류되어 지금보다 더 잘 이해되기 전까지는 기준을 함부로 정할 수 없다고 말하고 싶을 뿐이야."

이 편지에 대해 헬렌은 여러모로 친절하게 대해 줘서 고맙다는 답장을 보내 왔다. 확실히 묘한 답장이었다. 헬렌은 더 남쪽으로 내려갔다. 그리고 나폴리에서 겨울을 보낼지도 모른다는 소식을 전했다.

윌콕스 씨는 헬렌과 만나지 않게 되자 오히려 안심했다. 덕분에 옛 상처가 아물 때까지 시간을 벌 수 있었다. 그 상처는 지금도 가끔 쿡쿡 쑤시곤 했다. 헨리는 스스로 반성하고 후회했다. 마거릿이라는 여인이, 마거릿처럼 밝고 영리하면서도 유순한 여인이 눈앞에 나타날 줄 알았더라면 자기 자신을 좀 더 엄격하게 통제했을 텐데. 헨리는 과거를 제대로 정리할 줄 몰랐다. 그래서 재키와 만났던 일을 그가 아직 독신이었을 때 일어난 일이라고 착각했다. 따라서 그 일도 똑같이 젊은 혈기로 인한 실수로 치부했다. 그는 그 행동을 후회하고는 있었지만, 남의 명예에 상처를 입히는 행위가 그렇지 않은 행위보다 나쁘다는 사실을 깨닫지는 못했다. 그의 유일한 도덕적 본보기인 중세 사람들과 마찬가지로 그는 방탕과 부정(不貞)을 혼동하고 있었으므로 루스 윌콕스(가여운 루스!)에 대해서는 조금도 신경 쓰지 않았다. 왜냐하면 불쌍한 루스는 이 일을 끝까지 모르고 있었기 때문이다.

현재의 아내에 대한 사랑이 점점 더 커졌다. 그녀의 총명함은 그에게 아무런 문제를 끼치지 않았고, 실제로 그는 그녀가 시를 읽거나 사회문제에 대한 글을 읽는 모습을 좋아했다. 그건 다른 남자의 아내들과 차별되는 모습이었다. 그가 부르기만 하면 그녀는 책을 덮고 그가 무엇을 원하는지에 관심을 기울였다.

마거릿과 함께 토론하는 일도 참으로 재미있었다. 때로는 헨리가 질 뻔하기도 했지만, 그가 진지하게 맞서면 마거릿은 언제나 한발 물러났다. 무릇 남자는 싸우기 위해 살아가는 존재이며 그렇게 싸우는 남자를 위로하는 것이 여자의 임무지만, 여자가 남자에게 도전하는 것을 남자는 싫어하지 않는다. 여자는 신경만 있지 근육은 없으므로 진짜 싸움에서는 남자를 이길 수 없다. 신경이 있어서 여자는 이따금 달리는 자동차에서 뛰어내리기도 하고 화려한 결혼식을 싫어하기도 한다. 그럴 때 남자는 여자의 뜻에 순순히 따라도 무방하다. 남자의 평화를 지탱하는 불멸의 초석을 여자 힘으로는 어쩌지 못하기 때문이다.

마거릿은 신혼여행 도중에 꽤 심한 신경병 발작을 일으켰다. 헨리가—늘 그렇듯이 별일 아닌 것처럼 무심하게—어니턴의 집을 남에게 빌려 주었다고 하자 마거릿은 기분이 안 좋았다. 그녀는 불쾌함을 숨김없이 드러내면서 왜 미리 상의하지 않았느냐고 따졌다. 그러자 헨리가 말했다.

"이런 일로 당신에게 폐를 끼칠 필요는 없다고 생각했소. 게다가 나도 오늘 아침에야 이 일이 확정된 것을 알았소."

마거릿은 억지로 웃음을 지으며 물었다.

"그럼 우리는 어디에서 살죠? 저는 그곳을 무척 좋아하게 되었는데. 헨리, 당신은 어디 한곳에 눌러앉을 생각이 없나 보군요."

헨리는 오해하지 말라고 했다. 한곳에 눌러앉아 가정생활을 한다는 점에서 영국인은 외국인과 달랐다. 다만 헨리는 습기가 많은 집에서는 살기 싫다고 했다.

"그건 몰랐네요. 어니턴 집에 습기가 많이 찬다는 이야기는 지금 처음 들었어요."

헨리는 한 팔을 쓱 뻗었다.

"아니, 당신 눈과 피부는 뭐하는 거요? 그런 곳에 건물을 지으면 습기가 차는 건 당연한지. 무엇보다 집의 지반 자체가 진흙이오. 성채의 해자가 있던 자리였으니까. 그리고 밤새 주전자처럼 김을 뿜는 작은 강이 있지 않소. 지하 술창고 벽을 만져보거나 처마 밑을 보면 바로 알 수 있지. 제임스 경이나 아무나 붙들고 물어봐도 그렇고. 슈롭셔 골짜기들은 습기가 많기로 유명하니 말이오. 거기서 집을 지을 만한 땅은 언덕 위뿐이오. 그리고 내가 볼 때 런던에서도 너무 멀고 경치도 특별한 게 없는 것 같소."

"그럼 어째서 그런 곳에 살기로 하셨어요?"

마거릿은 이 말을 하지 않을 수 없었다.

"그건……."

헨리는 말하려다 말고 고개를 뒤로 젖히더니 갑자기 불쾌한 얼굴로 말했다.

"그렇게 말한다면, 우리가 어째서 티롤 지방에 와 있느냐고 말할 수도 있지 않겠소? 그런 걸 문제 삼기 시작하면 끝이 없지."

하기야 옳은 말일지도 몰랐다. 그러나 사실 헨리는 좀 더 그럴싸한 대답이 생각날 때까지 임시로 그렇게 말했을 뿐이다. 곧 그럴싸한 대답이 떠올랐다. 그 말을 하는 사이에 헨리는 실제로도 그랬던 것 같다는 생각이 들었다.

"실은 이비를 위해서 어니턴 집을 샀던 거요. 이건 우리끼리 하는 비밀 이야기지만."

"네, 알았어요."

"내가 하마터면 큰 손해를 볼 뻔했다는 사실을 그 애한테는 알리고 싶지 않소. 그 애는 내가 계약서에 서명하자마자 약혼을 했지. 난처하게도 그 집이 마음에 쏙 들었는지, 사냥하기 좋은 동네냐고 자세히 묻지도 않더군. 다른 사람에게 뺏길까 봐 걱정돼서…… 여자란 다 그렇다니까. 하지만 그렇게 하길 잘했다는 생각도 든다오. 이비는 소원대로 시골에서 결혼식을 올릴 수 있었고, 이번에는 어린이 학교를 열겠다는 사람들에게 그 집을 빌려 주게 되었으니까."

"그러면 우리는 어디서 살죠, 헨리? 어딘가에서 살기는 살아야 하잖아요."

"아직 정하진 않았지만, 노퍽 주는 어떻소?"

마거릿은 아무 말도 하지 않았다. 결혼도 그녀를 떠돌이 신세에서 구해 주지는 못했다. 런던은 인간 본성을 심대하게 변화시키고 인간관계에 유례없는 큰 압박을 안겨주는 유목적 문명의 예고편이었다. 세계주의가 실현된다면 우리는 땅에서 아무런 도움도 받지 못할 것이다. 나무와 초원과 산들은 그저 풍경일 뿐이고, 한때 그것들이 인간에게 발휘하던 영향력은 이제 모두 사랑이 떠맡게 되었다. 부디 사랑이 그 모든 과업을 감당할 수 있기를!

헨리가 이야기를 계속했다.

"지금이 몇 월이지? 곧 10월이군. 그럼 올겨울은 듀시 거리에서 보내고, 봄이 오면 어딘가 적당한 곳을 찾기로 하지."

"어딘가, 언제까지나 눌러앉을 수 있는 곳으로요. 저도 이제 나이가 들었나 봐요. 자꾸 이사 다니는 게 싫어요."

"그래도 류머티즘에 걸리는 것보다는 이사하는 게 낫지 않겠소?"

그러자 마거릿이 일어서면서 말했다.

"무슨 말인지 알겠어요. 어니턴이 그렇게 습기가 심한 곳이라면, 그 집은 어린이 기숙학교로 만들 수밖에 없겠죠. 봄이 오거든 천천히 찾아봐요. 이비 같은 실수를 저지르지 않도록 당신을 재촉하지는 않겠어요. 그러니 이번에는 여유를 갖고 생각해 봐요. 이사를 자꾸 하다 보면 가구도 망가질 테고 돈도 많이 들잖아요."

"오늘따라 정말 현실적이군. 지금 읽는 책이 뭐요? 신…… 신…… 뭐였소?"

"신지학(神智學)이에요."

그리하여 운명이 마거릿을 처음으로 데려간 곳은 듀시 거리에 있는 집이었다. 이것은 그리 참기 어려운 운명은 아니었다. 그 집은 위컴 플레이스의 집보다 조금 더 넓을 뿐이었다. 내년 봄부터는 큰살림을 도맡게 될 테니까, 이 정도면 준비운동으로는 안성맞춤이었다.

마거릿과 헨리는 자주 외출했다. 그러나 집에 있을 때는 상당히 규칙적인 생활을 계속했다. 아침에 헨리가 출근할 때마다 들고 가는 샌드위치는—그 것은 한때 그럴 수밖에 없었던 그의 오래된 습관이었는데—반드시 마거릿이 손수 만들었다. 헨리는 그 샌드위치로 점심식사를 하려는 것이 아니라 단지 11시에 배고파질 경우를 대비해서 들고 가는 것이었다.

그가 출근하면 집안일을 돌보고, 하인들 인성교육을 하고, 헬렌의 재산 일부를 관리하는 일이 그녀를 기다렸다. 바스트 부부를 생각하면 양심의 가책이 느껴졌다. 그녀는 그들을 보지 못하게 된 것이 오히려 다행스러웠다. 물론 레너드는 기꺼이 도와줄 만한 사람이었다. 하지만 헨리의 아내가 된 이상 다른 사람을 돕는 게 더 낫다고 생각했다.

연극이나 토론회의 매력은 점점 사라져 갔다. 새로운 운동에 관한 관심도 적어졌다. 한가할 때면 마거릿은 전에 읽었던 책을 다시 읽거나 그저 생각에 잠기는 일이 많아졌다. 첼시 일대에 사는 마거릿의 친구들은 이런 변화를 보고 걱정했다. 친구들은 마거릿이 결혼했기 때문에 그렇게 변했다고 생각했다. 어쩌면 마거릿 안의 깊은 본능이 꼭 필요한 때를 빼고는 남편 곁에서 멀리 떨어져 있지 말라고 경고하는지도 몰랐다. 그러나 주된 원인은 더 깊은 곳에 있었다. 마거릿은 자극을 추구하는 단계를 지나, 언어에서 사물 쪽으로 옮아가고 있는 중이었다. 프랑크 베데킨트의 연극이나 오거스터스 존의 회화 작품 신작들을 모르고 지나가는 것은 분명히 안타까운 일이다. 하지만 서른이 넘어서 우리의 정신이 창조적인 힘을 발휘하려면, 어느 정도는 세상과 담을 쌓고 내면으로 눈을 돌려야 하는 법이다.

32

이듬해 어느 봄날, 마거릿은 집 도면을 들여다보고 있었다. 결국 서식스 주에 땅을 구입해서 집을 새로 짓기로 했던 것이다. 그때 찰스 윌콕스 부인이 찾아왔다. 방에 들어오자마자 돌리는 서둘러 말문을 열었다.

"얘기 들으셨어요? 찰스가 아주 화가 나서…… 제 얘긴, 찰스는 틀림없이 어머니께서 아실 거라고, 아니, 저…… 어머니께서는 모르실 거라고……."

"어머, 돌리. 이렇게 갑자기 찾아오다니! 애들은 다 건강해? 아기는?"

마거릿은 침착하게 돌리에게 키스하며 말했다. 돌리는 모두 건강하다고 대답했다. 그러고는 힐튼 테니스 클럽에서 벌어진 대소동을 자세히 이야기하다가 그만 마거릿에게 알리려고 했던 소식을 잊어버렸다. 돌리는 다른 회원들을 난처하게 할 만한 사람들이 그 클럽에 가입하려고 했던 일, 이에 대해 힐튼 토박이들을 대표해서 교구장이 한 말, 찰스가 한 말, 세금 걷는 관리가 한 말, 또 찰스가 그때 말하지 못해서 유감스러워한 말 등을 고스란히 보고했다. 그리고 한마디 덧붙였다.

"어머니는 부지에 코트를 네 개나 만드셔서 참 좋으시겠어요."

"그래, 좋을 거야."

"그게 도면이에요? 저도 좀 봐도 될까요?"

"물론이지. 봐."

"찰스는 아직 못 봤다던데요."

"이제 막 왔거든. 이게 1층인데…… 아, 이건 좀 복잡하구나. 이 정면도를 봐. 되도록 박공을 많이 덧붙여서 윤곽을 재미있게 만들 거래."

"왜 이렇게 이상한 냄새가 나죠?"

돌리가 도면을 잠깐 보고 나서 말했다. 돌리는 도면이나 지도를 볼 줄 몰랐다.

"종이 냄새일 거야."

"저기, 어디가 위쪽이에요?"

"보통 그렇듯이 이쪽이야. 이게 지붕이고, 냄새가 가장 심한 부분이 하늘이야."

"어머, 그렇군요. 어머니…… 아, 뭐였지? 참, 헬렌 양은 어떻게 지내나요?"

"건강하게 잘 지내."

"영국에는 다시 안 오신대요? 하도 안 오시니까 다들 이상하대요."

"음, 글쎄."

마거릿이 불쾌함을 참으며 말했다. 그런 말을 어찌나 자주 들었는지 이제는 지겨울 정도였다.

"헬렌은 좀 특이한 애니까. 그러고 보니 벌써 8개월이나 되었군."

"주소도 모르세요?"

"바바리아 어딘가에 그 애 사서함이 있어. 혹시 그 애한테 편지를 보낼 거니? 그럼 내가 주소를 찾아 줄 테니까……."

"아녜요, 다음에 쓸게요. 그런데 진짜 8개월이나 되었네요?"

"맞아, 이비의 결혼식 직후였으니까."

"그럼 우리 애가 태어났을 때겠네요?"

"그렇지."

돌리는 한숨을 쉬며 응접실을 부러운 듯이 둘러보았다. 예전과 다르게 그녀는 활기와 아름다움을 잃어 갔다. 찰스네 가족은 여유롭지 못했다. 윌콕스 씨는 자식들을 호사스럽게 키워 놓고 이제 와서 그들이 알아서 적응할 수 있을 거라고 생각했다. 결국 윌콕스 씨는 아들 내외를 위해서 힘닿는 데까지 이것저것 해 주겠다던 결심을 실행하지 않은 셈이었다. 게다가 돌리는 머잖아 아기가 또 태어날 테니, 이제는 자동차를 팔 수밖에 없을 것 같다고 말했다. 마거릿은 그 말에 안타까움을 표했지만 그것은 판에 박은 말처럼 들렸을 것이다. 마거릿이 찰스 부부를 좀 더 지원해 주라고 윌콕스 씨에게 권하고 있다는 사실을 돌리는 꿈에도 모르고 있었다. 그저 다시 한 번 한숨을 쉬더니, 그제야 이곳에 온 용건을 생각해 냈다.

"아 참, 그렇지! 에이버리 할머니가 어머니 짐을 풀어 버렸대요."

"어머, 왜? 그럴 필요가 없는데."

"저에게 물어보셔도…… 어머니께서 그렇게 하라고 분부하시지 않았나요?"

"아니야, 뭐하러 그런…… 곰팡이를 없애려고 그랬나? 가끔 난롯불을 피우는 일 정도는 해 주겠다고 그랬는데."

"그런 게 아니에요. 지금 온 방바닥에 책이 널려 있나 봐요. 그래서 찰스가 저를 보낸 거예요. 어머니께서는 이 사태를 모르고 계실 테니까 당장 찾아가서 어쩌면 좋을지 여쭤 보라고요."

돌리가 야단스러운 어조로 말했다. '책'이라는 말을 듣자 마거릿도 더 이상 가만있을 수 없었다.

"틀림없어? 에이버리 할머니가 우리 책을 건드렸단 말이지?"

"그냥 건드린 정도가 아니에요. 전에 현관이었던 곳이 지금은 책으로 꽉 차 있어요. 찰스는 틀림없이 어머니께서 알고 계실 거라고 했는데……."

"알려 줘서 고마워, 돌리. 에이버리 할머니가 대체 무슨 생각을 하고 있는 걸까? 어서 가 봐야지. 그중에는 남동생 것도 있는데, 그건 중요한 책이야. 아니, 사실 어느 짐이든지 그 사람이 굳이 풀어 볼 이유는 없을 텐데."

"그 할머니는 정신이 나간 거예요. 평생 결혼하지도 않았으니까. 아, 혹시 그 할머니는 그 책들을 자기 결혼 선물로 받았다고 생각하는 게 아닐까요? 노처녀들은 때때로 그렇게 되기도 하잖아요. 사실 에이버리 할머니는 이비 아가씨와 대판 싸우고 나서부터 우리를 몹시 싫어하거든요."

"그런 이야기는 처음 듣는데."

마거릿이 말했다. 돌리가 찾아오면 종종 이런 식으로 부족한 점을 보충할 수도 있었다.

"실은 그 할머니가 작년 8월에 이비 아가씨한테 결혼 선물을 줬는데, 그 걸 아가씨가 받지 않고 돌려줬거든요. 그때 에이버리 할머니가 보낸 편지는 정말이지……."

"왜 돌려줬대? 이비답지 않은 행동인데."

"아주 비싼 선물이었거든요."

"돌리, 그게 뭐 어떻다고 그러니?"

"아니, 그래도 5파운드나 되는 물건이면…… 제가 직접 보진 못했지만, 본드 거리에 있는 가게에서 파는 아주 예쁜 에나멜 펜던트였대요. 하지만 농장 사람에게서 그런 걸 받을 수는 없잖아요."

"돌리, 네가 결혼할 때에도 에이버리 할머니한테서 무슨 선물을 받았잖니."

"그건 낡은 사기그릇이었어요. 반 페니도 안 되는 거였죠. 이비 아가씨의 경우와는 달랐어요. 글쎄, 그런 펜던트를 받으면 상대가 누구든지 결혼식에 초대하지 않을 수 없잖아요? 그래서 퍼시 숙부님이나 앨버트 오빠나 우리 아버지나 찰스나 다들 입을 모아서 그런 물건은 받을 수 없다고 말했어요. 남자가 네 사람이나 같은 의견을 내놨는데 여자 한 사람이 뭘 어쩌겠어요? 그래서 아가씨는 그 할머니 마음이 상하지 않도록 신경 써서 반쯤 농담조로 편지를 써 보냈죠. 펜던트는 할머니의 수고를 덜어 드리려고 아가씨가 그 가게까지 가서 돌려줬고요."

"그런데 에이버리 할머니가 보냈다는 편지는……."

돌리의 눈이 점점 동그래졌다.

"아주 지독한 편지였죠. 찰스는 미치광이가 쓴 편지라고까지 했어요. 에이버리 할머니는 결국 그 펜던트를 가게에서 되찾아 가지고 오리 키우는 연못에다 던져 버렸대요."

"왜 그런 선물을 했는지 몰라?"

"우리가 보기에는 이래요. 그 할머니는 그런 선물을 함으로써 결혼식에 초대되고, 나아가 사교계로 진출할 생각이었던 거죠."

마거릿은 잠시 생각하고 나서 말했다.

"그러기에는 너무 나이가 든 것 같은데. 혹시 이비 어머님하고의 옛 친분 때문이 아니었을까?"

"하긴 그렇게 볼 수도 있겠네요. 아무튼 뭐든지 공평하게 생각해야죠. 아, 이제 그만 가 봐야겠어요. 머프야, 이리 온. 너에게 새 외투가 필요하다는 건 나도 알아. 하지만 누가 그걸 줄지."

돌리는 자기 소지품에 대해 구슬픈 농담을 던지고서 밖으로 나갔다. 마거릿은 돌리를 배웅하면서, 에이버리 할머니가 이비에게 그런 편지를 써 보냈다는 사실을 헨리도 알고 있는지 물어봤다.

"그럼요, 당연히 알고 계시죠."

"그렇다면 왜 에이버리 할머니가 그 집을 관리하는 걸 허락했을까?"

"그야 그 할머니는 그냥 농장 사람일 뿐이니까요."

이 말이 정답이었다는 사실은 얼마 뒤 금세 밝혀졌다. 헨리가 하층 계급 사람들을 욕하는 것은 그편이 자기에게 유리할 때뿐이었다. 평소에는 크레인과 마찬가지로 에이버리 할머니에 대해서도 화내지 않고 잘 참았다. 그 사람들은 일을 잘해서 그에게 손해를 끼치지 않기 때문이었다. "나는 일 잘하는 사람에 대해서는 참을성이 많아." 헨리는 종종 이런 말을 했는데, 이때 그가 염두에 두는 것은 사람 자체보다는 일 쪽이었다. 좀 이상하게 들릴지 몰라도 헨리에게는 어딘지 모르게 예술가 같은 기질이 있었다. 그래서 자기 아내가 좋은 일꾼을 놓치게 하느니 차라리 자기 딸에 대한 모욕을 눈감아 주는 편이 낫다고 생각했다.

마거릿은 이 문제를 자기가 직접 해결하러 가는 것이 가장 현명한 방법이라고 생각했다. 이번 일로 여러 사람들이 화가 나 있는 것이 분명했다. 그래서 마거릿은 헨리의 허락을 받고 에이버리 할머니에게 정중한 편지를 써 보냈다. 짐을 그냥 그대로 놔두길 바란다는 내용이었다. 그리고 시간이 나자마자 곧바로 힐튼까지 갔다. 짐을 다시 꾸려 마을 창고에 맡기기 위해서였다. 애초에 그 짐을 하워즈 엔드에 놔두겠다고 생각한 것이 잘못이었다. 티비도 처음에는 함께 가기로 했지만 출발 직전에 못 가겠다고 말했다. 결국 두 번째로 이곳을 방문했을 때에도 마거릿은 혼자서 집 안으로 들어갔다.

33

아름다운 봄날이었다. 그날은 마거릿이 그로부터 몇 달 동안 맛보지 못한 순수한 행복으로 가득 찬 하루였다. 그때는 헬렌에 대한 걱정은 아직 두드러지지 않았으며, 어쩌면 에이버리 할머니와 다투게 될지 모른다는 사실은 오히려 그 여행에 흥미를 더해 주었다. 게다가 마거릿은 자기 집에서 점심을 같이 먹자는 돌리의 초대를 멋지게 거절하는 데 성공했다.

역에 도착한 마거릿은 똑바로 걸어 나와 마을 광장을 가로질러서 마을과 교회를 잇는 기다란 밤나무 길에 접어들었다. 그 교회는 본디 마을 한복판에 있었는데, 너무나 많은 사람들이 그곳으로 예배를 보러 오자 화가 난 악마가 그 건물을 땅에서 뜯어내어 1마일이나 떨어진 가파른 언덕 위에 갖다 놓았다고 한다. 만약 그 이야기가 사실이라면, 그곳으로 가는 밤나무 길은 천사들이 만든 것임에 틀림없었다. 믿음이 부족한 그리스도교 신자들을 인도하는 데 이보다 더 알맞은 길은 생각해 낼 수 없을 정도였다. 설령 이 길이 너무 멀다고 생각하는 사람이 있더라도 악마는 결국 패배할 수밖에 없었다. 과학이 찰스 부부의 집 근처에까지 성 삼위일체라는 예배당을 짓고 거기 양철 지붕을 씌워 놓았기 때문이다.

마거릿은 그 길을 천천히 걸어가면서 이따금 밤나무 가지 사이로 빛나는 하늘을 올려다보기도 하고, 아래쪽 가지에 돋은 움을 만져 보기도 했다. 왜 영국에는 위대한 신화가 없는 걸까? 영국 민화는 연약한 애처로움의 영역에 갇혀 있고, 영국 시골을 노래한 시 가운데 걸작이라고 할 만한 것들은 하나같이 그리스 신화에 의존하고 있다. 영국인의 상상력은 그 깊이로 보나 진실성으로 보나 부족함이 없지만, 이 점에서만은 아무래도 실패한 모양이다. 그 상상력은 마녀나 요정을 낳는 데 그칠 뿐, 여름 들판의 일부분에 생명을 부여하지도 못하고 몇몇 별에 이름을 붙이지도 못한다. 영국은 문학에서 최고의 순간이 오기를 아직도 기다리고 있다. 그것은 탁월한 시인 한 사람이 나타나서 영국이라는 나라를 표현하는 순간이며, 또 그보다 더 바람직하게는 무수한 군소 시인들이 영국을 노래하여 그 언어가 우리 일상 언어가 되는 순간일 것이다.

교회가 있는 곳에서 경치가 바뀌었다. 거기까지 이어지던 가로수 길은 아직 인간의 손길이 닿지 않은 들판의 평평한 오솔길로 바뀌었다. 마거릿은 그 길을 따라 1마일쯤 더 걸어갔다. 오르락내리락하는 길의 굴곡도 마거릿을 즐겁게 해 주었다. 그 길은 어딘가로 빨리 가기 위해 만들어진 길이 아니었으므로 마음 내키는 대로 오르막이 되었다가 내리막이 되기도 했다. 경사나 전망에는 전혀 신경 쓰지 않은 듯한 길이었지만, 그래도 전망은 점점 시원하게 트여 갔다. 이 주 남부를 갑갑하게 만들고 있는 대지주들의 소유지는 이 근처에서는 그다지 눈에 띄지 않았다. 토지 모습은 귀족적이지도 않았고 교외 같지도 않았다. 그것이 정확히 어떤 모습인지 설명하기는 어려웠으나, 마거릿은 그것이 어떤 모습이 아닌지는 알 수 있었다. 그 모습에는 허풍스런 데가 조금도 없었다. 그 지형에는 특별한 변화는 없었지만, 예컨대 서리 주에서는 찾아볼 수 없는 자유로움이 그 지형의 선에서는 느껴졌다. 저 멀리 칠턴 구릉지대 언덕이 꼭 산처럼 보였다. '아마 이 주는 외부적인 간섭만 없다면 자유당에 투표할 거야.' 마거릿은 문득 이런 생각을 했다. 이 주는 영국 민족의 가장 큰 장점인 '열정을 수반하지 않는 우정'을 약속하고 있었다. 그것은 또한 마거릿이 집 열쇠를 받으려고 들른 야트막한 벽돌 농가에서도 느껴졌다.

그러나 농가 안은 마거릿을 실망시켰다. 잔뜩 멋을 부린 젊은 여자가 마거릿을 맞이한 것이다.

"네, 윌콕스 부인. 아뇨, 윌콕스 부인. 네, 부인. 숙모님은 분명히 마님의 편지를 받았습니다. 지금은 마님 댁에 가 계시는데, 하인을 시켜 거기까지 안내해 드릴까요?"

곧이어 그 여자는 수다를 늘어놓았다.

"물론 보통 때에는 숙모님이 마님 댁 일을 하는 경우는 없지만, 이번에는 그냥 이웃간의 정 때문에 특별히 해 드리고 있는 거예요. 숙모님도 나름대로 일을 하실 수 있어서 자주 댁으로 가신답니다. 우리 남편이 종종 저에게 숙모님은 어디 계시냐고 묻는데요. 그때마다 저는 물어볼 필요도 없잖느냐, 하워즈 엔드에 가 계신다고 대답하곤 하죠. 네, 마님. 마님, 어떠세요? 케이크 한 조각 드시겠어요? 제가 잘라 드릴게요."

마거릿은 정중히 사양했다. 그런데 골치 아프게도 마거릿이 상류 출신임을 눈치챈 에이버리 할머니의 조카딸은 마거릿을 잘 대접해야 한다고 생각하고 말았다.

"마님 혼자서 거기까지 가시게 하다니요. 아뇨, 그럴 순 없어요. 제가 안내해 드리겠습니다. 저도 그 집에 모자를 두고 왔으니까요. 아, 마님, 제가 자리를 비운 사이에 거기서 움직이시면 안 됩니다요."

그 여자는 마지막 말을 장난스럽게 하고 떠나갔다. 마거릿은 갑자기 극진한 대우를 받자 당황하여, 19세기 말 수공예 양식의 흔적이 남아 있는 그곳 응접실에 가만히 앉아 있었다. 그런데 응접실을 제외한 다른 방들은 모두 농가다운 느낌을 간직하고 있었으며, 시골집 내부 특유의 슬픈 분위기가 감돌았다. 옛날 조상들은 이런 곳에서 살았다. 우리는 그들을 회상하며 불안을 느낀다. 우리가 주말에나 놀러 가는 시골은 그 사람들의 고향이었다. 그래서 인생의 진정한 의미를 지니는 죽음이나 이별이나 사랑을 원하는 마음은 모두 들이나 밭에 둘러싸인 이곳에서 가장 심오한 방식으로 표현된다.

그런데 마거릿의 눈에 비친 것은 슬픔만이 아니었다. 바깥에서는 태양이 빛나고, 새싹이 나는 관목 가지에서는 개똥지빠귀가 2음절로 된 노래를 부르고, 아이들이 금빛 짚더미 속에서 신나게 떠들며 놀고 있었다. 마거릿은 그곳 분위기가 주는 슬픔에 놀랐지만, 나중에는 그곳이 무엇 하나 부족함 없이 갖춰졌다고 느끼게 되었다. 만일 인생 전체를 명확히 간파하고 그 덧없음과 영원한 젊음을 동시에 받아들이며, 온 인류가 형제가 되도록 모두를 서로 이어 줄 수 있는 장소가 존재한다면, 그것은 분명히 영국 농장일 것이다.

마거릿이 이런 생각에 잠겨 있을 때 에이버리 할머니의 조카딸이 돌아왔다. 마거릿은 명상을 하는 동안 마음이 가라앉았으므로 그 생각이 중단되었어도 불쾌감을 느끼지 않았다.

목적지에 가려면 그 집 뒷문으로 빠져나가는 편이 빨랐다. 에이버리 할머니의 조카딸이 이런저런 설명을 하고 나서 두 사람은 뒷문을 통해 밖으로 나갔다. 에이버리 할머니의 조카딸은 모이를 얻어먹으려고 발치로 몰려드는 병아리 떼와 부끄러움을 모르는 어미 돼지 때문에 곤욕스러워했다. 그녀는 어떤 동물들이 더 튀어나올지 알 수 없었다. 그러나 신선한 바깥 공기가 닿는 순간 그녀의 점잖은 태도는 바로 시들어버렸다. 바람이 불어 지푸라기를 날려 보내고, 이비의 펜던트가 가라앉아 있는 연못 위를 떠다니는 오리 떼의 꼬리 끝에 물결을 일으켰다. 그것은 움이 튼 나뭇가지의 잎들을 서로 스치게 하는 기분 좋은 봄바람이었다. 그 바람은 주위를 한바탕 휩쓸더니 곧 그쳤다. "조지!" 개똥지빠귀가 노래를 불렀다. 그러자 저 너머 검은 절벽처럼 생긴 솔숲 속에서 "뻐꾹" 하고 살그머니 우는 소리가 들려왔다. "조지, 예쁜 조지!" 또 다른 개똥지빠귀가 노래를 부르자 이어서 다른 새들도 아무 의미 없는 이 노래 시합에 참가했다. 그곳에 있는 들장미 산울타리는 마치 그림 같았다. 앞으로 사나흘만 지나면 완성되리라. 산울타리 가장자리에는 애기똥풀이, 그보다 더 안쪽 오목한 곳에는 천남성과 앵초가 자라나 있었다. 손질이 안 되어 가지가 이리저리 뻗친 장미 덤불은 말라빠진 열매를 매단 채 벌써부터 꽃봉오리를 맺고 있었다.

어느새 봄이 와 있었다. 그 봄은 고전적인 의상을 입지는 않았으나 다른 어떤 봄보다도 아름다웠고, 이탈리아 토스카나 지방에서 미의 세 여신과 함께 서풍을 타고 은매화 숲 속을 지나가는 봄보다도 아름다웠다.

두 여인은 겉으로는 매우 정중하게 서로를 대했다. 마거릿은 이렇게 좋은 날에 가구 이야기를 꺼내기도 참 어렵겠다고 생각했고, 에이버리 할머니의 조카딸은 모자 생각만 하면서 오솔길을 걸어갔다. 그러다가 두 사람은 하워즈 엔드에 도착했다. 조카딸이 "숙모님!" 조급하게 부르는 소리가 여러 번 허공에 울렸다. 그러나 이에 대답하는 사람은 없었다. 정문에는 자물쇠가 채워져 있었다.

"에이버리 할머니가 정말로 이곳에 계시나요?"

마거릿이 물었다.

"네, 마님. 날마다 오시는걸요."

마거릿은 식당 창문 너머로 안을 들여다보려고 했으나 그곳에는 커튼이

쳐져 있었다. 응접실과 현관 창문도 마찬가지였다. 그런데 그 커튼이 왠지 낮이 익었다. 전에도 여기에 이런 커튼이 있었는지 기억이 나지 않았다. 그 때 브라이스 씨가 자기 짐을 다 챙겨 갔을 거라는 생각이 들었다. 두 사람은 뒤편으로 돌아가 보았다. 하지만 그곳에서도 여전히 대답이 없었고 집 안도 보이지 않았다. 부엌에도 블라인드가 내려져 있었고, 식품 저장실과 식기실 밖에는 판자들이 세워져 있었는데, 그 판자들은 짐 상자 뚜껑처럼 보였다. 마거릿은 문득 책 생각이 나서 조카딸과 함께 큰 소리로 에이버리 할머니를 불러 보았다. 그러자 곧 응답이 있었다.

"어머, 세상에! 윌콕스 부인, 드디어 오셨군요."

집 안에서 누군가가 말했다.

"숙모님, 열쇠 갖고 계세요?"

"매지, 넌 그만 가 봐."

에이버리 할머니가 모습을 드러내지 않고 말했다.

"숙모님, 윌콕스 마님께서……."

조카딸이 말을 꺼내자 마거릿도 이에 가세했다.

"네, 제가 조카따님과 함께……."

"그만 가라니까, 매지. 네 모자 따위는 나중에 챙겨."

가엾은 조카딸은 얼굴을 붉히며 말했다.

"숙모님이 요새 좀 변하셨어요."

"에이버리 할머니!"

이번에는 마거릿이 불렀다.

"가구에 대해 이야기하러 왔습니다만, 들여보내 주시겠어요?"

"그야 물론이죠, 부인."

대답하는 소리는 들렸지만 그뿐이었다. 두 사람은 하는 수 없이 집 주위를 한 바퀴 돌았다.

"에이버리 할머니가 좀 이상해지신 건 아닐까요?"

마거릿이 말했다. 그러자 매지가 대답했다.

"글쎄요, 전 이만 돌아가는 편이 나을지도 모르겠습니다. 집에서 하인들도 감독해야지요. 숙모님은 가끔 저렇게 되신단 말이죠."

매지가 옷매무새를 고치고 물러나자, 그것이 신호인 것처럼 현관문이 열렸다. 에이버리 할머니는 차분한 목소리로 기분 좋게 말했다.

"어서 오세요, 부인."

"감사합니다."

마거릿은 이 말밖에 할 수 없었다. 현관에 놓인 우산꽂이가 눈에 띄었는데, 그것은 마거릿의 물건이었다.

"먼저 현관부터 보시죠."

에이버리 할머니가 이렇게 말하며 커튼을 열었다. 마거릿은 깜짝 놀라 소리를 질렀다. 현관에 있는 물건들은 모두 위컴 플레이스의 집에서 온 것들이었다. 그 집에서 쓰던 융단이 현관에 깔려 있었고, 그곳에 있던 큼직한 작업대도 창문 밑에 놓여 있었다. 책장은 벽난로 맞은편 벽 쪽에 나란히 세워져 있었으며, 마거릿의 아버지가 남긴 칼이—그것이 특히 뜻밖이었는데—칼집에서 빠져나와 책장의 수수하게 장정된 책 위에 매달려 있었다. 에이버리 할머니가 이만한 일을 해내는 데에는 틀림없이 여러 날이 걸렸을 것이다.

이윽고 마거릿이 입을 열었다.

"이건 저희들이 생각한 것과 다르군요. 헨리와 저는 할머니더러 짐을 푸시게 할 마음은 없었어요. 여기에 있는 책들은 제 남동생 거예요. 저희들은 그 짐을 남동생과, 지금 외국에 가 있는 여동생 대신에 맡아 주고 있을 뿐이에요. 할머니가 이 집을 돌봐 주시겠다고 말씀하셨을 때 저희는 설마 이렇게까지 하실 줄은 몰랐어요."

"이 집을 더 이상 비워 둘 수는 없으니까요."

늙은 여자가 대꾸했다. 마거릿은 입씨름을 벌일 마음은 없었으므로 공손하게 말했다.

"제 설명이 부족했나 봅니다. 처음부터 잘못한 거죠. 다 저희가 실수한 거예요."

"그야말로 잘못투성이였죠, 윌콕스 부인. 지난 50년 동안 여긴 윌콕스 부인의 집이었어요. 그분도 더 이상 이곳을 빈집으로 놔두고 싶지는 않으실 거라고 생각해요."

머리가 둔해진 이 늙은이를 도와주려고 마거릿도 옆에서 한마디 거들었다.

"네, 찰스의 어머니이신 윌콕스 부인의 집이었죠."

"잘못투성이에요, 잘못투성이."

에이버리 할머니가 말했다.

"그런가요?"

마거릿은 자기 집에서 가져온 의자 가운데 하나에 앉으면서 말을 이었다.

"이 일을 어쩌면 좋을까요. 저로서는 알 수 없게 되어 버렸어요."

거기까지 말하고 마거릿은 저도 모르게 웃음을 터뜨렸다. 에이버리 할머니가 말했다.

"바로 그거예요. 여긴 웃음소리가 끊이지 않는 집이어야 해요."

"그런가요? ……하긴 그렇겠죠. 아무튼 고맙습니다, 에이버리 할머니. 네, 괜찮아요. 좋네요."

"아직 응접실은 보시지 않았잖아요."

에이버리 할머니는 맞은편에 있는 문을 열고 들어가더니 커튼을 걷었다. 그러자 그 방에 놓인, 위컴 플레이스의 집 응접실에서 가져온 가구 위로 햇빛이 한가득 쏟아졌다.

"다음은 식당입니다."

더 많은 커튼이 열리더니 창밖에서 봄이 쏟아져 들어왔다.

"다음에는 여기를 지나서……."

에이버리 할머니가 현관을 계속 왔다 갔다 했으므로 그 목소리는 알아듣기 힘들었다. 이윽고 부엌 커튼을 여는 소리가 들렸다.

"아직 다 끝난 게 아니에요."

에이버리 할머니가 돌아와서 말을 이었다.

"이제부터 해야 할 일이 잔뜩 남아 있어요. 저 큰 장롱들은 농장 사람들을 시켜서 2층으로 옮기겠어요. 힐튼에서는 돈을 낭비할 필요가 없죠."

"전부 다 잘못된 것이었어요."

마거릿은 어떻게든 기회를 보아 자기 뜻을 관철시켜야겠다고 생각하면서 했던 말을 되풀이했다.

"오해가 있었던 겁니다. 헨리나 저나 하워즈 엔드에서 살 마음은 없거든요."

"그래요? 건초열에 걸릴까 봐 그러는 건가요?"

"서식스 주에 새로운 집을 짓기로 결정했거든요. 그래서 저는 이 가구들 가운데 일부만, 그러니까 제 몫으로 주어진 일부만 조만간 거기로 가져갈 거예요."

마거릿은 이 여자의 머리가 진짜 어떻게 되었나 싶어 에이버리 할머니를 뚫어지게 바라보았다. 그런데 이 사람은 늙어서 노망난 여자가 아닌 것 같았다. 그 주름살 모양만 봐도 기지와 소탈함이 느껴지는 여자이면서, 때로는 바른말도 할 줄 아는 겸손한 기품을 타고난 여자라는 생각이 들었다.

"부인은 이곳으로 돌아오시지 않을 작정인지 몰라도, 언젠가 반드시 돌아오시게 될 거예요."

"그거야 알 수 없지만, 지금으로서는 그럴 생각이 없어요. 더 큰 집이라야 해요. 종종 많은 손님을 초대해야 할 테니까요. 물론 나중에는 어떻게 될지 알 수 없지만."

마거릿이 웃는 낯으로 말했다. 그러자 에이버리 할머니가 대꾸했다.

"나중에요? 그게 무슨 말씀이세요. 부인은 지금 여기에 살고 계시지 않습니까."

"그런가요?"

"여기에 살고 계시죠. 지난 10분 동안은 여기에 살고 계셨던 거예요."

그것은 무의미한 말이었지만, 마거릿은 묘하게도 누군가를 배반하고 있는 느낌이 들어 의자에서 일어섰다. 어떤 애매한 형태로 헨리가 비난받고 있는 것만 같았다.

두 사람은 식당으로 들어갔다. 마거릿의 어머니가 쓰던 작은 장롱이 거기서 햇빛을 받고 있었다. 2층에 가 보니 그런 오래된 물건들이 여기저기 낯선 구석에서 마거릿을 맞이했다. 물건들이 저마다 신기할 만큼 장소에 잘 어울렸다. 2층 한가운데 방에는—4년 전 헬렌이 묵었던 현관 위쪽 방이다—옛날에 티비가 쓰던 요람이 놓여 있었다. 에이버리 할머니가 말했다.

"여기가 아이 방이에요."

마거릿은 잠자코 그 방에서 나왔다.

그러는 사이에 집 구경은 모두 끝났다. 주방과 대기실에는 아직도 짐 꾸릴 때 채웠던 짚과 가구들이 잔뜩 있었지만, 깨지거나 흠집 난 것은 하나도 없는 듯했다. 어찌나 정성스럽게 다뤘는지 애처로움이 느껴질 정도였다.

두 사람은 뜰로 나와 그 부근을 사이좋게 산책했다. 마거릿이 마지막으로 그곳에 온 다음부터 뜰은 황폐해질 대로 황폐해져 있었으며, 자갈길에는 잡초가 나 있었고, 잔디가 차고 입구까지 길게 뻗어 있었다. 이비가 식물을 기르던 바위산은 이제 울퉁불퉁한 땅으로 변해 버렸다. 에이버리 할머니가 약간 이상해진 것은 이비 탓인지도 몰랐다. 그러나 마거릿은 진짜 원인이 더 깊은 곳에 있으며, 오랫동안 쌓이고 쌓인 불만이 이비의 무례한 편지 때문에 한꺼번에 폭발한 게 아닐까 하는 생각이 들었다.

"아름다운 목장이군요."

마거릿이 말했다. 그곳은 수백 년 전에 작은 목장을 몇 개 합쳐서 만든 야외 응접실이었다. 경계선을 이루는 울타리는 직각으로 꺾이면서 언덕 비탈길을 지그재그로 내려가, 맨 아래 있는 조그만 녹색 젖소 축사에 이르렀다.

"네, 좋죠. 적어도 재채기를 안 해도 되는 사람한테는."

에이버리 할머니는 심술궂은 목소리로 웃으며 말을 이었다.

"예전에 일꾼들이 풀을 베고 있을 때 찰리 윌콕스가 나타나더니 이러면 안 된다, 저러면 안 된다, 말을 듣지 않으면 어떻게 하겠다 하면서 떠들어 대는 모습을 본 적이 있어요. 그때 갑자기 그가 재채기를 하기 시작했죠. 아마 그것도 다른 것들과 함께 아버지 윌콕스 씨한테서 물려받은 모양이에요. 윌콕스 집안사람치고 6월에 목장에 나올 수 있는 사람은 하나도 없다니까요. 헨리 윌콕스 씨가 루스에게 구혼하러 왔을 때는 얼마나 웃기던지……."

"제 남동생도 건초열에 잘 걸린답니다."

"그 사람들이 살기에는 이 집이 너무 시골 한복판에 있는 거겠죠. 물론 처음에는 무척 좋아하면서 이곳에 들어와 살았지만요. 하기야 윌콕스 씨 같은 사람이라도 있는 편이 아무도 없는 것보다는 나을 거예요. 부인도 그렇게 생각하시는 것 같은데요?"

마거릿은 웃었다.

"어쨌든 그런 사람들 덕분에 이런 장소가 살아남을 수 있는 거니까요. 맞아요, 정말 그래요."

"제 생각에는 영국이 버텨 나갈 수 있는 것도 그런 사람들이 있기 때문인 것 같은데요."

그런데 에이버리 할머니는 그 말에 다음과 같이 대답함으로써 마거릿을 당황하게 했다.

"그래요, 그런 사람들은 토끼처럼 애를 잘 낳죠. 우리가 사는 세상은 참으로 묘한 곳이에요. 뭐, 이 세상을 만드신 하느님께서는 뭐든지 다 알고 계시겠지만요. 찰리의 아내가 네 번째 아기를 낳아도, 우리가 이러쿵저러쿵할 수는 없겠지요."

"아기도 낳고, 일도 하겠죠. 이 세상은 묘하기는 해도, 제 남편이나 아이들이 있는 한 나쁜 세상은 아닐 거예요…… 아주 나쁜 세상은요."

마거릿은 봄바람과 새소리까지도 왠지 자기를 배신으로 이끄는 것 같다고 여기면서 말했다.

"그래요. 없는 것보다는 낫죠."

에이버리 할머니는 그렇게 말하고서 느릅나무 쪽으로 걸어갔다.

농장으로 돌아가는 길에 에이버리 할머니는 옛 친구였던 윌콕스 부인에 관해서 아까보다 훨씬 더 많이 자세하게 이야기했다. 사실 집 안에 있었을 때 마거릿은 혹시 에이버리 할머니가 자신과 이전 윌콕스 부인을 분간하지 못하는 건 아닐까 의심했었다. 그런데 할머니가 이렇게 말했다.

"루스의 할머님이 돌아가신 다음부터 나는 루스와 별로 만나지는 않았지만, 교제를 끊은 건 아니었어요. 그 집 사람들은 모두 친절했어요. 나이 많은 하워드 씨의 부인은 절대로 남을 욕하지 않았고, 뭐라도 먹이지 않고서 사람을 그냥 쫓아내는 법도 없었어요. 그 시절에는 자기 땅에 '출입 금지' 팻말을 세우지도 않고, 그저 용무가 없는 사람은 출입을 삼가길 바라는 정도였으니까요. 그러니 하워드 씨의 부인 같은 분은 농장을 제대로 관리할 수가 없었던 거죠."

"그 집에 남자는 없었나요?"

마거릿이 물었다.

"그게, 어느새 남자는 한 사람도 안 남게 되었어요."

에이버리 할머니가 대답했다.

"헨리가 올 때까지는 말이죠?"

마거릿은 자기 남편을 공평하게 대해야 한다고 생각하며 그 말을 정정했다.

"뭐, 그렇죠. 하지만 루스는…… 저, 부인께 무례한 말을 하려는 것은 아니에요. 누가 먼저 윌콕스 씨를 차지했든지, 결국 윌콕스 씨가 부인의 남편이 된다는 것은 처음부터 정해져 있었던 일일 테니까요."

"루스는 누구와 결혼해야 했을까요?"

"군인이죠. 누군가 진정한 군인!"

나이 든 여자가 큰 소리로 대답했다.

마거릿은 침묵을 지켰다. 에이버리 할머니의 말은 일찍이 자신이 헨리에게 했던 어떠한 비판보다도 준엄한 것이었다. 그래서 마거릿은 불만을 느꼈다.

"뭐, 이제는 다 끝난 일이지만요. 이제 더 좋은 시절이 오고 있어요."

에이버리 할머니는 이야기를 계속했다.

"부인은 저를 무척이나 오래 기다리게 하셨지만, 앞으로는 모든 게 좋아질 거예요. 한 1, 2주일만 지나면 밤마다 저 집 불빛이 산울타리 너머로 보이게 될 테지요. 석탄은 주문하셨나요?"

"우리는 이곳에서 살지 않아요."

마거릿이 딱 잘라 말했다. 적당히 둘러대고 넘어가기에는 이미 에이버리 할머니를 너무나 존경하고 있었기 때문이다.

"이제는 이곳에 오지 않을 겁니다. 모든 것이 잘못되었던 거죠. 그 가구들은 다시 포장해야 할 거예요. 정말 유감스럽지만, 저희에게도 사정이 있어서 …… 할머니께 맡긴 그 집 열쇠를 돌려주시겠어요?"

"그야 물론이죠, 부인."

에이버리 할머니는 웃으며 승낙했다.

이야기가 그렇게 마무리되자 한시름 놓은 마거릿은 조카딸에게 인사를 전해 달라고 하고는 역까지 다시 걸어 나왔다. 처음에는 마을 창고업자를 찾아가서 짐 맡기는 일로 의논할 예정이었지만, 그게 그렇게 간단한 일이 아니라는 것을 알았으므로 일단 런던으로 돌아가서 헨리와 의논하기로 했다. 실제로 그렇게 결정한 것은 잘한 일이었다. 헨리는 처음에 마거릿에게 추천했던 마을 창고업자에게 짐을 맡기는 일을 반대하고, 결국은 런던에 있는 창고에다 짐을 맡기라고 했다.

하지만 그렇게 하기도 전에 예상치 못했던 재난이 마거릿을 덮쳤다.

34

하기야 어느 정도는 예상할 수 있었던 일이었다. 그 겨울 내내 줄리 이모는 건강이 좋지 않았다. 감기와 기침을 달고 살았고, 너무 바빠서 제대로 치료할 시간이 없었다. 그래서 조카딸들에게 이번만은 이 문제투성이 가슴을 제대로 치료할 작정이라고 약속까지 했건만, 약속하기가 무섭게 또다시 열이 나더니 급성 폐렴으로 번졌다.

마거릿과 티비는 서둘러 스워니지로 갔다. 헬렌에게도 전보를 쳤다. 해마다 열렬한 환영을 받으며 그 집에 모였던 사람들이 그해 봄에도 예년처럼 모여서 지난 추억을 떠올리며 커다란 슬픔을 느꼈다. 하늘이 파란 도자기처럼 보이고 얌전히 자리 잡은 조그만 만(灣)의 물결이 모래사장에 조금씩 밀려와 부서지는 어느 아름다운 날, 또다시 죽음이라는 수수께끼에 부딪친 마거릿은 이모네 집 현관을 향해 철쭉나무 사이로 걸음을 재촉했다.

한 인간의 죽음에 대한 설명이 다른 사람의 죽음을 설명할 수는 없다. 우리는 그 죽음에서 암중모색으로 어떤 의미를 찾으려고 처음부터 다시 노력해야만 한다. 그런 현상에 대해서 설교자나 과학자가 아무리 일반론을 펼치려 해도 소용없다. 우리는 사랑하는 사람의 죽음에 대해서는 어떤 일반론도 적용될 수 없다는 사실을 알고 있다. 그 사람들을 기다리는 것은 똑같은 천국도 아니고, 심지어 똑같은 망각도 아니다.

비극을 감당할 만한 위인이 아닌 줄리 이모는 기묘한 웃음소리와 너무 오래 살았다는 자책 속에서 조금씩 이 세상으로부터 멀어져 가고 있었다. 줄리 이모는 몹시 쇠약해진 상태였다. 죽음에 직면하여 훌륭하게 처신하지도 못하고, 죽음이라는 거대한 수수께끼가 자신을 기다린다는 것도 깨닫지 못했다. 줄리 이모가 확실히 알고 있는 것은 자기 몸에 기운이 하나도 없다는 사실, 이렇게나 기운이 없는 것은 처음이라는 사실, 자기가 보거나 듣거나 느끼거나 하는 것이 시시각각으로 줄어들고 있다는 사실, 이러다가는 무슨 변화가 일어나지 않는 한 아무것도 느끼지 못하게 되리라는 사실뿐이었다.

줄리 이모는 남아 있는 기력을 쥐어짜서 몇 가지 계획을 세웠다. 마거릿에게 증기선을 타고 어디로 가 보면 어떨까 묻기도 했고 티비에게 입맛에 맞게 고등어가 잘 요리되었는지 묻기도 했다. 또 헬렌이 외국에 간 채 돌아오지 않는 것도, 이번에 자기를 위해 돌아온다는 것도 마음에 걸리는 모양이었다.

줄리 이모를 간병하는 간호사들은 환자가 그런 일에 관심을 잃지 않고 있다는 사실을 매우 마땅하게 여기는 것 같았다. 확실히 그것은 죽음이라는 크나큰 사건에 대한 일반적인 접근 방법일지도 몰랐다. 그러나 마거릿은 모든 거짓된 낭만주의 요소가 빠진 죽음의 모습을 거기서 보았다. 죽음의 관념이 우리에게 무엇을 주든지 간에, 죽음이라는 현상 자체는 시시하고 보기 흉한 것이라는 생각이 들었다.

"이건 중요한 얘긴데…… 마거릿, 헬렌이 오면 다 함께 룰워스까지 소풍을 가면 어떨까?"

"헬렌은 그럴 틈이 없을 것 같아요, 줄리 이모. 이모 문병만 하러 오겠다고 전보로 그랬거든요. 이모가 완쾌되시는 즉시 독일로 돌아가려나 봐요."

"이상한 애야. 대체 왜 그럴까. 아 참, 윌콕스 씨는……."

"네?"

"네가 여기 와 있어도 괜찮다니?"

마거릿은 다시 한 번 같은 말을 되풀이해야 했다. 헨리가 문병을 가라고 했으며, 이모 병환을 매우 걱정하고 있다고.

그러나 먼트 부인은 죽지 않았다. 부인의 의지와는 전혀 상관없이, 그 의지보다 훨씬 더 위엄 있는 어떤 힘이 비탈길을 미끄러져 가던 부인을 붙잡았다. 그리하여 먼트 부인은 아무런 감동도 없이 전처럼 겨우 간신히 세상으로 돌아왔다. 그리고 나흘째가 되는 날에는 완전히 위기에서 벗어났다.

"마거릿, 이건 중요한 일인데……."

부인은 변함없이 이런 말을 계속했다.

"누구든 너와 함께 산책할 사람이 있었으면 좋겠구나. 콘더 양은 어떠니?"

"안 그래도 전에 한 번 같이 산책했어요."

"하지만 그 사람하고 산책하는 건 재미없지? 아, 헬렌이 있으면 좋을 텐데."

"티비가 있잖아요, 이모."

"아니, 티비는 중국어 공부를 해야 하잖니. 누구든 네 친구가 되어 줄 사람이 있어야 하는데. 헬렌은 정말 이상한 애야."

"네, 정말 그래요."

"외국으로 훌쩍 떠나 버린 것만으로도 모자라서, 이번엔 왜 또 금방 외국으로 돌아가려는 걸까?"

"글쎄요, 우리를 만나면 생각이 바뀔지도 모르죠. 헬렌은 변덕이 심하잖아요."

그것은 헬렌에 대해서 누구나 하는 말이었다. 하지만 그렇게 말하는 마거 릿의 목소리는 떨리고 있었다. 이제는 마거릿도 여동생의 행동에 대해 몹시 걱정하고 있었다. 영국에서 그렇게 훌쩍 떠난 것은 변덕스러운 성격 때문이 었는지도 모르지만, 8개월 동안이나 돌아오지 않는 것은 머리뿐만 아니라 마음까지도 이상해졌다는 뜻이었다. 헬렌은 누가 병에 걸리면 돌아오기는 했다. 하지만 그보다 더 인간적인 호소에 대해서는 귀를 막았으며, 이번에도 줄리 이모를 한번 만나고 나서는 또다시 우편 사서함 말고는 변변한 연락처 도 없는 뜬구름 같은 생활로 되돌아갈 모양이었다. 그녀는 지금 세상에 존재 한다고도 할 수 없었다. 그녀의 편지는 무미건조했고, 그나마 자주 오지도 않았다. 헬렌은 이제 원하는 것도 없고 궁금한 것도 없었다. 그리고 그게 모 두 헨리 탓이란다.

헨리는 아내한테는 이미 오래전에 용서를 받았지만 처제는 여전히 그를 얼굴도 보기 싫은 비열한 남자로 취급하고 있는 것이다. 이는 분명히 병적인 태도였다. 헬렌은 왜 이렇게 되었을까. 마거릿은 지난 4년 동안 헬렌이 어떻 게 살았는지 더듬어 봄으로써 그 이유를 찾을 수 있으리라 생각했다. 어니턴 에서의 갑작스런 도피, 바스트 부부에 대한 유별난 관심, 스워니지 언덕에서 폭발한 슬픔…… 이 모든 것은 헬렌의 입술에 아주 잠깐 키스한 폴이라는 평범한 청년과 관련되어 있었다. 마거릿과 윌콕스 부인은 두 사람이 또다시 키스할까 봐 걱정했지만 그 염려는 부질없는 것이었다. 정말로 위험한 것은 그 키스에 대한 반동이었다. 윌콕스 집안사람들에 대한 반동이 헬렌의 생활 에 깊이 파고드는 바람에 이제 헬렌은 거의 제정신이 아닌 상태가 되어 버렸 다. 겨우 스물다섯 살인데도 그런 고정 관념에 사로잡혀 있으니, 더 나이가 들면 어찌 될는지.

마거릿은 헬렌을 생각하면 생각할수록 불안해졌다. 벌써 여러 달 동안 그 문제를 애써 잊어버리고 지냈지만, 이제는 문제가 너무 커져서 그렇게 할 수 도 없었다. 헬렌의 행동에서는 뭔가 광기 비슷한 것이 느껴졌다. 젊은 남녀 라면 누구나 경험할 만한 그런 사소한 사건이 정말로 헬렌의 행동을 지배하 고 있는 걸까? 인간의 본성이란 그렇게 시시할 걸까?

하워즈 엔드에서의 그 꼴사나운 만남은 이렇게 결정적인 역할을 했다. 좀

더 진지한 교제가 이루어지지도 않고 끝났는데도 그것은 열매를 맺어 버렸
다. 그 열매는 형제간의 사랑보다도, 이성보다도, 책보다도 더 강했다. 언젠
가 헬렌은 자기는 아직도 어떤 의미에서는 그때 일을 '즐길' 때가 있다고 말
했다. 폴은 사라졌어도 그의 애무가 일으킨 마술은 여전히 남아 있는 것이
다. 그리고 과거를 향유하고 있다면 그에 대한 반동도 당연히 있으리라. 그
반동은 거꾸로 현재가 과거에 대해 열매를 맺는 형태를 취한다.

확실히 우리 정신은 그런 씨앗을 길러내는 온상이다. 그리고 그 씨앗을 우
리가 잘 고르지 못한다는 것은 기묘하고도 슬픈 일이다. 현재로서는 우리 인
간은 그렇게 기이하고도 슬픈 동물이다. 대지에서 생산되는 뭔가를 훔치는
일에만 열중한 나머지, 자기 내부에서 무엇이 자라나는지 관심을 기울이지
못한다. 인간은 심리학 따위에 신경 쓸 여유가 없어서 그 일을 전문가에게
맡겨 버린다. 이런 행위는 자기가 먹을 밥을 증기 기관한테 먹이는 것이나
다름없다. 그는 자기 영혼을 소화하기가 귀찮은 것이다. 그런데 이 점에서
마거릿과 헬렌은 매우 끈기가 있었다. 혹시 인간이 이런 일에도 성공할 수
있다면 마거릿은 성공한 셈이리라. 마거릿은 자기 존재를 이해하고 있었고,
자신의 발육을 어느 정도는 감독할 수 있었다. 한편 헬렌이 성공했는지는 확
실치 않다.

먼트 부인이 회복된 날에 헬렌의 편지가 왔다. 그 편지는 뮌헨에서 왔는
데, 다음 날 아침 런던에 도착한다는 내용이었다. 첫머리부터 예의 바르게
쓰인 정다운 편지였지만 어쩐지 묘한 느낌이 들었다.

메그 언니에게.

먼저 줄리 이모께 내가 안부를 여쭙는다고 전해 줘. 나는 기억할 수 있
는 아주 오랜 시절부터 이모를 사랑했고, 지금도 그래. 목요일에는 런던에
도착할 거야.

아직 어느 호텔에 묵을지 정하지 않았으니까 내 계좌가 있는 은행으로
편지를 보내든지 전보를 쳐서 자세한 사정을 알려 줘. 혹시 이모 상태가
많이 좋아지셨거나, 만에 하나 생각하기도 싫은 사태가 벌어져서 내가 스
워니지에 가 봤자 아무 소용없다면, 나는 거기까지 안 갈 수도 있어. 그래
도 이상하게 여기진 말아 줘. 난 지금 여러 계획들을 세우고 있어서 현재

로서는 이곳에 있고 싶고, 되도록 빨리 이곳으로 돌아오고 싶어.

우리 짐이 지금 어디 보관되어 있는지 알려 줘. 가져가고 싶은 책이 한두 권 있거든. 나머지는 언니가 다 가져도 돼.

나를 용서해 줘. 언니한테 폐 끼치는 편지나 써서 미안해. 하지만 난 옛날부터 이런 애였잖아. 이해해 줘. 사랑해.

헬렌

마거릿에게 거짓말하고픈 유혹을 느끼게 한다는 점에서 이것은 꽤 골치 아픈 편지였다. 만약 줄리 이모가 여전히 위독하다고 편지에 써 보낸다면 헬렌은 이곳으로 올 것이다. 본디 건강하지 않은 상태는 전염되기 마련이다. 병적인 상태에 놓인 사람과 함께 있다 보면 우리 자신도 병의 기운을 피하기가 쉽지 않다. 이 상황에서 마거릿이 결과만 좋으면 뭐든 좋다는 식으로 행동한다면 헬렌에게는 도움이 될지 몰라도, 자기 자신은 상처를 입을지도 몰랐다. 이렇게 생각한 마거릿은 좀 더 버텨 보기로 했다. 이모가 회복되셨다는 편지를 헬렌에게 써 보내고, 이에 대한 헬렌의 반응을 지켜보기로 한 것이다.

티비는 이런 조치에 찬성했다. 요즘 들어 몰라보게 성숙해진 티비는 어느 때보다 편하게 대할 수 있는 상대였다. 옥스퍼드가 아주 좋은 자극이 되었는지 그는 전처럼 까다롭지 않았고, 인간이라는 존재에 관심이 없다는 사실이나 음식에 유난히 흥미가 있다는 사실을 감출 수도 있게 되었다. 그러나 그는 인간다움이라는 점에서는 별로 성장하지 못했다. 그리고 대부분의 사람에게는 황금 같은 시기인 열여덟 살부터 스물두 살까지의 세월이, 티비를 서서히 소년기에서 중년기로 향하게 하고 있었다. 죽을 때까지 사람 마음을 따뜻하게 만들면서 윌콕스 씨 같은 사람에게 꺼질 줄 모르는 매력을 주고 있는 젊음이란 것을 티비는 모르고 지냈다. 그는 스스로 뭘 잘못한 것도 아니고 성격이 잔혹한 것도 아니었지만 좀 차가운 사람이었다. 그는 헬렌이 틀렸고 마거릿이 옳다고 생각했지만, 어차피 그가 보기에 가정사란 보통 무대에서 펼쳐지는 연극과 같은 것이었다. 이번에도 그는 한 가지 제안을 했을 뿐이다. 과연 티비다운 행동이었다.

"매형과 의논해 보면 어떨까?"

"헬렌 일을?"

"그래, 전에 비슷한 일을 경험하셨는지도 모르잖아."

"물론 그이라면 틀림없이 힘닿는 데까지 도와주겠지만……."

"뭐, 누나 마음대로 해. 어쨌든 그분은 현실적인 분이시니까."

티비는 대학에 다니고 있었기에 전문가를 신용했다. 마거릿은 몇 가지 이유로 그 의견에 반대했는데, 그러는 동안에 헬렌이 보낸 전보가 왔다. 그렇다면 당장 독일로 돌아갈 테니까 짐이 보관된 장소를 가르쳐 달라는 것이었다. 이에 대해 마거릿은 다음과 같이 전보를 쳤다. "안 돼, 은행에서 네 시에 보자." 그리고 나서 티비를 데리고 런던으로 갔다. 하지만 헬렌은 은행에 없었으며, 은행은 헬렌의 주소를 가르쳐 줄 수 없다고 말했다. 헬렌의 종적은 오리무중이었다.

마거릿은 티비에게 한 팔을 둘렀다. 그녀에게 남은 것은 티비뿐이었고, 왠지 티비조차도 불확실한 존재처럼 느껴졌다.

"티비야, 이제 어쩌면 좋을까?"

"글쎄, 뭐가 뭔지 모르겠는데."

티비가 대답했다.

"가끔은 네가 나보다 더 정확한 판단을 내리잖니. 그래서 묻는 건데, 헬렌이 어떻게 된 것 같니?"

"나로선 짐작도 못하겠어. 정신이상이 아니라면……."

"세상에, 말도 안 돼!"

마거릿은 이렇게 말했다. 하지만 이처럼 분명한 말을 듣자 마거릿도 곧 같은 의견을 가지게 되었다. 이 사태를 달리 설명할 방법도 없었고, 런던 거리도 티비의 의견을 지지하는 것 같았다. 거리의 가면이 벗겨지자 마거릿은 그 정체를 알아챘다. 그것은 영원의 희화화에 지나지 않았다. 눈에 보이는 친숙한 길모퉁이와, 몇 년이나 그 앞을 지나다니면서 보았던 집들이 갑자기 의미를 잃었다. 이제 헬렌은 그을음으로 덮인 나무, 교통 혼잡, 천천히 흘러가는 진흙 덩어리와 하나가 되었다. 헬렌은 끔찍한 자포자기를 함으로써 그 모든 존재들과 합쳐진 것이다. 물론 마거릿이 믿고 있는 바는 변함이 없었다. 마거릿은 만약 인간의 영혼이 어떤 대상과 합쳐진다면, 그 대상은 별이나 바다일 것임을 알고 있었다. 그러나 마거릿은 벌써 몇 년 전부터 헬렌이 제정신을 잃어 가고 있다는 느낌을 받았다. 런던에 비가 끊임없이 내리는 오후에 파국이 닥쳤다는 게 상징적으로 느껴졌다.

이제는 헨리가 마지막 희망이었다. 그는 매사를 명확히 분석하는 사람이므로, 이런 상황에서도 자기들은 상상도 못할 조치를 취할 수 있을지도 몰랐다. 마거릿은 티비의 충고대로 헨리와 의논해 보기로 결심했다. 그와 의논하려면 그의 회사에 가기만 하면 되었다. 그런다고 사태가 지금보다 더 나빠질 리도 없었다.

마거릿은 그를 만나러 가기 전에 세인트 폴 대성당에 들렀다. 대성당의 둥근 지붕은 어수선한 런던 거리에 둘러싸인 채 '균형'에 대해 설교하고 있는 것처럼 멋진 모습을 드러내고 있었다. 그러나 그 안은 대성당을 둘러싸고 있는 것들과 마찬가지였다. 반향과 속삭임이 뒤섞여 찬송가도 잘 들리지 않았고, 모자이크도 잘 보이지 않았으며, 바닥에는 젖은 발자국들이 무수히 뒤얽혀 있었다. '그의 기념비를 찾으려면 주위를 잘 둘러봐야 하리라(Si monumentum requiris, circumspice)'*는 말이 있듯이 그 장소도 런던의 연장이었다. 거기도 헬렌을 구해 주는 것은 없었다.

헨리는 처음에는 진지하게 의논에 응해 주지 않았다. 이는 마거릿도 충분히 예상한 바였다. 헨리는 마거릿이 스워니지에서 돌아오자 너무 기쁜 나머지 새로운 걱정거리가 생겼다는 사실을 쉽게 인정하려 들지 않았다. 헬렌의 행방이 묘연하다는 말을 들어도 그는 티비를 비롯한 슐레겔 집안사람들을 놀리면서, 주변 사람들을 모조리 당황하게 만들다니 과연 헬렌답다고 말할 뿐이었다.

"우리는 늘 그렇게 이야기하죠. 하지만 왜 헬렌이 그렇게 되었을까요? 왜 헬렌은 특이하고, 점점 더 특이해진다고 인식되는 걸까요?"

마거릿이 말했다.

"그런 걸 나에게 물어봐야 소용없소. 난 평범한 장사꾼일 뿐이니까. 남의 일에는 참견하지 말자는 주의지. 내가 두 사람에게 해 주고 싶은 말은, 너무 걱정하지 말고 내버려 두라는 거요. 마거릿, 당신 또 눈가가 거무스름해졌군. 이렇게 무리하면 안 된다고 말했잖소. 저번에는 줄리 이모님이고 이번에

---

* 이 성당을 설계한 건축가 크리스토퍼 렌의 묘비명.

는 헬렌 처제라니, 안 돼요, 그러면 안 돼. 안 그런가, 처남?"

헨리는 종을 누르고 말을 이었다.

"지금 차를 가져오게 할 테니까 다 마시거든 곧바로 듀시 거리의 집으로 가요. 내 아내가 남편만큼이나 세월에 찌든 얼굴을 하고 있으면 곤란하단 말이오."

"저희가 하는 말을 잘 이해하지 못하신 것 같은데요."

티비가 말했다. 하지만 윌콕스 씨는 기분이 좋은 상태여서 가볍게 받아넘겼다.

"암, 아무리 말해 봐야 나는 두 사람이 하는 말을 알아듣지 못할 거야."

그러고는 의자에 편히 기댄 채, 재능은 있어도 하나같이 괴짜들인 슐레겔 집안사람들을 놀려 대며 웃었다. 그동안 난롯불은 아프리카 지도를 붉게 물들이면서 일렁거렸다. 마거릿은 동생에게 더 자세히 말하라고 눈짓했고, 티비는 별로 자신은 없었지만 그 지시에 따랐다.

"마거릿 누나는 지금 헬렌 누나가 정신이상이 아닐까 생각하고 있어요."

안쪽 방에서 일하고 있던 찰스가 그 말을 듣고 이쪽을 돌아보았다. 그러자 마거릿이 알아차리고 말을 걸었다.

"찰스, 당신도 이쪽으로 오세요. 뭔가 좋은 생각은 없나요? 우리는 또 곤란한 처지에 놓였어요."

"글쎄요, 저한테는 없는데요. 무슨 일입니까? 사실 요즘 사람들은 모두 다 조금씩 정신이 이상하지 않나요?"

이따금 학교에서 강의라도 하듯이 조리 있게 말하는 티비가 찰스의 말에 대답했다.

"사정을 설명하자면 이렇습니다. 헬렌 누나가 영국에 돌아온 지 사흘째인데도 우리를 만나려고 하지 않아요. 게다가 우리한테 주소를 가르쳐 주지 말라고 은행 사람들에게도 일러 놔서, 은행 측은 우리가 묻는 말에 대답해 주지 않습니다. 그리고 마거릿 누나는 헬렌 누나에게서 오는 편지가 아무래도 이상하다고 해요. 죄다 맥없는 편지라는 거죠. 그 밖에도 신경 쓰이는 일들이 있지만, 중요한 것은 이게 다입니다."

"전에는 그런 일이 없었겠지?"

헨리가 물었다.

"그야 마땅히 없었죠."

마거릿이 미간을 찌푸리며 말했다.

"아니, 나로서는 알 도리가 없잖아?"

그 순간 마거릿은 기분이 나빠졌다.

"헬렌이 애정을 배반하는 짓을 하지 않는다는 것은 당신도 아시잖아요. 당신도 그 정도는 눈치채셨을 텐데요."

"그래, 나와 처제는 늘 이야기가 통했지."

"아니에요, 여보…… 모르시는군요…… 그런 게 아니에요."

마거릿은 그 말 속에 담긴 반감을 곧 억눌렀지만, 옆에서 열심히 신경 쓰고 있던 찰스는 마거릿의 심기를 알아차렸다.

"하고 싶은 말은, 그 아이가 예전에 저지른 이상한 일들을 생각해 보면 늘 따뜻한 마음이 그 원인이었다는 거예요. 다른 사람을 걱정하거나 도와주려 해서 말이에요. 그런데 이번에는 아무런 이유 없이 사람을 이렇게 걱정시키니 그 아이가 건강에 문제가 있을 거라고 생각하는 거죠. '미쳤다'는 말은 너무 심하지만, 그럴 리가 없더라도 뭔가 잘못된 건 틀림없어요. 아닐 거라고 확신할 수가 없어요. 헬렌이 건강하다고 생각한다면 이런 일로 당신 심기를 불편하게 하지 않을 거예요."

그러자 헨리는 진지하게 문제 해결에 나섰다. 그에게 병이란 명확한 것이었다. 좀처럼 병에 걸리지 않는 그는 사람이 차츰 병들어 간다는 사실을 이해하지 못했다. 그러므로 환자란 모든 권리를 상실하고 인간 세계 밖에 놓이며, 환자에게는 예사롭게 거짓말을 해도 된다고 생각했다. 그의 전처가 발작을 일으켰을 때에도 그는 하트퍼드셔에 있는 집으로 데려다 주겠다고 약속해 놓고서는 곧바로 입원 수속을 밟았다. 그런데 헬렌도 병이 났다는 것이다. 그가 헬렌을 붙잡으려고 세운 계획은 분명히 훌륭했고 헬렌에게도 도움이 될 테지만, 그것은 사냥감을 쫓는 이리 떼가 하는 짓과 조금도 다를 바 없었다.

"처제를 붙잡고 싶다는 거요? 문제는 그것 같구려. 그러니까 데려가서 의사의 진찰을 받게 해야 한다는 거 아니오?"

"이미 진찰을 받았을지도 몰라요."

"잠깐 내 말을 들어 보시오!" 그는 자리에서 일어나 골똘히 생각에 잠겼다. 그때까지 온화한 주인공 역할을 하던 남자는 사라지고, 대신 그리스와 아프리카에서 돈을 긁어 오는 남자, 진 몇 병으로 원주민의 숲을 사들이는 남자가 나타났다. "방법이 있소." 그가 마침내 입을 열었다. "아주 간단하오. 내게 맡겨요. 우리가 처제를 하워즈 엔드로 오라고하면 되니까."

"오라고 한다고요?"

"책을 가지러 오라는 거지. 직접 와서 짐을 풀어 달라고 말하는 거요. 그리고 당신이 그 자리에서 처제와 만나면 되지."

"아뇨, 여보, 그런 건 헬렌이 거부할 게 뻔해요. 헬렌의 그…… 미심쩍은 태도 가운데 하나는, 저를 절대로 만나지 않으려고 한다는 것이거든요."

"그러니까 당신이 간다는 말은 하지 말아야지. 처제가 거기서 짐을 확인하고 있을 때 당신이 불쑥 들어가면 되지. 가 봐서 처제가 아무 이상 없으면 더없이 좋겠고, 그게 아니어도 자동차가 거기 있으니까 의사에게 데려가기도 쉬울 거요."

마거릿이 고개를 저으며 말했다.

"그건 안 돼요."

"왜지?"

"제 의견은 다른데요. 오히려 참 좋은 생각 같아요."

티비가 말했다.

"그건 안 돼요. 왜냐하면……."

그녀는 말하다 말고 슬픈 표정으로 남편을 바라보았다.

"헬렌과 저 사이에 그런 일은 있을 수 없으니까요. 그렇게밖에 설명할 수가 없네요. 상대가 다른 사람이라면 그렇게 해도 상관없겠지만, 지금은 다른 사람이 문제가 아니라……."

"하지만 누나들 사이의 암묵적인 약속을 헬렌 누나가 깨뜨려 버렸잖아. 그래서 문제가 생긴 거고, 누나도 헬렌 누나가 이상해졌다고 생각하는 거잖아."

티비가 말했다.

"여보, 당신의 친절한 마음은 알겠지만, 역시 저는 그런 짓은 못하겠어요."

"요컨대 양심의 문제란 거군."

"네, 그런 거예요."

"양심에 거리끼는 짓을 하기보다는 차라리 처제를 병든 상태로 내버려 두는 것이 낫다는 얘기지. 애초에 처제를 스워니지로 불러들이는 일은 아주 쉬웠는데, 그것도 양심의 문제에 부딪쳤고. 물론 나도 그렇게 하는 게 마음에 걸리오. 그러나 이번처럼 상대가 정신이상이라면……."

"정신이상이 아니에요."

"하지만 아까 당신이……."

"헬렌에게 무슨 일이 있다고 했죠. 하지만 그건 정신이상과는 다른 거예요."

헨리는 어깨를 으쓱해 보이더니 신음하듯이 말했다.

"여보, 마거릿! 여자들은 아무리 훌륭한 교육을 받아도 논리라는 걸 모르는 같구려. 나는 그리 한가하지 않소. 그래서 내 도움을 바라는 거요, 아니라는 거요?"

"그런 식은 아니에요."

"질문에 대답해 주구려. 간단한 질문에는 간단히 대답하면 되는 거요. 당신은……."

그때 찰스가 불쑥 끼어드는 바람에 다들 깜짝 놀랐다.

"아버님, 하워즈 엔드를 그런 일에 이용할 수는 없지 않습니까?"

"왜지, 찰스?"

찰스는 뚜렷한 이유를 들지 못했다. 그러나 마거릿은 찰스와 아주 먼 거리에서 인사를 주고받은 듯한 느낌을 받았다. 이윽고 찰스가 불평하듯이 말했다.

"그 집은 이미 엉망이 되어 버렸어요. 상태가 더 악화되면 우리가 곤란해진단 말입니다."

그러자 아버지가 물었다.

"우리라니, 누구 말이냐? 우리가 누구지?"

"죄송합니다. 제가 주제넘은 말을 한 것 같습니다."

이쯤 되자 마거릿은 괜히 남편에게 헬렌 문제를 꺼냈다는 후회가 들었다. 하지만 이미 엎지른 물이다. 헨리는 만족스러운 성과를 얻는 데만 급급했고, 어느새 이야기 속에서 헬렌의 존재는 사라졌다. 바람에 흩날리는 그녀의 금발도, 생기 있는 눈동자도 의미를 잃었다. 헬렌은 병들었고 아무 권리가 없었기 때문에, 그녀를 아는 누구라도 그녀를 추적할 수 있었다.

마거릿은 거의 무의식적으로 그 추적대에 합류하여 남편이 불러 주는 대로 헬렌에게 거짓 편지를 썼다. 짐은 하워즈 엔드에 있는데, 다음 주 월요일 세 시에 하녀를 보내서 문을 열도록 할 테니 그때 오라는 내용이었다. 그 글은 왠지 차가워서 마거릿이 화내고 있다는 인상을 줄 것 같았으며, 그만큼 헬렌이 그 말을 더 믿을 것 같았다. 그 월요일에 마거릿은 헨리와 함께 돌리네 집에서 점심을 먹은 뒤, 뜰에 숨어서 헬렌이 오기를 기다리기로 했다.

마거릿과 티비가 돌아가고 나서 윌콕스 씨는 아들에게 말했다.

"네 행동이 별로 좋아 보이지는 않는구나. 네 어머니야 마음씨 고운 사람이라 화를 내지 않았지만, 난 상당히 불쾌했다."

찰스는 입을 다물고 있었다.

"무슨 문제라도 있니, 찰스?"

"아닙니다. 다만 이번 일은 아버님이 생각하시는 것보다 더 큰 사건이 될지도 모릅니다."

"어째서?"

"그건 저도 잘 모르겠습니다."

35

사람들은 봄이 변덕스럽다 말하지만, 봄날 하루하루는 더없이 한결같다. 일어났다 가라앉는 바람과 지저귀는 새소리로 가득하며, 새로운 꽃들이 피어나고 산울타리는 초록빛으로 짙어진다. 머리 위에는 늘 푸른 하늘이 부드럽게 펼쳐져 있고, 그 밑에는 마을과 목장을 이리저리 돌아다니는 온갖 생물들의 모습이 보인다. 마거릿이 에이버리 할머니와 함께 보낸 오전과 헬렌을 함정에 빠뜨리려고 온 오후는 마치 하나의 접시저울에 달린 두 개의 접시와도 같았다. 그 사이에는 시간도 흐르지 않고 비도 내리지 않았다. 단지 사람만이 일을 꾸미거나 병에 걸리거나 하면서 자연을 괴롭히다가 눈물로 흐려진 눈으로 자연을 바라보았다.

마거릿은 더 이상 반대하지 않았다. 지금 헨리가 하고 있는 일이 옳건 그르건, 그가 매우 친절하게 행동하고 있는 것만은 확실했다. 마거릿으로서는 그 점 말고는 그를 판단할 기준이 없었기에 그저 그를 믿고 따를 수밖에 없었다. 헨리는 이번 일에 착수한 순간부터 평소의 둔감함이 온데간데없이 사라졌다. 그는 아주 사소한 일도 그냥 넘기는 법이 없었다. 헬렌을 붙잡는 일은 이비의 결혼식과 마찬가지로 아무런 실수 없이 착착 진행될 것 같았다.

그들은 계획대로 아침 일찍 출발하여 마을에 도착해 목표물이 그곳에 왔음을 확인했다. 힐튼에 도착하자 그는 마을의 마차 임대업자를 일일이 찾아다니며 이야기했다. 하지만 그가 무슨 이야기를 했는지 마거릿은 모른다. 아마 사실 그대로는 아닐 것이다. 어쨌거나 돌리네 집에서 점심을 마쳤을 때, 런던발 기차에서 내린 한 숙녀가 마차를 빌려 하워즈 엔드로 갔다는 기별이 왔다.

"그래, 당연히 마차를 타고 갈 줄 알았지. 책을 운반할 거니까."

헨리가 말했다.

"저는 아무리 생각해도 모르겠어요."

마거릿은 벌써 몇 번이나 했는지 모를 말을 또다시 되풀이했다.

"커피를 마저 마셔요. 이제 가야 하니까."

"그래요, 어머니. 좀 많이 드시는 편이 좋겠어요."

돌리가 말했다. 마거릿은 커피를 마시려다 말고 갑자기 한 손으로 눈을 가렸다. 돌리는 자꾸 윌콕스 씨를 훔쳐보았지만 그는 그 눈짓을 무시했다. 침묵이 이어지는 동안에 자동차가 와서 현관 앞에 섰다. 헨리는 걱정스런 어조로 마거릿에게 말했다.

"당신은 여기서 기다리는 편이 낫지 않을까? 나 혼자서 가지. 내가 무얼 해야 하는지 틀림없이 알고 있으니까……"

"아니에요. 이젠 괜찮아요."

마거릿이 얼굴에서 손을 떼며 말을 이었다.

"그냥 너무 걱정돼서 그래요. 헬렌이 정말 살아 있다는 게 실감이 안 나요. 그 애가 보낸 편지나 전보도 언제나 다른 사람이 쓴 것 같았어요. 다른 사람의 목소리가 느껴졌거든요. 헬렌이 힐튼 역에서 내렸다는 것도 믿기지 않아요. 당신한테 아무 말 말걸 그랬나 봐요. 찰스가 아주 언짢아하는 것도 같고요. 아니, 분명히 언짢겠죠……"

마거릿은 돌리의 손에 입을 맞췄다.

"돌리, 미안해. 용서해 주렴. 우리는 이제 가요."

헨리는 그녀를 뚫어져라 쳐다보았다. 약해진 아내의 모습이 안쓰러웠다.

"화장 좀 해야 되지 않소?" 그가 말을 건넸다.

"그럴 시간이 있나요?"

"충분하오."

마거릿이 화장실로 들어가서 문을 잠그는 소리가 나자마자 윌콕스 씨는 낮은 목소리로 말했다.

"나 혼자서 가야겠어."

돌리는 쓸데없는 호기심으로 눈을 반짝이며 살금살금 걸어서 그를 자동차까지 배웅했다.

"이러는 게 낫겠다 싶어서 그랬다고 전해 주렴."

"네, 아버님."

"네 마음대로 말해도 좋아. 그럼 가 보마."

차가 움직이기 시작했다. 평소 같으면 그대로 무사히 떠날 수 있었을 것이다. 그런데 뜰에서 놀고 있던 돌리의 아이가 그때 마침 도로로 나와서 길 한복판에 앉아 있었다. 아이를 피하려고 크레인이 핸들을 꺾다가 그만 화단에다 한쪽 차바퀴를 올려놓고 말았다. 돌리가 비명을 질렀다. 그 소동이 나자 마거릿은 모자도 쓰지 않고 뛰쳐나와 간신히 자동차 발판 위에 올라탔다. 그녀는 한마디도 하지 않았다. 그가 마거릿에게 한 행동은 마거릿 자신이 헬렌에게 한 행동과 같았을 뿐이다. 헨리의 그런 처사에 대한 분노는, 헬렌이 뒷날 마거릿과 헨리에 대해 뭐라고 생각할지 뼈저리게 알려 줄 따름이었다. 그녀는 생각했다. '이런 일을 당해도 할 말 없지. 원칙을 어긴 벌을 받는 거야.' 그런 뒤 그녀는 그의 사과를 차분히 받아들여서 헨리를 놀라게 했다.

"사실 난 지금도 당신이 가지 않는 편이 낫다고 생각하오."

"점심식사 때에는 그랬을지도 모르지만, 지금은 괜찮아요. 모든 게 확실해졌으니까요."

"나는 이러는 편이 낫겠다고 생각했을 뿐이오."

"당신 목도리 좀 빌려 주시겠어요? 바람 때문에 머리가 난리 났네요."

"자, 받아요. 정말로 이젠 괜찮은 거요?"

"봐요, 더 이상 손이 안 떨리잖아요."

"나를 용서해 준 것도 확실하고? 그럼 들어 봐요. 처제의 마차는 이미 하워즈 엔드에 도착했을 거요. 우리가 좀 늦긴 했지만 그래도 상관없소. 어쨌든 맨 처음 할 일은 그 마차를 농장에 대기시키는 거요. 되도록이면 남들 앞에서 소동을 일으키지 않는 편이 좋겠지. 저 친구는……."

헨리는 크레인의 등을 가리켰다.

"현관까지는 가지 않고 대문 조금 앞쪽에 차를 세운 다음, 거기 있는 월계수 덤불 뒤에서 대기할 거요. 집 열쇠는 가져왔소?"

"네."

"하지만 그건 이미 필요가 없어졌소. 그 집이 어떤 식으로 지어져 있는지는 당신도 기억하지?"

"네."

"좋소. 만약 헬렌이 현관에 없다면 우리는 뜰 쪽으로 갈 거요. 우리 목적은 ……."

헨리가 거기까지 말했을 때 차가 멈춰 섰다. 의사를 태우기 위해서였다.

"안 그래도 지금 집사람에게 말해 주고 있었는데, 맨스브리지 군, 우리의 주된 목적은 슐레겔 양을 놀라게 하지 않는 거야. 자네도 알다시피 그 집은 내 것이니까, 우리가 그 집에 있어도 별로 이상할 건 없겠지. 슐레겔 양의 병은 분명히 신경성일 텐데…… 마거릿, 당신 생각도 그렇지?"

젊은 의사는 헬렌에 대해 이것저것 물어보았다. 어디 아픈 곳이 있는지, 유전적 또는 선천적으로 특이한 점이 없는지, 헬렌이 가족에게 반발한 사건은 없었는지, 대충 이런 종류의 질문들이었다.

"그런 건 전혀 없어요."

간단히 대답한 뒤 마거릿은 만약 여기서 자기가 "아 참, 제 남편이 바람을 피웠다는 사실에 그 애가 무척 화를 냈어요" 말한다면 무슨 사태가 벌어질지 생각해 보았다. 그때 교회 옆을 순식간에 통과한 자동차 안에서 헨리가 몸을 의자 등받이에 푹 파묻으며 말했다.

"뭐, 옛날부터 신경질적이긴 했지. 강신술(降神術)이니 뭐니 하는 것에 열중하기도 했어. 하지만 그것도 별로 대단한 건 아니었어. 요컨대 슐레겔 양은 음악과 문학과 미술을 몹시 좋아하지만, 내가 보기에는 보통 사람과 별로 다를 바 없어. 오히려 매우 느낌 좋은 아가씨지."

마거릿의 분노와 공포는 점점 더 커졌다. 이 남자들이 작당해서 헬렌을 멋대로 품평하고 있는 것이다. 이게 무슨 짓인가! 얼마나 무례한 짓이 과학의 이름 아래 자행되고 있는 것일까! 지금 이리 떼는 헬렌으로부터 인간의 권리를 박탈하기 위해 몰려가고 있었다. 마거릿은 슐레겔 집안 전체가 헬렌과 더불어 그 위험에 노출되어 있다는 느낌을 받았다. 평범하다고 할 수 있느냐고? 이 얼마나 어리석은 질문인가. 그런 질문을 하는 사람은 십중팔구 인간에 대해 아무것도 모르고, 심리학에는 싫증을 내고 생리학에는 혐오감을 느끼는 사람이다.

마거릿은 헬렌이 아무리 비참한 상황에 있더라도 그녀의 편에 서야 한다는 걸 알았다. 만약 세상이 원한다면 동생과 함께 미친 사람의 대열에 서리라 결심했다.

시간은 3시 5분을 지나고 있었다. 차는 그곳 농장 앞에서 속도를 늦추었다. 에이버리 할머니가 안뜰에 서 있는 것이 보였다. 헨리가 거기로 마차가 지나갔느냐고 묻자 에이버리 할머니는 고개를 끄덕였는데, 그 순간 마차 한대가 골목 저쪽으로 달려가는 모습이 눈에 띄었다. 자동차는 맹수처럼 소리 없이 달리기 시작했다.

헬렌은 남을 의심하는 마음이 전혀 없었으므로, 길을 등진 채 주차장 의자에 가만히 앉아 있었다. 분명히 헬렌은 그곳에 있었다. 다만 머리와 어깨밖에 안 보였다. 포도 덩굴이 그 주위를 액자처럼 감싸고 있었으며, 헬렌은 한 손으로 그 새싹을 어루만지고 있었다. 머리카락이 바람에 휘날리며 햇빛에 반짝거렸다. 헬렌은 예전과 다름없는 헬렌이었다.

자동차 문 옆에 앉아 있던 마거릿은 헨리가 말리기도 전에 차에서 뛰어내려 뜰 입구 쪽으로 달려갔다. 닫혀 있던 출입문을 열고 통과하자마자 일부러 문을 다시 닫았다. 헨리가 뒤에서 쫓아오고 있었는데도, 문 닫는 소리는 헬렌에게도 들렸다. 헬렌은 마거릿이 일찍이 보지 못한 이상한 몸짓으로 일어섰다. 마거릿은 주차장에 뛰어들었다. 그 순간, 그때까지 여러 사람들을 몹시 걱정하게 만들었던 헬렌의 의문스런 행동이 완전히 밝혀졌다.

헬렌은 임신 중이었던 것이다.

"별일 없소?"

멀리서 헨리가 묻는 소리가 들려왔다.

마거릿은 낮은 목소리로 겨우 한마디 했다. "헬렌……." 집 열쇠가 그녀의 손에 있었다. 그녀는 서둘러 하워즈 엔드의 문을 열고 헬렌을 안으로 밀어 넣었다.

"네, 괜찮아요!"

그러고 나서 그녀는 문을 등지고 선 채 헨리가 오기를 기다렸다.

36

"마거릿, 당신 언짢은가보군!"

헨리가 말했다. 뒤이어 맨스브리지가 왔고, 크레인은 대문 근처에 자리를 잡았다. 저쪽에서 마부가 마차 마부대에서 일어났다가 다시 앉는 모습도 보였다. 마거릿은 그 사람들을 향해 고개를 저었다. 더 이상 아무 말도 할 수 없었다. 자기와 헬렌의 장래가 오직 거기에만 달려 있다는 듯이 집 열쇠를 꽉 쥐고서 그 자리에 가만히 서 있었다.

헨리가 또 무슨 질문을 했다. 마거릿은 이번에도 고개를 저었다. 무슨 말인지 알아들을 수가 없었다. 헨리는 왜 헬렌을 집 안에 들여놓았느냐고 물었고, 마거릿이 뜰 출입문을 닫는 바람에 하마터면 자기가 부딪칠 뻔했다고도 말했다. 그러는 사이에 마거릿의 귀에 자기가 하는 말이 들려왔다. 마거릿이, 또는 마거릿이라 할 수 있는 누군가가 이렇게 말하고 있었다.

"저리 가세요."

그러자 헨리가 다가와 거듭 말했다.

"마거릿, 당신 좀 이상하구려. 열쇠 이리 줘요. 처제를 어떻게 하려는 거요?"

"저리 가세요, 헨리. 제가 다 알아서 할게요."

"무엇을 알아서 하겠다는 거요?"

헨리는 열쇠를 받으려고 손을 내밀었다. 그때 의사가 쓸데없는 짓만 하지 않았어도 마거릿은 헨리에게 열쇠를 넘겨주었을지도 모른다.

"좌우간 저런 짓은 못하게 해 주세요."

마거릿은 애원하는 어조로 말했다. 의사가 저쪽으로 돌아가서, 헬렌을 여기까지 태워 온 마차의 마부에게 무슨 질문을 하고 있었던 것이다. 그 모습을 본 순간, 그때까지 없었던 감정이 마거릿을 엄습했다. 자신이 여자를 위해 남자와 싸우고 있다는 생각이 들었다. 이제 권리 따위는 아무래도 좋았다. 남자가 하워즈 엔드에 쳐들어오려면 먼저 마거릿의 시체를 넘어야 할 것이다.

"이거 참, 이상하군."

헨리가 말했다. 그때 의사가 가까이 다가와서 윌콕스 씨의 귀에 대고 짤막하게 뭐라고 말했다. 이제는 더 이상 추문을 은폐할 수 없을 것 같았다. 헨리는 깜짝 놀란 얼굴로 한동안 땅바닥만 내려다보았다. 마거릿이 입을 열었다.

"저로서는 이렇게 할 수밖에 없어요. 기다려 주세요. 이건 제 탓이 아니에요. 지금으로선 어쩔 수 없으니, 네 분 다 그만 돌아가 주세요."

이번에는 마부가 낮은 목소리로 크레인에게 무슨 말을 했다.

"부인, 저희에게는 부인의 도움이 필요합니다. 집에 들어가셔서 여동생 분을 나오게 해 주시겠습니까?"

의사가 말했다.

"왜 그래야 하죠?"

마거릿이 의사의 눈을 똑바로 쳐다보며 물었다. 젊은 의사는 이런 경우엔 적당히 얼버무리는 것이 의사다운 방식이라고 생각했는지, 신경쇠약이 심해지면 좋지 않다느니 뭐라느니 하는 말을 입속으로 중얼거렸다.

"그게 아니에요. 맨스브리지 선생님, 제 여동생에게 필요한 사람은 선생님과는 다른 종류의 의사예요. 만약 선생님께 진찰 받아야 할 일이 생기거든 그때 가서 저희들이 다시 부탁드리겠어요."

"제가 더 확실하게 진단해 드려도 되겠습니까?"

의사가 역습을 했다.

"글쎄요, 굳이 그러실 필요까진 없어요. 선생님은 제 여동생을 진단할 자격이 없어요."

그때 헨리가 입을 열었다. 여전히 땅에 시선을 떨어뜨린 채였다.

"여보, 이건 어처구니없고 끔찍한 일이오. 의사 명령이니 문을 열어요."

"죄송하지만 전 그렇게 못해요."

"그 문 열라니까."

마거릿은 입을 다물었다.

"이건 상당히 골치 아픈 일입니다. 그러니 우리는 서로 협조해서 이 일을 해결해야 합니다. 부인께는 저희가 필요하고, 저희에게는 부인이 필요하니다."

이번에는 의사가 말했다.

"이 사람 말이 맞소."

헨리가 맞장구를 쳤다. 그러자 마거릿이 말했다.

"적어도 우리에게 선생님은 필요 없어요."

두 남자는 어쩌면 좋을지 모르겠다는 듯이 얼굴을 마주보았다.

"제 동생이 해산하려면 아직 몇 주일이나 남았으니, 지금은 선생님 도움이 필요 없어요."

"여보, 마거릿!"

"자, 헨리, 이제는 의사 선생님을 돌아가시게 해도 괜찮겠죠? 이런 상황에서 이분이 뭘 하실 수 있겠어요?"

윌콕스 씨는 집 쪽으로 눈길을 돌렸다. 이 자리에서 확고하게 의사를 편들어야 한다는 생각이 어렴풋이 들었다. 사태가 이렇게 복잡해진 이상, 자기 자신이 언제 갑자기 의사의 도움을 필요로 하게 될지 몰랐다.

"지금은 그저 애정만이 필요해요. 애정 말예요. 모르시겠어요?"

마거릿은 평소와 같은 태도로 돌아가서 그 말을 벽에다 손가락으로 써 보이더니 말을 이었다.

"당신도 아실 텐데요. 저는 헬렌을 아주 좋아하고, 당신은 그렇지 않잖아요. 맨스브리지 선생님은 아예 헬렌을 모르고요. 그게 다예요. 그리고 이런 경우에는 애정이 가장 중요하죠. 맨스브리지 선생님, 선생님 수첩에도 적어두세요. 유용한 말이니까요."

헨리는 그녀에게 좀 진정하라고 말했다.

"두 분은 자신들이 무슨 일을 하려고 하는지도 모르잖아요?" 마거릿은 팔짱을 끼면서 말했다. "당신들에게 조금이라도 조리 있게 설명할 수 있으면 집 안으로 들여보내겠지만, 말씀드릴 수 없어요. 공연히 헬렌을 괴롭힐 테니까요. 저는 허락할 수 없어요. 못 들어가게 여기 이렇게 하루 종일 서 있을 수도 있어요." 그러자 헨리가 낮은 목소리로 말했다.

"맨스브리지 군, 지금은 안 되겠소."

이리 떼가 흩어지기 시작했다. 크레인은 주인의 신호를 받고 차 있는 곳으로 돌아갔다.

"당신도 가세요, 헨리."

마거릿이 다정하게 말했다. 그때까지 마거릿이 했던 신랄한 말 가운데 직접 헨리를 겨냥한 것은 한마디도 없었다.

"지금은 그냥 가 주세요. 아마 나중에는 당신과 꼭 상의해야 할 일이 생길 테지만요. 저, 화내서 미안해요. 용서해 줘요. 그래도 지금은 돌아가 주세요."

헨리는 머리 회전이 느려서 좀처럼 마거릿과 헤어질 결심을 못하고 있었는데, 맨스브리지가 낮은 목소리로 그를 불렀다.

"곧 돌리네 집으로 갈게요!"

마침내 뜰 출입문이 탁 소리를 내며 닫히자, 마거릿이 헨리를 뒤쫓듯이 말했다. 마차가 길을 비켰다. 자동차가 후진해서 방향을 조금 바꾸더니, 다시 후진하여 좁은 골목 안에서 방향을 완전히 바꾸었다. 그때 농장 짐마차 몇 대가 나타나 그 길을 지나갔다. 마거릿은 서두를 필요가 없었으므로 그동안 내내 그 자리에 서서 기다렸다. 이윽고 짐마차가 무사히 지나간 뒤 자동차가 움직이기 시작하자 그녀는 문을 열고 외쳤다.

"헬렌, 나를 용서해 줘!"

헬렌은 현관에 서 있었다.

37

마거릿은 집 안으로 들어가서 문에 빗장을 지른 다음 헬렌에게 키스를 하려고 했다. 그러자 헬렌은 낯설게도 기품 있는 목소리로 말했다.

"아주 편한걸! 책들을 꺼내 놓았다는 말은 안 했잖아. 원하는 책을 거의 다 찾았어."

"너한테 했던 말 모두 거짓말이야."

"그래, 나도 깜짝 놀랐어. 줄리 이모가 정말로 편찮으셨던 거야?"

"헬렌, 내가 그런 거짓말까지 할 것 같니?"

"그건 아니지만……."

헬렌은 말하다 말고 저쪽으로 걸어가서 조금 울먹이는 목소리로 말을 이었다.

"하지만 이런 일이 있고 보면 아무것도 믿을 수 없게 돼."

"우리는 네가 병에 걸린 줄 알았어. 하지만, 아무리 그렇기로서니…… 내가 정말 나답지 않은 짓을 했구나."

헬렌은 책을 또 한 권 꺼내 들었다.

"아무하고도 의논하지 말았어야 했는데. 아버지가 살아 계셨더라면 나를 어떻게 생각하셨을까?"

마거릿은 여동생에게 뭘 물어볼 생각도, 꾸중할 생각도 없었다. 어쩌면 나중에는 그렇게 해야 할지도 몰랐지만, 지금은 헬렌이 저지른 어떤 죄보다도 더 큰 자신의 죄—믿음이 부족한 것은 악마의 일이다—를 깨끗이 지워 내야 했다.

"그래, 나도 화가 나긴 해. 언니가 내 의사를 존중해 주길 바랐으니까. 물론 그럴 필요가 있다면 이렇게 언니를 만날 생각도 있었어. 하지만 이모가 회복되셨다니 그럴 필요가 없어졌던 거야. 앞으로 나는 계획대로 잘살아야 하는데……."

"그 책은 그만 내려놓고, 나랑 이야기 좀 하자."

"방금 말했다시피 나는 더 이상 제멋대로 살아가지 않기로 결심했어. 그러려면 앞으로……."

헬렌은 그 다음에 와야 할 한마디를 빼 버리고 이야기를 계속했다.

"……가 있음을 알고 있는 이상, 어떻게 살아갈지 미리 계획해 두어야지. 6월에 아기가 태어나. 그때까지는 사람들과 오랫동안 이야기를 한다거나, 토론을 한다거나, 흥분을 하는 건 피해야 돼. 꼭 필요하다면 어쩔 수 없지만 그렇지 않다면 말이야. 그리고 나는 사람들을 괴롭힐 권리가 없어. 내가 알고 있는 한, 난 영국에서 지낼 수 없어. 나는 영국 사람들이 절대 용서 못할 일을 저질렀어. 그 사람들이 날 용서한다는 건 옳지 않은 일이지. 그러니까 나는 아무도 모르는 곳에서 살아야 해."

"헬렌, 왜 나한테 알려 주지 않았니?"

"그러게. 사실 알려 줘도 괜찮았을 텐데, 그냥 조금만 더 있다가 말해야겠다 싶어서."

헬렌은 그 점을 확실히 인정했다.

"끝까지 말 안 하려고 한 건 아니고?"

"아니야, 조만간 알릴 작정이었어. 우린 뮌헨에서 방을 빌렸어."

마거릿은 창밖을 내다보았다.

"우리가 누군가 하면, 나하고 모니카야. 모니카만 빼면 난 지금까지 혼자 였고, 지금도 그렇고, 앞으로도 혼자 있고 싶어."

"모니카? 그런 사람 얘기는 처음 듣는데."

"그렇겠지. 모니카는 이탈리아 여자야. 적어도 태생은 그래. 신문이나 잡지에 글을 기고해서 먹고사는 사람인데, 이탈리아의 가르다 호에 갔을 때 처음 만났어. 앞으로 나를 돌봐 줄 사람으로는 모니카가 제일 낫다고 생각해."

"넌 그 사람을 좋아하나 보구나."

"나에 대해서 뭐든지 정말로 잘 이해해 주거든."

마거릿은 모니카가 어떤 여성인지 짐작할 수 있었다. 흔히 '영국적인 이탈리아인'이라 불리는 남유럽의 과격한 여권주의자임에 틀림없었다. 보통 사람들은 그런 여성을 존경하긴 해도 되도록 접근하지 않으려고 하는데, 헬렌은 그런 여성의 도움을 구해야 할 정도로 궁지에 몰렸던 것이다.

"언니하고 더 이상 만나지 않겠다는 건 아니야."

헬렌은 이 정도 친절은 베풀 수 있다는 듯이 한마디 하더니 계속 말을 이었다.

"난 언제나 언니가 쓸 방을 준비해 두고 있어. 언니가 내 곁에 오래 있어 준다면 나야 좋지. 하지만 메그 언니, 언니는 이런 사정을 모르고 있었고, 애초에 이해하는 것 자체가 힘들지도 몰라. 언니, 많이 놀랐지? 그렇지만 나는 앞일을 몇 달 동안이나 생각했으니까 이제는 별로 놀랄 일도 없어. 이번에 이런 사소한 돌발 사태가 벌어졌어도 내 결심은 바뀌지 않아. 나는 이제 영국에서는 살 수 없으니까."

"헬렌, 넌 내가 널 배신한 것을 아직도 용서하지 못한 거지? 그렇지 않고서야 네가 나한테 이런 식으로 이야기할 리가 없잖아."

"메그 언니, 이야기를 한다는 것 자체가 처음부터 불가능한 일이 아니었을까?"

헬렌은 손에서 책을 한 권 떨어뜨리더니 몹시 피곤하다는 듯이 한숨을 내쉬었다. 그러나 곧 마음을 가다듬고 물었다.

"왜 우리집 책이 모조리 여기에 와 있는 거야?"

"착오가 있어서 그래."

"가구도 꽤 많이 내놓여 있는 것 같고."

"전부야."

"누가 여기 살아?"

"아무도 안 살아."

"그래도 세는 주고 있겠지?"

"이 집은 죽었어. 그런 걸 쓸데없이 왜 묻니?"

마거릿이 미간을 찌푸리며 말했다.

"그래도 궁금한걸. 언니는 내가 삶에 흥미를 잃어버렸다고 생각하나 봐. 나는 여전히 헬렌이고 앞으로도 헬렌이고 싶어. 그리고 이 집은 죽은 집 같지 않아. 현관만 해도 예전에 윌콕스네 물건들이 놓여 있을 때보다 더 생기가 느껴져."

"좋아, 궁금하다면 이야기해 줄게. 네 형부가 이 집을 조건부로 우리한테 빌려줄 예정이었는데, 착오가 생기는 바람에 우리집 짐들이 죄다 풀려서…… 에이버리 할머니가……."

거기서 마거릿은 말을 멈췄다가 다시 이었다.

"아, 헬렌. 난 더 이상은 못하겠어. 그만할래. 왜 너는 헨리가 너무너무 싫다는 이유만으로 나를 이토록 심하게 대하는 거니?"

"나도 지금은 그 사람을 싫어하지 않아. 난 이제 어린애가 아니니까. 메그 언니, 다시 한 번 말하지만, 난 언니를 심하게 대하고 있는 게 아니야. 다만 내가 영국에 돌아와서 그전처럼 살기는 불가능하다는 얘기지. 그러니까 더 이상 그런 생각은 하지 말아 줘. 내가 듀시 거리에 있는 언니 집으로 간다는 걸 한번 상상해 봐. 어떻게 그런 짓을 할 수가 있겠어?"

마거릿은 그 말에 한마디도 반박할 수 없었다. 차분히 자기 계획을 실천에 옮기기 시작한 헬렌이 삐뚤어지지도 않고 흥분하지도 않은 채 한마디 항변이나 변명도 없이, 그저 자기를 괴롭히지 않는 사람들 사이에서 자유롭게 지내기만을 바라고 있는 모습에는 어떤 처절함이 있었다. 이렇게 되기까지 헬렌은 도대체 무슨 생각을 했을까? 마거릿으로선 상상도 할 수 없었다. 다만 그것이 오래된 습관이나 옛 친구들에게서 헬렌을 멀리 떨어뜨려 놓기에 충분했다는 사실만은 너무나도 명백했다.

"언니 사는 이야기 좀 해 봐."

책을 다 고르고 나서 가구를 둘러보던 헬렌이 말했다.

"별로 할 말이 없어."

"그래도 언니의 결혼은 성공적이었잖아?"

"그래. 하지만 그 이야기는 하고 싶지 않아."

"나랑 같구나."

"아니, 그런 건 아니지만, 마음이 내키지 않아."

"나도 그래. 성가시고 부질없는 일이야."

무언가가 두 사람 사이에 끼어들었다. 어쩌면 그것은 앞으로 헬렌을 배척할 사회이거나, 또는 이미 정신적으로 힘을 발휘하는 제3의 생명이었다. 대화를 나눌 공통분모를 잃은 두 사람은 모두 괴로워했고, 아직 애정이 남아 있다는 사실조차 위로가 되지 못했다.

"메그 언니, 그럼 이제 다 끝났지?"

"그렇게 내 곁을 떠나고 싶니?"

"뭐, 말하자면 그렇지. 어쩔 수 없어. 서로 할 말이 없다는 건 처음부터 알고 있었는걸. 줄리 이모와 티비에게 안부 전해 줘. 언니도 잘 지내고. 언제 한번 뮌헨에 놀러 와."

"그래, 꼭 갈게."

"우리가 할 수 있는 건 그것밖에 없으니까."

그런 것 같았다. 무엇보다도 헬렌의 냉정한 상식이 그 마음을 단단히 얼어붙게 만든 듯했다. 모니카는 확실히 헬렌에게 큰 영향을 미친 것 같았다.

"언니도 만나고, 이 가구도 보아서 참 좋았어."

헬렌은 과거에 작별을 고하려는 것처럼 다시 한 번 책장을 보았다. 마거릿은 현관문에 걸린 빗장을 벗겼다.

"자동차는 이미 가 버렸고, 저기에 네 마차가 있구나."

마거릿은 헬렌보다 앞장서서 나뭇잎이나 하늘을 쳐다보며 그쪽으로 걸어갔다. 이토록 아름다운 봄은 지금까지 없었던 것만 같았다. 그때 문에 기대어 있던 마부가 "이걸 맡아 놨습니다" 이렇게 말하면서 문틈으로 헨리의 명함을 마거릿에게 건네줬다.

"그가 왔었나요?"

마거릿이 묻자 마부는 아까 크레인이 돌아와서 그 명함을 전해 주고 갔다고 대답했다.

마거릿은 분노를 느끼면서 명함에 적힌 글을 읽었다. 이런저런 지시들이 일상 프랑스어로 빼곡히 적혀 있었다. 이에 따르면 마거릿은 헬렌과 이야기를 나눈 뒤 돌리네 집으로 돌아와서 하룻밤 묵어야 하고, 이 문제는 그 다음에 천천히 생각해 봐야 하며, 헬렌을 위해서 좋은 호텔 방을 하나 잡아 줘야 했다. 마지막 항목을 읽고 마거릿은 매우 불쾌해졌지만 곧 어떤 사실을 떠올렸다. 찰스네 집에는 빈 방이 하나밖에 없어서 한 사람 또는 한 쌍의 손님밖에 묵을 수 없었던 것이다.

'헨리로서는 최선을 다 한 거야.' 그녀는 이렇게 생각을 바꾸었다.

헬렌은 언니를 따라 정원으로 나오지 않았다. 현관문이 열린 순간 그녀는 떠나고자 하는 의지를 잃었다. 그대로 현관에 멈춰 선 채 책장에서 탁자로 계속 눈길을 옮기고 있었다. 무책임하면서 매력적인 그 모습이 옛날의 헬렌과 비슷했다.

"여기가 정말로 윌콕스 씨 집이야?"

헬렌이 물었다.

"너도 하워즈 엔드는 기억할 텐데?"

"그럼, 난 뭐든지 끔찍하게 잘 기억하잖아. 하지만 여긴 왠지 우리집 같은 느낌이 든단 말이지."

"에이버리 할머니라는 분이 아주 별나서 말이야."

마거릿도 아까보다는 좀 가벼워진 마음으로 말했다. 또다시 헨리를 배반하는 듯한 느낌이 들었지만, 지금은 그것이 일종의 위안이 되었으므로 마거릿은 이 분위기를 망치지 않기로 했다.

"그분은 윌콕스 부인을 좋아했기 때문에, 이 집을 비워 놓기보다는 우리 물건들을 늘어놓는 편이 낫다고 생각한 거야. 그래서 여기에 우리집 책이 전부 진열되어 있는 거지."

"전부는 아니야. 아직 미술책은 안 꺼냈나 봐. 뭐, 안 꺼내는 편이 나을지도 모르겠지만. 이 칼도 전에는 이런 곳에 전시되어 있지 않았는데."

"그래도 나쁘진 않잖아?"

"응, 상당히 멋진데."

"맞아."

"메그 언니, 피아노는 어떻게 됐어?"

"런던에 있는 창고에 맡겨 놨어. 그건 왜?"

"아니, 그냥."

"융단 크기가 여기에 꼭 맞는 것도 신기한 일이야."

"이 융단은 치우는 편이 낫겠어. 런던 집에서야 필요했을지 몰라도, 이 집 바닥은 그냥 맨바닥으로 놔두는 게 좋아. 이렇게 훌륭한 바닥에다 융단을 깔기는 아깝잖아."

"넌 여전히 가구 같은 것이 되도록 적은 편을 좋아하는구나. 떠나기 전에 식당도 봐 둬. 거기에는 융단이 없으니까."

두 사람은 식당으로 들어갔다. 서로 이야기하는 것이 점점 더 자연스러워졌다. 헬렌이 곧바로 입을 열었다.

"어머니의 장롱을 이런 곳에 두다니!"

"그래도 의자는 괜찮지 않니?"

"아, 저 의자? 위컴 플레이스 집은 북향이었지?"

"북서향이었지."

"하여튼 이 의자에 햇빛이 닿는 건 30년 만일 거야. 등받이가 따끈하네."

"그런데 에이버리 할머니는 왜 두 개씩 짝을 지어 놨을까? 나 같으면……."

"언니, 여기에다 놓자. 여기에 앉으면 잔디밭이 보이거든."

마거릿이 의자 하나를 옮겼다. 헬렌이 거기에 앉았다.

"음, 창문이 너무 높네."

"응접실 의자에 앉으면 어떨까?"

"거긴 싫어. 그 방 천장에 있는 들보가 판자로 가려져 있거든. 그것만 없으면 참 좋은 방인데."

"헬렌, 그런 걸 잘도 기억하고 있구나. 네 말이 맞아. 그건 남자가 여자를 기쁘게 해 주려다가 망쳐 놓은 방이지. 남자들은 우리가 무엇을 원하는지 잘 모른다니까……."

"그건 아무리 세월이 지나도 변함없을 거야."

"난 그렇게 생각하지 않아. 앞으로 2천 년쯤 지나면 남자들도 알게 될 거야."

"아, 의자를 이렇게 해 놓으니까 잘 보이네. 저거 봐, 티비가 수프를 흘린

자국이야."

"커피 자국일걸. 아마 커피였을 거야."

헬렌은 고개를 저었다.

"말도 안 돼. 그때 티비는 커피를 마시기에 너무 어렸어."

"아버지가 살아 계실 때였나?"

"응."

"그럼 네 말대로 수프 자국이겠네. 내가 생각한 건 훨씬 뒤의 일이야. 우리 집에 오신 줄리 이모가 티비가 아직 어린애인줄 알고 계셨을 때 일 말이야. 그때는 커피였지. 티비가 일부러 쏟았으니까. 아침마다 이모가 티비를 어르며 불러 주던 노래가 있었어. '홍차, 커피—커피, 홍차'였나? 가만, 노래 가사가 어떻게 되더라?"

"난 기억하고 있는데…… 아냐, 역시 모르겠어. 그 무렵 티비는 정말로 고약한 아이였지."

"하지만 그 노래도 충분히 고약했어. 듣다 보면 못 참는 것도 당연하지."

"아, 저 자두나무! 왜 저 나무를 보면 저절로 아령이 생각날까? 어머, 저쪽에 닭이 있네. 여기 잔디는 좀 깎아야겠어. 있지, 난 황금방울새가 좋더라."

헬렌은 마치 그 뜰도 자기네 어린 시절의 일부를 이루고 있는 것처럼 말했다. 마거릿이 헬렌의 말을 자르며 소리쳤다. "생각났어!"

홍차, 홍차, 커피에 홍차,
아니면 초콜릿

"이 노래를 3주일 내내 매일 아침 불렀으니, 티비가 화를 낼만도 하지."

"티비도 지금은 많이 착해졌지?"

헬렌이 말했다.

"그럼. 언젠가는 너도 틀림없이 그렇게 생각하게 될 줄 알았어. 물론 착하지."

그때 초인종이 울렸다.

"어머, 뭐지?"

"윌콕스네 사람들이 이 집을 공격하러 온 게 아닐까?"

헬렌이 말했다.

"설마…… 조용히 해 봐."

그때까지 평범한 시간을 보내면서 편안한 표정을 짓고 있던 두 사람의 얼굴에서 그 표정이 사라졌다. 하지만 그 뒤에 무엇인가가 남았다. 그것은 두 사람의 애정이 몇 가지 공통점에 뿌리박고 있으므로 그들은 결코 멀리 떨어질 리 없다는 확신이었다. 그때까지는 설명도 호소도 아무 소용이 없어서 두 사람은 서로 대화의 공통분모를 찾으려고 애쓰며 상대를 슬프게 할 따름이었지만, 그러는 동안에도 구원은 내내 두 사람 주위에 있었다. 그것은 현재를 떠받치고 있는 과거이며, 또한 웃음소리와 아이들 목소리로 가득 찬 미래가 있을 것이라고 고동치는 가슴으로 주장하는 현재였다. 헬렌은 여전히 미소를 지으며 언니에게 말했다. "언니는 역시 우리 언니야." 두 사람은 서로의 눈을 바라보았다. 두 사람이 내적인 생활을 고집한 보답이 이루어졌다.

초인종은 천천히 계속 울렸다. 현관에는 아무도 없었다. 마거릿은 부엌으로 가서 짐 더미 사이를 간신히 빠져나가 창문 앞에 다다랐다. 바깥을 보니 어린 사내아이가 깡통을 들고 서 있었다. 두 사람의 얼굴에 편안한 표정이 다시 돌아왔다.

"무슨 일이니?"

"우유를 가져왔어요."

"에이버리 할머니가 보냈니?"

마거릿이 다소 엄한 어조로 말했다.

"네."

"그럼 도로 가져가렴. 가서 할머니한테 우리는 우유 필요 없다고 말씀드려라."

마거릿은 이어서 헬렌을 돌아보며 말했다.

"누가 공격하러 온 건 아니야. 뭐, 공격받을 때를 대비해서 군량을 가져온 셈이려나."

"난 우유 좋아하는데! 왜 그냥 돌려보내려는 거야?"

"좋아? 그럼 받을까? 하지만 우유를 담을 그릇이 있어야지. 애는 깡통을 가져가야 할 텐데."

"괜찮아요, 내일 아침에 가지러 오겠다고 말씀드리랬어요."

아이가 말했다.

"그땐 이미 여기는 닫혀 있을 텐데."

"내일 아침에 달걀도 갖다 드리라고 하셨는데⋯⋯."

"혹시 지난주에 건초 더미 속에서 놀던 아이가 너였니?"

아이는 고개를 숙이고 입을 다물었다.

"그럼 이제 돌아가서 또 거기서 놀아라."

"귀여운 아이네."

헬렌이 조그맣게 중얼거리더니 아이에게 물었다.

"얘, 이름이 뭐니? 난 헬렌이야."

"톰."

그것도 역시 헬렌다운 일이었다. 윌콕스네 사람들도 가끔 어린아이에게 이름을 묻곤 했지만, 자기네 이름은 절대로 밝히지 않았다.

"톰, 이분은 마거릿이야. 또 우리집에 가면 티비도 있어."

"우리집 토끼는 귀가 처져 있는데."

톰은 티비가 토끼인 줄 알고 말했다.

"참 착한 아이구나. 또 오렴. ⋯⋯아, 정말 귀여운 아이야!"

"맞아. 저 애는 틀림없이 매지의 아이일 거야. 매지는 영 별로지만. 아무튼 이 땅에는 신비로운 힘이 있어."

"그게 무슨 소리야?"

"나도 잘 모르겠어."

"실은 나도 비슷한 생각을 하고 있거든. 그래서 물어본 거야."

"이 집은 추악한 것은 죽이고, 아름다운 것은 살리는 곳이야."

"나도 그렇게 생각해. 그런데 아까 언니는 이 집이 죽었다고 말했잖아?"

헬렌이 우유를 마시면서 말했다.

"그건 내가 죽어 있다는 의미였어. 그런 느낌이 들었거든."

"그래, 이 집은 우리보다 더 확실하게 살아 있어. 텅 비어 있는 데도 말이야. 그건 그렇다 치고, 30년 동안 우리 가구들이 햇볕을 못 봤다는 걸 생각하면 기가 막혀. 그런 걸 보면 위컴 플레이스 집은 무덤이었어. 언니, 나 멋진 생각이 하나 떠올랐어."

"뭔데?"

"그 전에 언니도 우유 좀 마셔. 안 그러면 기절할지도 모르니까."

마거릿은 시키는 대로 했다.

"음, 아직은 안 되겠어. 언니는 웃거나 화내거나 둘 중 하나일 테니까. 그 전에 2층으로 올라가서 환기 좀 시키자."

그들이 방방마다 다니며 창문을 열어젖히자 집안도 봄바람에 살랑이기 시작했다. 커튼들이 이리저리 나부꼈고 사진틀들이 기분 좋게 벽을 두드렸다. 헬렌은 침대들이 적절하게 놓이거나 엉뚱하게 놓인 걸 발견할 때마다 즐거운 비명을 질렀다. 그리고 에이버리가 아직 옷장을 2층에 옮기지 않았다며 화를 냈다.

"장롱이 있으면 방 모양이 더 뚜렷해질 텐데."

헬렌은 창밖 풍경을 보고 기뻐했다. 어느새 헬렌은 4년 전에 편지를 여러 통 썼던 그 시절의 헬렌으로 돌아가 있었다. 두 사람이 서쪽으로 난 창문에서 몸을 내밀고 바깥 경치를 바라보고 있을 때, 헬렌이 입을 열었다.

"아까 내가 무슨 생각이 떠올랐다고 했잖아. 저기, 언니하고 나하고 오늘 하룻밤만 이 집에서 지낼 수 없을까?"

"그건 좀 어려울 것 같은데."

"여기에는 침대도, 탁자도, 수건도 있으니까……."

"그래. 하지만 이 집은 지금 빈집으로 되어 있고, 헨리 생각으로는……."

"그런 생각이 뭐가 중요해? 내가 뭐 앞으로의 예정을 바꾸겠다는 것도 아니고, 그저 언니하고 여기서 하룻밤 같이 지낼 수 있으면 얼마나 좋을까 하고 생각했을 뿐인데. 그러면 그 일을 언제까지나 기억할 수 있을 테고, 응? 언니, 우리 그렇게 하자. 어때?"

"아니, 저, 헬렌…… 그러려면 먼저 헨리의 허락을 받아야 해. 물론 허락해 주겠지만, 아까 네가 그랬잖아. 앞으로 듀시 거리에 있는 집에는 갈 수 없다고. 이것도 그것과 똑같은 일이지 않을까?"

"듀시 거리에 있는 집은 형부 집이잖아. 하지만 여긴 우리집이야. 우리집 가구가 있고, 우리가 사귈 만한 사람들도 여기로 찾아올 테고. 그러니까 하룻밤만 여기에 있자. 톰이 내일 우유랑 달걀을 가져올 거야. 왜 안 돼? 이미 달도 떴잖아."

마거릿은 한참을 망설이다가 입을 열었다. 그러다가 결국 이렇게 말했다.

"찰스가 싫어할 거야. 안 그래도 우리 가구가 여기 있다는 게 마음에 안 드는 모양이야. 그래서 나도 짐을 빼서 딴 데로 옮기려던 참이었는데, 그때 줄리 이모님이 쓰러지시는 바람에 아직 못했거든. 찰스의 마음도 이해가 가. 그는 이 집을 자기 친어머니 것이라고 생각하고 있어. 그래서 이상할 정도로 이 집에 애착을 느끼고 있지. 헨리한테는 양해를 구할 수 있지만, 찰스가 뭐라고 말할지 모르겠구나."

"그야 싫어하겠지. 하지만 나는 곧 그들의 세계로부터 떠나가 버릴 테니까. '그 여자가 하워즈 엔드에 다음 날 아침까지 있었다'고 그 사람들이 투덜거린다 해도 무슨 상관이야? 다들 금방 잊어버릴걸?"

"네가 그들의 세계에서 정말로 떠나가 버릴지 말지, 그걸 어떻게 아니? 전에도 우리는 두 번이나 그렇게 생각했었잖아."

"하지만 내 예정으로는……."

"너는 예정을 곧잘 바꾸잖아?"

그 말을 듣자 헬렌은 흥분한 듯이 대꾸했다.

"좋아, 그럼 설명해 줄게. 내 인생은 크고, 그 사람들 인생은 작아. 나는 그들이 절대로 알지 못하는 것을 알고 있고, 언니도 알고 있어. 우리는 시(詩)가 있다는 것도 알고 죽음이 있다는 것도 알아. 반면에 그 사람들은 단지 그것을 남한테서 얻어듣고는 그런가 보다고 생각할 뿐이야. 우리는 이 집이 우리집 같은 느낌이 드니까, 우리집이라는 것을 아는 거야. 그 사람들은 이곳의 땅문서와 열쇠만 가지고 있으면 그만이고. 뭐, 어쨌든 오늘 밤 이 집은 분명히 우리집이야."

"한 번 더 너하고 단둘이만 있을 수 있다면 얼마나 좋을까. 그런 기회는 두 번 다시 없을지도 모르지."

마거릿이 말했다.

"그래, 우리는 이야기를 나눌 수 있을 거야."

곧이어 헬렌은 목소리를 낮추었다.

"별로 대단한 이야기는 아니지만, 저쪽에 있는 느릅나무 밑에서라면 할 수 있겠지. ……솔직히 말하자면 나는 앞으로 그렇게 행복하게 살 수는 없을 거야. 그러니까 오늘 하룻밤만이라도 언니와 함께 있을 수 없을까?"

"나도 얼마나 그렇게 하고 싶은지……."

"그럼 그렇게 하자."

"아, 이런 일로 입씨름해 봐야 끝이 없지. 그러면 지금 당장 마차를 타고 힐튼으로 가서 양해를 구하고 올까?"

"꼭 그래야 할 필요는 없잖아?"

그러나 마거릿은 충실한 아내였다. 마음속에 상상력과 시가 있음에도, 또는 오히려 그런 게 있기 때문에, 그녀는 이럴 때 헨리가 취할 것이 뻔한 현실적인 태도를 안타까운 마음으로 떠올려 볼 수 있었다. 마거릿은 되도록이면 남편과 현실적으로 합의를 보고 올 생각이었다. 하기야 겨우 하룻밤의 외박을 허락받는데—부탁이라곤 순전히 그것뿐인데—원칙까지 운운할 필요는 없었다.

"찰스가 거절할지도 몰라."

헬렌이 투덜거렸다.

"찰스하고는 상의하지 않을 거야."

"언니가 정 가고 싶으면 갔다 와. 하지만 나라면 안 그럴 거야."

이런 제멋대로인 성격은 헬렌의 결점이 될 정도는 아니었으며 오히려 그녀의 매력이라고 할 만했다. 사실 헬렌은 허락도 받지 않고 하룻밤 머무른 뒤 다음 날 아침에 독일로 달아날 계획이었다. 마거릿은 헬렌에게 키스했다.

"어두워지기 전에 돌아올게. 나도 오늘 밤이 기대돼. 역시 너니까 이런 멋진 일도 생각해 내는구나."

"멋진 일이 아니야. 일종의 이별 의식이지."

헬렌이 약간 슬픔에 잠겨 말했다. 그리고 집을 나선 마거릿은 무언가 비극이 다가오는 듯한 느낌에 사로잡혔다.

하나의 예언이 적중한다는 것은 그다지 유쾌한 일이 아니었다. 마차를 타고 농장 옆을 지나갈 때, 그녀는 아무도 자신을 지켜보고 있지 않는 걸 다행으로 여겼다. 톰만이 건초 더미 위에서 공중제비를 넘고 있었다.

38

비극은 조용히 시작되었다. 많은 대화에서 그러하듯 이번에도 남자의 우월성에 대한 교묘한 주장에서 비롯되었다. 헨리는 마거릿이 마부와 다투는 소리를 듣고 집 밖으로 나가서 무례한 마부를 꾸짖은 뒤 잔디밭에 놓인 의자들 쪽으로 마거릿을 데리고 갔다. 이번 일에 대해 아무것도 모르는 돌리가 거기로 나와서 두 사람에게 함께 차를 마시자고 권했다. 헨리는 그 제안을 거절했다. 마거릿과 단둘이 이야기하고 싶으니, 막내를 태운 유모차를 다른 데로 끌고 가라고 했다.

"어머, 어차피 아기는 못 알아듣잖아요. 아직 9개월밖에 안 되었는데."

돌리가 어리광 부리듯이 말했다.

"그게 문제가 아니야."

시아버지가 호통 쳤다. 그리하여 아기는 그 자리에서 딴 데로 옮겨졌으며, 이 위기 상황에 대해 먼 훗날에야 듣게 되었다.

이제 마거릿 차례였다. 헨리가 물었다.

"우리가 걱정한 대로였지?"

"네."

"마거릿, 이번 일은 골치 아픈 문제라오. 서로 솔직하게 터놓고 얘기하는 게 이번 난관을 극복하는 데 도움이 될 거요."

마거릿은 고개를 숙였다. 헨리는 이야기를 계속했다.

"난 지금부터 당신에게 이것저것 물어볼 거요. 우리 둘 다 평소 같으면 건드리지 않고 넘어갈 만한 문제에 대해서. 사실 나는 이 세상에 존중할 것 따윈 하나도 없다는 식으로 행동하는 버나드 쇼 같은 사람은 아니오. 그래서 이제부터 해야 할 이야기를 꺼내기가 괴롭긴 하지만, 지금 상황이 상황인 만큼…… 우리는 부부고, 둘 다 어린애가 아니잖소. 나는 세상 물정을 아는 남자고, 당신은 아주 비범한 여자지."

마거릿은 감각이 마비될 지경이었다. 흥분해서 얼굴이 붉어졌다. 마거릿은 헨리 너머로 봄철 초목에 뒤덮인 여섯 개의 언덕을 바라보았다. 헨리는 아내의 안색을 보고 좀 더 친절한 태도를 취했다.

"당신 기분은 잘 알고 있소…… 참 안됐구려. 하지만 지금은 용기를 내야 해요. 한두 가지만 물을 테니 대답해줘요. 처제가 결혼반지를 끼고 있었소?"

"아뇨."

마거릿은 말을 더듬거렸다. 견딜 수 없는 침묵이 이어졌다.

"헨리, 실은 제가 온 건 하워즈 엔드에 관해서 부탁드릴 일이 있어요."

"그 이야긴 나중에 합시다. 내가 먼저 처제를 농락한 자의 이름을 물어야겠소."

그녀는 자리에서 일어나 의자 뒤로 가서는 그 등받이를 잡았다. 그녀의 얼굴은 핏기가 모두 사라져 잿빛이 되었다. 헨리는 아내가 자신의 질문에 이런 식으로 반응하는 게 기분 나쁘지 않았다.

"아니, 서두를 필요는 없소. 하지만 지금 당신보다 내가 더 곤혹스럽다는 걸 생각해 주구려."

마거릿이 비틀거리자 헨리는 그녀가 쓰러질까 봐 걱정했다. 그러나 얼마 뒤 마거릿은 정신 차리고 천천히 입을 열었다.

"농락한 사람은? 몰라요. 그 사람 이름이 뭔지는 못 들었어요."

"처제가 말해 주지 않았소?"

"누가 농락했냐고 묻지도 않았어요."

마거릿은 농락이라는 단어에 치를 떨며 말했다.

"거참 이상하군."

헨리는 이렇게 말하더니 곧 마음을 바꾸어 다시 말했다.

"아니, 묻지 않는 게 당연할지도 모르겠구려. 하지만 그자가 누구인지 알아내지 않으면 아무것도 할 수 없소. 앉아요. 안색이 아주 안 좋은걸 보니 역시 당신은 가지 말았어야 했어. 당신을 괜히 데리고 왔어."

"나는 서 있는 게 더 좋아요. 그래야 저 여섯 개의 언덕이 잘 보이니까요."

마거릿이 말했다.

"그러면 그렇게 하구려."

"헨리, 뭐 더 물어보실 게 있나요?"

"그러면 이제 당신이 알아낸 걸 이야기해 주구려. 당신은 통찰력이 있는 사람이니까. 나도 때로 당신의 그런 능력이 부럽소. 처제가 아무 말 안 했어도 뭔가 알아낸 게 있지 않소? 어떤 사소한 것도 우리한테는 도움이 될 거요."

"우리? 우리라뇨?"

"아까 찰스에게 전화를 했소."

그러자 마거릿은 얼마간 기운을 차리고 말했다.

"그럴 필요까진 없었는데요. 그래 봤자 공연히 찰스를 괴롭히는 게 아닌

가요?"

"찰스는 곧바로 처남을 만나러 갔다오."

"그럴 필요도 없었는데."

"마거릿, 내 설명 좀 들어 봐요. 나와 내 아들이 신사라는 건 당신도 잘 알잖소. 나는 처제를 위해서 이러는 거요. 지금이라면 아직 늦지 않아서, 처제의 명예에 흠집이 나지 않도록 손을 쓸 수 있을지도 몰라."

그때 마거릿이 처음으로 반격에 나섰다.

"그럼 헬렌을 농락했다는 그 남자하고 결혼시키겠다는 말씀이세요?"

"가능하다면."

"하지만 여보, 그 남자가 이미 결혼한 사람이면 어쩌시게요? 만에 하나 그럴 수도 있잖아요."

"그때는 그런 짓을 한 괘씸한 놈을 죽지 않을 만큼 두들겨 패 줘야지."

그리하여 마거릿의 일격은 빗나가고 말았다. 차라리 다행이었다. 마거릿은 왜 자신이 순간적으로 자기와 헨리 두 사람의 삶을 파멸시키려고 했는지 스스로도 알 수가 없었다. 헨리의 둔감함이 그들의 앞날을 구한 것이다. 분노로 탈진한 그녀는 다시 의자에 앉았다. 그는 이 정도는 말해도 되겠다 싶은 바를 아내에게 말했다. 그동안 마거릿은 눈을 깜빡이면서 남편 얼굴을 들여다보며 이야기를 조용히 듣고 있었다. 이윽고 헨리의 이야기가 끝나자 그녀가 말했다.

"이제 제가 당신한테 부탁드리고 싶은 걸 말해도 될까요?"

"물론이오."

"헬렌은 내일 뮌헨으로 떠날 건데……."

"아, 그것도 좋겠군."

"헨리, 제가 하는 말을 끝까지 들으셔야죠. 헬렌은 내일 떠날 건데, 오늘 밤만은 하워즈 엔드에 머물고 싶대요."

그것은 헨리의 삶을 위협하는 말이었다. 마거릿은 이번에도 또 말을 꺼내자마자 후회했다. 그런 말을 꺼내기 전에 좀 더 준비를 했어야 하는데. 마거릿은 이 일이 헨리의 생각보다 훨씬 더 중요한 의미를 갖고 있다는 사실을 어떻게든 그에게 알리고 싶었지만, 그는 그것을 상업적 제안처럼 받아들이고는 생각에 잠겼다. 마침내 그가 입을 열었다.

"왜 하필 하워즈 엔드지? 그냥 내 말대로 호텔에 가는 편이 낫지 않을까?"

그러자 마거릿이 서둘러 설명했다.

"희한한 부탁이라는 거 알아요. 하지만 당신도 헬렌이 어떤 아이인지 알잖아요. 또 여자가 그런 상태가 되면 어떤지도요."

그는 얼굴을 찌푸리고 신경질적인 몸짓을 했다.

"그 애는 당신 집에서 하룻밤을 보내면 즐겁기도 하고 여러 가지로 좋을 거라 생각하고 있어요. 제 생각도 마찬가지고요. 그 애는 상상력이 풍부한 아이라서 우리 책이랑 짐들 곁에 있으면 마음의 안정을 느낄 거예요. 그래요, 틀림없어요. 이걸로 헬렌의 소녀 시절을 끝내는 거죠. 그 애가 아까 나한테 마지막으로 '아름다운 이별 의식'이라는 말을 했거든요."

"옛날에 쓰던 가구를 보고 향수에 젖었나 보군."

"맞아요. 정확히 알아맞히셨어요. 그리고 헬렌이 그 가구들을 곁에 둘 수 있는 것은 오늘 밤이 마지막이에요."

"그건 아니지, 마거릿. 처제는 어디로 가나 그 가구들 가운데 자기 몫은 당연히 가질 테고, 당신은 처제를 정말로 좋아해서 처제가 원한다면 뭐든지 다 줄 테니까 어쩌면 처제는 자기 몫 이상을 가질 수도 있소. 뭐, 당연히 그 점에 대해서 내가 반대할 이유는 없지만 말이오. 만약 하워즈 엔드가 옛날에 처제가 살던 곳이라면, 나도 당신 말을 이해할 수 있을 거요. 왜냐하면 그런 주거지 또는 집이라는 것은……."

헨리는 말하는 도중에 좋은 구실이 생각났으므로 거기서 '집'이란 말을 끄집어냈다.

"집이라는 것은 거기서 한 번이라도 산 적이 있으면 뭔가 신성한 존재가 된단 말이오. 왜 그렇게 되는지는 나도 알 수 없지만, 어쩌면 무슨 연상 작용 때문인지도 모르겠구려. 그래서 나나 찰스나 이비와 하워즈 엔드 사이에는 그런 인연이 있지만, 처제한테는 그런 게 없단 말이오. 나는 왜 처제가 오늘 밤 그 집에서 지내고 싶어 하는지 도저히 이해하지 못하겠소. 그래 봐야 감기에 걸릴 뿐이잖소?"

"이해하지 못하셔도 괜찮아요. 그냥 헬렌이 그러고 싶어 한다고 생각하시면 돼요. 어쨌든 그러고 싶은 마음이 든다는 건 사실이고, 헬렌은 원래 그런 애니까요."

마거릿은 저도 모르게 언성을 높였다. 그러자 보기 드물게도 헨리가 마거릿의 예상을 뛰어넘는 말을 했다. 그것은 마거릿의 허를 찌르는 말이었다.

"하룻밤만 자고 가겠다는 것이 이틀 밤이 될지도 모르고, 나중에는 아예 하워즈 엔드에 눌러앉을지도 모르잖소?"

마거릿은 낭떠러지가 이제 코앞에 다가와 있음을 느꼈다. 그래도 입을 열어 대꾸했다.

"혹시 그렇게 된다 해도 상관없잖아요? 헬렌이 남에게 무슨 짓을 할 리도 없으니까요."

헨리가 또다시 신경질적인 몸짓을 했다. 마거릿은 거칠게 숨을 쉬면서 뒷걸음질 쳤다.

"아녜요. 우리는 딱 하룻밤 동안만 하워즈 엔드에 있을 거예요. 내일이 되면 헬렌을 런던으로 데려가서……."

"당신도 그 눅눅한 집에서 잘 거요?"

"그 애를 혼자 둘 수는 없잖아요."

"당신이 그런 짓을 한다고? 말도 안 돼. 정신 나간 짓이야. 당신은 여기에 있다가 찰스를 만나야 하오."

"아까도 말했지만 찰스에게는 굳이 알릴 필요가 없었고, 전 찰스를 만날 생각도 없어요."

"마거릿…… 마거릿……."

"이 일이 찰스와 무슨 관계가 있나요? 저와는 조금 관계가 있고, 당신과도 얼마쯤은 있지만, 찰스하고는 전혀 관계가 없잖아요?"

"찰스는 나중에 하워즈 엔드를 소유할 사람이야. 그러니까 관계가 있다고 생각하는데."

윌콕스 씨는 양손 손가락 끝을 맞대며 말했다.

"어떤 식으로요? 헬렌이 임신했기 때문에 땅값이 내려간다는 건가요?"

"여보, 어떻게 그런 말을?"

"아까 당신이 그러셨잖아요? 뭐든지 분명하게 말하라고요."

그들은 깜짝 놀라 서로를 바라보았다. 낭떠러지는 이제 발밑에 다가와 있었다.

"나도 처제에게 연민을 느끼오." 헨리가 말했다. "당신 남편으로서 최선을 다해 처제를 도울 거요. 그리고 처제가 이번 일의 피해자라는 사실이 밝혀질 거라 믿소. 하지만 아무 일도 없었던 것처럼 처제를 대할 수는 없소. 그건 내 사회적 지위에 맞지 않는 일이오."

그 순간 마거릿은 마지막으로 한 번만 더 자신을 억제하면서 말했다.

"그보다도 헬렌의 부탁에 대한 이야기로 돌아가요. 그건 이치에 닿지는 않을지 몰라도, 한 불행한 여자가 간절히 바라는 일이에요. 내일이면 헬렌은 독일로 떠날 거예요. 이 나라 사회에서 영원히 사라져 버릴 거라고요. 그런데 그 애가 오늘 밤, 당신에게는 별로 중요하지도 않고 벌써 1년이 넘게 거기서 살지도 않았던 당신의 빈집에 하룻밤만 묵기를 바라고 있어요. 그 부탁을 들어주실 수 없나요? 허락해 주실 수 없나요? 당신이 죄를 용서받길 원해서 실제로 용서받았듯이, 부디 제 여동생을 용서해 주시고 하룻밤만 거기서 지낼 수 있도록 허락해 주세요. 단지 그렇게만 해 주시면 돼요."

"실제로 용서받았듯이? 그게 무슨 뜻이오?"

"지금은 그 의미가 중요한 게 아니에요. 부탁을 들어주실지, 그거만 대답해 주세요."

어쩌면 그 의미의 일부가 어렴풋이나마 헨리에게 전달되었는지도 모른다. 하지만 그는 그것을 곧바로 부정하고 요새 속에 들어앉은 채 말했다.

"내가 융통성이 없어 보일지도 모르지만, 난 이 세상이 참으로 까다롭다는 것을 경험으로 알고 있소. 아무래도 처제는 호텔로 가는 게 좋을 것 같구려. 나는 내 아이들과 사랑하는 죽은 아내도 생각해야 하오. 미안하지만 처제를 당장 그 집에서 내보내야겠소."

"당신, 방금 윌콕스 부인 이야기를 하셨죠?"

"그게 뭐 어쨌단 거요?"

"드문 일이네요. 그 말씀에 대한 답으로 저도 바스트 부인 이야기를 꺼내도 될까요?"

"여보, 오늘따라 이상하구려. 피곤해서 그런가 보지."

이렇게 말하고서 헨리는 아무런 표정 없이 자리에서 일어섰다. 마거릿은 얼른 그에게 다가가 그의 두 손을 붙잡았다. 그녀는 이미 다른 사람이 되어 있었다.

"그런 식으로 말하지 마세요! 하지만 아무리 끔찍하다고 해도 두 사건이 어떻게 연결되는지 당신은 알아야 해요. 당신에게는 정부가 있었죠. 저는 그것을 용서해 주었어요. 그런데 당신은 제 여동생에게 애인이 생겼다는 이유로 그 애를 당신 집에서 쫓아내려 하고 있어요. 그 두 가지가 전혀 다른 문제인가요? 그렇다고 말한다면, 그건 어리석고 위선적이고 잔혹하며 경멸할 만한 일이 아니겠어요? 자, 여기에 한 남자가 있어요. 그는 아내가 살아 있는 동안에는 모욕했으면서, 그녀가 죽은 뒤에는 사랑하는 아내라고 말하면서 거드름을 피우고 있어요. 그는 한 여자를 노리개로 삼았다가 버렸고, 그 여자 때문에 다른 남자의 장래까지 망쳐 놨어요. 남에게 좋지 않은 충고를 하고서는 자기한텐 책임이 없다고 그래요. 자, 이 모든 게 당신이 한 짓이에요. 그 밖에도 얼마든지 있는데, 당신이 그걸 깨닫지 못하는 것은 매사를 연결시켜서 생각할 능력이 없기 때문이에요. 옳고 그름도 구별하지 못하는 당신의 친절은 이제 그만 사양하겠어요. 저는 당신의 응석을 지나치게 받아 주었어요. 당신은 평생 동안 응석을 부리면서 살아온 거라고요. 윌콕스 부인도 당신의 응석을 잠자코 받아 주었어요. 그러니까 지금까지 아무도 당신 머리가 나쁘다는 것, 용서할 수 없을 정도로 머리가 나쁘다는 것을 당신에게 말해 준 적이 없었던 거죠. 아, 당신 같은 사람은 후회도 구실로 삼아 버리니까, 후회 같은 건 하지도 말아요. 다만 헬렌이 이번에 저지른 짓은 당신 자신도 저지른 짓임을 스스로에게 가르쳐 주세요."

"아니, 그 두 가지는 같지 않소."

헨리가 우물거렸다. 그것은 그의 진정한 대답이 아니라, 복잡해진 머릿속을 정리할 시간을 벌기 위한 임시방편이었다.

"뭐가 다르다는 거죠? 당신은 윌콕스 부인을 배신했고, 헬렌은 그저 자신을 배신했을 뿐이에요. 당신은 그러고도 이 사회를 버젓이 활보하고 다니는데, 헬렌은 그러지 못해요. 당신은 좋은 추억거리를 만든 걸로 그쳤겠지만, 헬렌은 죽을지도 모른다고요. 어쩌면 그리도 당당하게 두 일이 다르다고 말할 수 있는 거죠, 헨리!"

그러나 그 말도 아무 소용없었다. 마침내 헨리가 대답했다.

"지금 나를 협박하려는 거요? 그게 과연 아내가 남편에게 할 짓인지 의문이구려. 나는 평생 동안 그런 협박은 죄다 무시하면서 살아왔소. 그러니까

당신한테도, 당신과 당신 여동생을 하워즈 엔드에 묵게 할 수는 없다고 다시
한 번 되풀이해서 말할 수밖에 없소."

마거릿은 손을 놓았다. 헨리는 집으로 들어가면서 손수건으로 두 손을 차
례로 닦았다. 마거릿은 군인들의 무덤인 여섯 개의 언덕을 한동안 멀거니 바
라보고 있다가, 어느새 어둠이 깔린 바깥으로 나갔다.

39

찰스와 티비는 현재 티비가 묵고 있는 듀시 거리의 집에서 만났다. 이 만남
은 짧고도 무의미했다. 두 사람에게 공통되는 것이라곤 영어뿐이었다. 그 영
어를 사용해서 두 사람은 서로 이해할 수 없는 내용을 표현하려고 애썼다.

찰스는 헬렌을 윌콕스 집안의 적으로 보았다. 그는 그녀를 슐레겔 집안에
서 가장 위험한 인물로 지목하고, 분노로 들끓는 가운데에도, 자신의 예감이
얼마나 옳았는지를 아내에게 떠벌릴 순간을 애타게 기다렸다. 그는 즉시 마
음을 굳혔다. 헬렌이 그들 집안의 명예를 더 이상 손상시키기 전에 서둘러
헬렌을 제거해야만 했다. 물론 기회가 온다면 헬렌을 어떤 바보나 악당과 결
혼시킬 수도 있겠지만, 그것은 요컨대 도덕과 타협하는 행위에 지나지 않았
다. 그의 주된 목적은 그런 게 아니었다. 찰스의 증오는 정직하고 격렬했다.
증오는 뭐든지 기억하고 편집하는 능력이 뛰어나므로, 과거 일들이 매우 뚜
렷한 형태로 그의 눈앞에 펼쳐졌다. 그것은 마치 수첩에 나열된 항목 같았
다. 그는 슐레겔 집안이 수행한 작전 결과인 몇몇 사건들을 훑어보았다. 먼
저 폴을 유혹하려는 시도가 있었고, 이어서 어머니의 유언, 아버지의 결혼,
하워즈 엔드에 슐레겔 집안에 짐을 가져다 놓은 일, 그 짐을 푼 일 등이 있
었다. 아직 그는 마거릿과 헬렌이 하워즈 엔드에 묵게 해 달라고 부탁했다는
이야기는 듣지 못했다. 나중에 그는 그 일을 헬렌 일당의 가장 교묘한 계략
으로 여기면서 역이용하게 되지만, 아무튼 이 시점에서 그는 이미 하워즈 엔
드가 적의 주요 목표임을 감지하고 있었다. 그래서 찰스는 그 집을 싫어하면
서도 끝까지 사수하기로 결심했다.

한편 티비에게는 아무 생각도 없었다. 그는 인습을 초월한 사람이었다. 헬
렌에게는 헬렌 본인이 원하는 대로 행동할 권리가 있지 않을까. 처음부터 인
습이라는 것에 사로잡혀 있지 않다면 인습을 초월하는 것도 별로 어려운 일

이 아니다. 남자는 언제나 여자보다는 인습에서 자유로울 수 있고, 특히 독자적인 재산을 가진 독신 남자는 인습을 초월하는 과정에서 아무런 어려움도 느끼지 않는다. 찰스와 달리 티비는 조상들이 물려준 충분한 돈이 있었으므로, 어딘가에서 남의 반감을 사더라도 다른 곳으로 이사하면 그만이었다.

티비는 남들에 대한 배려가 없는 태평한 사람이었다. 이건 분투하는 자들의 태도만큼이나 치명적인 것이다. 그 위에 차가운 교양은 얼마간 쌓을 수 있을지 몰라도 예술은 불가능하다. 누나들은 그런 문제를 알았고, 자신들이 디디고 선 황금 섬이 그들을 바다 위로 떠받쳐 준다는 사실을 잊지 않았다. 그러나 티비는 오직 자기밖에 몰랐으므로, 물에서 허우적거리는 자들이나 물 속에 가라앉은 자들을 경멸했다.

그래서 티비와 찰스의 만남은 무의미할 수밖에 없었다. 두 사람 사이의 거리는 정신적인 것이자 경제적인 것이었다. 그러나 몇 가지 사실이 티비로부터 찰스에게 전달되기는 했다. 찰스는 티비라는 옥스퍼드 대학 학생으로선 감당하기 어려운 무례한 태도로 티비에게 이것저것 캐물었다. 헬렌은 언제 독일로 갔는가? 누구네 집으로 갔는가? (찰스는 이 추문을 독일 땅에 묶어두고 싶어 했다) 다음으로 그는 전술을 바꾸어 아무렇게나 툭 던지듯이 말했다.

"사돈이 누나의 보호자라는 건 사돈도 알고 있죠?"

"그게 무슨 뜻이죠?"

"만약 누군가가 내 여동생을 노리개로 삼았다면, 난 그놈에게 총을 쏴버릴 거요. 뭐, 사돈은 신경 쓰지 않을지도 모르지만."

"그렇지는 않아요."

티비가 반박했다.

"그럼 사돈은 상대가 누구라고 생각하시오? 확실하게 말해 봐요. 이런 경우에는 대개 범인이 누군지 짐작이 가는 법이니까."

"짐작이 안 가는데요."

그 순간 티비는 자기도 모르게 얼굴을 붉혔다. 헬렌이 옥스퍼드에 있는 자기 하숙집으로 찾아왔던 일을 떠올린 것이다.

"뭔가 숨기고 있군요."

찰스가 말했다. 적어도 회견이라는 것의 형식으로 볼 때, 이 회견에서는 찰스가 승리했다.

"사돈이 누나를 마지막으로 만났을 때, 누나가 어떤 사람 이름을 말하지 않았소? 말해 보시오!"

찰스가 이렇게 윽박지르자 티비는 깜짝 놀랐다.

"그때 하숙집에 와서 어떤 사람 이름을 말했는데, 바스트 가족 이야기를 ……."

"바스트 가족이 누구요?"

"이비 양의 결혼식에 갔던 사람들이라고 하던데요."

"그런 사람은 기억나지 않는데. 아냐, 맞아, 기억나. 숙모님이 그때 무슨 소동이 났다고 말씀하셨어. 그래, 누나가 그 사람들 이야기를 하던가요? 그중에 남자도 있었어요? 남자 얘기는 안 했나요? 그렇지…… 사돈은 그 남자를 만났나요?"

티비는 입을 다물었다. 아무에게도 말하지 않겠다고 누나와 약속한 내용을 무의식중에 말해 버렸던 것이다. 그는 인간에 대한 관심이 너무 부족하다 보니, 이 말 한마디가 앞으로 어떻게 발전할지 짐작하지 못했다. 그는 정직함을 중시했고, 이제까지 약속을 어긴 적이 없었다. 그는 깊이 좌절했다. 헬렌에게 해를 끼치기도 했지만 자기 안의 결함을 발견했기 때문이다.

"오호, 사돈도 그 남자 편인가 보군. 두 사람은 사돈 방에서 만났고, 집안 꼴이 말이 아니구먼! 아, 불쌍한 우리 아버지……."

찰스가 방에서 나가자 티비 혼자 남았다.

40

레너드는 머잖아 신문 기사에서 크게 다루어질 테지만 그날 밤에는 별로 존재감이 없었다. 아직은 달이 집에 가려져 있어서 느릅나무 밑에는 그림자가 드리워 있었으나, 위쪽과 좌우 그리고 목장 전체에는 달빛이 비치고 있었다. 이 상황에서 레너드는 사람이 아니라 하나의 원인(原因)처럼 생각되었다.

그것은 헬렌의 연애 방식 때문이었는지도 모른다. 마거릿은 그날 그토록 고통을 겪고 헨리를 경멸하게 되었으면서도 여전히 헨리를 생각했는데, 이런 마거릿에게는 헬렌의 연애 방식이 아무래도 기묘해 보였다. 헬렌은 상대를 잊어버렸다. 그 사람은 한때 헬렌의 감정을 둘러싸고 있던 껍데기에 지나지 않았다. 헬렌에게는 동정심도 있고 희생정신도 있고 본능도 있었다. 그러나 남자와 여자가 성(性) 속에서 자기 자신을 잊고, 그런 뒤 우정 속에서 성 자체를 잊고자 갈망하는 그런 사랑을 헬렌은 해본 적이 있을까.

마거릿은 궁금했지만 비난은 하지 않았다. 이날 밤은 헬렌의 밤이었다. 앞으로 헬렌은 힘든 일을 수없이 겪어야 하고, 친구도 사회적 지위도 잃어야 할 것이다. 더구나 아직은 그 정체를 알 수 없는 출산의 고통이라는 것이 헬렌을 기다리고 있었다.

그러나 지금으로선 달빛이 밝게 비치고, 한낮에는 폭풍 같았던 봄바람이 이제는 살랑살랑 불어오고, 결실을 가져올 대지가 이곳에 평화를 가져오는 것으로 족했다. 마거릿은 속으로나마 감히 헬렌을 나무랄 마음이 나지 않았다. 어떤 도덕률로도 헬렌의 행동을 심판할 수는 없으리라. 그것은 전부거나, 아무것도 아니거나 둘 중 하나였다. 도덕은 살인이 도둑질보다 더 나쁘다고 우리에게 가르쳐 주면서 대부분의 죄를 이해가 가는 형태로 분류해 주지만, 헬렌의 경우는 그 분류 대상이 되지 않는다. 이 지점에서 분명한 말을 하는 사람일수록 도덕과 거리가 먼 사람이다. 그리스도 자신도 그런 질문에 확답을 하지 않았다. 아무튼 매사를 서로 연결해서 생각하지 못하는 사람들이 언제나 가장 먼저 죄인에게 돌을 던지려고 하는 법이다.

이날 밤은 헬렌의 밤이었다. 엄청난 희생으로 얻은 밤이었고, 다른 사람들의 슬픔으로 훼손될 수 없는 밤이었다. 마거릿은 자신의 비극에 대해서는 한마디도 하지 않았다.

헬렌이 느릿느릿 말했다.

"난 말이지, 가끔 무의식적으로 어떤 일 하나에만 매달리곤 해. 그때 나는 오로지 윌콕스 씨 때문에 레너드가 궁지에 빠졌다고 생각했어. 레너드가 너무 불쌍해서 못 견딜 지경이었지. 복수심까지 들 정도였어. 그런 상태가 몇 주일이나 계속되다가, 마침내 언니한테서 그 편지가 왔을 때……."

"그 편지는 쓰지 말걸 그랬어. 그건 헨리를 위해서도 전혀 도움이 되지 않았거든. 누구를 위해서건, 복잡한 과거 문제를 깨끗이 해결한다는 것은 인간으로선 꿈꾸기 힘든 일인 것 같구나."

마거릿은 이렇게 말하며 한숨을 쉬었다.

"바스트 부부와 인연을 끊겠다는 것이 설마 언니 생각일 줄은 몰랐어."

"지금 돌이켜 보니, 그건 내 실수였어."

"돌아보면 언니는 마땅히 그래야 했어. 사랑하는 사람을 보호하는 게 옳은 일이지. 나는 이제 정의 같은 것에 그렇게 민감하지 않아. 하지만 그때 레너드하고 나는 언니가 윌콕스 씨의 명령에 따라서 편지를 썼다고 생각했어. 아무리 그래도 너무했다는 생각이 들었어. 그때 우린 이미 상당히 흥분한 상태여서…… 2층으로 올라간 바스트 부인은 빼고서 나랑 레너드랑 단둘이 기나긴 이야기를 나누고 있던 참이었지. 내가 아무런 이유도 없이 레너드를 열심히 몰아대기도 했고. 아, 그것만 보아도 내가 위험 수위에 다다랐다는 사실을 깨달았어야 했는데…… 하여튼 그런 상황에서 언니가 보낸 편지를 받은 거야. 난 레너드를 데리고 가서 언니의 설명을 들어 보려고 했지. 그런데 레너드가 갑자기 그러는 거야. 자기는 일이 이렇게 된 이유를 알지만, 나는 알아서는 안 된다고. 그래서 그 이유를 제발 가르쳐 달라고 부탁했지. 레너드는 그것이 자기 부인과 관련된 일인데, 아무도 그 일을 알아서는 안 된다고 고집을 부렸어. 그런 이야기를 하고 있는 동안에도 우리는 끝까지 바스트 씨와 슐레겔 양이었지. 나는 나한테는 아무것도 숨기지 말라고 레너드에게 말하려고 했는데, 레너드의 눈빛을 본 순간, 윌콕스 씨가 그의 장래를 이중으로 망쳐 놓았다는 사실을 깨달았어. 그래서 레너드로 하여금 억지로 그 이야기를 하게 만들었어. 그때 나는 무척 쓸쓸했어. 그러니까 그건 레너드 탓이 아니야. 내가 가만히 있었더라면 그 사람은 여전히 나를 숭배하기만 했을 거야. 글쎄, 이건 너무 심한 얘긴지도 모르지만, 이제 나는 두 번 다시 레너드를 만나고 싶지 않아. 그래서 레너드에게 돈을 주고서 과거를 깨끗이 청산하려고 했지. 메그 언니, 그런 일에 대해서는 아직 모르는 게 너무 많아."

헬렌은 나무에 얼굴을 기대고 말을 이었다.

"또 사건의 흐름에 대해서도, 두 번 다 나는 쓸쓸했고, 밤이었고, 그런 뒤 공포가 찾아왔어. 레너드는 폴한테서 생겨난 걸까?"

마거릿은 얼른 말이 나오지 않았다. 몹시 피곤했다. 나무껍질에 박혀 있는 돼지 이빨에 저절로 관심이 쏠렸다. 치통을 치료한다는 그 이빨이 어둠 속에서 하얗게 빛났다. 그녀는 그 개수를 세어 보려다 입을 열었다.

"생겨난 것이 광기가 아니라 레너드라서 차라리 다행이야. 실은 네가 폴에 대한 감정의 반동으로 정신이 나가 버릴까 봐 걱정했거든."

"그래, 레너드를 발견할 때까지는 그 반동이 계속 이어졌었어. 하지만 이제 나는 제정신으로 돌아왔어. 있잖아, 메그 언니, 난 도저히 윌콕스 씨를 좋아할 수 없고, 윌콕스 씨에 대해서 좋게 말하는 것조차도 잘할 수 있을지 모르겠어. 하지만 이젠 그렇게 무턱대고 미워하지는 않아. 옛날처럼 윌콕스 집안사람들이라면 무조건 치를 떨지도 않고, 지금은 언니가 왜 윌콕스 씨와 결혼했는지 이해해. 그리고 언니는 지금 무척 행복할 거라고 생각해."

마거릿은 잠자코 있었다.

"그래, 이제는 나도 알 것 같아."

헬렌이 전보다 훨씬 더 다정한 목소리로 말했다.

"헬렌, 윌콕스 부인 말고는 아무도 우리의 이런 행동을 이해하지 못할 거야."

"죽었으니까…… 그래, 맞아."

"꼭 그런 것도 아니야. 내 생각에는 너도 나도 헨리도, 모두 다 윌콕스 부인의 정신의 일부에 지나지 않아. 부인은 뭐든지 다 알고 있어. 그분은 모든 것이야. 이 집이기도 하고, 그 위를 덮고 있는 이 나무이기도 해. 누구에게나 각자의 삶이 있듯이 각자의 죽음도 있는 것 같아. 누가 죽고 나면 아무것도 남지 않는다지만, 그렇게 아무것도 남지 않는 방식은 저마다 다르다는 생각이 들어. 나는 그분에게 있었던 지식이, 나에게 있는 지식과 똑같이 사라져 없어진다고는 도저히 생각할 수 없어. 그분은 진실의 세계를 알고 계셨어. 누군가가 연애를 하고 있다는 사실을 그 자리에 없었는데도 이미 알고 계셨지. 틀림없이 그분은 헨리에게 애인이 생겼다는 사실도 알고 계셨을 거야."

그때 갑자기 누군가의 목소리가 들려왔다.

"부인, 안녕히 주무세요."

"에이버리 할머니, 안녕히 주무세요."

마거릿이 이렇게 말하자 헬렌이 소리 죽여 물었다.

"왜 저 할머니가 우리를 도와주시는 걸까?"

"나도 그 이유를 알고 싶어."

에이버리 할머니는 잔디밭을 가로질러, 그곳과 농장을 나누는 경계선인 산울타리 속으로 사라졌다. 그곳에는 구멍이 나 있었다. 예전 산울타리에 난 구멍을 윌콕스 씨가 고치게 했는데도 같은 자리에 또다시 구멍이 난 것이다. 에이버리 할머니가 이슬을 밟으며 걸어간 발자국은, 윌콕스 씨가 뜰에서 경기를 할 수 있도록 잔디를 심어서 덮어 놨던 오솔길을 따라 남아 있었다.

헬렌이 입을 열었다.

"이 집은 아직 우리집이 아니야. 아까 에이버리 할머니가 인사를 했을 때 나는 우리가 여기 잠깐 머무는 손님이라는 걸 느꼈어."

"우린 언제 어디서나 그렇지."

"하지만 애정이 넘치는 손님이지."

"그리고 머무는 호텔마다 자기 집인 척하는 손님이고."

"나는 그런 척을 얼마 못해." 헬렌이 말했다. "이 나무 아래에 이러고 앉아 있는 동안에는 모든 걸 잊을 수 있지만, 내일이면 독일에서 달뜨는 모습을 보게 될 테니까. 언니가 나에게 아무리 친절을 베풀어도 내 생활을 바꿀수는 없어. 물론 언니가 나와 함께 간다면 모를까."

마거릿은 얼른 대답하지 않았다. 지난 1년 사이에 마거릿은 영국을 정말로 좋아하게 되었으므로, 외국에 가서 산다는 것이 지금으로서는 무척 괴롭게 느껴졌다. 그러나 영국에 계속 머물러야 할 이유가 뭐가 있겠는가? 아마 헨리는 마거릿이 화낸 것을 너그럽게 용서해 주고, 앞으로도 계속 거드름을 피우며 앞뒤가 맞지 않는 짓이나 하면서 살아갈 것이다. 하지만 그게 무슨 소용인가? 차라리 지금 당장 그의 기억 속에서 사라져 버리는 편이 낫지 않을까.

"헬렌, 너 진심이니? 내가 모니카와 잘 지낼 수 있을까?"

"잘 지내기는 힘들 것 같지만, 그래도 나는 진심으로 물은 거야."

"아무튼 지금 여기서 장래 계획을 세우는 건 그만두자. 그리고 과거 일을 회상하는 것도."

두 사람은 잠시 침묵을 지켰다. 지금은 헬렌의 밤이었다.

현재라는 시간이 시냇물처럼 흘러 두 사람 곁을 지나갔다. 느릅나무가 잎들을 살랑살랑 흔들었다. 그 나무는 그들이 태어나기 전부터 노래를 불렀고 그들이 죽은 뒤에도 그럴 테지만, 그 노래는 순간의 노래였다. 그 순간이 지나자 나뭇잎이 또 다시 살랑거렸다. 그들의 감각이 예민해졌고, 그들은 인생을 이해한 것 같았다. 그러자 인생이 지나가고, 나뭇잎이 또다시 살랑거렸다.

"이제 그만 잘까?" 마거릿이 말했다.

마거릿은 평화로운 시골 분위기에 젖어 들었다. 그것은 기억과는 상관이 없고 희망과도 별로 상관이 없다. 특히 다음 5분간에 대한 온갖 희망과는 전혀 관계가 없다. 그것은 인간의 이해를 초월하는 현재의 평화다. 그 속삭임은 '현재'라고 말했고, 두 사람이 자갈길을 걸어 집으로 돌아갈 때에도 '현재'라고 말했으며, 두 자매의 아버지 칼에 달빛이 쏟아졌을 때에도 또다시 '현재'라고 말했다.

두 사람은 2층에 올라가 키스하고 바깥의 속삭임이 한없이 되풀이되는 가운데 잠이 들었다. 처음에는 집 그림자가 느릅나무를 감싸고 있었지만 달이 점점 높이 떠오를수록 집과 나무는 둘로 갈라졌으며, 한밤중에 이르러서는 집도 나무도 한동안 달빛을 받아 뚜렷한 모습을 드러내고 있었다.

마거릿은 일어나서 뜰을 내다보았다. 레너드 바스트가 그녀에게 이토록 평화로운 하룻밤을 선사하다니, 참으로 신기한 노릇이었다. 레너드도 윌콕스 부인의 마음의 일부인 걸까?

41

그 사건이 있고 나서 레너드는 전혀 다른 삶을 살았다. 어니턴에 다녀온 뒤 몇 달 동안은 아무리 곤란한 일이 잇따라 일어나도 신경 쓰지 않았으며, 그보다 훨씬 더한 후회의 나날을 보냈다. 헬렌은 과거를 돌이켜보면서 사색할 여유가 있었고, 또 미래를 생각하면서 아이를 위해 이런저런 계획을 세울 수도 있었다. 그러나 아이 아버지는 오로지 자신의 죄밖에 보지 못했다. 그로부터 몇 주일이 지나서 다른 일들에 매달려 지내면서도 레너드는 갑자기 "짐승, 짐승 같은 놈! 네 놈은⋯⋯." 하면서 고래고래 소리 지르고픈 충동을 느꼈다. 그럴 때면 그는 두 사람으로 갈라져 대화를 나눴다. 또 어떤 때에는 하늘에서 갈색 비라도 내리는 것처럼, 사람 얼굴도 하늘도 알아보지 못할 지경이 되었다.

재키조차 그의 변화를 눈치 챘다. 가장 끔찍한 것은 잠에서 깨어났을 때였다. 어쩌다 상쾌한 기분으로 일어나도 얼마 안 되어 무거운 것이 그를 짓눌러 두뇌가 뜻대로 작동하지 않는 것을 느꼈다. 아니면 작은 인두들이 그의 몸을 여기저기 지지거나, 칼이 그를 쑤셔댔다. 그는 침대 끝에 앉아서 가슴을 움켜쥐고 신음했다. "어떡하나, 난 대체 어떡해야 하나." 이런 고통을 누그러뜨려 주는 것이라곤 하나도 없었다. 그는 자신이 저지른 죄에서 멀어질 수는 있었지만, 그러면 그 죄가 그의 영혼으로 옮겨 와 거기에서 자랐다.

후회는 진실의 세계에 속한 것이 아니다. 그리스인이 후회를 미덕으로 보지 않은 것은 올바른 판단이었다. 그 작용 방식은 너무나 변덕스러워서, 마치 복수의 여신들이 어떤 종류의 인간 또는 어떤 종류의 죄에만 이 형벌을 내리는 것처럼 여겨진다. 수많은 갱생 방법 가운데서도 이것은 가장 비경제적인 방법임에 틀림없다. 후회하는 인간은 병든 부분뿐만 아니라 건강한 조직까지 한꺼번에 잘라 내 버린다. 그 칼은 없애려는 악(惡)보다 더 깊은 부분까지 파고든다. 레너드는 그런 고통에 정면으로 부딪쳐야 했다. 이 과정에서 그는 전보다 순수해지기는 했어도 동시에 약한 인간이 되었다. 전보다 나은 사람이 되어서 이제는 자기감정을 억누르지 못하는 일은 없어졌지만, 애초에 억누를 감정도 별로 없다는 점에서 그는 그만큼 작은 인간이 된 셈이었다. 게다가 순수하다는 것이 평화를 의미하지는 않았다. 후회의 칼을 휘두르는 것은 열정에 사로잡히는 것과 마찬가지로 버릇이 되어 버렸다. 그래서 그 뒤에도 레너드가 비명을 지르며 깨어나는 일이 계속되었다.

레너드는 진실과는 상당히 거리가 먼 상황을 만들어 냈다. 그는 헬렌에게도 조금이나마 책임이 있다고는 꿈에도 생각지 않았다. 그날 밤 둘이서 나눈 이야기의 강렬함, 그의 성실함에서 비롯된 매력, 어니턴의 마력은 어둠이 깔린 거리와 끊임없이 속삭이며 흐르던 강물 속으로 사라져 버렸다.

헬렌은 절대적인 것을 사랑했다. 레너드는 절대적으로 무너져서, 그녀 앞에 이 세상과 결별한 고립된 남자로 나타났다. 그녀에게 그는 모험과 아름다움을 사랑하고 독립적인 삶을 원하는 진정한 남자였다. 그는 스스로를 파멸로 인도한 운명보다도 더 영예로운 모습으로 인생길을 걸어갈 수 있어야만 했다.

헬렌의 감정이 이비 결혼식에 대한 기억으로 일그러졌다. 겉치레가 요란한 무리가 남기고 간 쓰레기 같은 기억이었다. 이를테면 젠체하는 표정의 하인들, 손도 대지 않은 음식 더미들, 여자들의 요란한 드레스가 버석대는 소리, 자갈길 위로 기름을 질질 흘리는 자동차들 등. 어니턴에 도착한 그녀는 이 모든 쓰레기들을 보았다. 그리고 헬렌이 거기까지 간 목적을 이루지 못한 채 앞이 캄캄해지자, 그 기억들이 그녀를 취하게 했다. 운명의 희생자가 된 레너드와 그녀는 비현실 세계에 단둘이 있는 것 같았다. 30분 동안 그녀는 그를 절대적으로 사랑했다.

이튿날 아침에 헬렌은 이미 떠나고 없었다. 남기고 간 편지는 다정하면서도 혼란스러운 어조로 쓰여 있었다. 헬렌은 가능한 한 상대를 배려하면서 편지를 쓰려고 했지만 그것이 레너드에게는 끔찍한 고통을 안겨 주었다. 레너드는 스스로 어떤 예술품을 파괴한 것 같은 심정이었다. 런던 국립미술관에 있는 명화가 액자에서 억지로 뜯겨 나온 것만 같았다. 헬렌의 재능과 사회적 지위를 생각하면, 레너드는 길에서 처음 만난 사람에게 맞아 죽어도 할 말이 없을 정도였다. 레너드는 호텔 여종업원도 무섭고, 역의 짐꾼도 무서웠다. 아내도 처음에는 무서웠다. 그러나 시간이 흐르자 결국 자기도 이 여자와 조금도 다를 바 없다는 생각이 들어, 전과는 달리 다정한 마음으로 아내를 바라보게 되었다.

슈롭셔에 다녀오는 바람에 바스트 부부는 꼼짝달싹도 못할 만큼 곤경에 처했다. 헬렌이 떠나기에 급급한 나머지 호텔 숙박료를 계산하는 일도 깜빡하고, 바스트 부부의 기차표까지 자기 표와 함께 가져가 버렸던 것이다. 두 사람은 런던으로 돌아가기 위해 재키의 팔찌를 저당 잡혀야 했으며, 그로부터 며칠 뒤 마침내 파멸의 순간이 오고야 말았다. 물론 헬렌이 그에게 5천 파운드를 제공하겠다고 말했지만, 레너드에게 그런 돈은 무의미했다. 헬렌이 5천 파운드라도 들임으로써 그날 밤의 불행으로부터 무엇인가를 구해 내려고 애썼음을 레너드는 알지 못했던 것이다.

아무튼 그는 어떻게든 입에 풀칠하며 살아가야 했다. 그래서 가족들을 믿고 직업적인 거지가 되었다. 그것 말고는 살아갈 길이 없었다.

'레너드가 이제야 편지를 보냈구나.'

레너드의 누나 블랑쉬는 이렇게 생각하면서 남편이 보지 못하도록 그 편지를 감춰 놨다가, 남편이 일하러 간 사이에 살짝 꺼내어 읽었다. 읽어 보니 동생이 참 불쌍했다. 그래서 남편이 옷을 사라고 다달이 주는 용돈을 쪼개어 레너드에게 보내 주었다.

"레너드가 편지를 보내다니!"

며칠 뒤에 또 다른 누나 로라가 말했다. 로라는 그 편지를 남편에게 보여 줬고, 남편은 매우 무례한 답장을 써 보냈다. 그러나 그 편지와 함께 블랑쉬보다 더 많은 돈을 부쳐 주었으므로, 얼마 뒤 레너드는 매형 앞으로 또 편지를 썼다.

겨울이 지나는 동안 이런 체계가 점차 자리를 잡아갔다. 레너드는 자기와 아내가 결코 굶어 죽지는 않으리라는 것을 알았다. 그런 일은 가족에게 너무 큰 고통이 될 테니 말이다. 본디 사회는 가족을 바탕으로 이루어져 있기 때문에 영악한 건달은 얼마든지 이 점을 이용할 수 있다. 그리하여 서로에게 따뜻한 감정이라고는 하나도 없는 관계 속에서 몇 파운드, 또 몇 파운드가 레너드에게 계속 송금되었다. 상대는 레너드를 싫어했고, 레너드도 송금해 주는 사람들을 철저히 미워했다. 로라가 방탕한 여자와 결혼한 동생을 나무라는 편지를 써 보내자 레너드는 '겨우 그런 걸 가지고 화내다니, 진상을 알면 뭐라고 할까' 생각하면서 한층 더 누나를 미워하게 되었다. 또 블랑쉬의 남편이 일자리를 구해 줬을 때에도 레너드는 적당한 핑계를 대며 거절했다. 그는 어니턴에서는 일자리를 간절히 원했지만 그 뒤 지나친 고통으로 기력을 잃어버려, 어느새 실업자가 아니라 취직할 수 없는 사람들의 무리에 끼어들고 말았다. 한번은 교회에서 독송을 하는 형에게도 편지를 써 보냈지만 답장은 오지 않았다. 레너드는 또다시 편지를 써서, 자기와 재키가 형이 있는 마을까지 걸어가겠다고 전했다. 레너드는 상대를 협박하려고 그런 편지를 쓴 것은 아니었지만 형이 그에게 돈을 보내 줬으므로, 그때부터는 이것도 그가 살아가는 한 방편이 되었다. 그런 식으로 그는 겨울부터 봄까지 그럭저럭 살았다.

참담한 상황에서도 레너드에게는 두 가지 긍정적인 면이 있었다. 하나는 그가 과거를 혼동하지 않는다는 것이었다. 레너드는 여전히 살아 있었고 죄의식 속의 삶이라 해도, 살아 있다는 것은 축복이다. 대부분의 사람들이 실수를 얼버무리는데 쓰는 혼동이라는 진통제는 레너드의 입술을 지나가지 않았다.

　　내가 하루의 망각을 마신다면

내 영혼의 키도 줄어들리라.

가혹한 말이고 가혹한 사람의 말이지만, 모든 인성의 뿌리에 자리잡은 말이기도 하다.

또 하나의 긍정적인 면은 재키에 대한 레너드의 상냥한 마음씨였다. 그는 이제 한 여자를 책임지겠다고 결심한 남자의 경멸 비슷한 감정이 아니라, 좀 더 고귀한 감정으로 재키를 동정하게 되었다. 레너드는 툭하면 화내던 습관을 버리고, 재키의 굶주린 눈이 무엇을 원하고 있을지 생각해 보았다. 그것은 레너드뿐만 아니라 다른 어떤 남자도 재키에게 줄 수 없는 그 무언가 같았다. 언젠가는 좋은 날이 와서 재키가 자비로운 정의의 대접을 받을 수 있을까? 이 바쁜 세상이 자신의 부산물에게 보여 줄 틈이 없는 그런 정의를?

재키는 꽃을 좋아했고, 아무에게나 돈을 주었으며, 남을 원망하지도 않았다. 만약 재키가 아이를 낳았다면 레너드는 그녀를 사랑했을지도 모른다. 만약 레너드가 결혼하지 않았다면 그는 결코 남에게 돈을 뜯어내지 않고 그저 생명의 불꽃이 꺼지는 대로 죽어 갔을 것이다. 그러나 인생은 그렇게 단순하지 않다. 레너드는 재키를 부양해야 했다. 재키가 조금쯤은 멋을 부리고 맛있는 음식을 먹을 수 있도록 해 주기 위해서, 그는 인간으로서 차마 못할 짓을 계속했다.

어느 날 레너드는 마거릿과 그 남동생을 보았다. 세인트 폴 대성당 안에서였다. 비를 피할 겸, 지난날 감동하며 봤던 그림을 다시 보려고 거기에 들어갔었다. 그러나 성당 안은 어두웠고 그림이 걸려 있는 장소도 적당치 않았으며, 더욱이 그림의 주제인 '시간과 심판'은 이미 레너드 속에 있었다. 레너드에게는 다만 양귀비꽃을 한 아름 안고 있는, 언젠가는 누구나 다 그 품속에서 잠들게 될 '죽음'만이 매력적으로 느껴졌다. 그 그림을 힐끗 보고 나서 레너드는 아무 생각 없이 근처에 있는 의자 가운데 하나로 다가갔다. 그때 복도 저편에 마거릿과 그 남동생이 나타났다. 두 사람은 이리저리 오가는 사람들 속에 서 있었다. 둘 다 매우 심각한 표정을 짓고 있었다. 레너드는 틀림없이 헬렌 때문에 두 사람이 저렇게 걱정하고 있는 거라고 생각했다.

그는 성당 밖으로 쏜살같이 달아났다. 그러나 밖에 나오자 생각이 바뀌었다. 그냥 두 사람과 이야기를 나눌걸. 내 목숨이 대체 뭐라고 그랬을까. 다소 비난을 받는 것, 또는 감옥에 가는 것까지도 그게 뭐 대수겠는가. 레너드는 잘못을 저질렀다. 그것이야말로 그가 참으로 두려워하는 것이었다. 두 사람이 뭘 얼마나 알고 있는지는 모르겠지만, 레너드는 자기가 아는 것을 모조리 말할 작정으로 다시 성당에 들어갔다. 그러나 두 사람은 그새 성당에서 사라져 버렸다. 그들은 윌콕스 씨와 찰스하고 의논하려고 그곳을 떠났다.

마거릿을 봄으로써 레너드는 다른 생각을 하게 되었다. 그는 모든 것을 고백하고 싶어졌다. 비록 그 소망은 인간관계의 본질을 잃어버릴 위기에 처한 약해진 내면의 증거였지만, 그래도 추악한 형태를 취하진 않았다. 레너드는 고백을 한다고 해서 자기가 행복해지리라고는 생각하지 않았다. 다만 그렇게 함으로써 이 복잡하고 고통스런 사건을 끝내고 싶었을 뿐이다. 실은 자살하는 사람도 똑같은 것을 바란다는 점에서 이 두 가지 충동은 비슷하다. 그러나 자살은 뒤에 남는 사람들을 무시하는 행위이므로 큰 죄이다. 이에 비해 고백은 아무에게도 피해를 주지 않으며—이 점은 확실하다—, 영국인답지 않고 영국 국교에 의해 인정되지도 않은 행동이지만, 레너드가 그 길을 선택한 것은 그의 자유였다고 봐야 하리라.

게다가 그는 마거릿을 신뢰했다. 지금 그에게는 그녀의 냉정한 판단이 필요했다. 마거릿처럼 지적인 사람이라면 자기에게 반감은 가질망정 틀린 말을 할 리는 없었다. 레너드는 마거릿이 시키는 대로 뭐든지 다 하고, 그 때문에 헬렌을 만나야 하더라도 그 지시에 따를 생각이었다. 그것은 마거릿이 레너드에게 내릴 수 있는 가장 큰 형벌이었다. 게다가 마거릿은 헬렌이 어떻게 지내고 있는지 말해 줄지도 몰랐다. 이는 그에게는 가장 큰 보상일 것이다.

그는 마거릿에 대해 아무것도 들은 바가 없어서 그녀가 윌콕스 씨와 결혼했다는 사실도 몰랐다. 그래서 그녀가 있는 곳을 알아내는 데 며칠이 걸렸다.

성당에서 마거릿을 본 그날 저녁 그는 비를 뚫고 위컴 플레이스로 갔다. 거기에는 한창 새 아파트들이 들어서고 있었다. 슐레겔 집안사람들이 어디론가 이사를 간 것도 레너드 탓일까? 레너드 때문에 그들은 이 사회에서 살수 없게 된 것일까? 레너드는 도서관으로 가 봤지만, 그가 찾는 슐레겔 집안사람들은 거기에 비치된 주소록에 등장하지 않았다.

레너드는 그다음 날에도 조사를 계속했다. 점심시간에 윌콕스 씨의 회사 부근을 어슬렁거리다가 거기서 나오는 회사원들을 하나하나 붙들고 물어보았다. "실례지만, 선생님 회사의 사장님은 결혼하셨습니까?" 그들 대부분은 어이없다는 표정으로 레너드의 얼굴을 쳐다보기만 했고, 어떤 사람은 "그게 당신이랑 무슨 상관이냐"며 되묻기도 했다. 그런데 아직 쓸데없는 말을 삼가는 습관을 익지 못한 사람이 딱 하나 있어서, 그가 레너드의 질문에 대답해 주었다. 그러나 레너드는 윌콕스 씨의 자택 주소도 몰랐으므로, 그 주소를 알아낼 때까지 몇 번이나 지하철을 타고 다니면서 주소록을 조사해야 했다. 그리하여 마침내 그 집이 듀시 거리에 있음을 레너드가 알아낸 것은 그다음 주 월요일이었다. 때마침 마거릿이 남편과 함께 헬렌을 붙잡으러 하워즈 엔드에 간 날이었다.

그는 오후 네 시쯤 듀시 거리에 도착했다. 날씨가 개어서, 검고 하얀 세모꼴 대리석이 박힌 그 집 층계에는 눈부신 햇빛이 비치고 있었다. 레너드는 초인종을 누른 뒤 눈을 내리뜨고 그 층계를 보았다. 몸이 이상했다. 몸속에서 문이 열렸다 닫혔다 하는 것 같았다. 어젯밤에는 침대에 앉아서 벽에 등을 기댄 채 자야만 했다. 이윽고 하녀가 현관문을 열었다. 그때 갑자기 또 갈색 비가 내려서 그는 하녀의 얼굴을 제대로 볼 수가 없었다.

"저, 윌콕스 부인 계십니까?"

레너드가 물었다.

"외출중이십니다."

하녀가 대답했다.

"언제쯤 돌아오실까요?"

"여쭤 보고 오겠습니다."

마거릿은 자기를 직접 찾아온 사람은 절대로 그냥 돌려보내지 말라고 하녀들에게 단단히 일러두었다. 그래서 하녀는 현관문 안쪽에 쇠사슬을 걸고 나서—레너드의 행색을 보니 그럴 필요가 있을 것 같았다—티비가 있는 흡연실로 갔다. 그때 티비는 낮잠을 자고 있었다. 점심을 배불리 먹은 상태였고, 아직 찰스로부터 만나자는 전화는 오지 않았다. 그는 졸린 듯이 말했다.

"나도 몰라. 힐튼, 하워즈 엔드에 갔어. 누군데 그래?"

"여쭤 보고 오겠습니다."

"아냐, 그럴 필요 없어."

하녀는 레너드에게 가서 이렇게 말했다.

"윌콕스 부인은 차를 타고 하워즈 엔드에 가셨습니다."

레너드는 고맙다고 말한 뒤, 거기가 어디냐고 물었다.

"별걸 다 궁금해 하시네요."

하녀가 말했다. 그러나 평소에 마거릿이 자기 행선지를 숨기지 말라고 하인들에게 일러두었으므로, 하녀는 말하지 않는 편이 좋지 않을까 생각하면서도 하워즈 엔드는 하트퍼드셔에 있다고 대답했다.

"하워즈 엔드는 마을 이름인가요?"

"마을이라뇨. 그건 이 집 주인님의 집이에요. 아, 적어도 그분의 집들 가운데 하나죠. 마님께서 거기에 가구를 놓아두셨는데, 마을 이름이 힐튼이에요."

"그렇군요. 언제쯤 돌아오실까요?"

"슐레겔 씨는 모르신대요. 그렇게 뭐든지 다 알고 있을 수는 없죠. 누구든지 말이에요."

그때 갑자기 전화벨이 요란하게 울렸다. 하녀는 전화를 받으러 가려고 레너드가 돌아가기도 전에 현관문을 탁 닫았다.

레너드는 다시 한 번 고통스런 하룻밤을 보내게 되었다. 전보다 더 고백하기 어려워졌다. 그는 되도록 일찍 잠자리에 들었다. 하숙집 방바닥에 달빛이 살그머니 기어드는 모습을 바라보았다. 머리가 피로할 때 종종 그러듯이 그는 방의 다른 부분에 대해서는 눈을 감고 그 달빛에 대해서만 눈을 뜨고 있었는데, 참으로 기분이 나빴다. 그는 또다시 두 사람으로 갈라졌다. 한 사람이 먼저 입을 열었다.

"왜 기분이 나쁘다는 거야? 그냥 달빛이 비치고 있을 뿐인데."

"하지만 저게 움직이잖아."

"달도 움직여."

"그렇지만 저건 꼭 주먹처럼 보이는데."

"그게 뭐 어때서?"

"조금만 더 있으면 내가 있는 데까지 올 것 같아."

"오게 내버려 둬."

그리고 달빛이 갑자기 힘을 모아 그의 담요로 기어올랐다. 이윽고 푸른 뱀 한 마리가 나타나더니, 나란히 또 한 마리가 나타났다.

"달에도 생물이 있을까?"

"있고말고."

"없을 것 같은데."

"시간이나 죽음이나 심판 같은 작은 뱀은 없어."

"작은 뱀이 뭐야, 죽음이나 시간이 작은 뱀이라니!"

레너드가 벌컥 화를 내며 소리쳤다. 그는 몸뚱이를 잡아 찢는 의지력을 발휘해서 방의 다른 부분에 대해서도 억지로 눈을 떴다. 재키, 그들이 누워 있는 침대, 음식물, 의자에 걸쳐 놓은 옷가지가 서서히 그의 의식 속에 들어왔으며, 공포는 물위의 파동처럼 밖으로 사라져 버렸다.

"재키, 나 좀 나갔다 올게."

재키는 푹 잠들어 있었다. 달빛은 줄무늬 담요를 떠나, 재키의 발을 덮은 숄을 향해 나아가고 있었다. 레너드는 무엇을 두려워하고 있었을까? 그가 창문으로 다가가 보니 달은 맑게 갠 하늘에서 지기 시작하고 있었다. 달에 있는 사화산이 보였고, 아름다운 착오로 인해 '바다'라고 불리게 된 몇몇 부분이 환하게 빛나는 것도 보였다. 그러는 사이에 달빛이 희미해졌다. 달을 비추고 있던 태양이 이번에는 지구를 비추기 위해 하늘로 솟아오르고 있었다. 달의 바다가 단 하나의 밝은 표면이 되고, 그 표면 자체도 이윽고 새벽빛 속에 사라질 것이다. 그가 달을 무서워했다니!

레너드는 달빛과 새벽빛 속에서 옷을 챙겨 입고 돈을 세어 보았다. 돈은 다시 떨어져가고 있었지만, 힐튼까지 다녀올 만큼은 되었다. 동전이 짤랑거리는 소리에 재키가 문득 눈을 떴다.

"렌, 무슨 일이야!"

"금방 돌아올게, 재키."

재키는 몸을 뒤척이다가 다시 잠들어 버렸다.

집주인은 코번트 가든 청과물 시장에서 일하는 판매원이었다. 집 현관문은 잠겨 있지 않았다. 레너드는 밖으로 나와 기차역까지 걸어갔다. 출발 시간이 한 시간이나 남아 있었지만, 기차가 벌써 승강장 맞은편에 서 있었으므로 객실에 들어가서 의자에 드러누워 눈을 감았다.

기차가 덜컹거려 눈을 떠 보니 벌써 아침이었다. 기차는 킹스 크로스 역을 출발해 푸른 하늘 아래를 달리고 있었다. 그 뒤 터널을 여러 개 빠져나갔고, 그때마다 하늘은 더욱 푸르러졌다. 핀스베리 파크의 제방이 있는 곳에 이르렀을 때 레너드는 일출 장면을 보았다. 해는 동부에 펼쳐져 있는 공장 지대의 연기 속을 굴러가는 듯했는데—지는 달과 한 쌍을 이루는 바퀴 같았다—, 아직은 푸른 하늘의 주인이기보다는 하인처럼 보였다.

레너드는 다시 잠들었다. 트윈 호수에 이르렀을 때에는 이미 환한 낮이었다. 왼쪽에는 제방과 그 아치들이 만들어 내는 그림자가 드리워져 있었고, 오른쪽에는 트윈 숲과, 불멸에 대한 기이한 전설이 있는 교회가 보였다. 그 교회 묘지에 있는 어떤 무덤에서는 나무 여섯 그루가 자라났다는 것이다(이것은 사실이다). 전설에 따르면 한 여자 무신론자가 있었는데, 그 여자는 만약 하느님이 존재한다면 자기 무덤에서 나무 여섯 그루가 돋아날 것이라고 말하고서 죽었다고 한다. 그 근처까지가 하트퍼드셔고, 거기서 더 가면 윌콕스 부인이 알던 은둔자의 집이 나왔다. 그 은둔자는 집에 못질을 해서 아무도 안에 들여놓지 않았다. 또 그는 예언서를 썼으며, 자기가 가진 모든 것을 가난한 사람들에게 줘 버렸다. 그 교회와 은둔자의 집 사이에는 사업가들의 별장이 늘어서 있었다. 그 사업가들은 인생을 좀 더 뚜렷이 보고 있었지만, 눈을 반쯤 감고 세상을 바라보고 있었다.

그 모든 것 위에 햇빛이 쏟아졌다. 그 모든 것에 대해서 새들이 노래를 부르고, 노란 앵초꽃과 파란 냉초꽃이 피어났다. 시골은 누가 어떻게 그 속삭임을 받아들이든지 상관하지 않고 '현재'를 이야기하고 있었다. 그러나 시골은 아직 레너드를 해방시켜 주지 않았다. 기차가 힐튼에 도착했을 때, 칼은 더 깊숙이 그의 가슴에 꽂혔다. 하지만 후회는 어느새 아름다운 것이 되어 있었다.

힐튼 마을은 아직 잠들어 있었다. 가장 부지런한 사람이라도 이제 겨우 아침을 먹고 있는 중이었다. 레너드는 힐튼 마을에서 벗어나 시골로 들어가면서 그 차이를 깨달았다. 여기서는 사람들이 새벽같이 일어나 활동하고 있었다. 그들의 시간은 런던 사무실의 규정이 아니라, 곡물과 태양의 움직임에 지배되고 있었다. '그들이 가장 훌륭한 인종'이라는 말은 감상주의에라도 빠지지 않는 한 말할 수 없을 테지만, 적어도 그들은 햇빛에 따른 생활을 지키고 있다. 영국은 그들에게 희망을 걸 수밖에 없다. 나라 전체가 햇빛을 받아들일 수 있게 될 때까지, 그들은 매우 서툴게나마 그 햇빛을 받들어 갈 것이다. 반은 농사꾼이요, 반은 공립학교에서 교육을 받은 얼치기 지식인인 그들은, 그래도 옛날 자유농민의 고귀한 혈통을 이어받아 그 피를 자손에게 전한다.

백악 광산 근처에서 자동차 한 대가 레너드 옆을 지나갔다. 그 안에는 자연이 선호하는 유형의 인간, 즉 제국주의자가 타고 있었다. 건강하고 움직임을 멈추지 않는 그것은 세계를 집어삼키려고 한다. 그것은 자유농민만큼이나 빨리 또 확실하게 번식한다. 따라서 그것을 초(超)자유농민이라 부르고 싶은 유혹도 강렬하다. 그것은 자기 나라의 미덕을 해외로 가지고 간다. 하지만 제국주의자는 자신의 생각과도, 겉으로 보이는 것과도 다르다. 그는 파괴자이다. 언젠가 세계주의를 초래해 그의 야망이 채워지더라도 그가 장악한 땅은 잿빛 세상일 것이다.

외곬으로 자기 죄에 대해서만 생각하고 있던 레너드는 문득 확신했다. 자기에게는 없다 할지라도 이 세상 어딘가에는 본질적인 선(善)이 있을 것이라고. 그것은 레너드가 학교에서 배웠던 낙천주의가 아니었다. 인간의 기쁨에서 쓸데없는 요소들이 모조리 제거되기까지는 아직도 여러 번 드럼이 울리고, 요괴가 세상 이쪽 끝에서 저쪽 끝까지 걸어가야만 할 것이다. 레너드의 기쁨은 그의 슬픔에서 생긴 역설적 기쁨이었다. 지금으로서는 "죽음은 인간을 파괴하지만 죽음에 대한 관념은 인간을 구제한다"는 말로만 이 기쁨을 설명할 수 있으리라. 어쨌든 누추함과 비극은 우리 내부에 있는 모든 위대한 것에 호소하고, 사랑의 날개를 튼튼하게 해 줄 수 있다. 그러나 반드시 그렇게 된다고는 말할 수 없다. 이들 두 가지가 사랑의 노예는 아니기 때문이다. 하지만 그런 일이 가능하다는 것만은 확실하기에, 레너드는 그처럼 믿기 어려운 진실을 알고 위안을 받았다.

집이 점점 가까워지자 레너드는 모든 생각이 멈추었다. 머릿속에서는 상반된 관념이 양립하고 있었다. 그는 엄습하는 두려움을 느끼면서도 행복했고, 부끄러워하면서도 죄의식은 없었다. 자기가 해야 할 말은 '부인, 저는 나쁜 짓을 저질렀습니다'임을 알고 있었으나, 그날 아침부터 그 말은 의미를 잃어버렸다. 그는 오히려 멋진 모험을 하러 나온 기분이었다.

레너드는 뜰 안으로 들어가, 그곳에 주차되어 있는 자동차에 기대어 한숨 돌렸다. 현관문이 열려 있어서 집 안으로 들어갔다. 어려울 것은 하나도 없었다. 왼쪽 방에서 이야기 소리가 들려왔는데, 마거릿의 목소리도 섞여 있었다. 거기서 레너드 자신의 이름도 튀어나왔다. 그로선 처음 보는 어떤 남자가 말했다.

"여기 와 있었군? 그래, 있음직한 일이지. 내가 당장 죽을 맛을 보여 주마."

"윌콕스 부인, 저는 나쁜 짓을 저질렀습니다."

레너드가 말했다. 그러자 그 남자가 레너드의 멱살을 잡고 소리쳤다.

"몽둥이 좀 가져와!"

여자들이 비명을 질러댔다. 반짝이는 몽둥이가 레너드를 향해 떨어졌다. 그는 몽둥이를 맞은 곳이 아니라 심장이 아팠다. 책들이 소나기처럼 레너드 위로 쏟아졌다. 그러고는 끝이었다.

"물 가져와!"

찰스가 말했다. 그동안 내내 더없이 냉정하게 행동하던 그가 말을 이었다. "기절한 척하는 거야. 물론 칼끝은 쓰지 않았으니까. 밖에 데리고 나가서 찬바람이나 쐬어 주면 돼."

마거릿은 찰스가 상황을 정확히 파악하고서 그러는 줄 알았으므로, 그가 말하는 대로 했다. 모두 이미 죽은 레너드를 옮겨서 바깥 자갈 위에다 눕혔다. 헬렌이 그에게 물을 끼얹었다.

"그만하면 됐어요."

찰스가 말했다.

"그래, 사람이 죽었는데 뭘 더 어쩌겠어."

에이버리 할멈 집 안에서 칼을 들고 나오며 말했다

42

찰스는 듀시 거리에 있는 집을 나오자마자 가장 빠른 기차를 타고 힐튼의 집으로 돌아왔지만, 밤이 깊어서야 그 뒤에 일어난 사건을 알게 되었다. 그의 아버지는 혼자서 저녁식사를 했으며, 그때쯤 되어서 아들을 부르더니 매우 심각한 어조로 마거릿은 어디 있느냐고 물었다. 찰스가 대답했다.

"모르겠어요. 그래서 집사람도 저녁식사 시간을 늦추었는데 말이죠."

"돌아오면 알려 줘."

한 시간이 지났다. 찰스는 하인들한테 자라고 하고, 의견을 여쭙기 위해 다시 아버지를 찾아갔다. 마거릿은 여전히 돌아오지 않았다.

"제가 안 자고 기다려도 되지만, 오늘 밤에는 오실 것 같지 않네요. 여동생과 함께 호텔에서 묵으시지 않을까요?"

"그럴지도 모르지. 그럴지도 몰라."

윌콕스 씨가 생각에 잠긴 어조로 말했다.

"혹시 뭔가 더……."

"아니, 오늘 밤에는 그만하면 됐다."

윌콕스 씨는 시선을 들어 평소보다 부드러운 표정으로 찰스를 바라보았다. 그에게는 찰스가 귀여운 아이로도 보이고, 믿음직한 어른으로도 보였다. 아내는 믿음직스럽지 않다는 사실을 깨달았지만, 아직 그에게는 자식들이 남아 있었다.

한밤중에 윌콕스 씨는 찰스의 방문을 두드렸다.

"아무래도 잠이 오지 않는구나. 이참에 너에게 말해 둘 것이 있다."

윌콕스 씨가 덥다고 말하자 찰스는 그를 뜰로 데리고 나갔다. 두 사람은 실내복을 입은 채 뜰을 이리저리 오가며 이야기를 나누었다. 아버지의 이야기가 점점 진행될수록 찰스는 입을 다물게 되었다. 마거릿이 그 여동생만큼이나 나쁜 여자라는 사실을 그는 처음부터 알고 있었던 것 같았다.

"내일이 되면 마거릿의 마음도 바뀌겠지."

윌콕스 씨가 말했다. 물론 자신과 바스트 부인과의 관계에 대해서는 아무 말도 하지 않았다.

"하지만 나는 이런 일을 잠자코 두고 볼 수 없어. 십중팔구 마거릿과 처제는 지금 하워즈 엔드에 있을 거다. 거긴 내 집이고, 언젠가는 네 집이 되겠지. 그리고 내가 아무도 그 집에서 묵지 말라고 했으면 아무도 묵지 말아야해."

그는 화가 난 얼굴로 달을 올려다보며 말을 이었다.

"내 생각에 이번 일은 훨씬 더 중대한 것, 즉 재산권과 관련된 문제야."

"옳으신 말씀입니다."

찰스가 말했다. 윌콕스 씨는 아들과 팔짱을 꼈다. 그러나 왠지 이야기를 하면 할수록 아들이 점점 더 마음에 들지 않았다.

"내가 마거릿과 싸웠다고 생각하면 곤란해. 그 사람은 그때 흥분한 상태였거든. 물론 흥분하는 것도 무리는 아니지. 나는 처제를 가능한 한 도와줄 생각이지만, 그것은 두 사람이 그 집에서 당장 나간다는 조건하에서야. 알겠니? 꼭 그렇게 되어야 해."

"그러면 제가 내일 아침 여덟 시에 거기까지 차로 갔다 오면 되겠군요."

"더 일찍 갔다 와도 된다. 나를 대신해서 왔다고 말하렴. 아, 찰스, 물론 난폭한 짓은 하면 안 돼."

이튿날 아침, 찰스는 레너드의 시체를 자갈 위에 그대로 두고 돌아오면서도 자기가 난폭한 짓을 했다고는 생각하지 않았다. 레너드 죽음은 심장마비 때문이었으며, 찰스의 새어머니인 마거릿도 그렇게 말했다. 에이버리 할멈까지도 찰스가 칼날의 옆면만 사용했다고 인정했다. 마을을 지나는 길에 찰스는 경찰서에 들러 사건의 전말을 보고하고서 고맙다는 인사를 받았으며, 머지않아 검시가 실시되리라는 말도 들었다. 집에 와 보니 아버지가 뜰에 나와서 손차양을 하고 있었다. 찰스가 진지한 얼굴로 아버지에게 말했다.

"정말 끔찍했습니다. 역시 그 집에 그 남자도 와 있었습니다."

"남자…… 무슨 남자?"

"어젯밤에 말씀하신 바스트라는 남자 말입니다."

"어떻게 그런…… 어떻게 그런 짓을, 찰스, 네 어머니 집에서?"

윌콕스 씨가 말했다.

"네, 저도 그렇게 생각했습니다. 하지만 그 남자에 대해서는 더 이상 걱정하실 필요 없습니다. 심장이 매우 나빠진 상태였나 봐요. 그래서 제가 실컷 두드려 패기도 전에 그놈은 죽어 버렸습니다. 지금 경찰이 그 일을 조사하고 있어요."

윌콕스 씨는 아들의 이야기를 갑자기 주의 깊게 들었다.

"제가 그 집에 도착한 게, 그러니까 일곱 시 반쯤이었을 거예요. 에이버리 할멈이 난로에 불을 피우고 있었고, 두 분은 아직 2층에 계셨고요. 저는 응접실에서 기다렸어요. 그때도 왠지 수상쩍은 느낌이 들었어요. 하지만 두 분이 내려오시고 나서도 우리는 그럭저럭 정중하게 대화를 나누었죠. 아버지께서 하신 말씀을 전해 드리자 새어머니께서는 평소처럼 '그래요, 아, 그래요' 이렇게 대답하셨어요."

"그뿐이냐?"

"새어머니가 아버지께 인사를 전해 달라고 했어요. 그분은 오늘 저녁에 동생하고 함께 독일로 갈 거래요. 그 정도 말할 시간밖에 없었거든요."

그 말을 듣고 윌콕스 씨는 안심한 모양이었다.

"그런데 그쯤 되니까 그 남자도 더 이상 숨어 있기가 지겨웠나 봐요. 갑자기 새어머니께서 그 남자 이름을 부르셨죠. 저는 그 이름을 기억하고 있었기 때문에 얼른 달려가서 현관에 있는 그놈을 붙잡았는데요. 그래도 되는 거였겠죠? 약간 심하지 않았나 싶은데요."

"그건 모르겠다만, 그렇게 하지 않았다면 너는 내 아들이 아니다. 그리고 그 남자는…… 쓰러졌던 게로구나."

윌콕스 씨는 '죽었다'는 간단한 말을 차마 입에 올릴 수 없었다.

"그 남자가 책장을 붙잡는 바람에 책들이 그 위로 쏟아져 내렸어요. 그래서 저는 칼을 내려놓고 그놈을 뜰로 끌어냈습니다. 우리 모두 처음에는 그가 기절한 척한다고 생각했어요. 그런데 실은 죽었던 겁니다. 기분 나쁜 이야기죠."

"칼이라니, 그게 뭐지? 누구 거야?"

윌콕스 씨가 불안한 표정으로 물었다.

"그분들 겁니다."

"그래서 넌 그걸로 무슨 짓을 하려고 했느냐?"

"아니, 어쩔 수 없잖아요? 거기 있는 물건을 쓸 수밖에. 저는 채찍도 지팡이도 안 가지고 있었으니까요. 그래서 그 낡은 독일제 칼 옆면으로 그놈의 어깨를 한두 번 호되게 때려 줬죠."

"그다음에는?"

"방금 말씀드린 대로, 그자가 책장을 붙잡았고 그대로 같이 쓰러져 버렸습니다."

이렇게 말하고서 찰스는 웃었다. 늘 트집만 잡으려는 아버지를 위해서 뭔가를 해 준다는 것은 그리 쉬운 일이 아니었다.

"하지만 진짜 원인은 심장마비였단 말이지. 그건 확실한 거냐?"

"심장마비가 아니면 무슨 발작일 겁니다. 시체를 검시할 때 틀림없이 그런 불쾌한 얘기를 지겹도록 듣게 되겠죠."

그들은 아침을 먹으러 식당에 들어갔다. 찰스는 아무것도 먹지 않고 자동차를 몰고 다닌 탓에 머리가 지끈거렸다. 게다가 앞으로의 일도 걱정되었다. 아마 시체를 검시할 때 경찰은 마거릿과 헬렌도 소환해서 틀림없이 사건 내용을 철저히 밝혀낼 것이다. 그러면 자신도 그런 추문이 있었던 곳 근처에서는 살 수 없게 될 테니 조만간 힐튼을 떠나야 할 것이다. 안 그러면 아내가 너무 불쌍해지지 않겠는가. 그래도 찰스에게는 위안거리가 딱 하나 있었다. 아버지가 마침내 눈을 떴다는 것이다. 어차피 앞으로 큰 소동이 벌어져서 마거릿은 아버지와 별거하게 될 것이다. 그렇게 되면 그들은 처음부터 다시 시작하여, 어머니가 살아 계실 때처럼 살 수 있을 것이다.

"경찰서에 다녀와야겠다."

식사를 마친 뒤 윌콕스 씨가 말했다.

"어머, 왜요?"

아무것도 모르는 돌리가 물었다.

"어떤 차로 가시겠어요?"

"난 걸어서 갈 거야."

"거기까지 반 마일이나 되는데요."

찰스가 뜰로 나가면서 말을 이었다.

"4월치고는 햇빛이 상당히 강해요. 제가 차로 모셔다 드리죠. 돌아오는 길에 트윈 호수를 한 바퀴 돌면 어떨까요?"

"내가 마음에도 없는 소리를 했다고 생각하는 거냐?"

윌콕스 씨가 짜증스럽게 말했다. 찰스는 입을 꾹 다물었다. 아버지가 이야기를 계속했다.

"너희같이 젊은 사람들은 툭하면 차를 탈 생각만 하지. 하지만 나는 걷고 싶어. 나는 걷는 걸 좋아하니까."

"네, 그럼 원하시는 대로 하십시오. 무슨 일 있으면 연락하세요. 전 여기에 있을 테니까. 오늘은 회사에 안 가고 집에 있을 생각입니다."

"그렇게 해 주면 좋겠구나."

윌콕스 씨는 이렇게 말하면서 찰스의 옷소매에 손을 얹었다.

찰스는 당황했다. 아버지의 모습이 평소와 달라서 걱정스러웠다. 무언가 신경질적인 것이 남자라기보다 오히려 여자 같았다. 나이가 드신 탓일까? 윌콕스 가족에게 애정이 부족한 적은 없었다. 그들의 애정은 풍족했다. 다만 그걸 사용하는 법을 몰랐다. 그 재능이 잠들어 있다 보니 찰스는 따뜻한 마음의 소유자치고는 아버지를 아주 조금밖에 위로해 드릴 수가 없었다. 아버지가 발을 질질 끌며 멀어지는 모습을 바라보면서 그는 막연히 자신이 젊었을 때 '나'라고 말하는 법을 배우지 못했다는 사실을 유감스럽게 여겼다. 찰스는 배신자 마거릿을 대신해서 아버지를 위로해 드릴 생각이었지만, 어제까지만 해도 아버지가 마거릿과 함께 살면서 매우 행복했다는 사실을 잘 알고 있었다. 마거릿은 어떻게 그런 일을 해낼 수 있었을까? 분명히 뭔가 시시한 속임수를 썼겠지만, 대체 어떤 식으로 아버지를 속였을까?

열한 시에 윌콕스 씨는 매우 지친 모습으로 돌아와서 경찰의 말을 찰스에게 전했다. 내일 검시가 실시될 테니 경찰서에 출두해 달라는 것이었다. 그러자 찰스가 말했다.

"그렇겠죠. 제가 가장 중요한 증인이니까요."

43

줄리 이모의 병환에서 시작해 레너드의 죽음으로도 끝나지 않은 소동과 참화를 겪으며, 마거릿은 이제 다시 건강한 생활로 돌아간다는 게 불가능하다는 생각이 들었다. 사건들이 논리적이되 아무 의미 없는 순서로 연달아 일어났다. 그 와중에 사람들은 인간성을 잃었고, 그들이 집어드는 가치는 카드의 패처럼 우연한 것들이었다. 헨리가 어떤 행위를 저지른 결과 헬렌이 또다른 행위를 저지르게 되었고, 헬렌이 한 행위를 헨리가 잘못된 것이라고 생각하는 것은 자연스러웠다. 또 레너드가 헬렌이 어떻게 지내는지 걱정돼서 찾아온 것과 찰스가 그런 레너드에게 화를 낸 것도 자연스러웠다. 자연스러웠지만 비현실적이었다.

이 복잡하게 얽힌 원인과 결과 속에서 이 사람들의 진정한 '나'는 어디로 가 버렸을까?

레너드는 자연스런 원인으로 죽어 이곳 뜰 한구석에 누워 있다. 하지만 삶은 깊디깊은 강이며 죽음은 창공이었다. 삶은 집이며 죽음은 마른 풀 한 줌 또는 꽃 한 송이 아니면 탑이었다. 킹이 퀸을 이기고 그 킹을 에이스가 이기는 이 질서 정연한 광기 이외에, 삶과 죽음은 무엇이든지 될 수 있었다. 그러나 과연 그뿐이었을까? 그 배후에는, 마거릿의 발밑에 누워 있는 남자가 추구하던 아름다움과 모험이 있었고, 이제는 우리에게 주어져 있는 한계를 뛰어넘는 보다 진실한 인간과 인간의 관계가 있었다. 마치 감옥에 갇힌 사람이 하늘을 올려다보고는 별이 손짓한다고 느끼는 것처럼, 마거릿도 그 소동과 비참함 속에서도 그보다 더 성스러운 무언가가 작용하고 있음을 눈치챘다.

충격을 받아 말문이 막힌 상태에서도 헬렌은 머잖아 태어날 아이를 위해 침착함을 잃지 않으려 애썼고, 침착한 에이버리 할멈은 부드럽게 중얼거렸다. "아무도 이분한테 그의 아기가 생겼다는 말을 안 해줬나 보네요!" 헬렌도, 에이버리도 마거릿에게 아직 참화가 끝나지 않았음을 알려 주었다. 우리가 어떤 마지막 조화를 향해 나아가고 있는지 그녀로선 알 수 없었지만, 머잖아 한 아이가 인간 세계에 태어나서 그곳에 존재하는 아름다움과 모험에 한몫 끼려 하고 있다는 것만은 확실했다.

마거릿은 하얀 수선화와 붉은 반점이 있는 수선화를 따면서 햇빛 비치는 뜰을 걸어갔다. 이제 더 이상 할 일이 없었다. 전보와 분노의 시대는 끝났다. 레너드의 두 손을 가슴 위에 곱게 모으고 꽃으로 덮어 주는 것이 가장 좋은 일이라고 생각되었다. 이제 곧 태어날 아이의 아버지가 그곳에 누워 있었다. 그것으로 충분하지 않은가. 누추함이 비극으로 변하도록 내버려두어야 했다. 비극은 별과 같은 눈동자를 지녔고, 손에는 석양과 새벽을 함께 들고 있다.

경찰관들이 드나들기 시작한 것도, 천박하지만 예리한 의사가 돌아온 것도, 영원한 아름다움에 대한 마거릿의 신념을 흔들지 못했다. 과학은 인간이라는 존재를 설명할 수 있어도 이해하지는 못한다. 과학은 지금까지 몇 세기 동안 뼈와 근육만 상대하다가 이제야 겨우 신경에도 눈을 돌리기 시작했지만, 그렇게 얻어진 지식도 이해를 가져다주지는 못했다. 맨스브리지 씨 같은 부류의 인간에게 자기 마음속에 있는 것을 전부 다 털어놓아도, 마음의 비밀을 말했다고 할 수는 없으리라. 왜냐하면 그런 인간은 모든 점에서 흑백을 가리려고 하므로, 결국엔 흑백만이 남기 때문이다.

경찰관들과 의사는 마거릿에게 찰스에 대해 자세히 질문했다. 그녀는 그

까닭을 알 수 없었다. 레너드는 죽었으며, 의사도 그 원인이 심장병 때문이라고 인정했다. 그 사람들은 마거릿의 아버지가 남긴 칼을 보고 싶어 했다. 마거릿은 그때 찰스가 화낸 것은 충분히 이해할 만하지만 그것도 오해 때문에 생긴 일이었다고 설명했다. 이어서 그들은 레너드에 관해 시시한 질문을 잔뜩 퍼부었다. 마거릿은 마다하지 않고 낱낱이 답변했다. 그러자 그들은 또다시 찰스 쪽으로 질문의 화살을 돌렸다. . 마거릿은 이렇게 대답했다.

"찰스 윌콕스 씨가 그의 죽음을 유발했다고 의심할 수는 있겠죠. 하지만 아시다시피 그게 아니더라도 다른 원인이 있을 겁니다."

끝으로 그들은 마거릿에게 감사하다고 인사한 뒤에 시체와 칼을 힐튼으로 가져갔다. 마거릿은 방바닥에 떨어져 있는 책을 줍기 시작했다.

헬렌은 농장에 가 있었다. 헬렌은 검시가 끝날 때까지 기다려야 했으므로 거기 머무르는 게 가장 좋았다. 그러나 상황이 이렇게 되자 매지 부부는 헬렌을 맡지 않으려고 했다. 자기들이 하워즈 엔드 사건에 연루될 필요가 어디 있느냐는 것이다. 하기야 지극히 옳은 말이었다. 온 세상이 옳은 말을 할 것이다. 그리고 인습에 저항하는 모든 용감한 자들에게 풍성한 복수가 이루어질 것이다. 평소에 슐레겔 집안사람들은 "자기 자신과 친구 앞에서 한 점 부끄럼도 없으면 그만이다"라고 말하곤 했지만, 막상 사건이 터지고 나니 그 정도로 끝날 일이 아니었다. 그러나 매지는 결국 고집을 꺾었다. 헬렌은 농장에서 하루 낮과 밤을 조용히 보내다가 다음 날 독일로 돌아갈 것이다.

마거릿도 헬렌과 함께 가기로 결심했다. 헨리에게서는 아무런 연락도 없었다. 어쩌면 마거릿이 사과하기를 기다리는지도 모른다. 이제 여유가 생긴 마거릿은 자신의 비극을 찬찬히 돌이켜 보고, 자기가 사과할 이유가 없음을 확인했다. 마거릿은 헨리를 용서하지 않았고, 그러고 싶지도 않았다. 그에게 말했던 내용은 지금에 와서도 한마디도 고칠 필요가 없을 만큼 완벽했다. 그것은 세상의 잘못을 바로잡기 위해 한 번은 해야 할 말이었다. 그것은 자기 남편뿐만 아니라 남편과 같은 수천수만의 남자들을 상대로 한 말이요, 상업적인 시대의 도래와 더불어 그 주동자들의 내면에서 생겨나는 어둠에 대한 항의였다. 앞으로 헨리가 마거릿 없이 살아가게 되더라도 마거릿은 그에게 사과해서는 안 되었다. 헨리는 한 남자에게 제기되는 문제들 중에서도 특히 옳고 그름이 분명한 문제에 대해서도, 매사를 연결시켜 생각하기를 거부하고 있었다. 따라서 두 사람의 사랑은 좌절될 수밖에 없었다.

확실히 더는 아무것도 할 수 있는 일이 없었다. 두 사람은 낭떠러지에서 떨어지지 않으려고 애를 썼지만 결국 추락하고 말았다. 어쩌면 추락은 불가피했는지도 모른다. 그리고 이 세계가 맞이할 미래 역시 피할 수 없는 것이라는 생각이 들자 마거릿은 어느 정도 위안을 얻었다. 앞으로도 원인과 결과는 끊임없이 복잡하게 얽힐 것이다. 이 움직임은 어떤 목표를 향한 것일 텐데, 그 목표가 어떠한 성질의 것인지 마거릿은 상상할 수 없었다. 이럴 때 인간의 영혼은 내면으로 돌아가서 보다 깊은 흐름에 몸을 맡긴 채 죽은 자와 이야기를 나눈다. 그리고 세상의 영광이 줄어든 게 아니라 자신이 생각하던 것과 종류가 다름을 깨닫는다. 영혼은 사소한 것들이 흐릿해질 때까지 초점을 수정해 나간다. 마거릿은 그해 겨울 내내 그런 방향으로 나아가다가 레너드의 죽음을 통해 드디어 그 목표에 도달했다. 그리하여 진실의 세계가 나났는데, 그곳에서 헨리는 점점 사라져 갔다. 이제는 오직 헨리에 대한 마거릿의 사랑만이 그의 추억을 간직한 채 남아 있었다. 마치 꿈에서 깨어난 사람이 아주 어렴풋하게 어떤 장면을 기억하듯이.

마거릿은 헨리의 미래를 선명하게 그려 볼 수 있었다. 그는 곧 건강한 정신을 되찾을 것이다. 그의 중심이 썩었다 한들, 그것이 그에게나 이 세상에 무슨 상관이 있겠는가! 그리고 그는 돈 많고 유쾌한 노인이 될 것이다. 때로 여자들에게 마음이 약해지기도 하겠지만, 누구하고나 기꺼이 술잔을 기울일 수 있는 그런 할아버지 말이다. 분명히 헨리는 권력에 집착하여 언제까지나 찰스를 비롯한 가족들을 독립시키지 않고 버티다가, 나이를 잔뜩 먹은 뒤에야 마지못해 은퇴할 것이다. 그리고는 어딘가에 정착해서…… 그러나 마거릿은 그다음부터는 확실히 그려 볼 수가 없었다. 마거릿이 보기에 헨리는 늘 움직이고 있으며 또 다른 사람들도 움직이게 하는데, 그런 일이 이 세상 끝까지 계속될 것만 같았다. 그러나 나중에는 그도 지쳐서 어딘가에 정착하고 싶어질 텐데, 그다음에는 무엇이 찾아올까? 그것은 이미 정해져 있었다. 영혼은 자신에게 알맞은 천국으로 날아갈 것이다.

거기서 그들은 만날 것인가? 마거릿은 자신의 불멸성을 믿었다. 그녀는 영원한 미래를 지극히 자연스러운 것으로 받아들였다. 그리고 헨리도 자신의 불멸성을 믿었다. 하지만 거기서 그들이 다시 만날 것인가? 그가 비난하는 강신술이 우리에게 가르쳐주듯, 무덤 너머에도 끝없는 단계가 사람을 기다리고 있지 않을까? 그리고 그의 단계가 높건 낮건 간에 그녀의 단계와 같을 수 있을까?

마거릿이 이런 생각에 잠겨 있을 때 크레인이 차를 몰고 찾아왔다. 헨리가 만나고 싶다는 말을 전하려고 그를 보낸 것이다. 다른 하인들은 물처럼 흘러 지나갔지만 이 무례하고 제멋대로인 운전사는 남았다. 마거릿은 크레인을 싫어했고, 크레인도 그 사실을 알고 있었다.

"그 사람이 열쇠가 필요하다던가요?"

마거릿이 물었다.

"그런 말씀은 전혀 없었습니다."

"쪽지 같은 걸 들려 보내지도 않으셨어요?"

"네, 그런 것도 없었습니다."

마거릿은 잠시 생각하고 나서 하워즈 엔드에 자물쇠를 채웠다. 이 집이 머지않아 완전히 사라져 버릴 따스함을 이제 와서 지니기 시작했다는 것은 참으로 안타까운 일이었다. 마거릿은 주방에서 활활 타고 있는 불을 긁어낸 뒤, 타고 남은 찌꺼기를 자갈 깔린 안뜰에다 버렸다. 그러고는 창문을 닫고 커튼을 쳤다. 이런 일이 일어났으니 헨리는 틀림없이 이 집을 팔려고 내놓을 것이다.

마거릿은 그를 용서하지 않으리라 결심했다. 두 사람의 관계에서 변한 건 하나도 없었으며, 마거릿의 마음은 전날 밤과 거의 달라지지 않았다.

헨리는 찰스네 집 대문 앞에 서 있다가 차를 향해 멈추라는 신호를 보냈다. 마거릿이 내리자 그는 쉰 목소리로 말했다.

"밖에서 이야기하고 싶소."

"유감스럽지만 그러는 편이 낫겠네요. 제 전갈은 찰스를 통해 받으셨지요?"

마거릿이 말했다.

"무슨 전갈?"

"저는 여동생과 함께 독일로 갈 거예요. 다시는 돌아오지 않으리라는 말도 해 두어야겠군요. 어젯밤에 했던 이야기는 당신이 생각하신 것보다 훨씬 더 중대한 이야기였어요. 그래서 저는 당신을 용서할 수 없고, 당신과 헤어지기로 마음먹었어요."

"나는 지칠 대로 지쳤소. 오전 내내 정신없이 뛰어다녔거든. 이제는 어디에 좀 앉고 싶구려."

헨리가 불만스러운 듯이 말했다.

"이 풀밭은 어때요?"

노스 컨트리 가도 양옆에는 풀밭이 이어져 있었는데, 그 대부분을 멋대로 소유해 버린 것이 바로 헨리 같은 인간들이었다. 마거릿은 여섯 개의 언덕이 있는 길 건너편 풀밭으로 갔다. 두 사람은 찰스나 돌리에게 이 모습을 보이고 싶지 않아서 언덕 뒤쪽에 자리 잡고 앉았다.

"여기 열쇠 있어요."

마거릿이 이렇게 말하며 그에게 열쇠 꾸러미를 던졌다. 꾸러미는 양지바른 언덕 비탈에 떨어졌고 그는 집어 들지 않았다.

"할 말이 있소."

헨리가 부드러운 목소리로 말했다. 마거릿은 그런 표면적인 부드러움을 잘 알고 있었다. 헨리가 그런 식으로 자기가 잘못했다고 말해 봤자, 그것은 남자다움을 과시하려는 수단에 지나지 않았다. 마거릿은 입을 열었다.

"듣고 싶지 않아요. 헬렌은 이제 곧 아이를 낳을 거고, 저는 앞으로 헬렌과 같이 살 거예요. 저하고, 헬렌하고, 헬렌 아이하고 셋이서 지금부터 또 뭔가를 이루어 나가야죠."

"어디로 갈 생각이오?"

"뭔헨이오. 헬렌만 괜찮다면, 검시가 끝난 다음에 떠날 거예요."

"검시가 끝난 다음에?"

"네."

"당신 생각에는 검시 결과가 어떻게 나올 것 같소?"

"그야 심장병 때문에 죽었다고 나오겠죠."

"아니, 그렇지 않소. 과실 치사죄로 판명될 거요."

마거릿은 손가락을 풀밭 깊이 넣었다. 그녀가 깔고 앉은 언덕이 살아 있는 듯 꿈틀거렸다.

"과실 치사죄."

윌콕스 씨는 다시 한 번 되풀이하더니 이야기를 계속했다.

"찰스는 감옥에 갈지도 모르오. 이 사실을 찰스에게 알려 줄 용기가 없구려. 어쩌면 좋을지 모르겠소…… 어쩌면 좋을지. 난 이제 틀렸소…… 끝장났단 말이오."

마거릿이 갑자기 헨리에게 따뜻한 마음을 품을 리는 없었다. 하지만 그를 무너뜨리는 게 그녀의 유일한 희망은 아니었다. 그녀는 고통스러워하는 헨리를 감싸안지 않았다. 그러나 그날부터 그다음 날에 걸쳐서 또 다른 새로운 생활이 시작되었다. 검시 결과, 찰스는 기소되었다. 찰스가 벌을 받게 된 것은 이치에 맞지 않는 일이었다. 그러나 인간의 형상대로 만들어진 법은 그에게 3년의 징역형을 선고했다.

그것으로 헨리의 요새는 무너졌다. 그는 자기 아내 말고는 아무도 만나지 않았다. 판결이 나자 그는 발을 절며 마거릿을 찾아가서 자기를 도와 달라고 애원했다. 마거릿은 가장 손쉬운 방법을 택했다. 그를 쉽게 해 주려고 하워즈 엔드로 데려간 것이다.

44

톰의 아버지가 목장에서 풀을 베고 있었다. 풀 베는 기계의 칼날들이 부딪치는 소리와 갓 베인 풀의 향긋한 냄새에 둘러싸인 채 몇 번이나 목장을 오갔다. 점점 작아지는 원을 그리면서 목장 중심부로 걸어가고 있었다. 한편 톰은 헬렌과 대화를 하고 있었다.

"나는 잘 모르겠는데. 메그 언니, 우리 아기를 그렇게 해도 될까?" 헬렌이 말했다.

마거릿은 바느질하던 손을 멈추고는 헬렌과 톰을 보면서 물었다.

"아기를 어떻게 한다고?"

"톰이 우리 아기를 건초 더미 속으로 데려가서 같이 놀아도 되냐고 묻는데."

"글쎄, 어떨까?"

마거릿은 말하고서 다시 바느질을 시작했다.

"톰, 아기를 일으켜 세우면 안 돼. 엎드리게 해도 안 돼. 또 머리가 흔들리는 곳에 눕혀도 안 되고, 놀리거나 간지럼을 태워도 안 돼. 저 기계로 두 동강이 나게 만드는 것도 곤란하고. 알았니? 내 말대로 잘할 수 있겠어?"

톰이 아기를 향해 두 손을 내밀었다.

"저 애는 아기를 참 잘 보는구나."

마거릿이 말했다.

"아기를 좋아해서 그런 거야. 평생 아기의 친구가 되줄거야, 틀림없어."

헬렌이 말했다.

"여섯 살짜리와 한 살짜리가 벌써부터 말이지."

"응, 맞아. 이건 톰에게도 좋은 일이야."

"아기에게는 더 좋은 일이겠지."

일 년이 지났지만, 마거릿은 아직도 하워즈 엔드에 머물고 있었다. 더 좋은 생각이 떠오르지 않았기 때문이다.

지금 목장은 풀을 베어내고 뜰에는 크고 붉은 양귀비꽃들이 피기 시작하고 있었다. 7월에는 밀밭에 작고 붉은 양귀비꽃들이 피고, 8월에는 밀을 거두어들인다. 그런 평범한 일들이 지금부터는 해마다 마거릿 삶의 한 부분을 차지할 것이다. 마거릿은 여름이면 우물이 마를까 봐 걱정하고, 겨울이면 수도관이 얼까 봐 걱정하는 일을 되풀이할 것이다. 그리고 서쪽에서 태풍이 올 때에는 느릅나무가 언제 쓰러질지 걱정이 되서 이야기를 할 수도 없고, 책을 볼 수도 없었다. 지금은 바람이 안 부는 계절이어서 마거릿은 헬렌과 함께, 뜰의 잔디가 목장으로 이어지는 부분에 앉아 있었다. 한때 이비의 바위산이 있던 장소였다.

"시간이 많이 걸리네. 안에서 무슨 일을 하고 있는 걸까?"

헬렌이 말했다. 마거릿은 너무 걱정이 되어 잠자코 있었다. 근처에까지 풀베는 기계 소리가 들렸다 안 들렸다 파도 소리처럼 들리고, 두 사람 옆에서는 한 남자가 구덩이에 난 풀을 큰 낫으로 베고 있었다.

"형부도 밖으로 나올 수 있으면 좋을 텐데. 이런 날 집에만 틀어박혀 있어야 하다니, 얼마나 괴로울까."

헬렌이 말했다.

"그럴 수밖에 없으니 어쩌겠니. 그이가 이곳에 살면서 걱정하는 건 꽃가루 알레르기야. 그래도 여기가 좋대."

마거릿이 대답했다.

"메그 언니, 형부는 병에 걸리신 거야, 아닌 거야? 난 도저히 모르겠어."

"그냥 늘 피곤해서 저러는 거야. 그이는 평생 동안 일만 하느라 아무것도 모르고 있었거든. 그런 사람이 뭔가를 깨달으면, 더는 아무것도 못하게 되지."

"난리가 났을 때 형부가 한 짓이 신경 쓰이나 봐?"

"응, 무척 신경 쓰고 있어. 그래서 오늘은 돌리가 안 오는 편이 낫겠다고 생각했는데, 다른 사람들이 다 부르고 싶어 하더라고. 어쩔 수 없지."

"왜 부르셨을까?"

마거릿은 아무 말 안했다.

"메그 언니, 언니한테 이런 말 해도 될지 모르겠지만, 난 형부가 좋아."

"좋아하지 않는다면 오히려 이상하지."

마거릿이 말했다.

"하지만 전에는 싫었어."

"전에는 말이지."

순간 마거릿은 잠시 과거의 지옥 같던 생활을 생각했다. 레너드와 찰스 말고 모두가 그 지옥을 무사히 건너온 것이다. 이제는 모두들 새로운 생활을 하기 시작했다. 아주 소박하기는 해도 평온한 생활이었다. 레너드는 이미 죽었고, 찰스는 형기가 아직도 2년이나 남아 있었다. 전에는 미래가 전혀 보이지 않았지만 이제는 다르다.

"난 형부가 그렇게 걱정을 해 주니까 좋아하는 거야."

"그리고 넌 걱정을 안 하니깐, 그이가 너를 좋아하는 거고."

헬렌은 한숨을 쉬었다. 왠지 꾸중을 들은 것 같아서 두 손으로 얼굴을 가렸다. 잠시 그러고 있다가 불쑥 말을 꺼냈다.

"사랑이라는 것은……."

사실 그렇게 엉뚱한 이야기는 아니었다. 마거릿은 바느질을 멈추지 않았다.

"남자에 대한 여자의 사랑 말인데, 전에는 사랑에 내 일생을 걸어야 한다고 생각해서 뭔가에 쫓기는 사람처럼 우왕좌왕했어. 하지만 이제는 그러지 않는 걸 보니까 나도 병이 나은 모양이야. 프리다가 아직도 편지로 이야기하는 산림청 직원은 분명 훌륭한 남자겠지만, 내가 이제 결혼하지 않을 거라는 게 이해가 안 되나 봐. 부끄럽거나 자신을 믿을 수 없어서 그러는 건 아니야.

난 그냥 끝나 버렸을 뿐이야. 어릴 때에는 사랑에 대해 이런저런 공상을 하면서 좋건 나쁘건 뭐가 어려울까라고 생각했는데, 사실은 사랑 자체가 환상이었던 거야. 언니 생각은 어때?"

"그건 아닌 것 같아. 난 그렇게 생각하지 않아."

"나는 레너드를 사랑했다는 것으로 기억하고 있어야 해……."

헬렌이 목장으로 내려가면서 말을 이었다.

"난 그를 유혹하고 심지어 죽여 버린 셈이니까, 그 정도는 해야 하는데…… 오늘 같은 날에는 내 마음을 몽땅 레너드에게 바치고 싶은데, 난 도저히 그럴 수가 없어. 아무리 그런 척해 봤자 소용없어. 난 레너드를 잊기 시작한 거야."

눈물이 그렁그렁 고였다.

"하나도 균형이 안 맞아. 어째서 그럴까? 사랑하는 내……."

헬렌은 말하다 말고 "토미!" 하고 불렀다.

"네, 왜요?"

"아기를 일으켜 세우면 안 돼. ……나에게는 뭔가가 빠진 것 같아. 언니는 형부를 사랑하고 있고, 날마다 형부를 더 잘 이해하고 있어. 언니네 두 사람은 죽어도 헤어지지 않을 거라고 믿어 의심치 않아. 그러나 나는…… 나에게는 심각한, 정말 무서운 문제가 있는 게 아닐까."

마거릿이 헬렌의 말을 막았다.

"인간이라는 존재가 서로 많이 달라서 그런 거야. 온 세상 남자와 여자가 스스로 가고 싶은 곳으로 갈 수 없어서 고민하고 있어. 어떤 사람들은 그런 문제를 잘 알고 있어서 그 사실이 위로가 되지. 그러니까 헬렌, 그렇게 고민할 필요 없어. 네가 가지고 있는 능력을 발휘할 수 있고, 아이가 사랑스럽다면, 그걸로 충분하지 않니? 난 아이를 별로 좋아하지 않아서 아이가 없는게 다행이라고 생각해. 물론 아이는 예쁘고 매력적이지만 단지 그뿐이고, 아이를 진정으로 사랑하지 못 해. 어떤 사람들은 훨씬 앞서 나가다가 아예 인간 세계에서 뛰쳐나가 버리기도 하지. 인간이 아니어도 어디에 있어도 반짝일 수 있어. 그 모든 것이 우리의 위로가 되는 걸. 넌 모르겠니? 그것은 획일적인 것에 대한 싸움이야. 다른 개성이, 절대로 없어지지 않는 개성을 하느님께서 같은 집에 사는 사람들에게도 다르게 주셔. 그래서 색깔이 생기지.

슬픔 때문이든 아니든 잿빛 나날 속에도 색깔이 생겨나는 거야. 그러니까 너도 레너드 일로 더 이상 괴로워하지 마. 어차피 불가능할 때, 억지로 떠올리려고 해 봐야 소용없잖아. 잊어버리렴."

"응. 하지만 그러면 레너드는 인생에서 무엇을 얻었을까?"

"하나의 모험을 한 건지도 모르지."

"그걸로 만족했을까?"

"우리는 만족 못 해도, 레너드는 만족했을지도 몰라."

헬렌은 베어진 풀을 한 움큼 주워들었다. 한 움큼의 풀을 이루고 있는 이삭, 빨갛고 하얗고 노란 클로버, 방울피, 데이지, 잡초 등을 얼굴 가까이로 가져갔다.

"좋은 냄새가 나니?"

마거릿이 물었다.

"아니, 이제 마르기 시작했는걸."

"내일이면 좋은 냄새가 날 거야."

헬렌이 미소 지으며 말했다.

"메그 언니, 언니는 대단해. 작년 이맘 때 난리와 괴로웠던 걸 좀 생각해 봐. 이제는 불행해지고 싶어도 그럴 수가 없잖아. 엄청난 변화이지 않아? 이게 다 언니 덕분이야."

"아니, 우리가 이곳에 익숙해졌기 때문이지. 너와 헨리는 서로 이해하고 용서하는 방법을 가을 겨울 내내 배워온 거고."

"맞아. 하지만 우리를 이곳에 살게 해 준 사람은 언니였어."

마거릿은 그 말에는 대답하지 않았다. 마침 베어 낸 풀을 큰 낫으로 짧게 자르는 작업이 시작되어 마거릿은 그 광경을 보려고 코안경을 벗었다. 헬렌이 말했다.

"언니 덕분이야. 언니는 바보라서 모르겠지만, 이게 다 언니가 해낸 일이라니까. 여기 사는 것도 언니 생각이고…… 나도 형부도 언니와 함께 있고 싶었던 거지. 다른 사람들이 입을 모아 불가능한 일이라고 말했는데도 언니는 다 알고 있었던 거야. 만약 언니가 없었다면 우리가 어떻게 되었을지 생각해 봐. 나랑 아기는 이론만 앞세워서 남들을 불쾌하게 만드는 모니카에게 갔을 테고, 형부는 돌리 집과 이비 집을 전전하면서 살아야 했을 거야. 언니가 그 부서진 조각들을 모아서 우리가 살 가정을 만들어 주었잖아. 언니, 언니가 대단한 사람이라는 사실을 조금이라도 받아들일 수는 없을까? 찰스가 구속되고 나서 2개월 동안 있었던 일을 떠올려 봐. 언니가 나서서 이것저것 전부 다 해냈잖아."

"그때는 너도 그이도 둘 다 병이 나 있었으니까. 당연히 해야 할 일을 했을 뿐이야. 두 환자를 돌봐야 하는데 때마침 이 집이 비어 있었고, 가구들도 다 있었거든. 그럴 수밖에 없었지. 나도 그때는 설마 이곳에 살게 될 줄은 몰랐어. 글쎄, 나도 자잘한 일은 해결할 수 있었지만, 말로 표현할 수 없는 힘이 나를 도와준 덕분이야."

"그냥 여기서 영원히 살았으면 좋겠어."

헬렌이 말했다. 어느새 딴생각을 하기 시작했다.

"나도 그렇게 생각해. 이따금 하워즈 엔드가 특별한 의미에서 우리집처럼 여겨질 때가 있어."

"하지만 런던이 살금살금 다가오고 있지."

헬렌이 목장 저편을 가리켰다. 그쪽에는 아직도 목장이 여덟아홉 개쯤 펼쳐져 있었지만, 목장이 끝나는 부분에 점점 붉은 벽돌집이 들어서기 시작해서 꼭 녹이 슨 것처럼 보였다. 헬렌이 이야기를 계속했다.

"저런 것이 서리 주에서도, 햄프셔 주에서도 보이기 시작하고 있어. 퍼벡 언덕에서도 보이고, 런던은 영국 일부에 지나지 않잖아? 머지않아 전 세계 사람들의 생활이 똑같이 하나로 녹아들지나 않을까 하는 생각이 들어."

마거릿도 그렇게 될 거라는 걸 알고 있었다. 하워즈 엔드도, 어니턴도, 퍼벡 언덕도, 오더버그 산맥도 모두 그전 시대부터 살아남은 것이고, 그것들을 녹일 준비가 착착 진행되고 있었다. 논리적으로 우리는 살아 있을 권리가 없는 셈이며, 유일한 희망은 그 논리가 틀리는 것뿐이었다. 우리들은 대지가 잠시 허락한 동안 살아있는 것이 아닐까. 마거릿이 말했다.

"지금 강하다고 해서 영원히 강하리라는 법은 없어. 요즘처럼 변하는 것은 겨우 백 년 사이에 유행하게 된 일이야. 다음에 오는 문명은 대지를 딛고 서서 변하지 않는 것이 될지도 모르지. 지금으로서는 도저히 그럴 것 같지 않지만, 그래도 희망을 버릴 수는 없어. 아침 일찍 뜰에 나와 있으면 나는 이 집이 우리의 과거이고 또 미래라는 생각이 들어."

두 자매는 집을 돌아보았다. 이제는 그 집에 두 사람의 추억도 깃들어 있었다. 아홉 개의 방 가운데 정중앙에 위치한 방에서 헬렌의 아이가 태어났다.

"어머, 저기 좀 봐!"

마거릿이 말했다. 현관 창문 뒤에서 뭔가 움직이더니 문이 열렸다. 마거릿이 말을 이었다.

"모임이 끝난 모양이야. 가 봐야겠다."

폴이 이쪽으로 다가왔다.

헬렌은 아기와 톰을 데리고 목장 저쪽으로 갔다. 그곳에 있던 사람들이 상냥하게 그녀에게 인사를 했다. 마거릿은 자리에서 일어나, 굵고 검은 콧수염을 기른 남자에게 다가갔다.

"아버지께서 찾으십니다."

폴이 적의에 찬 목소리로 말했다. 마거릿은 바느질감을 집어 들고 뒤따라갔다. 폴이 다시 입을 열었다.

"저희는 의논할 일이 있어서 모였던 건데요. 처음부터 알고 계셨죠?"

"그래, 알고 있었어."

폴은 반평생 말을 타고 돌아다녀서 걸음걸이가 불안했다. 그래서 현관문에 발을 부딪히고 말았다. 마거릿은 화가 나서 작게 소리를 질렀다. 물건에 흠집이 나는 것을 싫어했기 때문이다. 문 안으로 들어선 마거릿은 현관에 있는 큰 꽃병에 쑤셔 박힌 돌리의 장갑과 목도리를 치웠다.

헨리는 식당에 있는 큼직한 가죽 안락의자에 깊게 앉아 있었고, 그 옆에서 이비가 그의 손을 보라는 듯이 잡고 있었다. 한편 돌리는 보라색 옷을 입고 창가에 앉아 있었는데, 방 안은 어두웠고 공기는 좀 탁했다. 하지만 건초 운반 작업이 다 끝날 때까지는 이렇게 놔둘 수밖에 없었다. 마거릿은 말없이 방 안으로 들어갔다. 거기에 모인 사람들과는 이미 차 마실 때 얼굴을 봤고, 앞으로 어떤 말들이 나올지도 알고 있었다. 마거릿은 시간을 낭비하고 싶지 않아서 바느질을 계속했다. 여섯 시를 알리는 종이 울렸다.

"모두 다 찬성한 거지? 나중에 가서 불평하면 곤란해."

헨리가 지친 목소리로 말했다. 말투는 예전과 같았으나, 인상은 전과는 달리 약해졌다.

"저희로선 찬성할 수밖에 없지 않습니까."

폴이 말했다.

"그렇지는 않아. 네가 원한다면, 이 집을 너에게 물려줄 수도 있다."

폴은 불쾌한 듯이 미간을 찌푸리며 손등을 긁기 시작했다. 그러다가 결국 이렇게 말했다.

"밖에서 사는 것이 제 적성에 꼭 맞았는데, 그걸 포기하고 사무 감독을 하러 돌아왔잖아요. 그런데 여기서 살 수는 없죠. 여긴 시골도 아니고 도시도 아니니까요."

"그래. 이비, 넌 어떠니?"

"저야 물론 괜찮지요."

"아가는?"

돌리는 슬픔으로 가득 찬 생기 없는 조그만 얼굴을 들었다.

"물론 괜찮아요, 아버님. 찰스가 아이들을 위해서 이 집을 필요로 할 줄 알았는데요. 지난번에 면회하러 갔더니, 우리는 이제 이 동네에서 살 수가 없다고 하더라고요. 찰스는 우리 이름도 바꾸는 편이 낫겠다고 말했는데, 어떤 이름으로 바꾸면 좋을지 모르겠어요. 윌콕스라는 이름은 찰스와 저에게 아주 잘 어울리는 이름이었는데."

모두 아무 말이 없었다. 돌리는 자기가 쓸데없는 말을 했나 보다 하고 겁먹은 눈으로 그들의 얼굴을 둘러보았다. 폴은 계속 손등을 긁어 댔다.

이윽고 헨리가 말했다.

"좋아, 그럼 나는 하워즈 엔드를 내 아내에게 주겠다. 모두 그리 알고, 내가 죽고 난 뒤에 이러쿵 저러쿵 말하지 않기를 바란다."

마거릿은 아무 말도 하지 않았다. 이렇게 이기고 나니 이상한 느낌이 들었다. 남을 이길 거라고 생각도 해 본 적 없는데 윌콕스 집안사람들을 굴복시키고 그들의 생활을 무너뜨린 것이다.

헨리가 이야기를 계속했다.

"그 대신 너희 어머니에게 돈을 남겨 주지 않겠다. 너희 어머니도 그렇게 하기를 바라니까, 줄 예정이었던 돈은 너희에게 나누어 주마. 나에게 의지하지 않아도 충분히 잘 살아갈 수 있도록, 살아 있는 동안에 상당한 재산을 나누어 줄 생각인데, 너희 어머니가 원하는 바이기에 그렇게 하기로 했다. 너희 어머니도 상당한 재산을 처분해서, 앞으로 10년 동안은 수입을 반으로 줄일 생각이야. 그리고 너희 어머니는 지금 저기 목장에서 놀고 있는 조카에게 이 집을 물려주겠다고 했다. 자, 다들 알아들었겠지. 문제없지?"

폴이 벌떡 일어났다. 오랫동안 원주민과 함께 살아와서 작은 일에도 툭하면 원주민처럼 반응하게 되었다. 자신의 남자다우면서도 냉소적인 면모를 과시하겠다는 듯이 말했다.

"목장에 있다고요? 저런! 그냥 가난까지 다 데려오지 그러셨어요?"

그러자 카힐 부인인 이비가 나직한 목소리로 말했다.

"그만해, 폴 오빠. 나랑 약속했잖아."

이비는 자기가 세상 물정에 밝은 여자라는 것을 보여 주고 싶어서, 침착하게 작별 인사를 하려고 일어섰다. 윌콕스 씨는 이비에게 키스하고는 말했다.

"이비야, 잘 가렴. 내 걱정은 안 해도 된다."

"안녕히 계세요, 아버지."

다음은 돌리 차례였다. 자기도 작별인사할 때 그럴싸하게 해야겠다고 생각했는지 쭈뼛거리면서도 웃는 얼굴로 말했다.

"안녕히 계세요, 아버님. 본디 돌아가신 어머님께서 하워즈 엔드를 새어머니께 남겨 주셨는데, 그것이 정말로 새어머니 것이 되다니 참 신기한 일이네요."

이비가 갑자기 크게 숨을 내쉬더니, 마거릿에게 "안녕히 계세요"하고 인사하면서 키스했다. 작별 인사는 조수가 밀려가는 파도처럼 되풀이되었다.

"안녕히 계세요."

"잘 가라, 아가야."

"안녕히 계세요, 아버지."

"잘 가라, 폴. 몸조심하고."

"안녕히 계세요, 어머니."

"잘 가렴."

마거릿은 사람들을 문까지 배웅하고 나서 방으로 돌아와 남편 무릎 위에 머리를 기댔다. 그는 몹시 지쳐 있었다. 그러나 돌리가 한 말이 무척 궁금했으므로 마거릿은 결국 질문을 던졌다.

"여보, 윌콕스 부인이 저에게 하워즈 엔드를 남겨 주셨다는 게 대체 무슨 뜻이죠?"

"그건······."

헨리가 조용히 말문을 열었다.

"아주 오래된 이야기지. 루스가 병에 걸렸을 때, 당신이 매우 친절하게 대해 주었기 때문에 무슨 보답을 하고 싶었나 보오. 그 사람은 정신이 흐릿한데도 종이에 당신에게 하워즈 엔드를 준다고 적어 놓았소. 곰곰이 생각한 끝에, 이 말을 진지하게 받아들일 필요는 없다고 생각해서 따르지 않기로 했소. 그때는 당신이 나에게 이토록 중요한 존재가 될 거라고는 상상도 못했지."

마거릿은 아무 말도 하지 않았다. 마음속 깊은 곳에서 뭔가가 흔들렸다. 마거릿은 저도 모르게 부르르 몸을 떨었다.

"내가 잘못했다고 생각하지는 않겠지?"

헨리가 몸을 굽히며 물었다.

"네, 여보. 당신이 잘못하신 건 아무것도 없어요."

뜰 쪽에서 웃음소리가 들렸다.

"이제서 돌아왔군!"

헨리가 웃으면서 소리치며 마거릿을 일으켜 세웠다. 헬렌이 한 팔에는 아이를 안고, 다른 한 손으로 톰의 손을 잡고 어둑한 방 안으로 뛰어 들어왔다. 헬렌이 모두를 흥분시킬 만큼 잔뜩 들뜬 목소리로 말했다.

"풀베기가 끝났어요. 아주 어마어마하게 큰 목장이에요! 그 많은 풀을 다 벨 때까지 지켜봤어요. 이렇게 풀을 많이 거둔 건 처음이래요."

1908~1910, 웨이브리지에서

문학의 즐거움 인생의 고귀함

인생이란

사람과 사람은 진정으로 서로를 얼마나 이해할 수 있는가. 사려 깊고 이지적인 언니 마거릿과 젊고 아름다우며 정열적인 동생 헬렌. 독일계 진보적인 지식인 가정에서 자란 이 둘은, 어느 날 전혀 가치관이 다른 보수적인 부르주아 집안과 만난다. 깊은 인연으로 맺어진 이 집안의 저택 하워즈 엔드를 둘러싸고, 결국 두 가족은 뜻하지 않은 형태로 돈독한 교제를 이어간다. 문학과 예술에 무게를 두고 인생의 의미를 찾는 자매는 영국사회의 여러 계층 사람들을 접하면서 저마다의 운명을 더듬어 가게 된다. 사람과 사람이 결합하여 서로를 이해하는 것은 어떻게 가능할까.

에드워드 시대를 특징짓는 사회 변화를 반영한 《하워즈 엔드》는 완전히 다른 두 집안, 슐레겔네와 윌콕스네의 이야기이다. 슐레겔 집안 사람들이 지성인이자 이상주의자라면 윌콕스 집안 사람들은 물질만능 현실주의자들이다. 포스터는 이 두 집안 사이의 관계와, 대조적 인생관의 충돌을 그리고 있다.

슐레겔 집안의 두 자매 마거릿과 헬렌은 윌콕스 집안에 정반대의 태도를 보인다. 헬렌이 자신의 이상을 지키면서 그들의 물질주의와 현실주의에 강렬한 반감을 표시한다면, 마거릿은 이 두 가지 관점이 서로 조화를 이룰 수 있다고 믿으며 공정한 평가를 시도한다. 마거릿은 자신의 문장과 열정을 고양하기 위해 오로지 "연결"하고 싶을 뿐이라고 적는다. 《하워즈 엔드》는 이렇듯 "연결"하고자 하는 마거릿의 시도를 그 성공과 실패와 함께 섬세히 묘사하고 있다. 진실로 명작이라 할 수 있는 이 소설은 진정한 미와 낙관주의를 보여준다. 포스터의 모든 작품들이 그러하듯, 탁월한 인물 묘사와 현실적이고 감동적인 대화가 압권이다. 이 작품이 극적인 감정과 행위를 다루고 있지만, 결코 어색하거나 드라마적이지는 않다. 인간의 감정과 오만, 분노, 오해, 위선이 낳을 수 있는 재앙을 빼어나게 사실적으로 그려내고 있다.

어린시절

에드워드 모건 포스터는 1879
년 1월 1일 영국 런던에서 태어
났다. 그 시대는 빅토리아 왕조의
절정기였다. 세기말(팽 드 시에
클 19세기 말)은 아직 오지 않았
고 제1차 세계대전은 먼 훗날 일
이었다. 대영제국은 수많은 모순
을 품고 있으면서도 부귀영화를
누리며 기세를 떨치고 있었다.

포스터의 아버지는 영국성공회
복음주의 집단인 글래펌파(派)의
명문, 손턴 집안 출신이었다. 젊
은 건축가였던 그는 하나뿐인 아
들 포스터가 두 살이 되기도 전

포스터(1879~1970)

에 세상을 떠났다. 그래서 포스터는 어릴 때부터 어머니를 비롯한 많은 여자
들의 치마폭에 싸여 자랐다. 출신과 성장 환경은 사람의 성격을 좌우한다.
더욱이 그가 작가라면 작품 내용에도 영향을 미친다. 더구나 이 시대의 영국
은 엄격한 계급사회여서, 한 인간의 삶은 출신에 따라 결정되곤 했다.

그럼 포스터는 어땠을까. 어머니 앨리스는 가난했지만 교양 있는 집안에
서 태어났다. 포스터의 외할아버지는 미술 교사, 곧 월급을 받아 생활하는
소시민 계급이었다. 집안 살림이 넉넉지 않았으므로 열 명이나 되는 아이들
은 하루빨리 자립을 해야 했다. 아들들은 회사원이 되었고, 딸들은 상류층
가정에서 더부살이를 하며 가정교사로 일했다. 사회적으로 존경받는 여자의
직업은 가정교사를 비롯한 몇몇 뿐이었다. 그때는 그런 시대였다. 말하자면
영국 여성의 지위는 수십 년 전인 《제인 에어》(샬럿 브론테)나 《아그네스 그
레이》(앤 브론테) 때와 다르지 않았다(이 작품의 여주인공 둘 다 가정교사
가 되면서 운명을 개척해 나간다).

포스터의 아버지와 어머니가 결혼하게 된 과정을 살펴보자. 가난한 집안
에서 태어난 앨리스는 어느 의사의 소개로, 매리언 손턴이라는 부유한 노부

포스터 초상화

포스터와 함께 블룸즈버리 그룹의 일원이었던 버지니아 울프
의 언니 비세사벨이 그린 포스터의 초상화. 1940.

인의 집에서 자랐다. 앨리스는 그곳에서 학교를 다녔고 가정교사 자격까지 취득해 일자리도 쉽게 찾았다. 매리언 손턴은 앨리스와 자기 조카를 이어 주려고 했다. 실제로 두 사람은 결혼했지만 부부의 첫아이는 태어난 지 얼마 안 되어 숨을 거뒀다. 그리고 둘째 에드워드가 태어나자 이번엔 남편이 결핵으로 세상을 떠나고 말았다. 매리언 손턴은 조카가 남긴 아들과 미망인을 끝까지 보살펴 주기로 결심했다.

아들이 네 살이 되자 앨리스는 런던에서 수십 킬로미터 떨어진 하트퍼드셔로 이사했다. 시골에 있는 그 집은 '루크네스트(까마귀 집)'라 불렸는데, 뒷날 '하워즈 엔드'의 모델이 되었다. 주인공 이름을 제목으로 쓴 작품은 많지만(《제인 에어》, 《안나 카레니나》 등), 집 이름을 제목으로 한 소설은 《하워즈 엔드 Howards End》(1910) 말고는 거의 찾아볼 수 없다. 이 소설의 주인공은 '자그마하고 오래된, 아늑한 붉은색 벽돌집'인 셈이다.

포스터는 이 집에서 행복한 어린 시절을 보냈다. "주변 환경이 사람의 인생을 크게 좌우한다"는 사실은 이 작가를 이해하는 데 꼭 필요한 개념이다. 집안의 유일한 남자인 어린 포스터가 어머니, 여자 가정교사, 두 하녀에 둘러싸여 10년 동안 생활했던 이 집에서 우리는 포스터 작품의 뿌리를 발견할 수 있을지도 모른다.

어릴 때 살던 집 포스터가 네 살부터 열네 살 때까지 소년 시절을 보냈던 집 '루크스 네스트'
는 《하워즈 엔드》에 나오는 집의 모델이자 영감의 원천이며 바람직한 영국 전통의 상징이기도
하다. 《하워즈 엔드》는 이 집(영국)을 누가 물려받느냐는 문제를 둘러싸고 이야기가 전개된다.

청년시절

다음으로 눈길을 끄는 점은 포스터가 젊어서 큰 재산을 얻었다는 것이다.
매리언 손턴은 포스터에게 8천 파운드를 물려주고 세상을 떠났다. 그가 스
물다섯 살이 될 때까지는 원금에 손대지 말고, 그 이자를 오로지 교육비로
만 써야 한다는 조건하에 유산을 물려받았다. 이 유산 덕분에 포스터는 케
임브리지대학으로 진학할 수 있었으며, 졸업한 뒤에도 이탈리아를 비롯한 유럽
각지를 여행할 수 있었다. 이 여행에서 그는 영국 중류층의 형식적인 교양
에 회의를 느끼고 신비적 체험에 관심을 가지게 된다. 또한 이 시기에 쓴
단편 《목신을 만난 이야기》가 좋은 평가를 받아 작가로서 자립하게 되었다.

《하워즈 엔드》에서 여주인공 마거릿은 이렇게 말한다. "씨실이 뭔지는 둘
째 치더라도, 현금은 분명히 문명의 날실이니까요." 또 이런 말도 한다.
"독자적인 사상이 십중팔구는 독자적인 생활을 가능케 하는 수입에서 비롯
됐다는 사실을 사람들은 인정하지 않으려 해요." 유산이든 고정적인 수입이
든, 돈은 인간 생활에서 매우 중요한 역할을 한다는 뜻이다.

아마 포스터는 열심히 일하지 않아도 충분히 먹고살 수 있는 신분에 감사했을 것이다. 《하워즈 엔드》를 보면 이런 이야기가 나온다. 재산이 5천 파운드쯤 있으면 연수입이 150파운드일 테고, 이 정도면 그럭저럭 문화적인 생활을 할 수 있다고. 그 시대 영국은 3퍼센트의 이율을 보장하고 있었으므로, 포스터는 유산의 이자만으로도 1년에 240파운드씩 벌면서 생활할 수 있었다.

그런데 포스터 전기를 쓴 프랜시스 킹은 색다른 의견을 내놓았다. 많은 유산이 있었기 때문에 오히려 포스터는 "참으로 위대한 소설가가 되지 못하고 그저 훌륭한 소설가가 되는 데 그쳤는지도 모른다"는 것이다. 만일 그가 젊은 시절에 좀더 고생했더라면 인간을 보다 깊이 이해하게 되었으리란 가정이다.

물론 그랬을지도 모른다. 하지만 "포스터가 재산이 없어서 젊은 시절부터 열심히 일해야 했다면?" 하고 묻는 것은 역사적인 가정(if)에 지나지 않는다. 동시대 작가 D.H. 로렌스의 작품은 그가 광부의 아들이었다는 사실을 빼고는 논할 수 없다. 또한 빈민층 출신인 존 레논은 〈노동계급의 영웅〉이라는 곡을 썼다(비틀즈 시대에도 영국 사회는 아직 출신이 인생에 큰 영향을 미쳤다). 따라서 포스터가 아버지를 일찍 여의었는데도 상위 중산 계급인 고모할머니의 유산을 물려받아 여유로운 청년 시절을 보냈다는 사실은 중요한 의미가 있다. 영국이 가장 찬란하게 빛나던 시절에 태어났으며, 운 좋게도 부유층으로 자라며 충분한 교양을 쌓을 수 있었다.

이번에는 지적 유산을 살펴보자. 실은 지적 유산도 본인의 실력뿐만이 아니라 출신 계급에 영향을 받았다. 이 점은 《하워즈 엔드》에 등장하는 레너드 바스트라는 불행한 인물만 봐도 알 수 있다.

케임브리지에 진학한 포스터는 '사도회(The Apostles)'라는 친목단체에 들어갔다. 그곳에서 젊은 지식인들은 서로 친목을 다지고 토론을 벌였다. 뒷날 철학자로 이름을 떨치게 될 버트런드 러셀과 알프레드 화이트헤드, 작가 리턴 스트레이치와 레너드 울프(버지니아 울프의 남편), 경제학자 케인스, 화가 로저 프라이 등이 이 단체의 회원이었다. 나중에 포스터는 다음과 같이 말했다.

"이 생생한 토론회를 본 사람은 결코 '물에 술 탄 듯, 술에 물 탄 듯한 사

케임브리지 대학 킹스 칼리지 포스터는 케임브리지 대학의 자유롭고 지적인 분위기를 다음과 같이 전했다. "육체와 정신, 이성과 감정, 공부와 놀이, 건물과 풍경, 즐거움과 성실함, 생활과 예술, 흔히 양립할 수 없어 보이는 이런 요소들이 케임브리지에서는 하나로 어우러져 있다."

람'이 될 수는 없으리라. 이런 모임은 자칫하면 자의식 과잉이나 오만을 낳을 테지만, 긍정적으로 작용하면 지성이 날카로워지고 판단력을 키워 마음의 이기심을 줄여 줄 것이다."

이 모임은 뒷날 '블룸즈버리 그룹'이라는 유력한 문화단체로 성장한다. 런던 블룸즈버리 지구(대영박물관 뒤편)에 있는 스티븐의 집에서 모임을 가졌기 때문에 이런 이름이 붙었다. 참고로 스티븐의 둘째딸이 그 유명한 여류작가 버지니아 울프이다.

청년 포스터는 이런 분위기에서 교양을 쌓았다. 어쩌면 이 과정에서 속물에 대한 반감이 더욱 커졌는지도 모른다. 사도회 회원들은 모두 지적인 엘리트였으므로 그만큼 속세에 대해 냉담했다. 포스터도 사교성이 부족하고, 말수가 적어서 조용히 생각에 잠겨 사람을 관찰하기만 했다. 그래서 일반인을 보는 시선도 다소 차가울 수밖에 없었다.

그러나 남들보다 지적으로 뛰어나다고 해서 속세에 반감을 가져도 되는 걸까. 포스터 자신도 이런 태도가 옳지 않다고 생각했는지 고치려 노력했다. 그 좋은 예가 《하워즈 엔드》이다. 지식인은 흔히 사업가를 얕보기 마련인데,

마거릿은 이런 말을 한다.

"만약 윌콕스 씨네 같은 사람들이 영국에서 수천 년 동안이나 열심히 일하지 않았다면, 우리도 지금 여기서 편안히 쉬고 있을 수는 없을 거야. 우리처럼 문학만 좋아하는 사람들을 실어 나르는 기차도 배도 없고, 심지어 논밭조차 없었을지도 몰라."

자기와 다른 사람들에게 다가가려고 노력하는 마거릿의 자세야말로 이 소설의 주제이다. 작가가 책머리에 써놓았듯이 "오로지 '연결'하려고만 하면……."이란 대사로 요약할 수 있다.

포스터의 지성은 지식인들과의 교류뿐만 아니라 유럽 여행을 통해서도 쑥쑥 자라났다. 그는 스물두 살 때 어머니와 함께 처음으로 유럽 여행을 떠나 1년 동안 이리저리 돌아다녔다. 특히 이탈리아의 자연과 사람들에게 친근감을 느꼈다. 2년 뒤에는 혼자서 그리스로 떠났으며, 또 2년 뒤 여름에는 독일 시골에 있는 어느 백작 저택에 가정교사로 들어갔다. 이처럼 포스터는 해외를 제 집처럼 드나드는 영국인이었다. 나중에는 인도와 이집트가 인생에서 큰 의미를 지니게 된다.

사회개혁을 꿈꾼 예술가

그런데 여기서 중요한 점을 하나 밝혀야겠다. 그의 삶과 직업을 결정지은 보다 중대한 비밀이 하나 있었으니, 바로 그가 동성애자라는 것이다. 그 시대 영국은 동성애자임을 공공연히 밝힐 수가 없었다. 어른이 되었는데도 이성 애인을 사귀지 않는다는 이유로 놀림을 받고, 이성에게서 사랑 고백을 받아도 거절할 수밖에 없고, 또 좋아하는 사람이 이성애자일지도 모르니 자신의 마음을 상대에게 고백할 수도 없고, 동성애자라는 사실을 들키는 날에는 사회적으로 엄청난 모욕과 벌을 받을지도 모르고…… 생각만 해도 모든 것이 살아가는 데에는 몹시 불리한 여건이었다. 어머니는 나이가 찼는데도 아들이 결혼하지 않자 이유를 캐물었을지도 모른다. 아버지가 안 계신 포스터의 가정에서 어머니의 영향력은 매우 컸을 것이다.

포스터는 동성애를 주제로 한 소설 《모리스 *Maurice*》(1971)를 서른다섯 살 때 완성했지만 살아 있을 적에는 책으로 내지 않았다. 그 원고는 완성된 지 57년 만인 1971년에 겨우 빛을 보았다. 주인공 모리스는 사춘기에 자신이 이성에게 관심이 없다는 사실을 깨닫고, 정말로 사랑할 수 있는 상대를 만날 때까지 힘든 삶을 살아간다. 알렉이라는 남자와 서로의 마음을 확인하기까지 이런저런 우여곡절을 겪다가 마침내 행복한 삶을 보내게 된다. 하지만 다른 이야기에서는 모리스가 알렉과 함께 살기 위해 얼마나 큰 희생을 치렀는지가 그와 여동생의 대화 속에 드러난다.

이처럼 포스터는 동성애자였고, 지식인 친구들과 사귀었으며, 상류층에 속한 부자로서 자주 여행을 다녔다. 이런 시절을 거쳐 작가가 된 포스터는 "인간과 인간이 서로 어디까지 이해할 수 있는가"를 작품 주제로 삼았다. 이것이 포스터 문학의 핵심이다.

포스터 초상화 J. 모건 그림.

미국 비평가 라이오넬 트릴링은 에드워드 모건 포스터에 대해 "읽고 또 읽을 가치가 있고, 읽을 때마다 내게 무엇인가 배웠다는 느낌을 주는 유일한 소설가"라고 평했다. 그의 문학에는 수많은 대립과 갈등이 존재한다. 사람들이 저마다 개성에 맞는 생활을 선택하기도 전에, '출신'에 따라 제약을 받게 된다. 곧 계급 차이, 부유함과 가난함, 지성과 속물근성, 식민지와 본국, 남성 중심 사회에서 살아가는 여성, 동성애자 등…… 이러한 조건들이 인간의 상호 이해를 방해한다. 인종·민족·문화의 차이도 인간과 인간 사이를 가로막는다. 여기서 갖가지 이야기가 생겨나는데, 포스터는 절정에 오른 영국 문학 소설 기법을 멋지게 구사하여 작품을 그려 냈다.

포스터는 사회개혁을 꿈꾼 예술가였다. 이념에 관심이 많았으며, 바깥세계의 정치적·경제적 문제에도 민감했다. 그의 소설 기법은 어렴풋한 암시가 자주 쓰이는데 그 암시가 어찌나 희박한지, 처음에는 사건과 대화 하나하나가 지루하게 느껴진다. 하지만 나중에는 큰 의미를 지니는 치밀한 구성이 특징이다.

포스터는 판단을 겸손하게 유보함으로써, 즉 아무렇지도 않은 듯한 문장 속에 숨김으로써 열등한 사람들을 계도하려는 도덕교사 같은 딱딱한 태도를 거부한다.

그러나 그는 독자들이 문장 속에 함축된 의미를 그들 나름대로 이해한 뒤, 문장에 담긴 행동·감정·의미를 충분히 고민하게 함으로써, 그 각 요소에 담긴 풍부한 뜻을 깨닫게 해준다.

무대 위에 선 인물의 의식을 넘어서는 생각이나 사상을 이야기할 때도 포스터는 독선적인 오만이 느껴지지 않도록 교묘하게 의견을 펼친다.

그의 작품을 읽을 때는 언제나 작가와 독자가 협력하고 있다는 느낌을 갖게 된다. 독자와 작가는 서로 다른 혼란과 당황, 복합적 반응과 감수성, 그리고 진정한 신념을 가지고 함께 서 있는 것이다.

포스터는 "우리는 조롱하고, 반대하고, 한 발 물러서 지켜보기도 한다. 바로 우리 자신의 마음이 움직이고 있는 것이다"라고 말했다. 독자와 작가는 동맹을 맺고 있으며, 우리의 친교는 절대 변하지 않는다.

물론 몇 군데에서 전지전능한 시점을 가진 작가로서의 면모를 보여 주기도 한다. 그러나 작품의 대부분에서 우리는 열린 시간과 상황 속에 있는 각각의 인물들, 곧 위기에 처하기도 하고, 충격을 받기도 하고, 급작스러운 사고를 당하기도 하는 여러 인물들과 함께하게 된다.

여기에서 우리는 겸손하고 동정적이며 모든 것을 똑똑히 관찰하는 나레이터와 우리 사이에 친밀하고 은밀한 대화가 이루어지고 있다는 느낌을 받게 된다. 이것이 바로 포스터가 위대한 이유다.

《천사가 두려워하는 곳》《전망 좋은 방》

그가 처음으로 쓴 장편소설 《천사가 두려워하는 곳 *Where Angels Fear to Tread*》(1905)에서는 이탈리아로 여행온 젊은 미망인 릴리아가 등장한다. 전통에 매달려 체면치레에만 급급하던 영국 중류가정에 시집온 그녀는 여행

이탈리아 산 지미냐노 《천사가 두려워하는 곳》(1905)의 무대인 몬테리아노의 모델. "숲과 하늘 사이에 불쑥 떠오른 듯한" 이 환상적인 중세 도시에는 한때 52개나 되는 탑이 있었다고 한다. 반나절 만에 둘러볼 수 있는 관광지이지만 사나흘쯤 머무르면서 천천히 구경한다면 더 좋을 것이다.

중 만난 이탈리아인 남자 지노와 결혼하지만 아이를 낳다 죽고 만다. 소설은 릴리아가 남긴 아이를 거두는 과정에서 벌어지는 여러 사건을 통해 문화 차이를 이해하는 어려움을 풀어낸다.

영국인은 외국을 경계하며 보수적인 태도를 취한다. 영국 여왕인 엘리자베스 2세의 아버지 조지 6세는 "외국은 끔찍하다(Abroad is bloody)", 이렇게 말하기까지 했다. 반쯤 농담이긴 해도, "영어를 못하는 사람은 지능이 낮은 사람"이라는 말이 나올 정도였다. 이탈리아 같은 뒤떨어진 나라의 남자와 영국 여성이 연애를 한다는 것은 영국 신사로서 도저히 그냥 넘어갈 수 없는 일이었다. 그리하여 사적인 감정에 나라 힘을 빌리고, 질투는 분노의 탈을 쓰게 된다. 이 소설은 그런 가부장적인 애국주의를 풍자한 것이다.

참고로 소설 제목은 알렉산더 포프가 쓴 시에서 유래했다. "천사가 가기를 두려워하는 곳에 바보들은 달려든다." 인간은 여러 가지 자질을 가지고 있으며, 인간과 인간의 만남은 여러 자질들이 만나는 복잡한 현상이므로 예측하기 힘들다. 포스터는 한 발 뒤로 물러나 이것을 관찰하고 기술함으로써 인간이 어떻게 살아가는지 밝혀낸다. 그는 처녀작을 쓸 때 벌써 이러한 소설 집필 방식을 몸에 익혔다. 이 작품을 발표했을 때 포스터는 스물여섯 살이었다.

두 번째 작품은 《기나긴 여행 The Longest Journey》(1907)이다. 이는 포스터의 대학 시절 경험에 바탕을 둔 자전적 교양소설이다. 케임브리지에서 공부하였으나 얄팍한 교양뿐인 청년 리카와 아버지가 다른 동생이자 천진난만한 자연아(自然兒)인 스티븐을 대비시켜 상식에 얽매이지 않는 상상력과 정신력을 강조하였다. 이 소설에서는 동성애라는 주제가 노골적으로 다뤄지진 않지만, 어떤 독자는 동성애 비슷한 감정을 주인공에게서 발견할 수도 있을 것이다.

다음 작품이 《전망 좋은 방 A Room with a View》(1908)이다. 소설의 무대는 이탈리아 피렌체에서 시작해 영국으로 갔다가, 마지막에는 다시 피렌체로 와서 이야기가 끝난다. 주인공 루시가 정말로 사랑하는 사람과 맺어질 때까지 사랑의 줄다리기를 벌인다는 내용으로, 여기에 몇몇 남녀가 끼어든다. 루시는 개방적인 조지와 보수적인 세실 사이에서 갈팡질팡한다. 그 뒤편에는 매력적인 이탈리아 풍경과 명랑하고 관능적인 이탈리아인들이 존재한다. 여기서도 계급 문제가 불거진다. 조지와 그의 아버지 에머슨 씨는 중류층에서도 꽤 낮은 계급에 속한다. 그들은 소탈하고 솔직하며 현실적이다. 여주인공이 "전망 좋은 방이라더니 여기서는 바다가 보이지 않는다"고 불평하자, 에머슨 씨는 스스럼없이 자기네와 방을 바꾸자고 친절하게 제안한다. 그런데 상류층인 여주인공이 보기에 그것은 무례할 정도로 허물없는 제안이었으니…… 루시는 에머슨 부자와 교류하며 참된 인간적 가치에 눈을 뜨고 인습적인 약혼 관계를 버리기에 이른다. 이 이야기에서 루시와 조지는 르네상스 기질을 가진 사람들이며, 세실은 중세 시대 인물이라고 작가는 설명한다.

《하워즈 엔드》

이어서 대표작으로 꼽히는 《하워즈 엔드》(1910)를 발표했다. 이때 포스터의 나이는 놀랍게도 서른한 살이었다.

이 작품은 제목이 말해 주듯이 하워드 집안의 마지막 집과 마지막 사람에 대한 소설이다. 그러나 그 집은 현대인의 마지막

피렌체에 있는 시뇨리아 광장
《전망 좋은 방》(1908)의 무대. 현실과 비현실의 경계가 무너지는 해 질 무렵에 이 신성한 광장에서 살인사건이 일어난다. 주인공 루시는 정신을 잃고 쓰러져 젊은이의 품에 안긴다.

집이며, 또한 인간의 영원한 안식처를 의미한다. 교양주의적인 슐레겔 집안과 현실주의적 실업자인 윌콕스 집안을 대비하고 가난한 회사원인 레너드 바스트 부부를 조화하여 서로 다른 가치관의 연결을 그려냈다.

해돈이와 함께 잿빛 안개가 걷히면 하워즈 엔드는 그 모습을 드러낸다. 자그마한 붉은 벽돌집은 포도넝쿨로 뒤덮여 있고, 큰 느릅나무가 있는 농원에는 과일 나무가 무성하다. 언덕에 피어 있는 들장미는 폭포수처럼 떨어지고, 들장미 덤불 밑은 뚫려 있어, 그 너머로 집오리와 암소가 보인다. 아침 식사를 알리는 벨 소리와 함께 이 소설은 시작된다.

포스터는 인간과 인간을 연결하는 장소로서, 인간과 문명을 연결하는 방향으로서, 전체를 파악하기 위한 부분으로서, 과거가 미래로 이어지는 정신으로서, 그리고 모든 존재를 서로 연결하는 장소로서 집을 택했으며, 그 집은 바로 '하워즈 엔드'이다.

영화 〈하워즈 엔드〉(1992) 〈양들의 침묵〉의 기괴한 살인마 안소니 홉킨스가 이번에는 냉정하고 침착한 실업가로 변신했다. 그는 엠마 톰슨과 완벽하게 호흡을 맞추었다. 그들은 1993년 〈남아 있는 나날〉에도 출연해서 중년 영화 팬들에게 큰 감동을 주었고, 제임스 아이버리 감독도 이 작품에서 영국의 아름다움을 극도로 표현하는 데 성공했다. 아카데미상 여우주연상(엠마 톰슨), 각색상, 미술상 수상. 칸 영화제 제45회 기념 특별상 수상.

1910년대 런던 근교의 전형적인 영국 농원을 그리고 있으나, 우리는 이 그림에서 오늘을 살고 있는 우리 마음속의 고향을 볼 수 있다. 그곳은 영국일 수도 있고, 한국일 수도 있고, 또 세계 어느 곳일 수도 있다.

섬세하고 깊이 있게 자연과 인간을 묘사한 이 소설을 읽는 동안 우리는 눈 앞에 펼쳐지는 아름다운 수채화에 잠깐 현실을 잊고 평화로워진다.

하워즈 엔드에서 태어난 하워드 집안의 마지막 사람인 윌콕스 부인은, 세상 돌아가는 일에 민감하지 못하여 한 움큼 짚이나 한 송이 꽃에 불과하지만 위대하다는 인상을 주며, 오히려 남을 왜소하게 만드는 여자다.

그에 비해 마거릿과 헬렌 자매는 낡은 관습에서 벗어나 남녀평등을 부르짖고, 음악회와 토론회를 즐기며, 세계주의의 실현을 바라는 진취적인 문화인으로 등장한다.

이들 자매에게는 병약하고 철학적이며 책만 읽는 남동생 티비가 있는데, 그에게서는 작가 포스터가 언뜻 엿보인다.

이들은 독일의 유명한 철학자를 떠올리게 하는, 슐레겔이라는 독일인 아버지와 상당한 재산가인 영국인 어머니 사이에서 태어났다. 슐레겔 씨는 도전적인 독일인이 아니라 이상주의자요 몽상가로서, 영국에 귀화한 지식인이다.

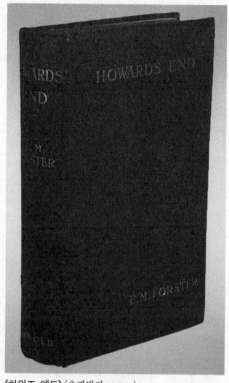

《하워즈 엔드》(초판발간, 1910)

이런 설정 아래 포스터는 그의 문학적 특징인 인종, 남녀, 물질과 문명, 과거와 미래, 사랑과 인습 사이의 모든 갈등을 파헤친다.

윌콕스 부인은 사람이 자기가 태어난 장소에서 죽지 못하게 하는 문명은 잘못됐다고 생각하여 집을 하나의 정신으로 보고, 늘 하워즈 엔드의 정신적 후계자를 찾고 있었다.

그러던 가운데 부인은 병으로 죽고, 장례식 다음 날 그 집을 마거릿에게 주겠다는 병상 낙서 같은 유서가 배달된다.

그러나 집은 정신적 소유물이므로 유언장으로 남에게 줄 수 있다고 생각한 윌콕스 부인의 기대와는 달리, 그 뒤 하워즈 엔드를 중심으로 산업화 사회에서 야기되는 많은 사건이 윌콕스 집안과 슐레겔 집안에 터진다.

낭만주의 시 같은 사랑을 원했던 헬렌은, 사랑에 일생을 걸어야겠다며 기혼자 레너드를 유혹하지만, 임신한 뒤로 숨어 버린다. 인습 타파를 주장하던 헬렌은 그 덫에 자기가 걸리고, 레너드는 아무도 하지 못하는 모험, 즉 인간의 벽을 허무는 일을 해내지만 허무하게 죽고 만다.

윌콕스 씨와 결혼하게 된 마거릿은 결혼 뒤에도 자신이 한없이 흘러가고 있다는 느낌에서 헤어나지 못한다. 그녀는 돈을 세계의 날줄이라고 생각하며 씨줄을 찾으려고 애쓰나, 모든 것은 항상 잿빛이고, 구름이 무겁게 가라앉아 있다.

'집이란 살아 있는 것이 아닐까?' 하는 생각과 함께, 자기가 찾고 있는 씨줄이 다름 아닌 집이라는 결론에 이르자 마침내 안개가 걷힌다.

작가는 인물들 저마다의 개인으로서의 '나'는 어디로 갔을까를 자문하며 작품을 마무리로 이끈다.

마거릿은 병든 윌콕스와 임신한 헬렌 등 부서진 조각들을 모아 가정을 이루고, 하워즈 엔드는 다시 빛을 발하게 된다.

장소도 사람처럼 빛을 지니게 되는데, 그 색깔은 말로는 표현할 수 없는 무엇이라며, 이 소설은 우리에게 여운을 남긴다. 완전한 인간애의 실현을 위해서는, 결코 쉽지는 않지만 끊임없이 노력해야 함을 상징적으로 암시한다.

봄에는 풀을 베고, 여름에는 아름다운 꽃이 피고, 가을에는 밀을 거두면서도 언제 세찬 바람이 불어닥쳐 느릅나무가 넘어질지 몰라, 마거릿은 평화롭게 책을 볼 수 없다.

과거이며 미래이기도 한 하워즈 엔드에서 영원히 자리 잡고 싶어 하는 마거릿을 통해 윌콕스 부인의 바람은 이루어졌으나, 농원 쪽으로 런던이 살금살금 접근해 오고 있다.

포스터는 걱정한다. 모든 곳에 런던이 스며들어 온 세계의 인간 생활을 똑같은 빛깔로 물들어지는 않을까? 앞으로 다가오는 문명도 대지를 딛고 서서 자연의 양분을 받을 수 있을까?

그는 도시화되는 농원에 대한 향수를, 보이는 것에 밀려나는 보이지 않는 것에 대한 향수를, 헬렌의 말로 달랜다.

"풀베기가 끝났어요. ……이렇게 많은 풀을 거둔 적은 한 번도 없었다고들 해요."

《하워즈 엔드》에서 작가는 파란만장한 긴 세월을 보내면서 세상의 진리를 깨닫고 인간 성격과 심리에 정통하게 된, 나이든 노인처럼 능숙하게 이야기를 풀어 나간다. 이를테면 마거릿은 이렇게 말한다.

"가난한 사람들은 사랑하는 사람들이 있는 곳으로 갈 수도 없고, 더 이상 사랑하지 않는 사람들로부터 멀어질 수도 없거든요."

이 말은 영국의 수많은 인용구 사전에 실려 있는 명언이다. 영국인이 비슷한 상황에서 흔히 중얼거리는, 사랑과 돈의 서글픈 관계를 빗댄 말이다. 《하워즈 엔드〉에는 이처럼 훌륭한 구절이 많이 나온다. 포스터는 이런 지혜로운 말들을 쉰이 아니라 서른 살 때 쓴 것이다.

어떻게 그럴 수 있었을까. 포스터가 작가의 길을 걷기 전부터 이미 영국 사회와 문학이 충분히 성숙해졌기 때문이 아닐까. 앞서 언급한 "현금은 문명의 날실"이라는 마거릿의 말처럼, 풍요로운 사회는 인간을 높은 수준으로 빨리 성장시키는 게 아닐까. 똑똑한 사람은 인생길을 빠르게 내달려 훌륭한 지혜를 손에 넣는다. 씨실은 한 올씩 천천히 짜야 하지만, 날실은 처음부터 베틀에 걸려 있다. 포스터는 '인간을 움직이는 원리'를 경험적으로 안 것이 아니라, 성숙한 사회가 마련한 상식과 교양이라는 형태로 몸에 익혔다. 소설의 등장인물들은 저마다의 성격과 사회적인 위치를 가지고 무대에 올라온다.

영화 〈하워즈 엔드〉, 아카데미상·칸영화상 수상

이 소설은 1992년에 제임스 아이버리 감독에 의해 〈하워즈 엔드 *Howards End*〉라는 같은 제목으로 영화화된다. 주연은 안소니 홉킨스(헨리 윌콕스 역), 엠마 톰슨(마거릿 슐레겔 역), 바네사 레드그레이브(루스 윌콕스 역), 헬레나 본햄카터(헬렌 슐레겔 역) 등이 맡는다. 이 영화는 개봉되어 미국 아카데미상에서 엠마 톰슨이 여우주연상을 받고, 각색상과 미술상을 수상한다. 또한 칸영화제에서는 특별상을 수상하기도 한다.

영국 문학에는 '풍속소설(novel of manners)' 전통이 있다. 사회의 한 부분에 눈을 돌려 그곳에 존재하는 관습, 인간관계의 규칙, 계급제 등을 주된 틀로 삼아 사람들의 행동을 그려내는 소설이다. 구체적인 예로는 제인 오스틴의 《오만과 편견》, 새커리의 《허영의 시장》을 들 수 있다. 이런 소설에서는 등장인물의 개성보다도 사회성이 이야기를 움직인다. 배우보다도 무대장치의 힘이 더 크기 때문에, 특정 인물의 신화와도 같은 낭만주의로 흘러가지는 않는다. 또한 작가와 독자 사이에는 암묵적으로 사회에 대한 공통적 이해가 존재한다.

포스터는 그런 장르의 틀을 교묘하게 이용하면서도 한편으로는 그 전제에 해당하는 사회의 안정성을 흔들어 놓으려고 한다. 《하워즈 엔드》의 기본 구도는 서로 다른 자질을 갖춘 두 인물의 갈등과 화해이다. 한편에는 슐레겔 집안의 마거릿이 있고, 다른 한편에는 윌콕스 집안의 가장 헨리 윌콕스가 있다.

서른이 넘은 마거릿 슐레겔은 젊고 예쁘지는 않아도 문화생활을 즐길 줄 아는 지적인 여성이다. 평생 편안히 살아가기에 충분한 재산도 있다. 어머니는 영국인이고 아버지는 독일인인데, 이 슐레겔 집안사람들을 가리켜 이모는 '뼛속까지 완벽한 영국인'이라고 말하지만 다른 사람들은 '세계주의자'라고 한다. 한편 윌콕스 씨는 자수성가한 산업자본가로서 실무에 능하지만, 충분한 교양을 쌓기도 전에 높은 사회적 지위를 얻은 인물이다. 그에게는 늘 자신감이 넘친다. 확신에 찬 그의 행동은 종종 오만해 보일 정도이다. 하지만 그는 외롭게 늙은 홀아비이기도 하다. 자식들은 이미 다 커서 가정을 떠나 버렸다. 게다가 윌콕스 씨는 어떤 종류의 재난에 몹시 약하다는 약점도 있다.

이처럼 전혀 다른 두 사람을 서로 맺어 줄 수 있을까. 이것이 작가가 떠맡은 과제였다. 낭만적인 사랑과 비장한 파국이 아니라, 이질적인 두 사람 사이에서 조용하고도 영원한 사랑이 맺어질 수 있을까. 결혼이 등장인물 대부분에게 가장 중요한 문제라는 점에서 《하워즈 엔드》는 분명히 풍속소설이다. 하지만 포스터의 소설은 이야기 진행 방식이 매우 화려하고 자유분방하다. 갑자기 뜻밖의 사건이 터져 독자를 놀라게 하며, 사람이 덜컥 죽는 일도 종종 있다. 물론 그 시대에는 의료 수준이 낮아서 사람이 지금보다 쉽게 죽긴 했지만, 그래도 작가가 특권을 남용하는 것 같기도 하다. 하지만 소설이란 세세한 요소들의 집합체이므로, 한 단면만 부각시켜서 비약적인 평가를 내릴 수는 없다.

포스터는 직접 사건을 분석할 때나, 인물을 통해 말할 때나, 작가 자신이 우리보다 우월한 자, 곧 앞서 나가거나 뒤에서 조종하는 사람이라는 느낌을 결코 주지 않는다.

포스터는 작가가 우리 가운데 한 사람이라 느끼게 하며, 이런 친밀감은 우리를 쉽게 감정의 물결에 몸을 맡기도록 한다.

우리는 진실로 감정의 물결 속으로 빠져 든다. 소설을 읽다가 인물들 사이의 대립, 즉 슐레겔 자매의 의견 대립이나 마거릿과 헨리 윌콕스 사이의 대립 등을 접할 때마다 우리는 한 인물의 주관적인 감정에 몰입하게 된다.

우리는 윌콕스 집안 남자들의 무감각을 참아내고, 자신의 감수성이 과도한 것이라고 스스로를 설득하려는 마거릿의 내적 투쟁 한가운데에 있다.

그리고 놀랍게도 우리는 가난한 사람들의 무례함에 대한 헨리 윌콕스의 혐오감이나, 약혼녀에 대한 그 나름대로의 확고한 태도에서도 별로 떨어져 있지 않은 자신을 발견하게 된다.

앞서 말한 것처럼 작가 역시 우리와 같은 위치에서 바라보고 있다. 결코 위에서 내려다보지 않는다. 그곳에서 우리는 아무도 벗어날 수 없는 이 계급 사회 속에서 자신이 무엇인지를 보게 된다.

윌콕스 부인의 경우처럼, 어느 곳에서보다 통렬하게 사회에서의 실패 여부가 그 사람의 가치를 결정하는, 반박할 수 없는 증거가 된다는 것도 깨닫게 된다.

그리고 우리는 그 모든 것을 스스로 하고 있다는 생각을 갖게 된다. '무엇인가 배웠다는 느낌'은 가지게 되지만 가르침을 받고 있다는 생각은 들지 않는다.

작가는 대체로 주인공에게는 감정이입을 해도 조연에게는 정을 주지 않는 편이다. 포스터 작품에서는 이 점이 특히 두드러진다. 작가가 《하워즈 엔드》에서 찰스와 이비를 다룬 방식이나, 《인도로 가는 길 *A Passage to India*》(1924)에서 인도에 있는 속물적인 영국인을 묘사한 방식을 보면 아무리 조연이라지만 주인공에 비해 지나치게 희화화된 모습이 상당히 얄팍해 보인다. 그런데 이러한 대비(對比)는 작가가 의도적으로 만들어 낸 것이다. 작가는 전자를 '둥근 인물', 후자를 '평면적 인물'이라 불렀다. 둥글다는 것은 곧 입체적이라는 뜻이다.

《인도로 가는 길》

《인도로 가는 길》은 그의 마지막 장편소설이다. 10년에 걸쳐 쓴 이 작품을 발표했을 때 포스터는 마흔다섯 살이었다. 그 뒤로 아흔한 살 나이로 세상을 떠날 때까지 사십 몇 년 동안 그는 다양한 문학 활동을 하면서 모두의 존경을 받았지만, 더 이상 소설은 쓰지 않았다.

《인도로 가는 길》의 주제는 인도이다. 천하를 주름잡으며 '해가 지지 않는 나라'로 칭송받은 대영제국의 가장 큰 식민지. 포스터는 서른세 살 때 처음으로 인도에 가서 반년 정도 머물렀다. 왜 그는 인도에 관심을 가졌을까. 인도로 가기 몇 년 전에 사이드 로스 마수드라는 인도 청년이 옥스퍼드를 다니려고 영국으로 왔는데, 포스터는 가정교사로서 라틴어를 가르치게 되었다. 포스터는 마수드를 사랑했지만 마수드는 이를 받아들일 수 없었다. 그래도

영화 〈인도로 가는 길〉 말라바르 언덕은 멀리서 보면 무척 아름다운 곳일 뿐이다. 그러나 이 동굴 속에서 울려 퍼지는 메아리는 불가사의한 인도의 상징이다. 이 세상 선과 악을 모조리 삼켜 버리는 무시무시한 어떤 것의 상징이다. 데이비드 린 감독, 1984년, 영국 영화.

두 사람은 연인이 아닌 친구로서 좋은 관계를 유지했다. 이를 계기로 인도에 관심을 가지게 된 포스터는, 6년 뒤 먼저 귀국한 마수드의 도움을 받아 인도를 구경하게 되었다.

포스터는 토후 데와스 시니어와 친해져서 한동안 그의 작은 왕국에 머물렀다(그 무렵 인도는 많은 토후국으로 갈라져 있었다). 이러한 인연 덕분에, 9년 뒤 또다시 인도를 방문했을 때 토후의 비서대리로 일하면서 인도에 대한 견문을 넓힐 수 있었다. 작가가 인도를 두 번 방문한 끝에 《인도로 가는 길》이 탄생했다.

이 작품에 등장하는 주요 갈등은 인도와 영국이라는 두 나라, 두 가지 국민성, 종주국과 식민지라는 관계와 그러한 틀 속에서 살아가는 사람들이다. 포스터는 틀에 얽매이지 않으려고 여러모로 궁리해 이야기를 구상했다. 먼저 두 여성이 인도로 간다. 한 사람은 아데라 쿠웨스테드로, 식민지 판사인 약혼자 로니를 만나러 간다. 또 한 사람은 로니의 어머니 무어 부인이다. 두 여자는 인도라는 미지의 문화 속으로 독자를 데려간다.

인도에 도착하자마자 그들은 아지스라는 인도인 의사와 친해졌다. 그런데

남자와 여자가 아무런 연애 감정
없이 진정한 친구가 될 수 있을
까? 요즘 사람들은 아마 그렇다
고 생각할 것이다. 두 영국 여성
도 그랬던 모양이다. 인도에 왔
으면 인도인과 친해지는 것이 당
연하다고 믿으며 아무런 거리낌
없이 행동했다. 하지만 로니를
비롯한 영국인들은 이 모습을 안
좋게 생각했다. 그들은 순수한
남녀관계 따위가 실제로 존재할
리 없다고 생각했으며 인도인은
그저 지배할 대상일 뿐이라고 생
각했다. 그런데 어찌 우정이 성
립되겠는가. 이는 지극히 비상식
적인 일이었다.

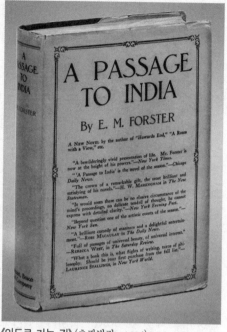

《인도로 가는 길》(초판발간, 1924)

어느 날 아데라와 아지스, 무어 부인 일행은 동굴로 소풍을 갔는데, 그곳
에서 일어난 불가사의한 사건으로 아데라는 정신이 이상해져 버렸다. 아데
라와 아지스를 둘러싸고 재판이 열렸다. 이 시점에서 아데라는 사건의 당사
자이므로 독자를 인도할 수 없게 된다. 그래서 이야기 중간부터는 시릴 필딩
이라는 공립학교 교장이 독자를 이끌게 된다. 작가는 이 독신 남성을 통해
독자에게 메시지를 전한다. 그리고 아지스에게 우호적인 필딩조차 끝내 문
화적 차이를 극복하지 못함으로 소설의 주제를 강조한다.

이런 주요 인물들 외에, 속물로서 풍자적으로 묘사되는 '터턴 또는 버턴
집안사람들' 곧 영국인 공동체 사람들이 있다. 그리고 반대편에는 이름도 없
는 인도 민중이 있다. 그들은 모두 '평면적 인물'이다.

포스터는 어느 정도 형식적으로 이야기를 진행시켜 나간다. 그러다가 이
야기는 보이지 않는 경계선을 넘어, 지혜로운 격언과도 같은 문체를 구사하
면서 인간 심리를 깊숙이 파고든다. 인간의 지혜를 뛰어넘는 그 무언가가
슬그머니 이야기에 끼어든다. 이를테면 가장 중요한 사건이 일어나는 동굴

속에서 아데라가 듣는 메아리 소리는 신비롭고 환상적이다. 현실에 대한 신뢰와 지성을 초월한 감각적·관능적 현상에 대한 동경이 여기서 뚜렷이 드러난다.

포스터의 첫 번째 인도 여행과 두 번째 여행 사이에 제1차 세계대전이 벌어졌다. 적십자에 지원한 포스터는 이집트 알렉산드리아에 가서 3년 이상 머물렀다. 터키 군대와 맞닥쳐 전투를 벌일 각오도 하고 있었지만, 다행히 이 도시에서는 전쟁이 일어나지 않았다. 그래서 포스터는 이 도시를 두루두루 둘러보며 나중에는 관광 안내서까지 썼다(전쟁이 끝난 뒤 다시 방문했을 때에는 길을 잃어 '관광 안내서 저자로서 이보다 더한 굴욕은 없다'며 웃었다는 일화가 있다). 그리고 이 무렵 알렉산더 대왕 이후로 기나긴 역사를 자랑하는 이 도시에 관한 수필집 《파로스와 파릴론》(1923)을 썼다.

알렉산드리아에 머물 때 포스터는 매우 인상적인 경험을 했다. 태어나서 처음으로 진득하게 연애를 하면서 성적인 만족을 느낀 것이다. 영국에서와는 달리 주위의 시선을 의식할 필요도 없었고, 특히 어머니와 멀리 떨어져 있었기에 그럴 수 있었던 것이다. 게다가 알렉산드리아라는 도시 자체가 상당히 동성애에 관대하기도 했다.

이 도시에서 포스터는 카바피스라는 그리스인 시인과 친해졌다. 카바피스는 그보다 열여섯 살이나 많았는데, 뒷날 근대 그리스어권에서 가장 뛰어난 시인으로 세계적인 명성을 얻게 된다. 그는 이집트 정부의 관개청(灌漑廳)에서 영어 서신을 관리하는 하급 공무원이었다. 겉으로는 단조로운 일을 이어나가면서도 실은 멋진 시를 쓰고 있었다. 길고 복잡한 그리스 역사를 노래하고, 자신의 성생활을 부드럽고도 근사하게 묘사하는 것이 시의 주제였다. 뒷날 포스터는 이 시인을 서양 세계에 소개하려고 여러모로 애썼다. 수필집 《민주주의 만세 이창 Two Cheers for Democracy》(1951)에 수록된 〈카바피스 시집〉은 그 가운데 하나이다.

카바피스도 동성애자였다. 영원한 관계를 맺으려고 노력했던 포스터와는 달리, 카바피스는 밤이면 밤마다 새 애인을 찾아 홍등가를 배회하는 인물이었던 듯하다. 알렉산드리아에서는 얼마든지 그럴 수 있었다. 이곳에서는 포스터도 자신의 성향을 부끄러워할 필요가 없었다. 그는 열여덟 살 된 전차 운전사와 사귀기 시작했다.

〈나의 신조〉와 문학사상

포스터는 《인도로 가는 길》을 끝으로 더 이상 소설을 쓰지 않았지만, 평생에 걸쳐 영국 지식인들에게 큰 영향을 주었다. 아마도 그의 내부에서는 보수성과 진취성이 매우 적절한 비율로 혼합되어 있어서 동시대인도 그를 신뢰하고 존경했던 것이리라. 《민주주의 만세 이창》이란 제목은 포스터의 생각을 잘 보여 준다. 히틀러는 어떻게 봐도 민주주의자라고 할 수 없으므로 그는 나치 독일에 대한 저항 운동을 펼쳤다. 또한 그는 '누구의 삶에서나 성적 자유는 중요하다'고 생각했다. 그래서 평소 별로 좋아

《데비 언덕》(초판발간, 1953)

하지 않았던 동시대 작가 D.H. 로렌스가 《채털리 부인의 사랑》이 외설적이라는 이유로 기소됐을 때, 포스터는 로렌스를 옹호하는 증인으로서 법정에 섰다.

포스터가 쓴 〈나의 신조〉를 보면 그의 생각을 분명히 알 수 있다. 나치 독일이 대두한 1938년에 쓰인 이 글은 "나는 절대적 신조라는 것을 믿지 않는다"며 말을 시작한다. "그러나 현대는 신념의 시대라서 수없는 전투적인 신조들이 떠돌고 있으므로, 스스로를 지키려면 누구나 자신의 신조를 만들 수밖에 없다…… 용서나 선의 동정으로는 부족하다."

여기서 그는 다음과 같은 신조를 내세웠다.

"민주주의에 대해 만세 이창(二唱)을 해야겠다. 다양성을 허용하는 민주주의여, 만세! 비판을 허용하는 민주주의여, 만세! 두 번이면 족하다. 세 번이나 갈채를 보낼 필요는 없다. 세 번 갈채를 보낼 만한 대상은 오직 '내 사랑, 그리운 공화국'뿐이다."

'내 사랑, 그리운 공화국'은 스윈번의 시에서 인용한 것이다. 국가보다 더 개인적이고 사적인 가치관을 뜻한다. 이렇게도 표현했다. "나라를 배신하느냐 친구를 배신하느냐 하는 갈림길에서, 나는 나라를 배신할 수 있는 용기를 가지고 싶다." 이 또한 여기저기서 자주 인용된 명언이다.

독자를 대하는 포스터의 태도에 대해 짚고 가야 할 점이 또 하나 있다. '이 세상에 정말 정의가 존재하는가'에 대한 문제다.

지적이고 경험이 풍부하며 실제적인 사람들인 우리는, 삶이 종종 정당하지 않다는 것을 안다. 또 우리는 사랑스러운 사람과 그렇지 못한 사람, 겸손한 사람과 잘난 척하는 사람, 부드러운 마음을 가진 사람과 거만한 사람 사이의 싸움이 우리가 원하는 대로만 끝나지 않는다는 것도 안다.

정당한 자와 착한 자가 언제나 이긴다는 유아기적 생각을 버린 지 오래인 우리는 작가가 우리의 이런 지성을 존중해 주기를 바란다.

포스터는 우리의 이런 기대를 충족하여 준다. 대등하지 않은 힘을 가진 사람들 사이의 싸움이 어떻게 펼쳐지는지를 그는 매우 사실적으로 보여 준다.

다윗이 거인 골리앗을 쓰러뜨리는 일은 먼 옛날의 이야기다. 어쩌다 기적적으로 진실하고 정당한 쪽이 오랜 억압과 수탈의 장본인을 단번에 쓰러뜨린다 해도, 승리와 영광의 순간만은 아닐 것이다.

마거릿이 남편 헨리를 "바보스럽고 위선적이고 잔인하고……"라고 비난하면서 억압자에게 항거하던 순간을 생각해 보자.

갑작스럽게 영웅적인 모습으로 변한 그녀의 분노에 압도되어, 헨리는 잠시 할 말을 잃고 혼란스러워진다. 그러나 이것도 잠깐 뿐이다. 정신을 차린 헨리의 변함없이 엄격한 꾸지람이 시작되자, 마거릿은 그런 항거도 아무 소용이 없었다는 커다란 좌절감에 사로잡힌 채 울음을 터뜨린다.

이 장면은 그 시대의 영국에서 일어날 법한 사실에 매우 충실하다. 영웅적 클라이맥스에서조차 작가는 정의에 대한 우리의 지성적인 비관과 세상의 부당함을 염두에 두고 있는 것이다.

그렇지만 포스터는 우리와 동맹을 맺고 바로 우리 곁에 있기 때문에, 우리에 대해 우리 자신보다 더 많이 알고 있다. 그는 우리의 비관주의가 우리의 자존심임을 알며, 그것이 허세일 뿐이라는 것 또한 안다.

그러나 그 밑바탕에는 오래된 희망이 감추어져 있다. 작가는 감상주의자

영화 〈모리스〉 동성애라는 주제와 더불어 케임브리지 대학과 영국 시골 풍경의 아름다움으로 젊은 여성들의 마음을 사로잡아 인기를 끈 작품. 제임스 아이보리 감독, 1987년, 영국 영화. 베니스 영화제 은사자상 수상. 제임스 윌비(왼쪽)와 휴 그랜트(오른쪽)는 남우주연상 수상.

나 몽상가가 되기를 우리에게 강요하지 않으면서도, 어떻게든지 무엇이 옳은가 보여 주어야 한다는 희망을 말하고 있다.

이 문제를 이렇게 오랫동안 말하고 있을 필요는 없다. 중요한 점은 포스터가 끝내 낙관주의 또한 허용하고 있다는 것이다. 그는 동시대 작가 누구보다도 사물의 양면을 다 포용하고 있다.

우리의 허세에도 불구하고, 우리가 얼마나 간절히 악한 사람들의 응보와 선한 사람들의 번영을 바라고 있는지 그는 잘 이해하고 있다. 그러나 이런 이해와 그의 지혜로부터 경멸이나 생색내는 듯한 태도는 찾아볼 수 없다.

그가 우리의 내적인 고뇌와 이율배반적인 측면을 비웃지 않는 까닭은 예의 때문이 아니다. 그것은 그도 좀 더 신중을 기하며 우리와 같은 희망을 나누어 갖고 있기 때문이다.

마지막으로 《하워즈 엔드》를 한 번 더 살펴보자. 앞서 말했듯이 집 이름을 제목으로 쓴 작품은 거의 없다. 《하워즈 엔드》 말고는 에블린 워의 《다시 가본 브라이즈헤드》 정도일까. '하워즈 엔드'는 비교적 아담하고 소박한 집이지만, 브라이즈헤드는 광대한 소유지가 딸린 귀족 저택이다.

두 소설에는 몇 가지 공통점이 있다. 개인의 삶을 규정하려는 사회적인 힘에 반항하는 태도도 그렇고, 인간과 인간이 계급을 뛰어넘어 서로 이해하려고 노력하다가 한계에 부딪치는 것도 그렇고, 둘 다 영국식 풍속소설로서 높은 완성도를 자랑한다는 것도 그렇다. 하지만 지성에 중점을 둔 포스터의 이야기는 파란만장한 사건을 겪은 끝에 안정과 행복을 손에 넣는 데 비해, 가톨릭 신앙에 중점을 둔 위의 이야기는 상실과 슬픔 속에서 막을 내린다. 왜 이런 차이가 생겼을까? 1910년과 1945년이라는 발표 시기의 차이일까. D. H. 로렌스가 《채털리 부인의 사랑》 첫머리에 적은 문장 "우리 시대는 본질적으로 비극의 시대이다"가 구체적인 예로서 나타난 걸까.

인간의 본질을 빼어나게 그린 《하워즈 엔드》는 그 시대 영국의 상황과 작가의 주제 의식이 잘 드러난 작품이라 할 수 있으리라.

에드워드 포스터 연보

1879년　　　　1월 1일, 상류 중산층 출신이자 건축가인 아버지 에드워드
　　　　　　와, 하류 중산층 출신인 어머니 앨리스의 외아들로서 런던에
　　　　　　서 태어나다.

1880년(1세)　10월, 아버지가 결핵으로 타계. 이때부터 고모할머니 매리언
　　　　　　손턴이 포스터 모자를 보살펴 준다.

1883년(4세)　3월, 어머니와 함께 하트퍼드셔 스티버니지에 있는 작은 집
　　　　　　'루크네스트(까마귀 집)'로 이사. 뒷날 하워즈 엔드의 모델이
　　　　　　된 이 집에서 행복한 어린 시절을 보낸다.

1887년(8세)　매리언 손턴 타계. 유산 2만 파운드 가운데 8천 파운드를 포
　　　　　　스터에게 물려주다. 이로써 포스터는 상류층 자제들처럼 좋
　　　　　　은 교육을 받게 되었을 뿐만 아니라, 뒷날 작가로 성공할 때
　　　　　　까지 그를 도와 줄 탄탄한 경제적 기반을 얻게 되었다.

1890년(11세)　서식스 주 이스트본에 있는 진학 준비 학교 켄트하우스에 입
　　　　　　학. 3년 동안 기숙사에서 향수병에 시달리며 우울한 나날을
　　　　　　보낸다. 하루는 산책하다가 중년 변태를 만나 성희롱을 당하
　　　　　　는 바람에 한바탕 소동이 일어난다.

1893년(14세)　루크네스트 임대차 기한이 끝나서 켄트 주 톤브리지로 이사
　　　　　　(이 도시는 포스터의 두 장편소설 《천사가 두려워하는 곳》,
　　　　　　《기나긴 여행》에 '소스턴'이란 이름으로 등장한다). 퍼블릭스
　　　　　　쿨 톤브리지 학교 입학. 성격이 내성적이고 운동도 못해서 친
　　　　　　구들에게 괴롭힘을 당한다. 이 불행한 경험 때문에 퍼블릭스
　　　　　　쿨이라는 제도와 그 가치관을 평생토록 혐오하게 된다.

1897년(18세)　가을에 케임브리지 대학 킹스 칼리지 입학. 퍼블릭스쿨과는
　　　　　　전혀 다른 자유로운 분위기를 맛보면서 정신적 해방감을 느

낀다.

1898년(19세) 어머니가 톤브리지에서 켄트 주 턴브리지 웰스로 이사한다. 뒷날 가장 친한 친구가 된 케임브리지 특별연구원 G.L. 디킨슨을 만난다.

1900년(21세) 고고학 학위 취득. 역사학 전공.

1901년(22세) 2월, 케임브리지 토론회 '사도회' 회원으로 선출된다. 뒷날 블룸즈버리 그룹으로 발전하게 된 이 모임을 통해서 리턴 스트레이치, J.M. 케인즈, 레너드 울프 등과 친해진다. 6월, 역사학 학위 취득. 대학 졸업. 10월부터 어머니와 함께 1년 동안 유럽 여행을 한다. 이탈리아를 중심으로 여행. 피렌체에는 6주일이나 머물렀다. 이 경험이 초기 작품의 소재가 되었다.

1902년(23세) 런던 워킹 멘스 칼리지에서 일주일에 한 번씩 라틴어 강의를 하다.

1903년(24세) 4월, 그리스 여행. 이어서 이탈리아를 다시 방문. 8월에 귀국. 디킨슨 등이 창간한 잡지 〈인디펜던트 리뷰〉에 단편과 수필을 기고하기 시작.

1904년(25세) 서리 주 웨이브리지 교외 주택으로 이사. 이곳에서 어머니와 함께 20년 동안 살았다.

1905년(26세) 4~7월, 아르님 백작 가문 자제들을 가르치는 가정교사로서 독일 나센하이데에 머물다. 이 근처 시골 풍경은 뒷날 《하워즈 엔드》에서 포메라니아 풍경으로 묘사된다. 10월에 첫 번째 장편소설 《천사가 두려워하는 곳》을 발표, 호평을 얻다.

1906년(27세) 옥스퍼드 대학 입학을 준비하는 인도인 학생 사이드 로스 마수드의 라틴어 가정교사가 되다. 마수드를 연모. 그의 고향 인도에도 관심을 가진다.

1907년(28세) 4월, 자전적 장편소설 《기나긴 여행》 발표. 평론가들의 반응은 나쁘지 않았으나, 케임브리지에서 사귄 친구들을 비롯한 몇몇 사람들은 부정적인 평가를 했다.

1908년(29세) 10월, 세 번째 장편소설 《전망 좋은 방》 발표. 좋은 평가를 받았지만 인기를 끌지는 못했다.

1910년(31세) 10월, 《하워즈 엔드》 발표. 이 작품이 성공하여 작가로서 지위를 굳히다.

1911년(32세) 5월, 첫 번째 단편집 《천국으로 가는 승합마차》 발표. 이즈음부터 동성애를 주제로 한 단편들을 쓰기 시작하다(이 단편들 가운데 몇 편은 《영원한 생명》으로 사후 출판됨). 장편 《북극의 여름 *Arctic Summer*》을 쓰기 시작하지만 결국 완성하지 못했다.

1912년(33세) 10월, 처음으로 인도 방문. 마수드를 다시 만나 각지를 여행. 토후 데와스 시니어를 만나다. 이때 얻은 경험이 《인도로 가는 길》에 반영됐다.

1913년(34세) 4월, 인도에서 귀국. 9월, 동성애 해방 운동의 선구자인 에드워드 카펜터 방문(그때 그는 노동계급에 속하는 애인과 동거하고 있었다). 강한 영감을 얻어 《모리스》 집필 시작.

1914년(35세) 6월, 《모리스》 완성(생전에는 출판되지 않음). 제1차 세계대전이 터진 뒤 런던 내셔널갤러리에서 카탈로그를 작성하는 일을 하다.

1915년(36세) 2월, D.H. 로렌스 부부를 방문했으나 별 소득이 없었다. 11월, 국제적십자사에 지원하여 이집트 알렉산드리아로 떠나다. 제1차 세계대전이 끝날 때까지 그곳에 체재.

1916년(37세) 그리스 시인 C.P. 카바피스를 만나다(귀국한 뒤 그의 시를 영어권에 소개하기 위해 최선을 다하다).

1917년(38세) 열여덟 살 난 전차 운전사, 모하메드 엘 아델을 만나 처음으로 완전한 성행위를 경험하다.

1919년(40세) 1월, 이집트에서 귀국. 신문과 잡지에 많은 서평과 수필을 기고.

1921년(42세) 3월, 또다시 인도 방문. 토후 데와스 시니어의 비서대리로 일하다.

1922년(43세) 1월, 귀국. 동성애 소설 〈영원한 생명〉을 완성했으나 출판하지는 않았다. 12월 《알렉산드리아》 발표.

1923년(44세) 5월, 《파로스와 파릴론》 발표. 후반생에 매우 소중한 친구가 된 J.R. 애커리(나중에 〈더 리스너〉의 편집장이 된 사람)를 만나다. T.E. 로렌스의 《지혜의 일곱 기둥》을 읽고 감명을 받다.

1924년(45세) 6월, 10년에 걸쳐 완성한 마지막 장편소설 《인도로 가는 길》을 발표해 커다란 호평을 받다. 고모 로라 포스터가 세상을 떠나자 서리 주 어빙저 해머에 있는 저택의 임차권을 상속받아 어머니와 함께 그곳으로 이사.

1926년(47세) 애커리를 통해서 알게 된 런던 경찰관 해리 데일리와 사귀기 시작.

1927년(48세) 1~3월, 케임브리지 대학 클라크 기념 강연에서 소설론을 강의, 10월에 《소설의 이해》 발표. 스토리, 인물조형, 플롯, 환상, 예언, 패턴, 리듬과 같은 소설의 여러 요소들을 톨스토이, 도스토옙스키, 프루스트의 작품을 들어 논함.

1928년(49세) 3월, 두 번째 단편집 《영원한 순간 The Eternal Moment》 발표. 7월, 버지니아 울프 등과 함께, 래드클리프 홀의 레즈비언 소설 《고독의 우물 The Well of Loneliness》 발매 금지 처분에 항의하는 운동에 참가.

1929년(50세) 6월, 남아프리카를 3개월 동안 여행.

1930년(51세) 애커리가 주최한 파티에서 데일리의 동료 밥 버킹엄을 만나 평생의 친구이자 애인이 된다. 그들의 연애 관계는 버킹엄이 결혼한 뒤에도 계속 이어지는데, 포스터는 그의 가족들과도 친하게 지냈다.

1932년(53세) BBC 라디오 방송에 해설자로 고정 출연.

1934년(55세) 시민적 자유를 위한 전국 평의회 초대 회장으로 취임. 4월, 지난해 세상을 떠난 친구 디킨슨의 전기 《G.L. 디킨슨 Goldsworthy Lowes Dickinson》 발표. 7월, 작곡가 본윌리엄스와 협력해서 야외극 〈어빙저 패전트 Abinger Pageant〉 상연.

1936년(57세) 3월, 수필집 《어빙저 하베스트》 발표.

1938년(59세) 7월, 다시 본윌리엄스와 함께 야외극 〈잉글랜드의 유쾌한 땅

England's Pleasant Land〉 상연.

1939년(60세) 제2차 세계대전 발발. 전쟁 도중에 라디오 방송과 수필을 통해 꾸준히 나치를 공격.

1944년(65세) 국제 펜클럽 회장이 되어 활약하다.

1945년(66세) 3월, 어머니가 90세 나이로 타계. 10월, 인도에서 열린 펜클럽 대회에 참석하러 세 번째로 인도를 방문하다.

1946년(67세) 킹스 칼리지 명예 특별연구원으로 선정되다. 킹스 칼리지 안에 새집을 구해서 이사하다.

1947년(68세) 4월, 처음으로 미국 방문. 하버드 대학에서 '예술에 대한 비평의 존재 의의' 강연.

1949년(70세) 벤저민 브리튼의 오페라 〈빌리 버드 *Billy Budd*〉 대본 집필 시작(1951년 상연). 5월, 미국을 다시 방문하여 '예술을 위한 예술' 강연. 그에게 기사 작위를 수여하자는 이야기도 나왔으나 본인이 사퇴.

1951년(72세) 11월, 평론집 《민주주의 만세 이창》 발표. 문화론, 인물론 등을 모아 엮었다.

1953년(74세) 2월, 명예 훈작사(勳爵士)로 임명되다. 10월, 《데비 언덕》 발표.

1956년(77세) 5월, 고모할머니에 관한 전기 《어느 가족 전기 매리언 손턴의 삶》 발표. 전기문의 형식을 빌린 역사적 문화론으로 평가된다.

1960년(81세) 11월, D.H. 로렌스 《채털리 부인의 사랑》 외설 시비 재판에서 변호사 측 증인으로 법정에 서다.

1969년(90세) 1월, 메리트 훈장을 받다.

1970년(91세) 5월 22일, 킹스 칼리지 자택에서 쓰러지다. 6월 7일, 코번트리에 있는 버킹엄 부부의 집에서 숨을 거두다. 시신을 화장한 재는 근처 장미 화단에 뿌려졌다.

옮긴이 우진주(禹軫柱)
강화도에서 태어나다
강화고등학교·경희대학교 영문학과 졸업
계몽사 편집주간
동서문화사 「한국세계대백과사전」 편찬위원을 지내다.
지은책 「강화큰애기」 옮긴책 「올컷·작은 아씨들」

World Book
228
Edward Morgan Forster
HOWARDS END
하워즈 엔드
에드워드 포스터/우진주 옮김
1판 1쇄 발행/1994. 12. 25
2판 1쇄 발행/2014. 08. 15
발행인 고정일
발행처 동서문화사
창업 1956. 12. 12. 등록 16-3799(윤)
서울 강남구 도산대로163(신사동, 1층)
☎ 546-0331~6 (FAX) 545-0331
www.dongsuhbook.com
＊
사업자등록번호 211-87-75330
ISBN 978-89-497-0886-7 04080
ISBN 978-89-497-0382-4 (세트)